MACHIAVEL

DU MÊME AUTEUR :

Gênes au XV siècle,* éd. abrégée, Paris, Flammarion, 1971.
Fêtes, jeux et joutes dans les Sociétés d'Occident à la fin du Moyen Age, Paris, éd. Vrin 1972, (épuisé). Réédition Montréal, 1981.
Le Clan familial au Moyen Age, Paris, P.U.F., 1974.
L'Itinéraire d'Anselme Adorno en Terre sainte (1470), Paris, C.N.R.S., 1979 (en collaboration avec G. de Groër).
Christophe Colomb, Paris, Hachette, 1981.
Les Partis et la Vie politique dans l'Occident médiéval, Paris, P.U.F., 1981.
Esclaves et domestiques au Moyen Age dans le monde méditerranéen, Paris, Fayard, 1981.
Fêtes des fous et carnavals, Paris, Fayard, 1983.
Marco Polo, Paris, Fayard, 1983.

JACQUES HEERS

MACHIAVEL

FAYARD

La forme française des noms de personnes italiens n'a été retenue que lorsqu'elle est généralement acceptée par l'usage, ainsi pour les Médicis et les papes, pour Nicolas Machiavel lui-même (mais non pour les membres de sa famille) et pour François Guichardin.

Les extraits des œuvres et lettres de Nicolas Machiavel cités dans cet ouvrage ont été traduits soit par l'auteur, soit par Edmond Barincou (Machiavel, *Œuvres*, Gallimard, Bibliothèque de la Pléiade, 1952).

CHAPITRE PREMIER

De la campagne à Florence

A moins de trois lieues de Florence, sur la route de Sienne, Sant'Andreà in Percusina, San Casciano et Montespértoli, trois bourgs de Toscane sur de nonchalantes collines. Paysages construits par la main de l'homme au fil des générations, harmonies de formes et de couleurs où rien ne choque l'œil ni la pensée; une civilisation achevée, raffinée, sûre d'elle-même, solidement ancrée dans ses traditions; une campagne qui depuis des siècles répond sans heurts, par sa perfection, son ordonnance réfléchie, à la ville toute proche, à ses palais et à ses tours.

Au loin émergent les cimes arides ou neigeuses de l'Apennin : pays des grands fiefs seigneuriaux, des chemins escarpés et rocailleux, des aventures dangereuses. Ici une suite de hauteurs amènes, coiffées de grandes fermes blotties à l'ombre de quelques cyprès, parfois de bosquets de chênes verts. Sur les pentes s'étagent les emblavures pour les blés, les oliveraies, les vergers, et surtout les vignes dont les pampres grimpent haut et courent sur les arbres fruitiers. La campagne nourrit et fortifie la ville : berceau des familles et refuge dans l'adversité, elle lui donne une base solide, comme un réservoir d'énergies...

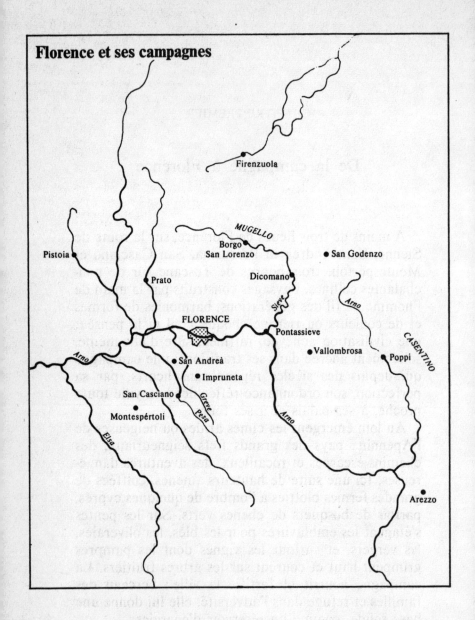

Florence et ses campagnes

Firenzuola

MUGELLO

Pistoia

Borgo
San Lorenzo · · San Godenzo

Prato · Dicomano

FLORENCE · Sieve

Pontassieve

Vallombrosa · CASENTINO

· San Andreà · Poppi

· Impruneta · Arno

San Casciano · Greve

· Montespértoli · Pesa

Elsa

Arezzo ·

Nicolas Machiavel, homme d'État et d'action, toujours en quête de quelque charges publiques ou de missions près des princes, capitaine, théoricien de l'art de la guerre et de l'art de gouverner, humaniste féru d'antique, auteur de comédies à la façon de Plaute et de Térence, lui qui paraît si bien incarner une parfaite culture urbaine, policée, est d'abord fils de ces bourgs de paysans. Il y a vécu ses premières années. Aux moments difficiles, écarté des offices et des honneurs, banni et menacé, il s'y installera pendant de longs mois pour reprendre force, se faire oublier, attendre, comme à l'abri et à l'affût, une meilleure fortune ou un hochet que les maîtres de l'heure vont lui tendre.

LES TRAVAUX ET LES JOURS

De père en fils, les Machiavel, bien qu'ils possèdent des maisons à Florence, se sont toujours sentis chez eux à Sant'Andreà. Leur horizon et leurs préoccupations s'arrêtent aux bourgs voisins et à une dizaine de petits villages ou de hameaux. Dans ces campagnes toscanes, si proches de la ville, leurs terres touchent presque toujours celles de parents plus ou moins proches, hommes de même lignage et de même nom, qui se réclament d'un passé commun. Les Machiavel renforcent leurs liens, ne serait-ce que par ce voisinage : alliances, patronages d'églises paroissiales, prêts d'argent ou d'instruments, aides et soutiens face aux officiers fiscaux. Sant'Andreà, c'est le berceau du clan : c'est là que les Machiavel se réfugient lors des difficultés et des conflits politiques qui menacent sans cesse les citadins dans leurs ambitions et leurs affaires.

Le père de Nicolas, Bernardo Machiavel, est né en 1428. Fils de Niccolò Machiavel, dit Buoninsegna, il fait bien peu parler de lui : jurisconsulte, peut-être notaire un certain temps, il a été chargé d'un petit office dans un bourg du district. En 1477, il s'est retiré des affaires de l'administration et à présent il vit sur ses terres. En vérité, Bernardo n'a rien d'un grand seigneur. Il n'est pas le chef d'une troupe de vassaux qui règne sur l'un des châteaux fortifiés des environs. Il ne vit pas dans une imposante *villa,* élégante demeure flanquée d'une tourelle, ancrée au cœur d'un vaste terroir, qui domine fièrement les métairies, la grange et le cellier, le moulin à huile et le pressoir, les écuries et les étables, ainsi qu'un colombier, marque de distinction et de pouvoir. Les parents de Nicolas Machiavel n'ont que peu ou pas de rapports avec les grands aristocrates : leur fortune reste modeste, presque précaire. Ils tiennent leur maisonnée dans le bourg même de Sant'Andreà, au milieu des villageois, au sein d'une communauté d'hommes nantis de modestes offices, ou d'artisans. Leur maison bâtie au long de la rue qui traverse le bourg, tout à côté de l'auberge, est une *casa,* c'est-à-dire une maison de bourgeois, sans dépendances, sans terres aux alentours immédiats, sans aucun signe de condition.

De Sant'Andreà, Bernardo gère ses biens. Propriétaire, toujours accablé de multiples difficultés, il donne sans cesse de sa personne. Le hasard nous a légué un document exceptionnel, le *Libro di Ricordi,* qu'il écrivit de sa main au jour le jour, et nous pouvons imaginer aisément le père de Nicolas, parmi ses voisins et ses paysans, dans les hameaux et villages des vallées voisines, dans ses affaires lorsqu'il visite les foires ou les marchés, dans les rues de Florence. Ce livre d'une étonnante richesse, publié en 1954 par Cesare Olschki, couvre exactement dix années de la vie de la famille, de 1474 à 1484, et fournit en outre une mine inépuisable de renseignements sur ces bourgs paysans si proches de la ville.

Ces *Ricordi,* ce sont les livres de comptes. Ils montrent une parfaite maîtrise du maniement de l'argent, des techniques monétaires, des petites manipulations ou spéculations parfois sordides. Mais surtout ils nous permettent, année après année, de suivre la famille Machiavel, Bernardo, sa femme Bartolomea, ses deux fils et ses deux filles. Parcimonieux, minutieux, préoccupé jusqu'à l'obsession de ne rien perdre, Bernardo ne cesse de noter ses créances, de prévoir les échéances, d'en donner quittance. Obligations, loyers, prêts consentis ou reçus, achats et ventes des produits des domaines, transactions et salaires, dédommagements divers, marchandages même : tout est traduit en chiffres. Pour la moindre petite affaire, qu'il s'agisse d'un baril de vin ou d'une pièce de toile, chaque détail de l'opération est consigné : le jour et même l'heure précise, les circonstances et la présence des témoins. Un souci de l'exactitude qui fait parfois sourire, mais traduit une manière d'être et nous vaut une suite d'indications marginales, souvent précieuses. Les obligés, emprunteurs, débiteurs, sont priés de rédiger de leur propre main des reconnaissances de dettes en bonne et due forme qui interrompent le cours ordinaire des mémoires déjà surchargés de rappels et d'engagements. Ainsi, au rythme qu'imposent les travaux des champs, prend vie le petit monde du village, celui où

Nicolas Machiavel, entre la maison du bourg et les écoles de Florence apprend à compter, à traiter les voisins et les fermiers.

Bernardo possède deux domaines, deux *poderi* : l'un dit *il Borgo,* l'autre *il Poggio* (la colline). Situés l'un et l'autre près de chez lui, sur le terroir même du village, ils lui procurent le plus clair de ses revenus et sont l'objet de ses principales préoccupations : nous trouvons dans les *Ricordi* plus d'une quinzaine de longs rappels circonstanciés, de notations et de résumés d'accords ou de ventes, preuves d'un intérêt toujours en éveil et vraisemblablement de sérieux embarras.

Sur ses domaines, Bernardo a installé des fermiers en vertu de contrats à parts de fruits, plus exactement de métayages. Les engagements qui lient les métayers sont minutieusement décrits : la situation et les limites du domaine, sa superficie et ses voisinages, la nature des terres, les apports et devoirs de chacun. Domaines complets qui semblent bien équilibrés : terres à blé, vignes et oliveraies, pièces où semer le lin, le chanvre ou le fourrage. Le maître cède une maison *(da lavoratore),* les animaux de trait, la moitié des semences. Les paysans – ici le père et le fils, là les deux frères – venus des villages des environs, fournissent l'autre moitié des semences, promettent de bien travailler les champs, les vergers et les vignobles *(lavorare a uso di buon lavoratore),* et apportent la moitié des profits au moment de la récolte. Bernardo leur confie aussi des porcs, des moutons et même régulièrement un âne.

Les métayages, qui s'étendent ainsi à des activités fort variées, sont très nombreux dans les riches campagnes de Toscane où les propriétaires ont sinon inventé du moins perfectionné ce type d'exploitation.

Ils marquent le paysage et tissent des liens particuliers entre les hommes. Les maîtres entretiennent de fréquentes relations avec leurs métayers : ils viennent surveiller les cultures ou discuter des meilleures façons de mettre les terres en valeur, de vendre ou d'acheter.

Pour Bernardo Machiavel, les choses ne vont pas toutes seules. Il manque d'argent et ne peut faire face aux dépenses d'une manière décente. Ses métayers, incapables ou malchanceux, ne restent pas longtemps dans la place; trop à court pour garder les grains qui permettraient d'ensemencer, pour planter de nouveaux arbres fruitiers, toujours endettés, acculés à la ruine et à une fuite honteuse quasi clandestine, ils déguerpissent... et tout est à reprendre. Finalement, les deux domaines, mal tenus, parfois abandonnés pendant quelques mois, s'appauvrissent.

Et pourtant la vie de la famille en dépend. Le père et maître ne dispose ni de rentes ni de loyers, à la façon des grands propriétaires fonciers lointains, indifférents au cours des choses et au plein des granges. Bernardo, partenaire actif par force, surveille et vérifie, tâche de tirer de meilleurs profits. Le jeune Nicolas a passé son enfance dans cette maison où, chaque jour, ses parents évoquaient les travaux des champs, les prix des grains, du vin et des toiles. Ces préoccupations lui ont formé l'esprit d'économie domestique; il les retrouvera tout naturellement à chacun de ses séjours au bourg, et surtout lors de ses années de retraite, à la fin de sa brillante carrière dans les offices.

Le *Libro di Ricordi* s'ouvre à la foire de San Casciano, par l'achat d'un âne (« de poil rougeâtre, avec son bât et ses brides, et ferré des quatre pieds ») et se clôt par la mort du plus beau des deux bœufs de labour, le jour même ou l'on conduit à l'écurie un mulet tout harnaché, payé cinq florins d'or. Entre-temps, le livre consigne les petits événements, les tâches quotidiennes, et les innombrables démêlés qui pendant ces dix années ont rythmé la vie domestique. Nous voyons Bernardo vendre son vin *(vino vermi-glio)* à des taverniers ou *vinattieri* de Florence et l'huile à d'autres marchands de la ville, des *oliandoli*, parfois au boulanger du village ou à l'aubergiste, à côté de sa maison, ou même un demi-baril de vin au barbier contre l'engagement de lui tailler dix-huit fois la barbe : il note scrupuleusement chacun des jours, une fois par semaine environ! Cherche-t-il à gagner davantage, à profiter de ses expériences et de ses relations pour améliorer le rendement de ses terres? Pour les bois, il laisse faire les coupes de gros bois d'œuvre et de taillis par des bûcherons, des maîtres de fours à chaux, des boulangers qui lui livrent sa part de bûches et de fagots, mais que d'embarras pour une seule branche de chêne qu'une voisine a fait tailler et qu'il faut maintenant exacte-ment estimer en interrogeant plusieurs témoins!

Les seules affaires importantes – du moins condui-tes avec une régularité qui ferait penser à une entreprise concertée – concernent les toiles. Les *Ricordi* parlent souvent des écheveaux de fils donnés à l'ourdissage, puis au tisserand, et enfin au *curator* qui blanchit et affine les toiles. Bernardo pèse ou mesure les balles et les pièces, compte les mouchoirs, les nappes et les tabliers de cuisine, inscrit le prix coûtant et les salaires versés à chacun. Mais, là encore, rien ne dépasse les problèmes purement domestiques : ces toiles – il s'agit sans doute de belles toiles de lin – ne sont pas vendues; elles restent dans la maison et ne quittent pas le cercle des parents ou des familiers. En somme, les Machiavel évitent les grands achats à l'extérieur : s'organisant pour dépenser le moins possible, ils échangent les fruits contre des travaux ou des services et vivent sur les ressources de leurs terres.

Outre ses deux domaines, Bernardo cède deux maisons en location : l'une à Sant'Andreà, l'autre à Florence, toutes deux proches de sa propre demeure; ici et là, les locataires, deux compagnons associés, en font une auberge et s'engagent pour cinq ans à payer, outre le loyer, une oie grasse à la veille de la Toussaint; ils lui livreront aussi, à Sant'Andreà et sur ses terres, le fumier de leurs écuries et étables.

LES CORDONS DE LA BOURSE

Ainsi, de folio en folio, se déroule une vie fortement ancrée dans de petits négoces, où toute affaire, aussi minime soit-elle, se traite avec le plus grand sérieux et avec une sorte de manie des précisions tracassières. Rien ici des générosités « nobles » ou seigneuriales, de la magnificence des magnats capables de briller, de s'attirer des reconnaissances, fidélités et clientèles. Rien non plus qui fasse penser au marchand-propriétaire, à un quelconque esprit d'entreprise, aux innovations audacieuses. Économie de petits marchés? Limitée pour le moins... Économie de petits échanges, de trocs plutôt et, en fin de compte, peu de monnaies. Les pièces d'or ou d'argent, que l'on sait pourtant parfaitement manier, peser, supputer à leur juste valeur, sont comptées parcimonieusement comme des raretés.

Les Machiavel sont loin de se situer aux premiers

rangs de l'aristocratie des champs et des affaires.
Dans chacun de leurs domaines, ils n'ont qu'une
famille de métayers et un couple de bœufs de labour;
on court volontiers les foires des environs remplacer
ces précieuses bêtes, jalousement surveillées... Le
maître n'a pas de cheval mais seulement un mulet et
un âne pour porter les barils de vin vers la ville.

Autre signe qui atteste leur médiocre fortune, les
Machiavel n'ont pas d'esclave pour les travaux
domestiques. Une seule servante aide les femmes de
la famille. Venue d'un village d'une haute vallée et
d'une maison « pauvre mais honnête », elle a été
présentée par le beau-frère. Que de soucis lorsque
cette Lorenza qui, à l'insu des maîtres, s'échappait
presque chaque nuit par une petite fenêtre, devient
enceinte! Conciliabules, réunions des proches pour
prendre conseil sur la façon de ménager l'honneur de
tous, tractations et invitations à dîner avec le pré-
sumé coupable, explications embarrassées et faux-
fuyants... on discute ferme. A n'en pas douter, il
s'agit de la plus grave affaire de ces dix ans : quatre
pages des *Ricordi,* sur un ton qui tranche pour une
fois avec celui des comptes et des quittances, rapportent rencontres, suspicions et palabres. C'est un vrai
drame de famille. Il faut à tout prix éviter le
scandale, paraître la tête haute devant les parents : la
fille convenablement dotée est mariée aussitôt après
la naissance de l'enfant. Mais on parlera longtemps
d'affronts, de confessions et réparations.

Pour remplacer Lorenza, on engage, pour un an
seulement, une femme d'âge mûr cette fois, nantie
d'un époux et d'au moins un enfant. Plus tard, en
1483, Bernardo reprend une très jeune servante, une
enfant de huit ans que son père a amenée d'un
hameau de la vallée du Mugello. Les deux hommes

s'entendent : nourrie, vêtue et chaussée, la fille restera dix ans dans la maison et sera chargée d'aider à
tous les travaux ; le mari qui la prendra recevra une
dot de cent livres. Arrangement tout à fait habituel
alors pour les familles en peine de marier leurs filles
à peu près convenablement à un modeste artisan ou à
quelque honnête compagnon. Chez les Machiavel de
Sant'Andreà cependant, rien ne va. La petite Jacopa
– c'est son nom – ne veut rien entendre. Folle de
chagrin, pleurant les siens et le clocher de son village,
elle s'enfuit et ameute le voisinage. On la conduit à
Florence, pour l'exorciser... En désespoir de cause, on
la remet à ses parents. Finalement, huit jours plus
tard, Bernardo se résigne à installer dans une petite
pièce, sur le derrière de la maison, une femme seule,
Brigida. Elle ne paie pas de loyer mais doit en
contrepartie balayer et ranger la grande salle chaque
matin, faire le ménage le samedi, aider à pétrir le
pain, à faire la lessive : « Et nous sommes bien
d'accord que cette chambre n'ayant pas de cheminée,
elle ne pourra y faire aucun feu portant flamme mais
seulement y placer un brasero. »

En fait, le plus gros des travaux domestiques
incombe aux femmes de la maison elles-mêmes, à
Marietta, l'épouse de Bernardo, et à ses deux filles. A
une époque où toute famille florentine aisée emploie
une ou deux esclaves et parfois même un valet, ces
tableaux éloignent de nous l'image d'une riche maison bourgeoise. Une famille qui vit repliée sur
elle-même, sans aucun luxe. On ne trouve d'ailleurs
chez eux aucun meuble de valeur et encore moins de
bijoux, pas une seule curiosité ou fantaisie.

Les Machiavel n'achètent rien ou presque et comptent leurs sous. L'argent manque pour aller chez le
drapier ou chez l'orfèvre. En dix ans, la famille

n'ouvre les cordons de sa maigre bourse que pour les accordailles de Primavera, la fille aînée. Et à vrai dire, elle achète bien peu de choses : deux ou trois pièces de drap de laine, des coupons de taffetas pour la mère et pour la fille, des cordonnets et des rubans, de petites babioles. Encore se garde-t-on de se rendre à Florence dans une des belles boutiques de Calimala ou de Por San Maria, ces maisons nobles et renommées qui se targuent d'une bonne clientèle. Modestement, comme s'il était effrayé d'avoir à perdre en une fois tant de pièces d'argent, Bernardo va chez le *ritagliatore*, l'homme du quartier qui ne vend que de petites pièces, des chutes, ou même des tissus moins bien venus. En homme de la campagne, il traite volontiers avec le mercier, ne paie jamais rubis sur l'ongle mais invente de misérables accommodements pour économiser quelques sous : en échange de colifichets et de draps, il livre des barils de vin. On le voit pleurer pour des crédits et s'acquitter par petits coups en versements échelonnés, à une semaine ou quinze jours d'intervalle, apportant ou faisant porter une magnifique pièce d'or ou quelques monnaies d'argent (« ... et le 22 de ce mois, 42 sous à lui portés par notre Nicolas »). Autant de visites aux petites échoppes, de rencontres au marché du bourg ou sur le Ponte Vecchio de Florence, de rappels, de promesses remises. Mais ces sommes sont finalement peu à peu remboursées. Là encore, tout est scrupuleusement noté et Bernardo rapporte même un jour dans quelles circonstances son cousin lui a fait don d'un peu plus d'une brasse de drap de Perpignan – c'est-à-dire pas grand-chose – pour le remercier de ses services auprès du podestat.

Les filles, les deux aînées, Bernardo ne les établit qu'à grand-peine et sans éclat; l'une à Francesco

Vernazza, l'autre à Bernardo Mineletti; deux noms qui, chez les nobles ou même les simples marchands de Florence, ne retiennent pas l'attention. Grave affaire pourtant que de trouver un peu d'argent pour leur assurer une dot convenable. Les préoccupations du père rejoignent ici celles de ses concitoyens florentins et de tous les hommes d'Italie à l'époque, embarrassés de filles, comptant leurs pièces d'or, cherchant par tous les moyens à s'assurer contre une telle dépense. Pour y faire face, ou alléger une ponction financière toujours bien supérieure aux disponibilités du moment, on emprunte, on marchande avec l'autre famille, on contraint le futur gendre à accepter des paiements échelonnés et, pour finir, à force d'artifices, de retards, on ne paie pas tout. Le chiffre annoncé, personne sans doute n'y croit réellement; c'est la marque d'une bonne volonté, du désir de sauvegarder une apparence. La dot n'est pas seulement une bourse pleine de belles pièces d'or; on évalue le trousseau, des objets un peu précieux, on fait le compte des cadeaux. Les parents sollicitent la lignée entière, la tante ou la grand-mère les premières, pour des bijoux, des pièces de linge. Les riches marchands, sur leurs testaments, pensent à leurs frères ou à leurs cousins et lèguent de belles sommes pour marier les jeunes filles pauvres. Quelques institutions charitables s'en préoccupent aussi, ainsi que les princes les jours de fête.

Mais le mieux, bien sûr, consiste à placer de l'argent longtemps à l'avance. Ce que fait notre Bernardo pour ses deux filles : en avril 1477, Primavera possède en son nom 503 florins, et Margherita 300 sur le *Monte* de Florence, que l'on appelle souvent le *Monte dei doti*; comme le Banco di San Giorgio à Gênes ou celui de Sant'Ambrogio à Milan, cette institution publique reçoit l'argent des pères et le fait fructifier par le jeu des intérêts composés. A la même date, Bernardo achète également 100 autres florins qu'il place pour dix ans sur le *Monte* au nom de Margherita. Au total, des dots d'environ 500 florins, une assez petite somme en vérité.

Et comment dire les interminables tractations et petites concessions pour amener ce Francesco à prendre la fille dans sa maison? Le mariage fut conclu à Florence, rapporte Bernardo, par-devant notaire, maître Antonio dei Ubaldini, procurateur au tribunal de la Mercanzia, le 22 octobre 1479. Ce jour-là, Francesco donne l'anneau à la jeune fille. Il s'engage à l'épouser. Mais quatre ans plus tard, en avril puis en juin 1483, on discute encore du montant exact de la dot qui, tout bien pesé et rogné, doit s'en tenir aux titres inscrits sur le *Monte,* plus peut-être 200 florins : quatre feuillets des *Ricordi* narrent jour par jour, avec le plus grand sérieux, les péripéties de ces discussions, les rencontres et les atermoiements, les arbitrages des amis. Entre-temps, le père et le futur gendre font estimer par l'*Arte di rigattieri* (métier des fripiers) les habits de l'épousée, tous usagés, pour établir un inventaire qui en dit long ou sur les difficultés de la famille ou sur le plaisir que l'on trouve, de part et d'autre, à ne se faire aucun cadeau : deux vestes, deux robes, seize chemises et trente-sept mouchoirs, vingt bandeaux pour tenir les cheveux, sept coiffes et un peigne en ivoire, ainsi qu'une paire de draps et trois couettes, le tout évalué à 103 florins.

Le 6 juillet 1483 enfin, après les vêpres chantées à Santa Reparata, Francesco Vernazza conduit la jeune femme à la maison de son père. Les *Ricordi* ne parlent pas de banquet ou de quelconques réjouissances, ni même d'un riche trousseau. Primavera n'apporte que ses propres vêtements – ceux que l'on a comptés si parcimonieusement –, et l'on dîne en famille. Rien ne dit que le père ait acheté un de ces manteaux de cérémonie qui, dans les campagnes et même pour les bourgeois modestes, faisaient souvent partie de la dot... A la même époque, un marchand génois, qui n'appartenait pourtant pas à l'aristocratie de sa cité, dépensait, à l'occasion du mariage de l'une de ses filles, des sommes très importantes pour le trousseau (nécessaire de couture en argent, ceintures et fermoirs) et, pour le seul repas des noces autant que pour nourrir sa maisonnée de neuf personnes pendant une année. Les lois somptuaires qui prétendent alors sévir contre les luxes outrageants, contre les réceptions ostentatoires, le rassemblement de grandes clientèles de petits parents et protégés à l'occasion des fêtes, ne devaient pas trouver beaucoup à redire dans cette maison des Machiavel de Sant'Andreà!

Bien évidemment, la famille économise. Faisant argent de tout, elle garde longtemps ses vêtements. En plus de dix ans, les deux fils n'ont eu droit chacun qu'à une paire de chausses; en 1485, Nicolas, alors âgé de seize ans, en reçoit une violet foncé et son jeune frère Totto, une plus claire, achats qui représentent une somme de quatre livres et dix sous. On va souvent chez le fripier et on épargne ainsi quelques livres. Bernardo vend ses vieux vêtements, ou ceux de sa femme. Pour éviter toute contestation, ils sont toujours minutieusement décrits : robes, casaques ou manteaux. En cette fin du XVe siècle où le vêtement est la marque du prestige, où il représente le vrai luxe, les Machiavel ont juste ce qu'il faut pour ne pas rougir de honte.

Bernardo, rompu sans doute à ce genre d'affaires (mais quel homme de Florence et d'ailleurs ne le serait pas alors?) discute âprement avec les agents du fisc, les *ufficiali delle grazie de la gravezza,* ceux qui accordent des grâces ou des rémissions; toujours débiteur de sommes qui l'effraient, il retarde ses paiements mais, vaille que vaille, obtient quelque indulgence.

Par sa femme, Bernardo se trouve allié à une lignée qui possédait dans la vallée du Mugello, au nord de Florence, une grande propriété, une villa et peut-être un château, à Montebuciano. Mais les choses ont sans doute mal tourné car ces Nelli du Mugello ne semblent pas rouler sur l'or. En mai 1479, Bernardo envoie deux de ses enfants, Margherita et Totto, chez son beau-père pour trois semaines; plus tard, Nicolas, qui a juste dix ans, les rejoint. Bernardo note aussi scrupuleusement que d'ordinaire les vêtements qu'ils portent afin de s'y retrouver à leur retour. Pour leur séjour, le père leur donne six setiers de grains « pour leur pain », de la viande séchée, deux *fiaschi* d'huile et deux autres de vinaigre, sans compter leur literie; de son côté Giovanni Nelli, qui semble accepter ces dédommagements très naturellement, ne manque pas de faire remarquer qu'il ne veut rien percevoir de son gendre pour le logement des enfants *(« per la stanza... »).* De petits services et, là encore, le reflet de cette habitude ancrée depuis toujours de compter tous les sous.

Pauvreté? Non sans doute, mais une gêne réelle, des contraintes et de petits comptes, chaque jour, pour ne rien laisser au hasard. Vertus et style de vie après tout fort ordinaires dans ce monde de petits propriétaires mi-campagnards, mi-citadins, tenus de paraître de temps à autre comme des maîtres, visiblement désargentés, qui n'ont pas d'espoir de sortir de leurs démêlés, de leur médiocrité; c'est sur cette « pouillerie » qu'écrira bien plus tard notre Nicolas Machiavel à qui le monde et les fastes de la ville ou de la cour auront appris une juste mesure des degrés de la fortune. Vertus évidemment que le jeune homme, nourrissant en silence d'autres appétits, devait malgré tout apprendre à apprécier et qu'il fit siennes, sans mal ni déplaisir, tout au long de ses jeunes et moins jeunes années.

Une situation difficile et des possibilités limitées qui ne pouvaient conduire un homme un peu ambitieux qu'à chercher une autre destinée, d'autres horizons que la simple gestion de ces biens si peu porteurs de fruits, et donc de briguer un office, une charge assortie d'un salaire honnête, de préférence à la ville, près des conseils et des maîtres, de tous ceux qui forment la Seigneurie. D'un côté, les terres pour l'apprentissage de la vie ou, en désespoir de cause, comme ultime refuge. De l'autre, la cité dispensatrice d'honneur et de profits.

L'OLTRARNO, LES AFFAIRES, LA POLITIQUE

Pour les affaires, Bernardo ne se trouve pas si mal placé. Et d'abord parce qu'il fréquente assidûment les bonnes familles, les marchands et même les seigneurs de la ville. A le suivre dans ses *Ricordi,* il se partage inlassablement entre ses bourgs de paysans et les places, les rues et les marchés de Florence. Il y possède deux maisons situées l'une et l'autre près de l'église San Felice, dans la paroisse de San Felice in Piazza, dans l'Oltrarno, sur la rive gauche du

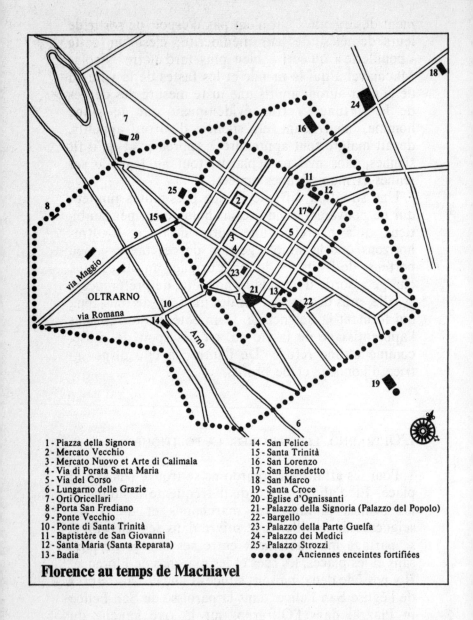

1 - Piazza della Signora
2 - Mercato Vecchio
3 - Mercato Nuovo et Arte di Calimala
4 - Via di Porata Santa Maria
5 - Via del Corso
6 - Lungarno delle Grazie
7 - Orti Oricellari
8 - Porta San Frediano
9 - Ponte Vecchio
10 - Ponte di Santa Trinità
11 - Baptistère de San Giovanni
12 - Santa Maria (Santa Reparata)
13 - Badia

14 - San Felice
15 - Santa Trinità
16 - San Lorenzo
17 - San Benedetto
18 - San Marco
19 - Santa Croce
20 - Église d'Ognissanti
21 - Palazzo della Signoria (Palazzo del Popolo)
22 - Bargello
23 - Palazzo della Parte Guelfa
24 - Palazzo dei Medici
25 - Palazzo Strozzi
●●●●●● Anciennes enceintes fortifiées

Florence au temps de Machiavel

fleuve, là où, depuis toujours, les ancêtres du clan Machiavel avaient leurs palais. C'est dans l'une de ces maisons, dans la via Romana (aujourd'hui via Guicciardini) qui conduit directement au Ponte Vecchio qu'est né, le 14 mai 1469, le jeune Nicolas. Ici, dans ce quartier où l'on vit entre soi, les gens se fréquentent et se rendent de petits services; ainsi, à une monna Antonia, veuve de Buoninsegna Machiavel et à son fils, Bernardo cède pour quinze jours, juste le temps qu'il aille faire les vendanges sur ses terres, une couette de lit « pleine de plumes de poulets, large de quatre brasses, pesant 44 livres ». Chaque jour, on rencontre les artisans du voisinage, le fripier, le tisserand de toiles, le marchand de vin.

L'hiver, on quitte plus volontiers le bourg de Sant'Andreà; c'est alors la saison des accords, des ventes et des livraisons de barils de vin ou d'huile, des faisceaux de lin ou des charretées de bois. Mais, en toute saison, la ville n'est jamais loin. Une fois par semaine au moins, Bernardo Machiavel s'y montre dans les rues; en compagnie de ses compères, il parle des créances de ses récoltes et de ses engagements. Au cœur de la cité, dans les quartiers des affaires, au milieu des conciliabules qui se tiennent en pleine rue, sur le Ponte Vecchio, près de la porta di Santa Trinità, sur la piazza della Signoria ou encore la piazza degli Strozzi si vivante dans la journée, il noue ses marchés ou se fait rendre compte. Ses métayers, fermiers, débitants, tous ces hommes de la campagne, il ne les rencontre pas volontiers chez eux, sur leurs terres, mais les croise et leur parle dans la ville, dehors parmi la foule. De simples aperçus du *Libro di Ricordi,* au hasard des feuillets, offrent mille scènes qui montrent à quel point la ville et la campagne vivent en parfaite harmonie, se complètent en une sorte de symbiose – ce que certains historiens ont longtemps refusé et refusent encore d'admettre. A leur manière, ces gens des bourgs du district sont bien citoyens de Florence.

Ainsi s'explique la bonne tenue des comptes de Bernardo et son expérience des petits trafics de l'argent, en tout cas de l'usage des pièces. Contre toute attente, il n'emprunte pas : tant bien que mal, assez mal certainement, il peut faire front, fournir les semences à ses fermiers en temps voulu et en quantités suffisantes, acheter de jeunes animaux pour l'élevage et une paire de bœufs lorsqu'il le faut. Mais il connaît bien ces subtiles et délicates pratiques de l'usure largement diffusées dans la cité à travers les différentes couches de la société. Il prête de l'argent – pas souvent certes, et peu à la fois – ou plutôt, il s'efforce de le faire croire, pour rendre service, mais toujours selon les règles de l'art du changeur usurier, avec les précautions qui s'imposent. A sa manière, un peu sordide, Bernardo est un homme d'argent.

Surtout, il possède des parts du *Monte*. Le *Monte*, banque publique de Florence, est une sorte de caisse d'épargne garantie par l'État qui achète par avance des *paghe*, c'est-à-dire des coupons d'intérêts payables seulement un ou deux ans plus tard, à des taux variables. Ces opérations risquées, qui ne portent que sur quelques livres, témoignent simplement du plaisir de s'insérer dans ces jeux subtils de la spéculation sur les titres, d'en attendre quelque profit et d'être, pour si peu que ce soit, client de l'un des banquiers du Mercato Novo.

Dans le même temps, ses métayers tiennent leurs comptes des gains reçus pour les semences sur une taille (petit bâton de bois marqué d'encoches au fur

et à mesure). Dans la maison de Nicolas Machiavel
voisinent donc, sans embarrasser le moins du monde
tous ces gens, des pratiques ancestrales, frustes,
chargées de souvenirs, collées à la terre, et les
subtilités du grand marché monétaire, celui des
changes. Quelques pièces d'or circulent, *florini lar-
ghi,* florins d'or de bon poids que l'on regarde de près,
ou même les grosses monnaies d'or de Bologne qui
valent chacune plus de deux pièces de chez soi et que
l'on s'empresse de négocier. Manigances parfois
incompréhensibles, les fluctuations des cours du
métal et du billon, les hasards inexplicables des offres
ou des engouements pour une frappe, tout ce qui fait
alors le métier du changeur financier, la source
obscure de ses profits et déconcerte tant l'historien
d'aujourd'hui, n'est pour l'homme de Florence que
jeu et simple routine.

Est-il certain d'y gagner quoi que ce soit? Qu'importe si l'on entre dans le cercle, si l'on se fait
reconnaître les pièces en main et quelques mots
d'initiés en bouche... Ces petits commerces d'argent
du père Machiavel font songer à Lipo di Fede del
Sega, ce changeur florentin, originaire de l'un de ces
bourgs de Toscane, qui vivait dans les années 1310-
1320 et quittait de temps à autre son banc de la cité
pour une courte tournée de cinq ou six jours dans les
villages des environs, offrant ses services, troquant les
monnaies les unes contre les autres, se réservant les
bonnes pour les faire fondre au retour, très au
courant naturellement de toutes les différences, spé-
culant sur les mouvements d'humeur des cours,
amassant finalement quelques petites livres.

Pour les fils de Bernardo, pour l'aîné Nicolas,
l'argent se compte et se recompte, se négocie; on en
tire profit. Maîtres de paysans donc, mais aussi
changeurs-nés.

Florence, c'est encore la politique, les relations, les appuis, tant comptent dans la cité des solidarités de quartiers forgées au fil des ans, des périls, des combats de rues ou des simples négoces. Les Machiavel, dans leur paroisse et bien au-delà, ne sont pas des inconnus, au contraire. Depuis fort longtemps, les biographes de Nicolas font remarquer à juste titre que les chroniqueurs florentins – le célèbre Giovanni Villani le premier – les citent parmi les familles guelfes expulsées, bannies sans pitié, poursuivies lors du triomphe de l'armée impériale et des Gibelins en 1260, mais revenues, combien victorieuses, le jour de Noël six ans plus tard. C'est déjà une recommandation!

Certes Bernardo n'appartient pas à l'une des branches les plus illustres et les plus fortunées du nom. Son père ne fit jamais fortune et mourut tout aussi désargenté en 1500. A un moment particulièrement difficile pour Nicolas, quelques malintentionnés affirmeront que son père n'avait été qu'un enfant bâtard. Le souvenir d'ancêtres actifs, bien considérés, engagés du bon côté – c'est-à-dire bien sûr celui des vainqueurs – dans les durs conflits internes de Florence, a certainement conforté une position très précaire par ailleurs. Mais ce passé a aussi marqué l'éducation de Nicolas, comme il dictera pendant longtemps ses choix politiques, ses prises de position, son attachement à concevoir certaines façons de gouverner la cité.

Bernardo est un bien modeste personnage, mais ses parents, plus fortunés, avaient hérité d'une très ancienne tradition que quelques auteurs qualifient encore volontiers de « républicaine ». Au sein de la famille, on vénère les exploits d'hommes placés, d'une façon dramatique parfois, en plein cœur de la tourmente. En 1378, un Guido Machiavel fut un des soixante-quatorze chevaliers armés par le gouvernement des Ciompi et, peut-être, un des aristocrates responsables de ce soulèvement. Une dizaine d'années avant la naissance de Nicolas, un Guido Machiavel s'était opposé à l'espèce de tyrannie ourdie déjà par les Médicis, Côme l'Ancien et Luccà Pitti; démasqué, accusé d'avoir fomenté un complot contre l'État et d'avoir nui à la paix des citoyens, il fut jeté en prison. De tels souvenirs marquent un clan et engagent le cercle des parents et amis. Nicolas construira sa carrière contre les Médicis, ouvertement ou de manière plus subtile, plus discrète, et plus tard, malgré les événements, continuera à prendre parti contre eux. Ce sera la source de ses déboires, la principale raison d'une vie tout à coup manquée.

Membres actifs sinon influents depuis au moins 1260 du parti guelfe, les Machiavel – et Nicolas lui-même – y ont sans doute trouvé des appuis, des instruments pour nourrir leurs ambitions, se faire connaître, gagner quelques charges et quelques honneurs. N'oublions pas qu'en deux siècles cinquante-quatre Machiavel ont obtenu d'importants offices dans l'administration de la ville; plusieurs d'entre eux furent même prieurs et douze gonfaloniers de justice. Ce ne sont pas des médiocres.

A cette époque, à Florence, tout le quartier de la rive gauche de l'Arno garde une vive originalité sociale et politique. On y cultive volontiers le culte de grands ancêtres communs et de grands moments de son histoire. Tenu à l'écart de la cité, situé au-delà du fleuve et mal relié à l'autre rive, ce quartier, ou *sestier* de l'Oltrarno, fut longtemps dominé par quelques grands clans familiaux retranchés au cours des combats dans leurs palais fortifiés hérissés de tours, dressant des murs ou des barrières de fortune en travers des rues pour protéger leur espace. Giovanni Villani, historien et témoin attentif, qui n'approuve d'ailleurs pas du tout ce jeu politique, a bien vu, lors des années 1340-1343, en particulier lors de la chute de la tyrannie du duc d'Athènes, « ceux du sestier d'Oltrarno, grands et *popolari,* se jurer aide les uns aux autres par serment, se baiser sur la bouche pour se dire leur fidélité, et fermer les ponts ». Bardi, Rossi, Frescobaldi, ceux « qui avaient pouvoir sur tous les ponts » tiennent en alerte leurs troupes, fortifient leurs demeures au long du fleuve. Originalité des structures sociales, en tout cas particularisme virulent, désir de s'isoler, ces façons de concevoir la vie politique perdurent au moins par certains traits de mentalité.

Au temps de Bernardo et de ses fils, la société de l'Oltrarno conserve de fortes solidarités de voisinage. Bernardo fréquente et peut servir des gens influents qui ont gardé un certain pouvoir et se lancent à la conquête des grandes responsabilités. Parmi les plus proches, les Soderini : ce n'est certainement pas pure coïncidence si, un peu plus tard, dans les années 1500, Nicolas connaît ses meilleures positions alors que Piero Soderini, gonfalonier de justice élu à vie, tient toute la ville sous sa coupe.

D'ailleurs, pour les Machiavel de Sant'Andreà, l'engagement politique, même mesuré, n'est pas tout à fait lettre morte. En septembre 1478, l'église de San Michele Mogliana, un petit village du Chianti, voit mourir son curé installé là depuis plus de vingt ans. Une courte note du *Libro di Ricordi* nous apprend que le patronage en revenait pour une part à notre branche des Machiavel et, pour l'autre, à la *parte guelfa* de Florence. Pour élire le nouveau curé, on réunit alors cinq membres du clan Machiavel dont Bernardo et les capitaines du parti guelfe assistés de leur notaire. Est-ce une occasion exceptionnelle? Notons que depuis 1260, c'est-à-dire depuis plus de deux siècles, les Machiavel du val Percusina restent liés à ce parti qui a fini par accaparer dans la ville tous les pouvoirs, à se rendre maître et pourvoyeur de toutes les charges administratives, à s'identifier même avec ce que l'on appelle le *popolo.* Car à Florence, comme en tant d'autres cités de l'Italie du Centre, l'arrivée aux leviers de commandes du *popolo,* qui se dit hostile aux grands aristocrates, aux magnats, ne fut jamais, pour l'essentiel, que le triomphe d'un seul parti, le plus souvent celui des Guelfes plus ou moins alliés à la papauté, maîtres de tous les ressorts de l'État.

CULTURE ET HUMANISME

Pour compléter ce tableau sociopolitique de la famille, soulignons encore l'importance d'un autre élément qui a très certainement favorisé l'éclosion d'un talent d'administrateur chez le jeune Nicolas : la formation intellectuelle, et surtout le climat culturel. Dans toute l'Italie, près des princes mais aussi dans les villes « marchandes », à Florence, république de juristes et d'humanistes, l'homme d'avenir ne se distingue pas seulement par son savoir-faire, son habileté : de plus en plus féru de littérature, d'histoire et d'art, curieux de son passé, il lui faut représenter, plaire, assurer la renommée et le prestige de la cité, être bon rhétoricien et orateur, poète à l'occasion; homme d'État et homme de lettres à la fois.

Expert peut-être, habile administrateur et rigoureux, Bernardo Machiavel répondait modestement déjà à ce portrait du citoyen distingué, humaniste et amoureux des lettres antiques; Nicolas, on peut l'affirmer, vécut de longues années dans cette familiarité. Dès le XIIIe siècle en Toscane, Ombrie et Émilie, à Gênes aussi, le notaire se doit d'être un homme de savoir, capable de rédiger ses actes, au courant des droits et coutumes; il entretient bien sûr de fréquentes relations sociales, connaît les intentions et les destins de ses concitoyens, mais surtout se glorifie d'être un homme de plume, riche d'une culture qui dépasse beaucoup le bagage strictement professionnel. C'est à lui que la ville de Florence ou le prince confient la rédaction des titres de chancellerie, leur conservation, leur mise en œuvre. Dans la communauté urbaine ou villageoise, il s'affirme comme l'artisan d'une conscience collective du passé : mémoires, chroniques, discours et panégyriques fleurissent en marge des registres, sur les pages blanches, dans ses cahiers ou livres de raison. Il se plaît à conserver quantité de notes personnelles, à écrire quelque essai poétique, à rappeler en prose ou en vers, d'une manière naturellement fort académique, et le plus souvent emphatique, les grands ou petits événements du moment. C'est dans ce milieu des notaires que s'est d'abord développé le véritable goût de l'histoire exacte, du récit appuyé sur les textes et les témoignages irrécusables.

Comme ces notaires qu'il fréquentait, Bernardo Machiavel fut très certainement un homme de savoir et de curiosités. Les *Ricordi* le montrent allant chez les libraires, copistes ou relieurs, achetant, empruntant, échangeant des volumes, travaillant lui-même sur certains textes. A cette époque où se forment les grandes bibliothèques et où les imprimeurs, depuis plusieurs années déjà, éditent toutes sortes de textes, les bourgeois, les marchands de la cité, les hommes de loi ou encore davantage les notaires en achètent pour eux-mêmes, les entassent dans leurs coffres et les font inventorier lors des partages de famille. Ils se rendent visite pour quelque lecture, ou vont se recommander chez un noble mieux nanti, à la cour du prince, dans tel ou tel couvent ou chez l'évêque.

Bernardo note scrupuleusement tous ses emprunts de livres et, plus encore, pour éviter toute contestation, le jour où il les rend, à qui, dans quelles circonstances, devant tel ou tel témoin. Ainsi, le 2 septembre 1475, il va à Santa Croce, chez les franciscains, restituer un « Tullius », c'est-à-dire un Cicéron, le *De officiis,* sur parchemin, relié en peau de mouton, plus un volume de *Mélanges* contenant divers sermons, le *Livre des Sept Principes,* la *Divisione* de Boèce et la *Topica* (livre de rhétorique) en fragments incomplets; mais, prend-il soin d'ajouter, on ne peut les rayer aussitôt devant lui du registre des prêts qui se trouve *in libreria* car le responsable dit alors la messe; on lui promet solennellement de ne pas y manquer. Quelques mois plus tard, c'est la *Géographie* de Ptolémée (livre, précise-t-il, sans aucune figure) puis les *Philippiques* de Cicéron, sur fin parchemin, volume d'un cuir de couleur violette qu'il a gardé plus d'un an. Du libraire Banco di Casavecchia, chez qui il est allé de bon matin et qu'il a trouvé encore au lit, il rapporte l'*Italia illustrata* sur papier et non reliée. Un peu plus tard, de Giovanni, membre de l'*arte di Por*

Santa Maria, il rapporte l'*Éthique* d'Aristote, le *De
officiis* et « quelques petites œuvres du même Cicéron en vrac, non brochées »; d'un certain Matteo,
marchand de papier, *cartolario,* une *Rhetorica
Nuova* de Cicéron encore et, enfin, de son voisin
Piero, un *Giustino* écrit à la plume sur papier lui
aussi. Autant de livres qu'il dit avoir gardés « pendant plusieurs semaines ».

De son côté, Bernardo prête volontiers ses propres
livres, notamment le *Codex* de Justinien et le *Digeste*
(l'un et l'autre sur papier) à Tommaso Deti, homme
de loi et juge qui veut se renseigner sur le statut des
rebelles dans l'ancien temps « car il fait maintenant
partie de l'*Office della Torre* »; et bien sûr, il indique
le moment – à l'heure du déjeuner – et le nom de
deux témoins qui, par hasard, l'accompagnaient.
Tommaso le lui rendit dès le lendemain.

Ces prêts d'ouvrages savants entretiennent entre
gens curieux des mêmes choses de bonnes relations
d'amitié, mais aussi le sentiment d'appartenir à un
cercle d'initiés, de privilégiés parfois. Les échanges
de livres y contribuent également : en avril 1478,
Bernardo reçoit un Pline « en langue vulgaire »,
c'est-à-dire en toscan, avec une reliure de cuir aux
coins de laiton argenté de Batista dei Poppi, chapelain de San Giovanni; en contrepartie il lui remet le
Commentaire sur « le Songe de Scipion » et les
Saturnales de Macrobe, ce dernier livre imprimé,
recouvert de cuir rouge.

Alors qu'il semble économiser sur tous ses achats,
du moins sur les vêtements, Bernardo continue à
acquérir des livres, il se les fait présenter pour les
examiner, son habitude étant semble-t-il de les garder
quelques jours avant de se décider. Ainsi pour la
Lettura de Bartolomeo de Saliceto que lui a prêtée *a*

vedere (« à l'essai ») Giovanni Benci; ou encore « à voir et pour acheter s'il lui plaisait » le *Commentaire sur l'« Éthique »* *d'Aristote* de Donato Acciaiuoli par le papetier Bartolomeo Tucci. La plupart du temps, ces livres ne sont ni reliés ni brochés, on les achète *in forma, sciolti,* en cahiers que l'on fait ensuite relier : en février 1481, Bernardo s'intéresse à un Prisciano imprimé à Venise, en 39 cahiers; c'était là, note Cesare Olschki, l'édition alors toute récente (1476) faite par les soins de Marco de' Conti et de Gerardo d'Alessandria. Pour cette très belle acquisition, Bernardo ne lésine pas : la reliure sera de beau cuir violet avec deux grands fermoirs et il lui en coûtera trente sous; le libraire, qui fait son prix, en aura terminé en deux jours. De même en juin 1486, pour quatre volumes cette fois, la *Leçon de l'abbé de Sicile* sur la *Quatrième* et la *Cinquième Décrétale,* les *Trois Décades* de Tite-Live, la *Novella* de Giovanni Andreà sur la *Sixième Décrétale* (acheté à un libraire de la via del Garbo) et les *Mercuriales* du même auteur; tous ces ouvrages doivent être livrés dans les huit jours. Pour paiement le relieur reçoit vingt sous, deux barils de vin rouge dont l'un porté chez lui dans sa boutique par notre jeune Nicolas lui-même, trois *fiaschi* de vin encore et un de vinaigre; mauvaise affaire pourtant : le relieur exige d'être payé aussitôt car, dit-il, il n'a pas d'argent pour acheter le cuir convenable. En fin de compte, deux des volumes sont très mal reliés (*contra patti*) et Bernardo les lui donne à refaire.

Lecteur assidu, Bernardo Machiavel n'est pas un véritable collectionneur mais possède cependant quelques beaux livres. Par ses propres travaux, il participe aussi à ce grand élan de l'humanisme florentin. Le 22 septembre 1475, Nicolaus, le célèbre imprimeur allemand installé dans la ville, lui confie les trois *Décades,* c'est-à-dire l'*Histoire romaine* de Tite-Live, en feuillets imprimés pour établir un index « de toutes les cités, provinces, fleuves, îles et mers dont il est fait mention »; ce travail considérable qui ne couvre pas moins de 35 cahiers *in-quarto* est remis le 5 juillet suivant. Le maître imprimeur lui écrit « de sa main et en latin une lettre par laquelle il se déclare satisfait » et pour sa peine lui laisse le Tite-Live sorti ensuite des presses.

Dans cette bibliothèque familiale que le jeune Nicolas pouvait fréquenter à sa guise, retenons ainsi un choix d'ouvrages très éclectique qui reflète les préoccupations et les intérêts de l'époque. A côté des livres « professionnels » – traités de droit et de jurisprudence, soit anciens, soit modernes comme celui du célèbre jurisconsulte Bartolomeo de Saliceto et de quelques textes religieux –, figurent en bonne place tant les grands auteurs de l'Antiquité latine – Cicéron, Tite-Live, Pline – dans le texte ou traduits, que les *Commentaires* d'Aristote ou les descriptions du monde – Ptolémée, Flavio Biondo.

Cet intérêt pour les valeurs sûres n'exclut pourtant pas le désir de connaître d'autres œuvres, même celles disparues depuis longtemps ou restées mal connues. Comme tant d'autres citoyens de Florence curieux du passé, Bernardo lit volontiers nombre de *commentaires,* compilations ou résumés et en particulier, on l'a vu, Macrobe, grammairien de la fin de l'Empire romain, auteur assez médiocre que l'on aurait pu croire négligeable, mais qui fait connaître par ses commentaires différents passages des œuvres de Virgile autrement ignorées.

Ainsi grâce à ces innombrables détails que nous livre le *Libro di Ricordi* pêle-mêle avec des renseignements sur les livraisons de barils de vin ou d'huile, les achats de porcs ou de brebis, les marchés conclus à la foire, les différends avec les métayers se dessine le père de Nicolas Machiavel : un personnage affronté à de dures réalités économiques et en même temps connaisseur attentif, à l'affût des nouvelles publications; un homme qui, à Florence, rend aussi bien visite au marchand de vin et au fripier qu'au libraire, au relieur et à l'imprimeur.

NICOLAS À L'ÉCOLE

Pour l'historien soucieux de suivre les progrès du jeune Nicolas, le *Libro di Ricordi* est plutôt décevant : il ne mentionne l'enfant qu'à douze reprises, et encore y apparaît-il la plupart du temps que d'une façon très anecdotique : achat d'étoffe pour faire un petit manteau et – on l'a vu – d'une paire de chausses; courses chez un marchand ou un créancier pour y porter du vin ou quelques pièces d'argent.

Cependant nous voyons le jeune Nicolas aller à l'école, car son père prend évidemment soin de noter ce qu'il lui en coûte. A l'âge de sept ans, très exactement le 6 mai 1476 : « Le sixième jour dudit mois, Nicolas, mon fils, commence à aller chez Maître Matteo, maître de grammaire, près du pont de Santa Trinità (à Florence), de ce côté-ci de l'eau pour apprendre à lire le *Donatello*; et pour l'enseignement, je lui dois donner cinq sous par mois, plus les vingt sous de coutume pour la pâque. » Le *Donatello*, c'est alors l'a.b.c. du latin que l'on apprend directement en suivant les textes et les leçons d'un auteur du IVe siècle, Donat (Aelius

Donatus), qui fut, pense-t-on, précepteur de saint
Jérôme, auteur de l'*Ars grammatica* et, par ailleurs,
d'un commentaire de Virgile et d'un commentaire de
Térence. Le petit Donat ou *donatello* n'était qu'une
sorte d'abrégé pour débutants.

A peine un an plus tard Nicolas, cette fois à l'école
du couvent de San Benedetto, continue l'apprentissage du latin auprès d'un autre maître, Batista de
Poppi. C'est alors que son père le vêt de neuf : une
petite robe et un manteau, qui lui reviennent à dix
livres pour cinq brasses de bon drap. A douze ans, en
1480, il commence les études du calcul, du *librettino*
ou table élémentaire de calcul chez Piero Maria. En
novembre 1481, de nouveau étude du latin, maintenant en compagnie de son jeune frère, chez un maître
de grammaire, Pagolo di Ronciglione : « Nicolas fait
du latin et Totto apprend le *donato*. »

Sur la vie du jeune Machiavel, on ne sait rien de
plus... Bien entendu, on peut imaginer l'enfant qui
passe chaque jour plusieurs heures chez le maître. Il
est sans doute logé chez un voisin ou à l'école, chez
les frères; il porte toujours le même vêtement solide
et sombre et ramène des provisions des fermes
(« figues, fèves, noix et viandes fumées »), ainsi que
les gros jambons des villages toscans; il a peu ou pas
du tout d'argent : « Je suis né pauvre et j'ai appris à
me priver bien plutôt qu'à m'accorder des jouissan-
ces »; pour principal bagage, un livre, toujours le
même, un volume du père, peut-être précieusement
gardé, sur lequel on s'applique des heures et des
heures. En somme, des études bien bourgeoises : la
grammaire et les rudiments indispensables au maniement des chiffres qui devaient ressembler à celle que
recevaient tous les fils de marchands, tous ceux qui
ne se destinaient ni à l'Église ni au droit par
profession.

Quant aux éventuelles études de Nicolas après l'âge de treize ans, nous ignorons tout. Cinq ans plus tard, à dix-huit ans donc, il aide son père à régler une affaire de vin vendu à Florence. Mais entre-temps? Études universitaires? On en doute fort car il semble qu'il n'ait pas quitté Florence pour aller suivre à Bologne les leçons des maîtres les plus célèbres du temps. Les années d'apprentissage du jeune homme se résument donc à la pratique du latin, à la lecture des belles-lettres non pas au collège mais chez lui, près de son père, qu'il seconde peut-être dans ses travaux de copiste ou de compilateur.

Ce long examen de la vie du père, de ses biens et de ses activités, de ses fréquentations et de ses curiosités permet de préciser le profil social et culturel de la famille et, plus précisément, du jeune Nicolas. « Nobles » florentins, les Machiavel ne se situent plus parmi les familles en renom qui s'imposent par leur fortune ou leur pouvoir politique, mais ils se réclament d'une assise rurale et d'un passé de luttes, d'exils, de fidélité au parti guelfe et à l'administration collégiale de la cité, d'opposition à la tyrannie d'un homme ou d'un clan. Ils ont un attachement fondamental, quasi inconscient et spontané, viscéral en quelque sorte, à ce que certains appellent la « tradition républicaine » de Florence. Ils ont aussi une solide culture humaniste nourrie et confortée par « la leçon constante des choses anciennes », par l'exemple de la République romaine surtout, à laquelle tout au long de sa vie, dans toutes ses œuvres, ses réflexions et ses projets politiques, Nicolas ne cessera de faire référence, parfois obstinément. Dès le plus jeune âge, son père, ses livres lui ont inculqué un amour de l'antique que des études

fondamentales ont peut-être entretenu; un amour que
l'on trouvait déjà fortement ancré chez les écrivains
de profession, mais aussi chez nombre d'hommes de
gouvernement, attachés à s'inspirer des vertus et des
fastes de la Rome républicaine bien avant les humanistes du Quattrocento.

Le goût de Rome, l'admiration pour ses héros, le
désir de refaire l'histoire dans ce sens, Machiavel
peut les trouver, très vifs, à certains traits jusqu'au
ridicule, chez quelques tribuns des cités italiennes
dont, visiblement, il connaît bien les hauts faits, les
heurs et malheurs. Cet élan marquait, par exemple,
un dictateur « populaire » comme Colà di Rienzo, fils
d'un notaire et venu lui aussi de la campagne, maître
de Rome dans les années 1347-1348, ordonnateur de
splendides fêtes pour faire revivre le souvenir et le
culte de la Rome dominatrice du monde. Il semble
bien que dès les années 1300, en Italie, singulière-
ment à Rome et à Florence, les études de grammaire,
de la langue latine, la pratique du droit, les références à des textes variés, aient provoqué puis maintenu
une conscience politique d'origine tout intellectuelle
qui, par de constantes références aux œuvres, aux
commentaires, aux traités de l'Antiquité, prônait un
ensemble de vertus, de structures et d'institutions.
Ceci surtout dans le monde érudit des notaires, des
hommes de loi, là où se recrutent plus volontiers les
chargés d'office, secrétaires, administrateurs.

Sans aucun doute, Nicolas Machiavel hérite de
cette tradition. Son destin et sa fortune – toute
mesurée – ne tranchent en aucune manière sur les
habitudes du temps; et pas davantage ses idées, ses
prises de position ni ses attachements. Sa pensée se
nourrit de tout un ensemble de références apprises.

CHAPITRE II

L'initiation

C'est en 1497, à l'âge de vingt-sept ans, que Nicolas obtient son premier emploi. Il est chargé – le fait est assez significatif – d'écrire un rapport sur l'échec d'une tentative de prise du pouvoir par Pierre de Médicis. L'affaire ne date que de quelques semaines lorsqu'il entreprend d'analyser les faits et les complicités. Ce sont là des réflexions d'un lettré pour servir aux hommes d'action ou pour alimenter le récit officiel des événements et forger ainsi une « bonne » histoire du passé; un témoignage qui symbolise une sorte d'engagement contre la tyrannie, du moins contre les Médicis. Au demeurant, cette tâche médiocre n'a rien de glorieux et n'annonce nullement une carrière fulgurante. L'année suivante, le 28 mai 1498, à la faveur d'un remaniement total des offices, la fortune sourit enfin à Nicolas Machiavel : le voici nommé secrétaire et peu après responsable de la seconde chancellerie de la Commune – un poste important, envié, aux appointements non négligeables de 100 florins par an.

Ainsi, au terme d'une bonne dizaine d'années d'une vie obscure, où il vécut sans doute de petits emplois, connut la gêne, et rechercha les appuis, s'ouvre la première porte. Mais pendant dix ans, Nicolas a observé, peut-être pris parti, forgé et affermi une conscience politique dans cette ville que secouent tant d'événements dramatiques, de bouleversements et d'ambitions, cette ville de marchands qui se veulent des princes, et de prophètes naturellement tyrans.

LA VILLE DISPUTÉE : PARTIS ET FACTIONS

Florence est une cité prospère qu'ont enrichie depuis des siècles le commerce et l'industrie des draps. Ville conquérante, maîtresse d'un véritable État territorial, elle n'a jamais connu dans ses propres murs que des temps troublés, de longues suites de luttes sanglantes qui dressaient parti contre parti, famille contre famille. Nées de misérables querelles, d'affronts, de rixes après boire, d'enlèvements de femmes et de séductions, les petites querelles faisaient tache d'huile, rameutaient clients et voisins alors que les cris séditieux, les appels à l'aide et au meurtre couraient toute la ville jusqu'à atteindre une véritable dimension politique. Combats de rues ou basses vengeances, assassinats, exils et confiscations, lois d'exception, espoirs insensés de retours victorieux, recherches d'alliances chez les princes d'Italie ou d'outre-Alpes, ponctuaient la vie de la cité... Autant de conflits qui contrastaient avec les éclatants succès des conquêtes économiques, de la banque, les innovations techniques, à une époque où, grâce à leur étonnante richesse, les grandes compagnies familiales tissaient dans tout l'Occident leurs réseaux d'affaires et de succursales.

A l'intérieur de Florence donc, les factions s'acharnaient à se nuire ou même à s'éliminer en s'appuyant sur de fortes clientèles attachées aux clans aristocratiques, eux-mêmes bien structurés par une organisation militaire de caporaux et capitaines de partis. La nature de ces partis, factions, sectes – le vocabulaire des chroniqueurs, souvent hésitant, reste fluctuant – se définit mal : ni idéologie, ni opposition sociale, ni action déterminante des alliés de l'extérieur; ce sont des alliances politiques, cimentées par des voisinages et des liens de parenté.

Le drame à Florence, comme dans toutes les villes d'Italie, est que cette compétition pour conquérir et garder le pouvoir se veut toujours définitive et exclusive, sans partages ni pardon. Malheur aux vaincus! Ignominieusement chassés, leurs palais mis à bas, leurs biens confisqués, les voici bannis, rebelles ou « gens du dehors ». Condamnés à un exil difficile, ils doivent trouver gîte et réconfort chez des amis ou monter la garde dans leurs châteaux ou leurs fermes, impuissants, inactifs pour ne pas attirer l'attention sur eux. Après tant d'autres, Nicolas connaîtra lui aussi les rigueurs de l'exil politique qui, dans ces villes d'Italie pourtant réputées – ironie des renommées – pacifiques, prend une dimension considérable. La menace pèse sur chacun, et la cruelle condition de l'exilé marque la société politique et même, on l'oublie trop, toute la civilisation de l'époque. On en mesure les prolongements littéraires avec Dante Alighieri et tant de poèmes politiques qui s'inspirent alors des malheurs du proscrit, du souvenir ému de la patrie perdue, de l'âcre désir de vengeance.

Coupés de leurs liens sociaux habituels, dépossédés, parfois misérables, ces bannis, poursuivis par l'acharnement de leurs ennemis, souvent errants,

cherchent à servir et à survivre par le métier des
armes, capitaines d'aventure; ou bien aidés des amis
d'autres cités, ils s'adonnent volontiers au commerce
et aux trafics de l'argent, banque et usure, à des
pratiques qui remontent fort loin dans le passé et
deviennent alors habituelles. Les prêteurs sur gages
et les marchands, ces hommes que l'Occident devait
appeler les « Lombards », venaient effectivement
dans les années 1100 de Plaisance ou de Milan;
frappés d'interdit dans leur cité, contraints à la
diaspora, ils avaient fui les représailles des Allemands vainqueurs. Au temps de Machiavel, ces
« Lombards » sont plutôt des Toscans de Pistoia, de
Sienne ou de Florence, qui, à la suite de mauvaises
fortunes, sont partis chercher une autre chance en
France, en Angleterre ou en Allemagne. Et, de ce
fait, les établissements à l'étranger des grandes
compagnies florentines s'étaient développés après
1260, lorsque les chefs de ces compagnies guelfes,
bannis de chez eux mais assurés de l'appui du pape,
avaient pu s'imposer à Rome, à Naples, plus tard à
Avignon et auprès des rois et des princes.

Ces graves conflits entre les factions florentines ne
sont pas encore apaisés dans les années où Nicolas
Machiavel fait l'apprentissage du jeu politique. Au
XIIIᵉ siècle, elles avaient d'abord vu s'opposer les
Gibelins – ceux-ci aidés par l'empereur et donc
souvent vainqueurs lors des campagnes en Italie des
armées allemandes – et les Guelfes, réputés parti de
l'Église. Chassés de la ville en 1260, les Guelfes y
revenaient triomphants en 1267. Sans vergogne, ils
s'identifiaient à la Commune et au gouvernement
collégial des représentants des arts (les associations
de métiers), cette forme de gouvernement que l'on a
volontiers appelé le *popolo*. L'avènement du *popolo,*

dont les historiens de la cité parlent avec une sorte d'attendrissement ou d'enthousiasme, ne modifie ni les structures ni les formes d'un gouvernement toujours très aristocratique, mais marque la victoire totale du parti guelfe. C'est lui qui tient en main les rouages et les rênes du pouvoir, lui qui contrôle strictement l'accès aux honneurs et aux offices, et son palais, le Palazzo della Parte Guelfa, insolent d'aplomb, se dresse en plein cœur de la cité.

Pendant des générations et encore au temps de Nicolas Machiavel, l'histoire de ces batailles, de ces drames, intrigues et trahisons, reste naturellement présente dans les mémoires. Entretenue par toutes sortes de récits dont le ton va de l'intransigeance passionnée à l'objectivité apparente, elle inspire parfois un véritable cycle épique : elle est l'histoire même de la cité, tout ce qui compte dans le passé, ce que l'on étudie et ce dont on se souvient. Aux approches des années 1500, le parti, la *parte guelfa* surtout, rassemblant à des fins politiques une importante clientèle de proches, petits parents, protégés et obligés, apparaît toujours comme une constante de la vie publique florentine et l'un de ses éléments moteurs. On fait carrière et on réussit, on se maintient dans le poste, dans un cercle d'amis, de fidèles, dans le cadre d'une clientèle. Comme tout Florentin, Nicolas ne l'ignore certainement pas.

TYRANNIES ET CONJURATIONS

Cependant une suite de bouleversements aboutissait à une autre forme de pouvoir, celui du tyran arbitre. Déjà dans les années 1100, aux premiers temps de la Commune, les querelles entre les clans, entre les familles « consulaires », ne s'apaisaient qu'en faisant appel à un podestat, ce juge-arbitre, chef d'une petite milice, qui rendait des sentences sans appel et réglait vite les litiges : étranger à la ville, homme de profession sans autre ambition, installé pour six mois ou tout au plus un an, le podestat ne faisait peser aucune menace ; temps des sages peut-être... qui ne pouvait durer bien longtemps devant la montée des violences et l'exaspération de conflits de plus en plus sanglants.

La ville semble alors offrir une proie facile aux ambitions des hommes sachant se faire obéir qui, grâce à l'appui d'un vaste consensus populaire, rêvent aussitôt d'y établir une dynastie princière à la manière de celles qui l'ont emporté dans les petites villes des Marches et de Romagne et aussi, plus difficilement, à Ferrare et Mantoue, à Vérone et Milan. Florence avait connu une première tentative de ce genre avec Gautier de Brienne, duc d'Athènes, protégé du roi Robert de Naples, élu seigneur à vie de la ville en 1342 ; son pouvoir, qui n'avait duré que quelques mois, s'était effondré dans le mécontentement général, et l'affaire s'était terminée, semble-t-il, par la réconciliation des familles de l'aristocratie.

Partout en Italie, les tyrans, de plus en plus assurés, s'emparaient des cités gouvernées par une Commune, par un *popolo* même. Dans la ligne d'une certaine tradition, ce sont le plus souvent des seigneurs de la guerre, ces *condottieri*, réputés hommes d'audace et d'aventures, tel Francesco Sforza à Milan en 1450. Le tyran peut être aussi un chef de la ville elle-même qui possède maisons, terres, fiefs et châteaux dans les campagnes et s'entoure d'une nombreuse clientèle : près de Florence, à Bologne, ville guelfe, ville de *popolo,* règne dès 1401 Giovanni Bentivoglio dont la dynastie se maintient, avec l'aide des Milanais puis du pape, sans discontinuer, jusqu'en 1506; les Bentivoglio devaient d'ailleurs reprendre un peu plus tard le pouvoir, cette fois avec l'appui des Français.

A Florence, la montée de telles ambitions familiales et personnelles est plus lente; sans éclat et sans bruits de bataille et de victoires, elle prend un tour plus rassurant, quasi « bourgeois », et se pare de multiples vertus. Il s'agit bien entendu des Médicis qui ont derrière eux déjà un bon siècle d'action politique, d'engagements dans les luttes et les intrigues. D'origine assez obscure, ils avaient mis sur pied une compagnie marchande, qui prit d'abord le relais de celles acculées aux faillites, puis s'imposa comme l'une des principales puissances financières de l'Occident. Côme l'Ancien (mort en 1464) avait largement consolidé cette fortune et cette renommée grâce à l'estime des grands marchands; il avait rassemblé autour de lui un groupe de partisans dévoués et, par personnes interposées, finalement dominé ou contrôlé tous les pouvoirs de la ville. Après l'interrègne du fils de Côme, Pierre le Goutteux, Laurent s'emparait du pouvoir en 1469, l'année même de la naissance du jeune Nicolas Machiavel.

Nicolas a neuf ans lorsqu'en 1478 Florence connaît un fort courant de mécontentement et surtout un complot qui met gravement en péril le règne si brillant de Laurent le Magnifique : c'est la conjuration des Pazzi, une famille de grands marchands depuis longtemps opposée aux Médicis. Les Pazzi ont tissé autour d'eux un réseau d'alliances : celle du pape, Sixte IV, d'origine génoise – c'est un Della Rovere de la Riviera ligure – qui fortifie sa clientèle à Rome, pratique un népotisme déclaré pour sa propre sécurité puis pour servir les siens et, ce faisant, rencontre souvent sur son chemin les Médicis.

Les Pazzi conjurés se regroupent autour de Jacopo de' Pazzi et projettent de tuer Laurent et son frère Julien. Le complot, mené d'une façon maladroite, peu discrète même, n'est pourtant pas découvert. Mais il échoue pour le principal : le 26 avril, dans la cathédrale de Santa Maria del Fiore, les conjurés entourent les deux frères pour les poignarder; Julien tombe sous leurs coups tandis que Laurent, qui a réussi à s'échapper, s'enferme dans la sacristie et rameute tous les siens. Les Pazzi tentent vainement de fomenter une révolte de rues et de s'emparer du palais de la Seigneurie. Les Médicis tiennent toujours la ville. Acclamé à travers les rues, Laurent conduit lui-même une sanglante répression : les conjurés, les membres de leurs familles, leurs amis mêmes, sont poursuivis, condamnés en hâte, pendus aux fenêtres du palais, livrés à la foule, horriblement massacrés, et leurs cadavres mutilés sont exposés et traînés dans la ville. D'autres ne doivent leur salut qu'à une fuite précipitée, honteuse, cherchant de lointains refuges... pour l'un d'eux jusque chez les Turcs; le sultan ottoman Mahomet le livra d'ailleurs à Laurent quelque temps plus tard. Quant au patriarche Jacopo de' Pazzi, il fut pendu et d'abord enterré par les siens dans la sépulture familiale de Santa Croce, puis on ordonna d'exhumer son corps et de l'ensevelir hors de l'enceinte au pied des murs afin qu'il ne souille pas la cité, mais des troupes d'enfants déterrèrent son cadavre, le promenèrent dans toute la ville et le jetèrent dans l'Arno; d'autres bandes en repêchèrent les membres un peu plus loin...

Très jeune – il va à l'école depuis deux ans déjà –

Nicolas Machiavel a donc connu ces scènes d'horreur qui défrayaient la chronique dans toutes les familles. On imagine bien les innombrables bruits qui couraient sur la découverte du complot, sur la terrible punition, les délations et les meurtres; un tel climat de peur et de violence – à certains moments de véritable hystérie collective – aurait suffi à marquer son esprit pour la vie, à nourrir ses souvenirs et ses réflexions. Beaucoup plus tard, il consacre un des plus longs chapitres du *Prince* à l'étude des conspirations « dangereuses tant pour les sujets que pour les puissants ». Il les réprouve décidément et en montre surtout les aléas : « Il n'est pas d'entreprise plus dangereuse et plus téméraire pour les hommes qui s'y hasardent » ou encore : « Les périls auxquels on s'expose dans les conspirations sont d'autant plus grands que tous les moments ont leurs dangers... » Il en disserte longuement, énumérant les précautions à prendre pour choisir sûrement ses complices et garder absolument le secret. Ces recommandations marquées du plus solide bon sens sont toujours empreintes d'un ton désabusé; c'est, on le sent bien, un discours amer où perce un grand scepticisme : « Quant à la fidélité de vos complices, si vous la mesurez à leur mécontentement contre le prince, vous risquez fort de vous tromper : déclarer votre dessein à un mécontent, c'est lui fournir les moyens de se contenter aussitôt, à moins que sa haine du tyran ou votre autorité aient assez de force pour qu'il vous reste fidèle. » Nicolas continue ainsi en multipliant conseils et mises en garde comme s'il traitait là un de ses sujets favoris : défiance exacerbée, véritable obsession de la trahison, le principe étant de ne confier le projet à ses alliés qu'au tout dernier moment, pour ne pas leur laisser le temps de vous accuser.

Dans ce maître chapitre sur les conspirations comme dans nombre de ses œuvres ultérieures, Machiavel s'inspire des leçons de l'histoire, des hauts faits des Romains ou de leurs déconvenues; il en tire des leçons politiques non sans artifices, appelant constamment à la rescousse d'illustres exemples qu'il nourrit d'un bagage livresque parfois encombrant. Mais ses souvenirs personnels, son expérience et, sans aucun doute, les confidences de ses proches, notamment de son père, ont tout autant compté. Par deux fois, il cite les Pazzi et analyse leur triste entreprise : il rappelle d'abord que le lieu et la date de l'exécution avaient été remis afin de montrer les inconvénients d'un changement de plan; puis, pour dire la difficulté d'attaquer et d'atteindre deux hommes en même temps, il ajoute : « Porter deux coups de cette nature, et cela dans le même instant, sur deux personnes, cela tient du miracle, c'est risquer que la première tentative donne l'éveil et fasse échouer la seconde. » D'ordinaire, Nicolas ne parle pas si volontiers des drames de sa propre ville auxquels il a assisté. Mais les Pazzi, leur échec et leur supplice hantent encore sa mémoire. Peut-être les considère-t-il comme de malheureux champions de la lutte contre la tyrannie et rejoignent-ils ainsi certains de ses aïeux, vénérés dans sa famille, qui eux aussi en des temps plus lointains se sont opposés aux abus de pouvoir et aux usurpations.

SAVONAROLE; LE TEMPS DES PRÊCHES ET DES BÛCHERS

Avec Savonarole, sa tyrannie et son supplice, une autre tragédie secoue la ville. Nicolas est maintenant un jeune homme. Engagé dans les travaux et peut-

être dans les jeux de la politique, il cherche à faire un
début de carrière et donc à se situer dans un parti,
une clientèle.

Né à Ferrare, Jérôme Savonarole était le fils d'un
médecin, protégé d'abord par les Este, parti familier
de la cour. En 1475, à l'âge de vingt-deux ans, sans
doute à la suite d'une déception amoureuse, il quitte
brusquement le monde et ses facilités pour prendre
l'habit de dominicain. Amer, intransigeant et excessif
en tout, il entreprend aussitôt un violent combat pour
la réforme des mœurs; il prêche et enseigne, mène
une sorte de croisade de pureté contre le luxe des
cours, les toilettes et les bijoux, contre les jeux
futiles, les vices et les malhonnêtetés ainsi que les
profits illicites. En 1483, le voici à Florence, dans le
couvent de San Marco, soutenu par Pic de la
Mirandole et d'autres amis de Laurent le Magnifique, puis par Laurent lui-même. Il affirme que Dieu
lui est apparu au cours d'une vision pour lui annoncer
la fin du monde. Dieu l'a choisi, dit-il, pour prêcher
en son nom et l'a désigné pour le martyre. Absent
quelque temps, il revient en 1490; de plus en plus
audacieux et agressif, hostile à tous les pouvoirs
constitués, il n'hésite pas à attaquer Laurent, ses
proches, ses courtisans et la vie dissolue qu'ils
mènent; or cette fois, il prêche non plus simplement
dans le cloître de San Marco, mais au cœur de la
ville, dans la cathédrale, où il attire les foules. La
mort de Laurent, en 1492, ne laisse face à Savonarole
qu'un piètre adversaire, Pierre de Médicis, dit à juste
titre le Malchanceux. Cet homme maladroit, qui ne
dispose plus que d'une fortune très amoindrie, se
montre incapable de résister à un tel courant de
ferveur populaire. En novembre 1494, abandonné de
tous les siens, il fuit la ville tandis que des pillards en
colère se rendent maîtres de son palais.

Savonarole à présent règne en maître. S'en prenant au pape Borgia, Alexandre VI, et au luxe de sa cour, il appelle toute la Chrétienté à réunir un concile pour le juger. Une sorte de folie collective savamment orchestrée, un désir de pureté quasi hystérique s'empare de la ville. Les jeunes, « enfants de Savonarole », gardiens des mœurs, parcourent les rues, poursuivent les bourgeois qui montrent leur richesse et apportent pour les brûler sur de grands bûchers des monceaux de draps de soie, de tapisseries et de broderies, les jeux de toutes sortes et les livres profanes. De belles œuvres, certainement d'une grande valeur artistique, disparaissent ainsi, livrées aux flammes de ces feux expiatoires de la révolution culturelle. Mais Savonarole, ou plutôt l'un de ses frères dominicains, s'affirment prêts à prouver leur sainteté en traversant un bûcher en flammes; ils tardent beaucoup, remettent, et finalement déçoivent la foule impatiente d'assister au beau spectacle. Discrédité, privé de ce soutien populaire, arrêté, condamné comme hérétique et livré au bras séculier, le frère prophète, hier encore adulé, est brûlé vif sur la place de la Seigneurie le 23 mai 1498.

Bien plus que l'affaire des Pazzi, ces quatre années où la ville pliait et ployait sous la férule du dominicain, où tous les cadres politiques étaient bafoués, ont certainement inspiré à Nicolas Machiavel d'amère et décisives leçons. Sans doute était-il de ces hommes attachés à d'autres formes de vie publique, aux traditions de la cité, à un gouvernement policé, de ces hommes réfractaires aussi à ces grands élans mystiques, à ces enthousiasmes puérils, et qui attendaient la chute du perturbateur. Nicolas devait porter sur le prophète un froid regard d'analyste qui ne laisse aucune place à une quelconque admiration ou sympathie. En mars 1498, bien loin de se laisser entraîner par les prédications enflammées, il adresse une longue lettre à l'un de ses compatriotes installé à Rome pour lui dire, tout à plat, le ton et la teneur des sermons du frère. C'est là une des toutes premières missives de sa main qui nous soit restées et ce compte rendu d'informateur met en lumière les techniques de l'orateur aussi bien que les réactions des foules venues l'écouter. Opération « politique », affirme Machiavel, car Savonarole craint que ses ennemis ne l'emportent et son sermon n'est fait que pour « resserrer autour de sa personne tous ses partisans et les rendre plus décidés à le défendre ». Discours de combat donc, inspiré d'une vue manichéenne, montrant les Florentins partagés entre le camp de Dieu et le camp du diable. Discours ponctué aussi de dénonciations, de menaces, qui développent une vue apocalyptique de l'avenir : il y a dans la ville un homme qui ne songe qu'à prendre le pouvoir, à le chasser, lui, le serviteur de Dieu, et à l'excommunier : « Il en dit tellement que le jour d'après chacun, dans la rue, avançait le nom d'un citoyen qui est aussi près d'être tyran que vous l'êtes d'être en ce moment au ciel. Et ainsi va-t-il réglant son discours sur les événements et habillant ses mensonges. » Et Nicolas, malgré tout impressionné par Savonarole, résume son jugement : « Ce ne fut pas petite merveille que d'entendre avec quelle audace il entonne son sermon et avec quelle intrépidité il le mène à bonne fin. »

Le tyran a tenu la ville par la magie du verbe, par les appels et les menaces, par l'exemple d'une vie de pénitence, parlant sans cesse de châtiment divin, méprisant toutes les futilités, l'or et les jeux. Quelle école pour le jeune Nicolas qui termine alors son apprentissage de secrétaire, sans doute occupé à

quelque petite besogne de scribe, en attendant que la
roue tourne! Quel fascinant spectacle que de voir
Savonarole diriger les foules à sa guise, les accabler
d'anathèmes, fustiger des coupables inventés, peindre
à grands cris d'imaginaires noirceurs! Quelles luttes
d'influences sournoises, et ces appels à Dieu et à
Rome! Et cette ville déchirée entre deux partis
condamnés à se battre sans merci : les *arrabiati*
(enragés), adversaires résolus du dominicain qui
dansent et chantent des chants de carnaval, et les
piagnoni (pleurnichards) qui psalmodient et se mor-
tifient!

LE PIED À L'ÉTRIER; NICOLAS À LA CHANCELLERIE

En 1498, le prophète-tyran censeur des mœurs
enfin abattu, les gens des conseils et magistratures,
soulagés de ce pesant contrôle, reprennent leurs
droits et prérogatives... La cité retrouve ce gouvernement collégial que certains se plaisent ou se laissent
aller à qualifier de « républicain », alors qu'une
aristocratie plus ou moins étroite dirige tous les
organes de l'État, rouages complexes aux subtils
ressorts. Définir la nature précise du gouvernement
dans une cité d'Italie à cette époque, en démonter le
mécanisme, peut à juste titre décourager les meilleures volontés : ce ne sont qu'ambiguïtés, incertitudes,
chevauchements et interférences. Retenons pour l'essentiel d'abord une étonnante multiplication des
conseils et des magistrats. Au cours des siècles, la
Commune n'a cessé d'évoluer, de se parfaire ou de se
réformer, mais presque toujours en superposant,
ajoutant d'autres organes à ceux déjà en place. L'idée

d'une institution rénovée, dont on déroulerait aisément les fils, paraît alors totalement étrangère aux hommes : tout se résume en un rapport de forces entre les partis, entre ceux qui peuvent désigner les officiers et magistrats.

L'histoire institutionnelle de Florence ou plutôt celle des pratiques du gouvernement montre en fait différentes formes de Commune et de *popolo*. Celui-ci, si souvent invoqué, se définit tant bien que mal comme une assemblée d'associations de métiers, les Arts, qui désignent périodiquement des représentants, les prieurs, appelés à diriger les affaires publiques, à tenir en main le pouvoir; ce système fort complexe, quasi indéchiffrable, laissait le champ libre aux manœuvres et aux marchandages par un savant dosage de tirages au sort et d'élections. Les prieurs (petit collège de six à huit personnes) prenaient le pas sur l'ancienne Commune des consuls et du podestat; ils se donnaient un chef, le gonfalonier de justice, porte-drapeau. Le *popolo* cependant s'est donné un autre chef élu, le capitaine du peuple, juge, magistrat, et un Conseil général. Pourtant restaient encore en place d'une part la Seigneurie, héritière de la Commune traditionnelle, et, d'autre part un conseil des Dix un moment magistrature d'exception qui fut ensuite renouvelée régulièrement. On ne saurait donc trop dire qui gouverne vraiment au temps où Machiavel s'initie au jeu politique : la Seigneurie, les prieurs ou les Dix... Pour compléter ce tableau déjà bien chargé, signalons encore les milices de quartiers ou de métiers, les sociétés de paroisses puis, à partir du temps de Côme l'Ancien, les fidèles du parti médicéen, organisés et conduits par des hommes de confiance, formant une véritable « Commune médicéenne » plus ou moins occulte, gouvernement de l'ombre. Autant de pouvoirs mal partagés, autant de palais affirmant dans le paysage urbain les ambitions de chaque groupe : Palazzo del Comune, ou della Signoria, Palazzo del Podestà ou Palazzo del Popolo (le Bargello), Palazzo della Parte Guelfa, sans oublier les arrogants palais des Médicis, près de leur église de San Lorenzo.

S'il paraît bien présomptueux de démêler les fils d'un tel écheveau et de suivre ce jeu politique dans ses manifestations les plus simples, une certitude s'impose : tout pouvoir réel appartient à une aristo-cratie, à une oligarchie de grandes familles, hommes d'affaires manieurs d'argent, directeurs ou membres influents des compagnies marchandes, grands pro-priétaires de palais, de terres dans le district florentin – le *contado* –, voire de fiefs et de châteaux. Parler de *popolo* et des Arts, c'est en fait évoquer un recrutement de conseils et des prieurs parmi les arts majeurs du *popolo grasso : Arte di calimala* (change et grand commerce), *Arte della lana* (drapiers), *Arte di Por Santa Maria* (les soyeux), apothicaires, épi-ciers et médecins, fourreurs, juges et notaires. Les autres métiers restent à l'écart et ne participent aux affaires publiques que pour de petits offices, pour l'administration de leur profession, de la paroisse ou, tout au plus, du quartier. Malgré quelques sursauts, protestations et même révoltes de ces Arts mineurs – révoltes favorisées sinon conduites par tel ou tel grand personnage ambitieux –, l'aristocratie mar-chande demeure au pouvoir et garde solidement en main toutes les charges importantes; elle en dispose pour les siens, pour ses clients et ses protégés, invoquant constamment le bien public, la nécessité de maintenir la paix au sein de la cité, le *popolo* et la tradition.

C'est ainsi que Nicolas Machiavel se voit confier son premier office, à la faveur du grand bouleversement qui suit immédiatement la chute du dominicain; cinq jours seulement après l'exécution de Savonarole sur la piazza della Signoria, le voici désigné pour le poste de secrétaire de la chancellerie. Les maîtres de Florence affermissent très vite leurs positions. Multipliant les précautions contre de tels errements, ils renforcent la cohésion des conseils, surveillent les élections et les tirages au sort, puis procèdent à une véritable purge dans toutes les charges. Après un complet renouvellement des grands conseils du gouvernement (Conseil des Dix en tête et des autres collèges qui siègent au Palais), on s'en prend aux organes d'exécution. Deux grands bureaux qui dépendaient alors directement des Dix assumaient l'expédition des affaires, la correspondance officielle, la rédaction des actes et des instructions : l'un, la première chancellerie, s'occupait de la diplomatie et les relations avec l'extérieur; l'autre, la seconde chancellerie, de la ville et de son district. L'épuration écarte tous les amis, protecteurs, simples partisans de Savonarole; dans les chancelleries, le poète humaniste Ugolino Verino et l'ambassadeur Alessandro Braccosi qui s'était tant employé à ménager de bons rapports avec le pape, à retenir ses foudres contre la ville et son prophète seront remerciés : deux hommes de talent et de réputation bien assise, en outre écrivains distingués, sont ainsi chassés par la tourmente.

Présenté au collège des Requêtes, Nicolas Machiavel est définitivement choisi le 19 janvier 1499 par le conseil des Quatre-Vingts et par la direction de la deuxième chancellerie. Il y avait deux autres candidats : Francesco, un personnage plutôt obscur mais fort douteux, notaire de profession semble-t-il, qui s'était acquis quelques titres de reconnaissance auprès des adversaires de Savonarole en falsifiant plusieurs pièces lors du procès du dominicain; et Francesco Gaddi, maître à l'Université, orateur et professeur d'éloquence.

Le choix ne pouvait scandaliser. A ces postes de la chancellerie, il semblait naturel de placer un homme de lettres ou de loi. Depuis deux siècles au moins, dans toutes les villes d'Italie, les notaires assistaient de leurs conseils le podestat et les consuls, rédigeaient les procès-verbaux des réunions et des sentences, tenaient à jour les registres des décisions, écrivaient ou recevaient les missives; on les appelait également pour administrer les bourgs du district. Nicolas Machiavel, fils d'un petit magistrat et officier de la Commune, lui-même nourri par la lecture de quelques traités anciens, riche déjà d'une expérience acquise dans la mouvance d'un office, vraisemblablement du collège des Requêtes, répond bien à ce profil de sage et d'habile administrateur.

Et pourtant, si l'on considère l'âge de Nicolas – trente ans à peine – ce choix peut étonner. Il ne s'explique que par sa solide réputation d'homme sérieux, actif, sensé et appliqué, déjà rompu à toutes les pratiques du sérail, comme par différents appuis et protections. Nous l'avons noté, les Machiavel, malgré leurs ressources financières limitées, disposaient encore d'une certaine considération. Tout au long de sa carrière, Nicolas continue à solliciter des amis qui l'encouragent, ou le mettent en garde contre les intrigues et les basses manœuvres. Le voici déjà bien intégré à un groupe de protégés, à une clientèle, une sorte de parti même. C'était alors, dans le jeu politique, l'usage et une nécessité.

L'homme qui veille sur Nicolas dans les premières années de sa vie publique, l'homme qui le protège, est Adriani qui signe Marcellus et se fait appeler Marcello Virgilio. Ce Marcello, qui enseignait à l'Université, venait d'être installé dans la charge de chef de la première chancellerie. On imagine aisément son influence et quelques notes ou lettres encore conservées, quelques allusions dans les missives de ses subordonnés, le montrent, sinon très assidu à fréquenter le palais et les Conseils ou empressé aux écritures, du moins toujours fidèle à Nicolas, qui est de neuf ans son cadet. C'est bien Marcello qui l'aurait fait placer à la tête de l'autre bureau pour l'avoir à ses côtés et travailler avec lui.

Machiavel, à peine élu, fait merveille. Il se dépense sans compter, toujours prêt à rendre compte, à relancer les affaires pendantes, à nouer des liens avec les Dix, à se gagner de nouveaux collaborateurs attachés à sa personne qui le secondent mais aussi le défendent. Bientôt, il s'occupe d'un grand nombre d'affaires. Homme d'action intrépide dans ce cercle de scribes, il se rend indispensable, lit les lettres, les classe, est au courant de tout. Peu à peu, profitant d'une certaine confusion dans la répartition des charges, il conduit les travaux des deux chancelleries, sous le nom d'Adriani-Marcello, le premier secrétaire en titre, qui est fréquemment absent. Travaux de bureau certes, d'expédition, mais les magistrats, prieurs, gonfalonier, les conseils changent souvent; leurs hommes restent peu de temps en place tandis que les secrétaires, chevilles ouvrières, dépositaires des intentions des maîtres, connaissent chaque affaire et peuvent poursuivre plusieurs années consécutives une action obstinée d'administration ou de diplomatie; secrétaires bien sûr, mais inévitablement hommes politiques, qui à leur façon pèsent sur la marche des affaires publiques. D'autant que ces chancelleries ne font pas qu'écrire et recevoir; leurs responsables entrent directement en contact avec les capitaines des armées, avec les gouverneurs – podestats – de l'État florentin, ou avec les puissances étrangères. Missions, légations, échanges de correspondance – Nicolas, informateur ou négociateur, entre alors dans ce grand jeu et nous le voyons, en 1498, l'année même de son installation à la chancellerie, prendre à bras-le-corps ces travaux de diplomate.

Florence dans l'échiquier italien

En Italie, le rapport des forces, instable, enchevêtré en diable, ne s'établit pas seulement en fonction des armées; il apparaît plus souvent comme le résultat d'un jeu diplomatique de plus en plus complexe et subtil : intrigues et négociations, compromis ou trahisons, alliances, se font ou se défont, commandés inexorablement par l'extraordinaire morcellement territorial de la péninsule, par la précarité des situations et les ambitions de tous. Les participants eux-mêmes ne s'y retrouvent pas toujours très bien, et il est impossible de présenter ici tous ces réseaux d'accords patiemment ourdis et les diverses péripéties de ces conflits. Mais il faut en rappeler les grandes lignes.

Depuis la chute de l'Empire romain, l'Italie, disputée entre les prétentions de l'empereur et celles du pape, n'a plus connu d'unité politique et cette rivalité a permis aux villes marchandes du Centre et du Nord d'accéder à une certaine autonomie administrative puis à une véritable indépendance.

Au temps des Médicis, de Savonarole et de Nicolas Machiavel, les empereurs germaniques ne lancent plus leurs redoutables armées vers Rome. Mais d'autres ambitions s'affrontent, et d'abord celles des princes étrangers. En 1494, le roi de France avait conduit ses troupes à la conquête de Naples, à travers toute la péninsule. Passant fort près de Florence, il menaça sa paix et son indépendance. Pierre de Médicis (le Malchanceux) lui prêtait alors secours, ou du moins négociait; il facilitait l'avance du roi et ce fut là un grave sujet de mécontentement dans la cité, une des causes immédiates de sa chute. Champion d'un nationalisme florentin exacerbé, adversaire résolu des Français, Savonarole ne voyait dans leurs succès qu'un châtiment envoyé par Dieu pour punir ses concitoyens de leurs mœurs détestables et de leurs turpitudes.

Cette expédition française, qui fut suivie de plusieurs autres aux fortunes inégales, s'inscrit – les historiens l'oublient trop volontiers – dans une très longue tradition. Pour les Français, les « guerres d'Italie » ne datent pas de cette époque. Dès les années 1260, Charles d'Anjou, frère de Saint Louis, avait occupé le royaume de Naples, Sicile comprise, pour y établir une nouvelle dynastie, des administrateurs, des juristes et des poètes de langue française. Depuis lors, les Angevins n'avaient cessé de disputer le trône de Naples à leurs compétiteurs, Hongrois puis Aragonais. Finalement, en 1442, c'est Alphonse d'Aragon qui s'installait en maître dans la ville. Alphonse le Magnanime allait bâtir un véritable empire de la mer, plaçant sous sa coupe la Catalogne, l'Aragon, les îles Baléares, le Levant espagnol, la Sardaigne et tout le royaume de Naples avec la Sicile; il songeait à dominer l'Italie et son rêve fut naturellement repris par ses successeurs.

A l'époque de Machiavel, leurs entreprises restent la source de constantes menaces. D'autant plus que le mariage entre Ferdinand d'Aragon et Isabelle de Castille – les rois catholiques – a renforcé encore la puissance et les ambitions des Espagnols toujours solidement maîtres de Naples. Dans ces années 1490, l'Italie devient donc un véritable champ clos où s'affrontent les deux grandes Maisons d'Europe, celle de France et celle d'Espagne; toutes deux étrangères, elles lancent de fortes expéditions ou se contentent d'intervenir par le jeu plus ou moins subtil de leurs alliances.

De leur côté, les papes n'ont pas renoncé. Dès leur retour à Rome après la « captivité » d'Avignon en 1378, et surtout après la fin du grand schisme d'Occident en 1415, ils ont cherché à pacifier et à agrandir leur État, à nouer et consolider un important réseau d'ententes. Rome envoie partout ses légats, stipendie des *condottieri*, veille aux fidélités. Bernardo et Nicolas Machiavel avaient déjà vu à l'œuvre Sixte IV qui, pratiquant ouvertement le népotisme sur une vaste échelle, installait ses neveux ou ses petits-cousins et leur confiait des charges d'évêques, de chanoines, de cardinaux.

Peu après, intrigue Alexandre VI Borgia. Originaire de la petite ville de Jativa, dans le Levant espagnol, devenu pape en 1492, plus que tout autre homme d'action et du monde, il est terriblement entreprenant. D'abord adversaire déclaré des Français au temps de Charles VIII, il s'allie avec Louis XII pour mieux établir son fils César duc de Milan. La politique pontificale ne s'appuie plus sur la famille, sur le clan (Orsini, Colonna...), sur ses donjons fortifiés dans la ville, sur d'immenses fiefs dans les provinces romaines et sur des armées de fidèles, mais recherche maintenant des alliances au dehors, chez les princes voisins ou plus lointains ; une diplomatie qui vise donc à une audience internationale. Des deux côtés des Alpes, Rome se fait partout présente. Toute ville d'Italie et Florence la première doit compter avec la curie romaine, ses prélats, son chef : c'est le pape Borgia qui excommunia Savonarole et précipita sa chute, faisant instruire son procès et s'assurant de sa condamnation.

Les rois étrangers à Naples puis à Milan, le pape à Rome, ce sont les ténors... Dans leur ombre mais tout aussi actifs, une pléiade de princes plus modestes aux ambitions limitées à des horizons plus étroits s'acharnent à poursuivre leurs querelles. Ils occupent le devant de la scène, par leurs intrigues, leurs coups de force et leurs ambassades, et sont capables d'entretenir les guerres et les troubles. Dans le Nord, depuis deux ou trois siècles, des dynasties de comtes ou de marquis se sont établies. Appliquant tous leurs efforts et leurs astuces d'abord à survivre et à se perpétuer, puis à mordre sur leurs frontières, les seigneurs réussissent de belles annexions, cherchent alliances ou garanties, prêtent allégeance au pape ou aux souverains du dehors. Ces hommes souvent remarquables, fascinants, rompus à tous les travaux de la guerre et de la diplomatie, nous en retrouverons certains sous la plume de Nicolas dans *le Prince*. Ces hommes d'État, capitaines, presque toujours mécènes, parfois érudits et curieux de toutes choses, ce sont les Este de Ferrare, les Gonzague de Mantoue, les Montefeltre d'Urbino, les Malatesta de Rimini..., toutes familles solidement implantées de génération en génération. D'autres viennent à peine d'entrer dans le cercle, de s'emparer d'une cité « marchande » jusque-là gouvernée par des conseils et des collèges, à la façon d'une Commune. Ainsi, par exemple, de Pandolfo Petrucci, seigneur de Sienne, chassé plus tard de la ville, ennemi acharné de Florence, homme fourbe que Nicolas a appris à bien connaître : « Pandolfo n'aurait aucun scrupule à piper Venise en dépit de l'argent qu'elle lui verse. » Ou encore Giovanpaolo Baglioni dont le nom revient à plusieurs reprises dans les lettres de Machiavel : maître de Pérouse puis exilé, adversaire du pape, allié et même rempart de Florence, en fuite un moment, condamné ensuite à Rome, passé pour mort mais toujours bien vivant. C'est le temps des capitaines aventuriers, des tyrans au petit pied qui, aux marches de leurs États, se disputent quelques villes ou cantons.

L'argent, nerf de la diplomatie et de la guerre, cherchons-le surtout chez les grands marchands, dans les grandes métropoles de la banque et du négoce. Depuis des siècles, elles aussi ont su étendre leur influence puis leur domination au-delà du district et se sont forgé de véritables États. Dès l'époque des Visconti, Milan, triomphant de Vérone, rassemblait sous sa férule une bonne part de la Lombardie, annexait Gênes pendant quelque temps et trouvait ainsi, pour ses hommes d'affaires, la mer, ses vaisseaux et ses marchés lointains. Devant l'avance des Turcs en Orient et la perte de plusieurs de ses colonies d'outre-mer, Venise reportait tous ses efforts vers la conquête de la terre ferme ; elle soumettait les villes voisines, attaquait vers l'ouest le duché de Milan, vers le sud les territoires du pape et la Toscane de Florence.

Florence enfin, à force d'argent et d'interventions armées, souvent brutales, avait réussi à se créer un grand État en plein cœur de l'Italie. Non sans difficultés, elle s'était emparée de villes actives, peuplées, riches elles aussi : Pistoia et Lucques, Pise et son port. Ce fut là une entreprise de longue haleine, ardue, mobilisant toutes les énergies, qui fut souvent remise en question et connut quelques dramatiques revers.

De fait, la conquête ou plutôt le maintien des conquêtes commande la politique de la Seigneurie florentine. Pour résister aux velléités d'indépendance des villes sujettes, briser les révoltes, s'opposer aux interventions des princes appelés à la rescousse par les rebelles, il faut solder ou enrôler des troupes à tout moment : Florence ne peut vivre en paix. Bien au contraire, elle frappe, impose son joug et de dures représailles. Ainsi déjà sous Laurent le Magnifique, prince des lettres et des arts, prince de la paix!

En 1470, dans la petite ville de Prato, à une trentaine de kilomètres à l'ouest, un parti de bannis s'empare de la cité et en chasse les hommes du gouvernement fidèles aux Florentins : aussitôt après, les habitants se reprennent, capturent les conjurés, tandis que Florence, c'est-à-dire Laurent, donne l'ordre d'exécuter plus de trente personnes. Deux ans plus tard seulement, à Volterra, les citoyens se lèvent en masse contre les droits qu'une société florentine, représentant en fait les intérêts de Laurent, prétendait exercer sur les mines proches de la cité, et massacrent deux hommes de paille, fondés de pouvoir. Une armée à la solde de Florence, forte de plus de 3 000 hommes que commande Federigo de Montefeltre, un *condottiere* prêté par le roi de Naples, assiège la ville pendant un mois, s'en empare et, malgré de solennelles promesses, la met en coupe réglée, pillant, profanant, et massacrant; les familles les plus en vue sont condamnées à l'exil forcé, et Volterra est soumise purement et simplement.

Florence ne cesse d'imposer sa loi et ses gouverneurs par les armes, de réprimer férocement toute tentative de sécession, de châtier rebelles ou insoumis. Mais cette conquête d'un État territorial puissant, qui heurte tant d'intérêts, surtout tant de particularismes légitimes, semble toujours à refaire. Elle y emploie ses forces, sa diplomatie, ses alliés.

Nicolas Machiavel fut sans aucun doute l'un des partisans acharnés et artisans appliqués de cette politique. En 1499, au moment où il entre à la chancellerie, plusieurs villes se sont révoltées : naguère administrées par les podestats florentins, elles s'en sont débarrassées et se gouvernent elles-mêmes. Pise s'est trouvée libérée de la domination florentine par Charles VIII en 1494, alors que la Seigneurie de Florence, affaiblie par les dissenssions internes puis paralysée par les querelles que suscitent les prêches de Savonarole, ne peut rien faire. Tout naturellement, pour sauvegarder leur indépendance, les Pisans cherchent aussitôt des appuis à l'extérieur, chez les Vénitiens et, à nouveau, auprès du roi de France. Au même moment, Arezzo entre en rébellion à peine dissimulée. Plus grave encore : la situation à Pistoia, place forte qui tient la route de Pise et de Lucques, où les querelles de partis déchirent une fois de plus la ville et mettent en péril un équilibre précaire, installent un climat de violence qui menace de s'étendre jusqu'à Florence peut-être.

PREMIÈRES MISSIONS

Malgré ces troubles, Florence tient avant tout à reconquérir Pise et son libre accès à la mer. On confie alors le commandement des troupes à un *condottiere* qui avait déjà fait ses preuves à plusieurs reprises, Paolo Vitelli. Mais, tandis qu'il emporte de haute lutte plusieurs forteresses des Pisans, les Vénitiens, à l'est, attaquent à partir de Faenza et s'avancent très loin sur le territoire florentin... Pourparlers de paix, arbitrage du duc de Ferrare, retrait des troupes vénitiennes : les Florentins reprennent la lutte contre Pise. Il leur faut donc recruter des capitaines et des hommes, acheter armes et munitions.

C'est dans cet effort guerrier que s'inscrivent les deux premières missions de Nicolas Machiavel : il ne s'agit encore que de modestes tractations diplomatiques dans des villes voisines, en quelque sorte de marchandages. En mars 1499, on l'envoie à Piombino auprès du seigneur de la ville, Jacopo d'Appiano, afin qu'il lui rappelle ses engagements et s'assure de ses fidélités : « Tu lui exposeras ainsi que notre plus cher désir est de satisfaire en toutes choses Sa Seigneurie; tu lui diras que nous savons bien la fidélité et l'affection qu'elle a toujours montrées pour notre République et que nous en faisons le plus grand cas. Tu useras alors de belles paroles pour le convaincre de nos bonnes intentions... mais cela avec des mots assez vagues pour qu'ils n'engagent à rien. » Dès la première affaire, tout l'art de la basse diplomatie se trouve inculqué!

Nicolas reste peu de temps à Piombino, et on ne sait trop comment il arrange la situation. Quelques semaines plus tard, le 12 juillet, le voici en route vers Forli pour y rencontrer Catherine Sforza. Cette fois, l'affaire paraît beaucoup plus délicate. Catherine, nièce illégitime de Ludovic le More de Milan, comtesse d'Imola et de Forli, est une femme d'une farouche énergie (une « virago », dit son biographe). Trois fois veuve, elle tient en main une petite seigneurie, à peine plus vaste et sans doute moins prospère que quantité d'autres dans les Marches et la Romagne, mais elle est célèbre, à travers toute l'Italie et même au-delà des Alpes, pour ses qualités d'homme d'État, ses bonnes manières et sa beauté, si bien qu'un des commis de la chancellerie écrit à Nicolas : « Je voudrais qu'à la prochaine occasion vous me fassiez parvenir le portrait de Madame Catherine sur une feuille puisque l'on en fait tant là-bas; et si vous confiez la feuille au courrier, faites-en rouleau pour ne pas l'abîmer. » Catherine en outre a eu de son premier mariage un fils, Ottaviano Riario; c'est un *condottiere* renommé, qui a déjà servi Florence pendant une année et l'on voudrait le garder plus longtemps. Nicolas doit donc s'assurer l'appui de la mère et lui acheter des munitions — en particulier des boulets pour les canons — et enfin recruter 500 bons fantassins bien armés. Pour conduire cette affaire, il reçoit des instructions fort précises et circonstanciées où sont envisagées toutes les hypothèses ainsi naturellement que des lettres de créance qui le recommandent expressément : « Nous vous prions d'avoir entière confiance en ses paroles, comme si nous les prononcions nous-mêmes. »

A en croire les lettres de Machiavel du 17 au 24 juillet (cinq missives au total), ce fut une dure négociation où il lui a fallu montrer une infinie patience, se laisser accabler de reproches et de récriminations amères : « Son Excellence me dit que Vos Seigneuries l'avaient toujours satisfaite en paroles mais jamais par leurs actions; que jusqu'alors elle n'avait rien obtenu qui fût la récompense de ses services; que, comme elle pensait bien que la reconnaissance était une des vertus dont s'honorait notre République, elle ne pourrait jamais croire que vous arriveriez à vous montrer ingrats envers une alliée qui, depuis fort longtemps, avait fait pour vous bien plus que tous les autres. » Catherine lui oppose aussi des réponses dilatoires, des impossibilités : « J'ai demandé hier à Madame les boulets et le salpêtre aux conditions que vous aviez fixées; elle m'a répondu qu'elle n'en avait pas et qu'elle en avait elle-même le plus pressant besoin. » Surtout, elle exige des garanties plus solides que celles de naguère : « Je me suis aperçu sans peine qu'elle n'est nullement disposée à se contenter de paroles et de regrets et qu'il faudra y ajouter des actes... »

Bref, Nicolas échoue d'une façon même humiliante, puisqu'au dernier moment, alors qu'il a déjà informé ses maîtres d'une heureuse issue, la comtesse rompt, presque par plaisir, comme il le reconnaît : « ... Persuadé que tout était entendu, je crus devoir profiter d'un exprès pour écrire à Vos Seigneuries. » Tout est à l'eau... Regrets, amertume bien sûr, essai de justification : « Je n'ai pu me retenir d'être fâché et de le montrer en gestes et en paroles [...] mais je n'ai rien pu tirer d'autre de Son Excellence! »

Pour la première mission dont l'issue déterminait la conduite de la guerre, ce n'était que piètre résultat. Ni hommes ni munitions : Nicolas avait bien peu contribué à renforcer les contingents florentins! Quant à Riario, le fils *condottiere,* on en parle à peine et personne ne pourrait dire ses projets.

Pendant ce temps, la guerre de Pise tourne mal. Après un premier assaut bien mené, Paolo Vitelli, qui tenait la ville à sa merci, ne sait pas exploiter l'avantage; alors que tout paraît déjà bien consommé il hésite longtemps et, malgré les exhortations de la Seigneurie, fait lever le camp et débander ses troupes. Florence, on s'en doute, ressent cruellement

l'affront. Les Dix, complètement discrédités dans
cette entreprise, ne sont pas remplacés lors des
nouvelles élections et disparaissent pour le moment
de la scène politique. Machiavel se trouve donc
directement sous le contrôle des prieurs et du gonfalonier. Dans le plus grand secret, cette Seigneurie qui
comptait d'ailleurs un autre Nicolas Machiavel, cousin de notre secrétaire, décide de faire arrêter Vitelli,
coupable d'une prudence qui lui semble suspecte : il
est aussitôt jugé, torturé, décapité. Action brutale,
peut-être injustifiée, sans doute excessive, mais ainsi
la ville entendait-elle traiter ces capitaines soldés,
objets d'une méfiance obstinée, malheureux dans
leurs campagnes. Ne convenait-il pas de punir leur
perfidie, leur trahison et de les jeter en pâture à la
foule des citoyens, tels des boucs émissaires?
   « Ainsi finit Paolo Vitelli, homme excellentissime
en son métier, qui fut décapité bien qu'il n'eût avoué
aucune action où il aurait manqué à sa fidélité »...
Mais la Seigneurie insiste et, après l'exécution de son
capitaine, s'emploie à le noircir. A ses commissaires
auprès du roi de France, en octobre, elle ordonne :
« ... Nous voulons que vous trouviez habilement façon
d'accuser le comportement et les démarches de Paolo
Vitelli, (...) ses ordres néfastes et mal intentionnés...
et vous insisterez vivement sur ce point-là... »
   Nicolas Machiavel, témoin, secrétaire, qui est
peut-être l'auteur de ces instructions, donne ici toute
sa mesure. Prenant nettement parti, il se place en
avant et justifie la sentence par plusieurs actions
concertées; il en admire surtout l'exécution si prompte, modèle de discrétion et d'habileté : l'arrestation
par surprise, la convocation sous un prétexte ordinaire alors que l'on a doublé les gardes pour s'emparer de sa personne tout autour de la place. A un

chevalier de Lucques, secrétaire de sa ville, qui accusait les Florentins de félonie et de lâcheté, il répond sans vergogne, le prenant de haut : « Je laisserai à part la méchanceté que montre votre lettre pour vous démontrer jusqu'à quel point vous avez poussé la sottise, soit que vous ayez cru tout ce que l'on vous disait, soit que vous ayez forgé vous-même ces fables pour accabler de honte notre République. » Et d'analyser ensuite longuement les circonstances et attendus de l'affaire pour rejeter toute faute sur le malheureux capitaine, homme fourbe, pour le moins incapable, tenté par quelque démon de méchanceté ou de trahison : « Bref que ce soit pour l'une ou l'autre de ces fautes, par mauvais vouloir ou pour s'être laissé acheter, ou pour les deux à la fois, il méritait bien le châtiment suprême. »

Nicolas s'est donné bien du mal pour cette affaire d'État; il parle au nom de sa ville, la défend, en proclame l'honneur intact et la dignité : « Et je vous répéterai, *fraterni amore*, mon avertissement que, si vous entendez suivre encore votre vilaine nature pour offenser les gens sans cause, vous le fassiez de telle façon qu'on vous tienne pour un peu plus raisonnable. » Ici s'affirme clairement une des idées-forces de son éthique, de sa conception du bien public, qui justifie toute façon d'agir au nom de l'État. On en vient déjà à la manière de concevoir l'art de la guerre : la cité doit recruter ses propres milices communales; la *condotta* est un système pernicieux ou pour le moins imparfait, hasardeux, inefficace. A solder des mercenaires, la ville s'expose trop à se voir trahir pour de l'argent.

Peu de temps après, lors du second siège de Pise, mené cette fois par une armée renforcée par des troupes du roi de France, Nicolas se trouve sur place

au titre de commissaire. A peine la première brèche
est-elle ouverte dans le mur d'enceinte que Suisses et
Gascons exigent de fortes augmentations de soldes,
se mutinent, et font prisonnier leur capitaine florentin. Celui-ci ne peut se racheter, à ses frais, qu'au
prix d'une forte rançon : « Une troupe d'Allemands a
envahi ce matin ma tente en grand tumulte en disant
qu'une de leurs compagnies avec pour capitaine un
certain Anton Brüner n'avait pas encore été payée et,
au milieu d'un gros flot de menaces et d'injures, ils
m'ont exigé de l'argent... » Un peu calmés par de
longs débats, ils ont fini par se tenir tranquilles...
pour déserter tout aussitôt. A leur suite, le plus gros
de l'armée s'éloigne; de cet autre échec, aussi désastreux que le premier et qui laisse toujours la ville de
Pise hors de portée, Nicolas tire bien sûr la même
leçon. Renforcé dans ses convictions, il croit plus que
jamais aux dangers d'une armée constituée d'étrangers toujours prêts à trahir.

En moins de deux ans, à peine entré dans la
carrière mais débordant d'activité, maîtrisant quantité de dossiers et correspondances, chargé de missions chez les petits princes voisins, puis pourvoyeur
et conseiller de l'armée au camp devant Pise et
témoin navré de graves échecs, Nicolas a commencé
un double apprentissage, celui de la diplomatie et
celui de la guerre. A vrai dire, l'un et l'autre sont
étroitement liés.

CHAPITRE III

Enfin aux affaires

Pendant une bonne dizaine d'années, la fortune sourit à Nicolas. Secrétaire, porte-parole, il est l'homme à tout faire de la République. Comblé d'honneurs et d'argent, nanti des plus hautes fonctions, il reste cependant presque toujours dans l'ombre, telle une éminence grise qui seconde et, naturellement, surveille les magistrats ou ambassadeurs en représentation. Durant tout ce temps, sans connaître un seul moment d'inquiétude ou de relâchement, il bénéficie de la totale confiance des hommes en place. Dépositaire de grandes confidences, le voici agent secret; dépêché parfois en toute hâte par les chemins, chargé d'un nombre considérable de missions qui le mènent fort loin de Florence, on le voit toujours pressé d'aboutir, de revenir rendre compte, reprendre sa place, se faire voir − et apprécier − avant de repartir.

« VOUS FAITES À TOUS GRAND HONNEUR »

Une telle faveur peut étonner. Comment expliquer ce succès dans la carrière et dans l'esprit des maîtres

du temps ? L'homme n'avait derrière lui qu'une brève
expérience et n'avait pas encore donné de grandes
preuves de son savoir-faire ou de ses talents de
négociateur. De Forli, il n'avait rapporté ni soldats ni
munitions, ni même promesses d'engagement.

Et pourtant, premier atout favorable, on l'estimait
beaucoup à Florence et jusque dans les bureaux de la
Seigneurie. Chacun savait par avance – les souvenirs
restaient plutôt cuisants – combien Catherine Sforza
pouvait aisément berner son monde et, à vrai dire, les
Florentins n'attendaient pas grand-chose de cette
virago si mécontente d'eux. Machiavel, semble-t-il,
avait su au moins la bercer de bonnes paroles et la
faire attendre le temps qu'il fallait pour éviter une
rupture orageuse. Biagio Buonaccorsi, qui le seconde
si bien à la chancellerie et l'aime de tout son cœur,
qui défend ses intérêts en son absence – tâche parfois
difficile ! –, le tient comme un chien fidèle au courant
de tout ce qui se trame, l'encourage, heureux de lui
annoncer de bonnes nouvelles : « A mon avis, c'est à
votre grand honneur que vous avez, jusqu'à maintenant, rempli votre mission. Je m'en réjouis et ne cesse
de m'en réjouir ; nous voyons bien que qu'autres
personnes, sans avoir le savoir-faire de maître
Antoine lequel se gonflait de tant de superbe, ne lui
sont en rien inférieures. Continuez ainsi car vous
nous faites à tous, vos amis, grand honneur. » Nous
ignorons qui était cet orgueilleux messire Antoine,
mais la lettre chaleureuse et même affectueuse
montre assez l'esprit de corps des bureaux et la façon
dont Nicolas a gagné si vite plus que des sympathies.

En plus haut lieu, sans doute lui sait-on gré, avant
tout, de la qualité de ses comptes rendus. Voici un
homme qui sait écrire, sans s'embarrasser. Pour de

petites affaires comme celles de Piombino ou de
Forli, ses lettres affirment déjà un grand métier :
précises, modestes, rédigées sur le ton juste, ces
modèles du genre indiquent à chaque instant une
ferme démarche et sont en outre agrémentées de
réflexions personnelles sur la situation. Visiblement
notre jeune secrétaire sait, dès ces années-là, ce qu'on
attend de lui. Il se veut scrupuleux, exact, expédie
lettre sur lettre et ne s'autorise aucun atermoie-
ment.

On a parfaitement jugé son attitude lors de la
dramatique exécution de Paolo Vitelli : ses interventions personnelles, ses informations précises, ses
dénonciations ont entraîné la décision des hésitants
au sein de la Seigneurie. Alors que tant d'autres
s'interrogeaient et analysaient, un peu honteux, leurs
états d'âme, Nicolas a pris ses responsabilités et s'est
employé à défendre à coups d'arguments – ou
d'arguties? – une politique qui justifie toute action
d'État et réprouve les incertitudes, les interdits d'une
certaine éthique. A n'en pas douter Nicolas est un
homme utile, conscient de ses devoirs, de ce qu'implique le service public. Un homme d'État donc, et
Florence en a besoin.

Dans un autre registre, comment ne pas porter
aussi à son crédit ce remarquable *Discours aux Dix
sur la situation de Pise*, le premier de ses essais
politiques qui montre, déjà en septembre 1499, au
moment du malheureux siège et de l'attaque manquée, une étonnante aptitude à analyser la situation
et une surprenante clairvoyance? Un discours dense
et nourri, mais souvent alerte et de lecture aisée, qui
traduit à la fois les qualités de l'homme politique et
de l'homme de guerre, sinon du capitaine, du moins
du théoricien. Il y déclare qu'il faut prendre Pise à

tout prix si l'on veut sauvegarder la liberté; quant aux moyens : « Pour que les Pisans se rendent à nous sans coup férir, il faut ou qu'ils viennent eux-mêmes se jeter dans nos bras, ou qu'un autre qui en soit le maître nous les donne. » Suit un examen lucide du jeu des alliances et de l'échiquier diplomatique, exercice où le nouvel auteur excelle dès ce moment et qu'il reprendra dans les lettres à ses amis, en maintes occasions, jusqu'à la fin de sa vie. Les Pisans « sont démunis et dans une misérable faiblesse. Milan les renie, Gênes les chasse, le pape les regarde froidement et les Siennois de travers ». L'art de se faire passer pour l'expert, pour le sage, et d'exposer une position en quelques mots, un peu brutalement, d'en peser exactement les conséquences sans passion, s'affirme.

Et pourtant – nous parlons toujours de Pise –, ces gens-là résistent, « tant est grande leur haîne perfide ». Rien n'en viendra à bout que la force. Et Machiavel de disserter alors longuement et savamment, avec une grande assurance, de l'importance des troupes qu'il convient de rassembler pour le siège, de leur emplacement, des camps et des bastions, de la composition des différents corps : une leçon de tactique qui s'appuie à l'évidence sur une excellente connaissance du terrain, des fortifications de l'ennemi, plus encore de ses ravitaillements. Il faut d'abord établir un blocus, le plus étroit possible; il faut couper la route aux convois, surveiller les ponts, tenir garnison dans les montagnes près des passes. Puisque, grâce aux informations données – vendues – par des transfuges, l'on sait que l'on trouve toujours du pain dans la ville et que les hommes y sont aussi déterminés à résister après quarante ou cinquante jours de blocus impitoyable, il faut essayer de gagner les défenseurs par l'argent, acheter leurs mercenaires et à la fin de tout, attaquer de deux côtés à la fois. Tout le plan paraît fort clair, et les Dix en reprennent aussitôt le schéma et les arguments dans leurs lettres aux capitaines et aux « commissaires des guerres ».

Non seulement Nicolas donnait conseil en sage fort d'une expérience, mais il s'était engagé dans l'action. Sans aucun doute, il a inspiré plusieurs des missives de la Seigneurie, car l'on y retrouve la même détermination. Ainsi, celle datée du 20 août 1499 : « Il ne nous semble pas encore apercevoir la terre de nos ennemis, ni à quel port finira par aller notre pauvre barque. Et voyant qu'à force de chicaner, de tergiverser et de louvoyer, toutes nos peines restent vaines et tous nos efforts sans succès, nous en ressentons une douleur indicible... »; texte écrit de la main du scribe, en marge duquel Machiavel lui-même ajoute : « O quel malheur...! »

Le *Discours sur la situation de Pise* dit le goût de la réflexion, le désir impérieux et quelque peu pédant d'exposer des théories, de jouer des situations, de voir les pions glisser sur l'échiquier. Premier travail du genre encore bien modeste, ce texte annonce d'autres écrits plus nourris d'idées générales, plus didactiques et plus abstraits. Il ne s'agit pas d'exercices de style ou de jeux d'un bel esprit : la plume est forgée et la pensée déjà l'anime. L'exposé ne se perd pas un seul moment en de vagues supputations; toutes les analyses accompagnent parfaitement une action décisive et consciente.

L'AVENTURE FRANÇAISE

Mais ce discours ne vaut à Nicolas aucun surcroît d'honneurs ou de fortune. Tout au long de sa carrière, on ne le voit d'ailleurs pas gravir les échelons d'une hiérarchie. Il ne sera jamais un des grands magistrats de Florence désigné pour une véritable charge de gouvernement, et son nom ne sortira ni des urnes pour le tirage au sort qui décide du choix des officiers, ni du jeu électoral. Homme de confiance, non de représentation, cheville ouvrière en quelque sorte d'une politique qu'il inspire peut-être, qu'il s'efforce sans cesse d'infléchir, Nicolas n'obtient rien de plus que cet emploi de secrétaire que lui ont valu recommandations et amitiés. Simplement, peu à peu, ses responsabilités s'étendent; on le charge de missions plus lointaines et plus délicates.

Sa véritable carrière, peut-on dire, commence en juillet 1500 lorsque les prieurs le désignent pour aller à la cour de France plaider la cause des Florentins si décriés là-bas et ménager un accord compromis l'année précédente par les détestables atermoiements des armées devant Pise et l'échec ignominieux de l'assaut. Chaque partenaire rejetait sur l'autre la responsabilité de cette défaite lamentable. Le roi Louis XII accusait Florence de ne pas avoir accepté le capitaine qu'il avait choisi, de ne pas voir payé les soudards à temps et d'avoir, pour le moins, fort négligé le ravitaillement. Récriminations tout à fait injustifiées si l'on en croit la correspondance, puis les protestations des commissaires et de la Seigneurie, mais au demeurant fréquentes en pareil cas. Les alliés, les capitaines au service des princes, et plus encore des villes d'Italie, ne cessaient alors de se plaindre d'être mal payés; longs marchandages, représailles, pillages ou dérobades, ils rencontraient mille difficultés pour obtenir des vivres et des pièces d'or. En outre, ici, les deux camps partageaient l'amertume d'une lourde armée défaite devant une ville qui n'avait pour se défendre que ses murailles et l'énergie de ses citoyens.

Louis XII ne veut rien savoir de ces mauvais hasards; il exige des compensations, du moins de solennelles promesses d'autres alliances et engagements. On est au bord de la rupture. Florence, de son côté, ne voit plus grand intérêt à gaspiller ses beaux florins... qui se raréfient dans ses caisses. Enfin, il lui faut tout de même composer cette fois encore, faire traîner les choses, envoyer des hommes bien informés des événements et de la conduite du siège, capables de convaincre pour réfuter ces accusations iniques. Et c'est donc encore à la guerre contre Pise que Nicolas Machiavel doit sa première grande mission.

Florence entretient déjà (ou a simplement mandaté) deux « ambassadeurs » en titre auprès du roi; chargés de suivre la cour, ils doivent observer; en fait, surtout, se faire voir. Ce sont Francesco Gualterotti et Lorenzo Lenzi que l'on sait être restés étrangers à cette affaire de Pise.

Aussi, le 18 juillet 1500, la Seigneurie, après avoir sollicité Lucà degli Albizzi – homme de renom et de grande famille qui avait été commissaire à la guerre devant Pise mais qui se récuse –, désigne-t-elle deux légats extraordinaires chargés d'une action précise : il faut aller vite et faire vite; le temps et l'argent manquent évidemment. Ces hommes – Francesco della Casa et Nicolas Machiavel – n'occupent pas dans la société ou le monde politique florentin un

rang comparable à celui d'Albizzi. Nicolas reste
attaché à son modeste emploi de secrétaire et on ne le
dédommage pas davantage. Mais cette mission con-
crétise ses premiers espoirs d'accéder enfin « aux
affaires », de s'immiscer dans le véritable jeu politique, de se faire un peu plus connaître – il n'en doute
pas. Bien plus que Francesco, c'est lui qui agit et
rend compte; et de fait c'est bien lui qui écrit toutes
les lettres envoyées à Florence.

Suivons-le, au tournant de sa carrière, et laissons se
profiler l'image du parfait secrétaire florentin ambitieux, zélé, avide de satisfaire.

Les Instructions du 18 juillet 1500 indiquent avec
luxe de détails, d'attendus, de suppositions et quelque
peu de cynisme ce que l'on attend de lui. Instructions
comminatoires, sans ambages ni ménagements, qui
envisagent toutes les possibilités et la façon de s'en
sortir. En premier lieu, qu'il brûle les étapes et courre
la poste jusqu'à la limite de ses forces : « Vous vous
rendrez avec toute la célérité dont vous serez capable, tant que vos forces pourront le supporter, auprès
de Sa Majesté le Roi Très Chrétien à Lyon et partout
où il pourrait se trouver... »

Ses pouvoirs? Comme toujours à cette époque, à
Florence et ailleurs, ils recoupent ceux d'autres
hommes en place. Suspicion? Plutôt désir de respecter certaines susceptibilités des ambassadeurs... Si
Francesco et Nicolas reçoivent des lettres de créance,
si on leur donne volontiers du « noble homme », ils
devront d'abord parler à ces deux ambassadeurs, leur
dire ce qu'ils savent, prendre conseil : « ... Et savoir
de leur bouche tout ce qu'il serait bon de retrancher
ou ajouter, et comment vous comporter en pareil
cas. » Dans le gros et précieux recueil publié par

Edmond Barincou, ces Instructions sont d'ailleurs suivies d'un autre mémorandum, lui aussi très long et circonstancié dans le menu, sur la façon d'aborder la cour, de rencontrer et bien traiter tel ou tel haut personnage, de se renseigner sur les influences fluctuantes : « Les hommes sur lesquels vous pourrez compter auprès de ce prince sont Monseigneur de Rouen, Monseigneur d'Albi [l'archevêque de Rouen et le cardinal de Rohan, évêque d'Albi]; on peut aussi compter sur toute la Maison d'Amboise, sur le maréchal de Gié et sur le seigneur Robertet dont vous vous rapprocherez le plus possible... »

Forts de ces recommandations, nos deux envoyés extraordinaires s'emploieront de leur mieux. Il faut avant tout qu'ils rétablissent un bon dialogue pour retrouver la confiance perdue : « Leurs Seigneuries de Florence, persuadées qu'il ne serait pas suffisant pour toutes sortes de raisons de se justifier par lettres de plusieurs accusations menées contre elles à propos de la guerre et du siège de Pise, pensent qu'il faudrait employer pour cela ceux mêmes qui s'étaient trouvés au camp des Français à ce moment-là. » Et là, sous la plume des maîtres, se glisse une sorte de confession spontanée qui nous explique pour quelles raisons on a choisi Nicolas et non pas un diplomate de métier ou un homme de haute réputation : « Pour ce qui est des informations, nous ne pensons pas pouvoir vous en donner de plus élevées, de plus claires et de plus exactes que celles que vous avez vous-même recueillies comme témoin oculaire alors que vous étiez aide-commissaire et agissiez à notre service dans ce que nous étions alors tenus de faire. »

Donc accuser les autres – les Français – de désordres, de négligence, protester contre l'indiscipline de leurs troupes et l'incapacité de leur capi-

taine, parler de ces louches tractations menées entre
les Suisses et les Pisans, des intrigues des Milanais;
et, d'autre part, mais seulement après avoir jeté et
développé toutes ces accusations, justifier les Florentins, bref l'art d'analyser après coup une défaite. Il
s'agit d'une démarche tout de même un peu sordide :
belle mission en effet que celle qui se résume à
rejeter sur l'hôte et allié les fautes, les morts et
l'échec, à dénoncer la faiblesse ou la cupidité de ses
chefs de guerre!

Nicolas paraît parfaitement convenir. Il a vécu le
siège de Pise au jour le jour et a eu vent de toutes les
rencontres plus ou moins secrètes qui s'y sont dérou-
lées. Il a lu les missives interceptées par ses agents. Il
peut donc évoquer avec amertume, mais sans qu'il lui
en coûte trop, l'atmosphère trouble, malsaine du
camp où les capitaines remettaient sans cesse l'attaque, préparant de bonnes excuses pour s'abstenir,
ménager les hommes, en tirer de bons profits; espérant aussi des offres d'argent ou, pour un peu plus
tard, de meilleurs engagements. Circonspections,
conciliabules, trahisons... Il a senti sourdre puis
grandir le doute dans les rangs des Suisses et des
Français qui voyaient passer tous ces émissaires,
bourse à la main, promesse en bouche; non seulement
les Milanais de César Borgia, mais les vilains voisins
heureux de saper les rangs des alliés de Florence, les
Lucquois, les Siennois, et même les Génois, « dont
nous ne savons rien de bien certain sauf qu'ils
entretenaient dans notre camp leurs ambassadeurs
pour y semer le trouble et agiter les troupes à tout
moment ». Ces gens-là entraient parfois dans Pise :
« Contez seulement une partie de ce qui s'est réellement passé là-bas et dont tant de fois vous nous fîtes
le rapport! »

Et pourtant sa tâche est délicate : comment accuser les Français de tant d'incompétence sinon de complicités, pour le moins de graves négligences, sans mettre en cause leur grand capitaine, ce Beaumont que les Florentins avaient tout d'abord préféré à l'homme choisi par le roi? Duplicité donc; agir en secret; attendre que l'homme ait bien le dos tourné. Les maîtres écrivent sans détour et disent on ne peut plus clairement ce qu'ils veulent : « Et bien que nous ayons tenu jusqu'ici dans nos lettres à ne pas accabler le capitaine [Beaumont] de nos griefs, pour ne pas encourir ouvertement son inimitié, chaque fois que vous aurez l'occasion, en parlant avec Sa Majesté ou avec d'autres, de le mettre en cause, faites-le fermement et accusez-le de lâcheté, de corruption, d'avoir reçu sans cesse sous sa tente et à sa table soit l'un des ambassadeurs de Lucques, soit les deux à la fois qui rapportaient aux Pisans toutes nos intentions et délibérations... mais tant que ces occasions ne se présenteront pas, parlez de lui d'une façon honorable et rejetez la faute sur d'autres... » De la haute politique? En tout cas, Nicolas est commandé pour cela.

Aussitôt instruits, nos deux compagnons se hâtent en chemin. Toutes les lettres du secrétaire portent la marque d'une sorte de précipitation obsédante : «... Le courrier partant à l'instant, il ne nous reste que le temps de vous dire qu'avec toute la diligence possible nous sommes arrivés ici, à Lyon, le dimanche 26 courant [juillet]. Mais le roi n'est plus à Lyon et ne pouvant nous servir de la poste, nous chevaucherons demain pour le joindre le plus tôt possible et satisfaire vos intentions. » Une mission qui aurait dû s'arrêter là mais, maintenant, le conduit fort loin sur les routes de France pour suivre la cour errante. Ce qui satisfait davantage nos curiosités d'aujourd'hui et nous permet de voir le messager affronter toutes sortes de situations difficiles, mais complique fort sa tâche... et allège sa bourse d'une façon inquiétante. D'autant que l'ambassadeur florentin encore à Lyon, Lorenzo Lenzi, qui avait d'abord accueilli les nouveaux commissaires et les avait introduits dans quelques menus secrets, ne veut absolument plus suivre la cour où il se sent si mal et ne songe qu'à reprendre le chemin de Florence.

Après avoir été arrêté à Bologne par une pénible affaire de mulets mal en point, Nicolas perd encore un jour à Lyon pour s'équiper convenablement, ou presque : « Notre retard tient à ce que nous sommes arrivés ici tout nus; il a fallu acheter vêtements, chevaux, engager des domestiques et cela fut très ardu car la cour, en quittant la ville, l'a complètement vidée de tout ce qui peut chevaucher; de plus, la grandeur de ces dépenses, la médiocrité de notre salaire et le peu d'espoir où nous sommes d'en avoir davantage, tout cela nous plonge dans un fort embarras; nous comptons cependant sur votre sagesse et sur votre humanité...! » Premier appel, pressant. La Seigneurie ne s'en émeut pas; cette République de marchands invoque bons ou mauvais prétextes et, parcimonieusement comme en toute chose, ne dénoue qu'à contrecœur les cordons de la bourse enfouie, semble-t-il, dans de secrètes profondeurs.

A Lyon, l'escarcelle de Nicolas se trouve donc déjà vide de florins d'or. Le secrétaire fait avec ce qu'il peut emprunter. Son salaire avait été fixé avant le départ : vingt gros florins, pièces d'or, par mois pour émoluments habituels et pour ses frais et sa peine. Les a-t-il seulement reçus avant de partir? On imagine aisément comme la Très Haute Seigneurie de Florence, comptable des deniers publics, a dû prévoir au plus juste. Et Nicolas n'a sans doute pas tort d'évoquer les désagréments du passage de la cour, de ses fastes et appétits, de la façon dont tous ces gens – officiers et pourvoyeurs des princes, hommes de l'écurie et de la fruiterie – s'abattent sur le marché, raflant tout pour s'approvisionner, provoquant ainsi une vraie flambée des prix. Lyon certes est l'une des plus grandes métropoles marchandes et surtout bancaires de l'Europe; depuis de longues années, elle s'est enrichie grâce aux grandes foires internationales que Louis XI avait arrachées à Genève et au duc de Savoie, grâce à la finance et au trafic boursier, grâce au travail de la soie. La cour peut s'y installer sans crainte et y trouver facilement de magnifiques tissus de soie ou des bijoux. Mais, naturellement, pour le ravitaillement en chevaux – ces grands chevaux amenés souvent d'outre-Alpes –, les offres manquent, les prix s'emballent. Notre secrétaire, livré à lui-même, pour la première fois hors de son Italie, paie le sien fort cher... et s'en plaint : il ne vaut pas grand-chose!

Ambassadeur modeste, simplement pour tenter de mener sa mission à bien, il lui faut sans cesse écrire et réclamer à ses maîtres, aux collègues de la Seigneurie plus ou moins anonymes, empêtrés dans leurs petites querelles et encore sous le coup de leurs cuisants échecs. Autant parler à des sourds ou à un mur : « Je prie Vos Seigneuries de mettre ordre que je ne me ruine pas ou, du moins si je m'endette ici, que j'en sois à Florence crédité d'autant. Je vous affirme que jusqu'à maintenant j'ai bien payé de ma bourse 40 ducats et averti mon frère à Florence d'emprunter pour moi plus de 70. Je recommande à Vos Seigneuries de faire de telle sorte que moi, leur serviteur, je ne subisse de ce service que dommage et vergogne alors que d'autres en tirent et honneurs et profits. »

Occupé à de petites affaires d'équipement et de mises en gage, Nicolas n'a pas beaucoup vu Lyon, qu'il quitte finalement le 30 juillet. Et voici les deux compagnons à nouveau sur la route, chevauchant leurs méchantes montures (« de bien vilaines bêtes! »), échinés à rattraper la cour qui marche bon train, change souvent de route pour fuir l'épidémie qui s'abat sur le pays. Mal renseignés, nos Florentins errent sur des chemins de traverse, s'égarent complètement, croyant rejoindre plus vite le roi et le perdant de vue, toujours plus loin. Ils le retrouvent tout de même le 5 août, à Saint-Pierre-le-Moustiers, « à cinq lieues de Nevers où l'on apprend que se trouve Sa Majesté ».

Enfin, après une route difficile, Nicolas et Francesco réussissent à s'approcher du roi à Nevers, au milieu d'une petite cour « car petit est l'endroit ». Ils peuvent s'entretenir avec lui : « Il nous mena aussitôt en une chambre à l'écart, il nous donna très gracieuse et bonne audience. » On parle beaucoup. Machiavel insiste surtout sur les déboires passés et, fidèle aux instructions qu'il a reçues, rappelle que Florence a toujours fourni et l'argent et le ravitaillement des troupes. Si tout n'est pas arrivé, dit-il, c'est à cause des pillards qui interceptaient les convois ou parce que les soldes ont été mal réparties – mais à qui la faute? – et que l'on a différé la vérification des comptes de cinq à six jours. Sans trop se perdre dans tous ces méandres d'administration, il cite faits et chiffres, propose des preuves écrites. A quoi bon? Le roi, ses conseillers, Rohan et plusieurs Italiens qui

l'assistent, « rompent les chiens » – puisque le mal est
fait, n'en parlons plus.

Pensons plutôt, continue le roi, à reprendre l'offensive « pour recouvrer nos honneurs et vous vos
biens ». Notre secrétaire, bien embarrassé, improvise,
il n'a aucune sorte d'instruction pour jeter les bases
d'une nouvelle alliance contre les gens de Pise de plus
en plus entreprenants et exigeants. Il tente de savoir,
fait rechercher l'ambassadeur en titre qui a disparu..., réclame un autre mandat, montre les nouvelles dépenses que cet imprévu va provoquer. Pendant
des semaines, il va lui falloir suivre dans des conditions difficiles une cour fort réduite « comparée à
celle de l'ancien roi Charles VIII, et encore un bon
tiers est-il composé d'Italiens; on dit que c'est parce
que les largesses ne pleuvent plus autant qu'on le
désirerait. Les Italiens sont tous mécontents, les uns
pour un motif, les autres pour un autre ». Et notre
Nicolas le premier, qui ne reçoit toujours rien de
Florence, se plaint sans vergogne, affirme que c'est à
peine s'il lui reste assez pour vivre et envoyer des
lettres par exprès : « Hommes sans argent et sans
crédit que nous sommes [...] il faut donc que Nos
Seigneuries donnent ordre à quelque marchand
maître d'une poste d'acheminer leur courrier, comptant être remboursé aussitôt à Florence. » Mais est-ce
possible? Ont-ils encore quelques sous...?

Et pourtant on correspond; il suffit de payer ou de
se montrer patient. Biagio Buonaccorsi le lui écrit
(« Au distingué Nicolas de Machiavel, mandataire de
Florence auprès de Sa Majesté Chrétienne, mon
honorable ami »). Tout va pour le mieux à Florence :
« Je ne veux pas manquer de vous dire quelle
satisfaction vos lettres donnent ici à chacun... Chaque fois que je me suis trouvé à lire vos premiers

messages à quelques-uns des tout premiers de nos
concitoyens, vous en avez reçu la plus haute louange
et je m'efforcerai par quelques mots adroits de
soutenir leur opinion en montrant bien avec quelle
facilité vous écrivez... » L'art d'écrire, qu'il a appris
dans la maison familiale, à l'étude des grands classi-
ques et porté à un tel degré de perfection, lui suffit à
bâtir une renommée.

Finalement, les deux chargés de mission reçoivent
d'autres instructions : suivre la cour de Nevers vers le
nord car, pense-t-on, le roi doit rencontrer l'ambassadeur de l'empereur à Troyes. Mais on apprend
bientôt qu'il ne s'agissait que d'une rumeur. Plusieurs
jours se passent en parties de chasse et en divertissements; le roi est tombé de cheval et s'est blessé à
l'épaule : rien de grave; il souffre d'une entorse. La
cour, qui se trouve alors à Montargis, doit donc y
rester quelque temps.

Melun (du 26 août au 14 septembre), Blois (jusqu'au 11 octobre), puis Nantes (jusqu'au 4 novembre) et Tours enfin... Nicolas voyage, approche le roi.
Il commence par tergiverser puis fait front mais, un
peu désabusé, se lasse. Comment le suivre pas à pas,
lettre après lettre, dans ses démarches souvent inutiles? Pourquoi reprendre tous ses discours de légat,
que nous ne connaissons que par lui-même, par ces
longs comptes rendus où, sans se mettre en valeur
d'une façon trop outrancière, il ne cesse de se
justifier, de dire les tenants et aboutissants de la
moindre de ses initiatives? Retenons simplement une
sorte de première esquisse des travaux et des jours du
petit diplomate, actif, un peu besogneux, sans doute
effacé mais partout présent, il revient continuelle-
ment à la charge : un homme obstiné qui se sait jugé
de loin.

Voyons aussi, et sans doute pour une des toutes premières fois dans l'histoire de l'Italie, comment se noue une alliance militaire entre deux complices qui se défient terriblement l'un de l'autre; mécontents du passé, circonspects quant à l'avenir, ils prennent toutes sortes de précautions qu'ils annoncent ouvertement, tandis qu'à la cour, dans le conseil et dans l'entourage même du roi, il n'est question que de luttes d'influence, d'hommes qu'il faut gagner ou pour le moins ménager.

Que de palabres, de marchandages, pour préparer la campagne, décider des troupes et de leurs capitaines, de l'argent! Dès l'entrée de jeu, Louis XII affiche ses réticences, son ressentiment. Bien qu'il demande sans cesse de ne plus parler de ce qui est perdu, car il ne veut entendre sous aucun prétexte les « justifications » du Florentin, il s'y tient encore, comme s'il gardait au cœur la brûlure ignominieuse de l'échec : « Nos dernières lettres ont instruit Vos Seigneuries de l'état de leurs affaires et du peu de satisfaction qu'avait de vous Sa Majesté pour deux raisons surtout [...] l'une, le refus de poursuivre le siège, l'autre celui de payer les Suisses; on y ajoute une troisième raison qui a également son importance : le refus de recevoir les gens d'armes en garnison. » On n'arrive à rien... D'autant plus que Machiavel porte de sévères jugements sur les desseins du roi de France et sur ses entreprises, annonçant ainsi déjà ce qui sera tout au long de sa vie l'un de ses engagements les plus déterminés : « Nous fondons cette opinion sur sa répugnance à dépenser, sur la façon dont elle [Sa Majesté] s'est conduite jusqu'à maintenant envers l'Italie, où l'on veut toujours prendre sans rien avancer et ne penser qu'aux profits immédiats sans s'inquiéter autrement des conséquences. »

En fait Louis XII pense bien reprendre Pise, mais pour la garder, avec l'idée d'y bâtir – en ajoutant Pietrasanta, Livourne, Piombino et Lucques – un nouvel État où installer un gouverneur français. Tout paraît inutile; la situation s'enlise...

Florence se trouve donc dans une « triste posture ». Pour faire preuve de bonne volonté et étaler un peu de lustre, on songe à envoyer un nouvel ambassadeur en titre. Mais Lucà degli Albizzi, à nouveau sollicité, à nouveau refuse, prétextant les incommodités du voyage et la grande dépense qu'il lui faudrait supporter. Il prend même les devants et excuse plusieurs de ses amis : « Je ne pense pas que ni Bernardo Rucellaï de si faible santé, ni Giovanni Ridolfi empêché par sa famille et le surcroît d'occupations qui l'accablent, puissent se rendre à la cour... » En fin de compte, tout bien réfléchi, et cherchant « un homme de sagesse et de réputation qui jouisse de la faveur de Sa Majesté », c'est Pierfrancesco Tosinghi que l'on choisit. Par très petites étapes, bien mesurées, celui-ci se met en route.

DE RETOUR À FLORENCE...

Pendant tout ce temps, notre Nicolas se ronge les sangs. Acceptant fort mal les rebuffades du cardinal de Rohan, il voit s'amonceler tous ces griefs contre sa ville et sait bien qu'elle ne mesure pas le grand danger d'une intervention française; il n'attend plus qu'une seule délivrance : son retour. Tout lui pèse et tout va mal.

Certes ses finances ne sont plus tout à fait aussi catastrophiques. Son frère l'informe par lettre qu'on lui accorde enfin une bonne provision (« après quinze jours pleins que je les ai tannés du matin jusqu'au soir ! ») et lui envoie un bon de 50 écus payable à Lyon. Il faudrait y aller... Surtout, il apprend que sa position vacille à Florence. Derrière son dos, encouragés par sa longue absence, quelques ambitieux travaillant à sa perte trament intrigue sur intrigue. Une longue épître d'Agostino Vespucci, l'un de ses subalternes à la chancellerie, le met en garde. Il le félicite tout d'abord pour ses lettres qui sont toujours lues avec autant de plaisir : « Bien qu'écrite en italien la dernière nous a donné la plus grande joie; ne nous vient-elle pas de Nevers, de Montargis et de Blois, pays en vérité si écartés qu'il sont pour ainsi dire d'un autre globe, comme l'écrit le poète ? » Mais Vespucci lui conseille de mettre un terme à tout ce voyage : « Revenez au plus tôt, je le demande; revenez en toute hâte, je vous en prie, revenez le plus vite possible, je vous en conjure. Aujourd'hui encore un de nos plus excellents citoyens qui vous chérit entre tous a insinué que vous perdriez votre place au Palais Vieux si vous étiez plus longtemps absent. »

Nicolas ne le sait que trop; à Florence, quantité de commis aux écritures ou d'hommes de lettres, déjà dans le sérail, sont naturellement à l'affût et leurs protecteurs œuvrent pour eux. Aussi ne cesse-t-il de demander son congé d'une façon pressante. Et deux dures nouvelles, coup sur coup, le rejoignent et l'accablent : la mort de son père, puis celle de sa sœur Francesca. Le voici chef de famille, responsable et loin de tout : « Toutes mes affaires restent en l'air et je me ruine de toutes les manières. » D'où mille difficultés, comme en témoignent les lettres que Machiavel échange avec les siens, les notaires et ayants droit pour tenter de régler l'héritage et de garder tout en ordre; avec les agents du fisc, les métayers, créanciers ou débiteurs. Qui peut gouverner la maison et les deux domaines? Qui peut faire rentrer l'argent? Et lui, toujours forcé de courir avec la suite du roi, qui doit même aller un moment jusqu'à Paris pour toucher une lettre de change : « Que Vos Seigneuries, pour me permettre de me remettre à flot, m'accordent cette faveur. Et dès que j'aurai passé un mois chez nous, je ne bouderai pas à repartir non seulement en France, mais n'importe où m'appellera Votre intérêt... » Mais où donc peut bien être l'orateur en titre, ce Tosinghi qui ne répond à aucune lettre expédiée un peu partout, à tout hasard, « au petit bonheur »?

Enfin, le 27 novembre, Nicolas apprend que l'ambassadeur est à Lyon depuis le 12 : « Je l'attends avec impatience et souhaite que Dieu lui accorde meilleure chance! » Le congé tant désiré arrive aussi. Pressé, on s'en doute, Machiavel est à Florence à la mi-janvier 1501.

De la façon dont il arrange ses affaires dans les mois qui suivent, rien ne transpire car la plupart de ses lettres, à cette époque-là surtout, se présentent comme des missives officielles adressées soit à la Seigneurie, soit à ses amis ou protecteurs.

Deux événements annoncent cependant pour Nicolas une promesse d'ascension ou de confort social, de fortune politique, d'insertion plus solide parmi les hommes influents du moment. D'une part son mariage, de l'autre l'avènement au pouvoir, à la Seigneurie et sous une forme nouvelle bien plus autoritaire, d'une équipe qui lui est favorable en tout.

En 1501 donc, à une date qu'on ne saurait préciser, il épouse Marietta, fille de Luigi Corsini. Les Corsini

pèsent à Florence bien plus lourd que les Machiavel.
Groupe familial étendu et complexe – *consorteria*
comme l'on disait alors –, rassemblant plusieurs
rameaux et un grand nombre de parents, ils n'ont
cessé depuis plus de deux siècles d'étendre à la fois
leurs biens fonciers et leur influence sur les gens de la
ville. Une des branches de ce clan, dont les généalo-
gies et les relations sont quasiment inextricables,
nous a laissé un très précieux *Libro di Ricordanze*
qui couvre trois générations, de 1362 à 1457. On y
voit le premier des trois chefs de famille faire
pendant vingt ans l'apprentissage des affaires comme
commis, puis commissaire de la compagnie familiale
à Londres et dans plusieurs villes d'Angleterre : il
part ensuite en voyage à Bordeaux, en Irlande et en
Flandre, pour revenir, à l'âge de quarante ans,
épouser à Florence la jeune femme que ses frères
aînés ont choisie pour lui. Ce livre nous montre
également, bien plus tard, un Luigi Corsini qui meurt
à Pise en 1420, à la tête d'un réseau de commerce
étendu à plusieurs grandes métropoles d'Occident,
faisant trafic de soieries et d'or filé. Il possédait
plusieurs maisons. En 1411 un autre Corsini, Ame-
rigo, devient évêque de Florence, « poursuivant ainsi
l'heureuse tradition de la famille ». Enfin, un an
après le mariage de Nicolas Machiavel, un des
parents de la jeune Marietta, Albertaccio Corsini,
devient l'un des huit prieurs de la Seigneurie.

Lorsque les Corsini l'accueillent, Nicolas n'est pas
célèbre; c'est un homme de trente ans qui a fait ses
preuves et peut servir. A Florence, il se disent, eux
aussi, du *popolo* de San Felice in Piazza. Leur
grande maison – ou plus exactement leur palais –
qu'ils ont achetée en 1357, se dresse dans le quartier
de Santo Spirito, parmi les autres résidences du clan,

des cousins et petits parents. Ils détiennent à la campagne d'importants domaines, des terres et des vignes, des maisons de maître et des maisons de métayers dans quelques bourgs de la *pieve* di Decimo, dans le val di Pesa, principalement dans le *popolo* di San Piero di Sotto, à San Iacopo a Mucciana, à San Martino ad Argiano et à San Casciano où, en 1361, ils avaient acquis pour 250 florins d'or l'hospice du couvent des frères dominicains de Santa Maria Novella, là, précisément, où se trouve l'un des domaines de Bernardo Machiavel. Les deux familles se connaissaient donc bien avant le mariage de Nicolas : en 1422, Giovanni Corsini achetait pour le compte d'un Antonio Machiavel, fils de Lorenzo, une pièce de terre sise dans le « castello di San Casciano » pour 26 florins d'or.

Ce n'est évidemment pas par hasard que les hommes qui veulent compter, s'affirmer par l'argent et la renommée, se regroupent ainsi, tant à la ville que dans les terroirs du district. Maintenir les liens de parenté, les alliances politiques, économiques, militaires entre clans habitant le même quartier ici, le même bourg là, c'est aussi s'employer à rassembler ses propriétés, maisons ou terres, dans un seul secteur, un seul *popolo*. Et, bien sûr, marier les enfants dans le voisinage. Nicolas Machiavel qui a visité des pays étrangers et a passé de longs mois hors de chez lui, prend femme dans la rue d'à côté.

Mariage vite conclu, en tout cas... Fut-il préparé par le père avant sa mort? Par le jeune frère qui avait déjà embrassé la carrière ecclésiastique? Comment savoir...? On ignore également le montant de la dot mais l'on imagine que dans une telle lignée elle représentait une somme confortable qui tombait certainement à point. Sans trop prêter oreille aux

regrets amers de la jeune femme, Nicolas s'en rendit
maître pour parer au plus pressé. Et le voilà bientôt
déjà reparti courir les routes pour d'autres missions,
tandis que Marietta se lamente d'être vite abandon-
née pour les affaires de l'État, de ne pas avoir sa dot
à elle pour en disposer. Octobre 1501, quelques mois
après les épousailles : « Madame Marietta m'envoie
dire de vous demander quand vous rentrerez [...] et
elle fait mille folies, elle dit que vous lui avez promis
de ne pas demeurer plus de huit jours; au nom du
diable, rentrez! » Le 21 décembre Marietta « ne veut
plus croire en Dieu et pense avoir tout jeté au diable,
sa dot et sa virginité. Donnez ordre qu'elle ait bien sa
dot comme les autres femmes; sans cela, c'est sûr,
elle va perdre patience! » Conseils d'amis. Malgré
tout, Marietta survivra à Nicolas, après lui avoir
donné cinq enfants.

La situation s'éclaire aussi du point de vue politique. A Blois, le 2 octobre 1500, Machiavel avait déjà
appris la reconstitution du conseil des Dix. Est-ce
pour lui un avantage immédiat? Pense-t-il trouver
dans cette magistrature qui avait disparu certains de
ses anciens membres, et donc de meilleurs appuis?
Une plus grande efficacité dans la conduite des
affaires, plus de fermeté, une meilleure position pour
mener ses négociations? Ou plutôt, y voit-il l'avènement d'une autre forme de gouvernement plus conforme à ses idées. Quoi qu'il en soit, il s'en réjouit :
« Je remercie Dieu et en espère le plus grand bien, un
meilleur gouvernement ne pouvant amener que de plus
heureux événements; je me servirai de cette nouvelle
pour servir davantage les intérêts de notre ville. »
Au cours de l'année 1502, Florence, voulant affermir ses assises, procède à d'importants aménage-

ments du jeu politique : remaniement du système électoral pour désigner les magistrats et les conseils, surtout institution d'un gonfalonier à vie. Une réforme qui, face aux menaces de l'extérieur et aux querelles des partis, vise certainement à plus de stabilité dans la conduite des affaires et qui s'inspire peut-être du doganat vénitien. Mais la raison profonde d'un tel renforcement du pouvoir « communal » était, bien entendu, la crainte d'un retour en force des Médicis ; retour que l'on veut à tout prix éviter et que notre Nicolas considère déjà comme une sorte de catastrophe... car il annoncerait sans doute sa disgrâce. Lui et ses amis se félicitent ouvertement des nouvelles mesures, accusent Pierre de Médicis de vouloir s'imposer avec l'aide de l'étranger, de courtiser César Borgia, « pour être le maître dans notre cité, au titre, ô combien criminel, de premier citoyen ». Et Agostino Vespucci de conclure, en forme d'imprécation ou de prière : « Que Dieu nous sauve d'un si grand péril dont pendant plus de cinq années, nous avons eu notre part ! » Ainsi, dès les toutes premières années de service public, les positions de Nicolas Machiavel contre la tyrannie héréditaire que personnifient pour le moment les Médicis s'affirment-elles très clairement. Un engagement lentement mûri dans son jeune âge par l'exemple familial, les traditions et les lectures dont il ne se détournera jamais.

D'autant plus que le gonfalonier à vie, Piero Soderini, désigné non sans mal en septembre 1502 contre deux autres postulants – l'un partisan des amis de Savonarole le prophète-martyr, l'autre partisan d'établir à la tête de la cité un Sénat tout-puissant – représente pour Nicolas une certaine garantie, même si Soderini n'appartient pas au cercle étroit de ses fidèles et patrons. Certes, Piero n'est pas l'homme à poigne qu'il aurait souhaité (peut-être pense-t-il déjà au *Prince*?); c'est un juriste, un administrateur sage et de bon sens qui n'a donné jusque-là que des preuves de grande application et d'une certaine souplesse. Certains le disent trop débonnaire, bonhomme. Mais les deux hommes qui avaient été ensemble commissaires au camp de Pise trois ans auparavant se sont bien connus dans une situation difficile où l'on pouvait compter les siens. Le frère de Piero, Francesco, évêque de Volterra, qui venait d'accompagner Nicolas en mission, s'empresse de lui écrire pour s'assurer son accord et donc sa clientèle politique : « Je ne désire en ce moment qu'envisager ton dévouement pour la patrie et notre famille, pour t'en rendre d'éternelles grâces [...] Ne serons-nous pas à jamais liés à la patrie par un si fort attachement pour nous faire sacrifier pour elle notre sang et tous nos biens? [...] Et puisque, toi, tu ne le cèdes à personne tant en qualité du cœur qu'en vertu de l'esprit [...] tu deviendras auprès de nous la personne la plus chère de tous. » Et, après de longues et belles phrases encore, un dernier appel : « Porte-toi et fais en sorte de bien nous aimer! »

Piero, le gonfalonier, approuve de tels propos. Le 13 octobre 1502, on l'entend interrompre la lecture d'une lettre missive de Nicolas par plusieurs grognements, puis trancher : « L'homme qui a écrit cela possède un vrai talent, plein de vigueur; c'est aussi un sage au jugement très sûr. » Une opinion qu'il conservera pendant dix ans, où on le verra toujours prêt à protéger son fidèle. Et quelques jours plus tard, le 18 exactement, Biagio Buonaccorsi de rendre compte des excellentes dispositions du nouveau maître . « Tous les jours, quatre ou six fois, je rends

visite au nouveau gonfalonier qui nous semble bien
acquis ainsi que monseigneur son frère; aujourd'hui
même, il m'a demandé de vos nouvelles et m'a dit
vous aimer plus que tous; j'ai fait, pour vous, en lui
parlant, mes devoirs d'ami; faites-en de même pour
moi à l'occasion, je ne désire rien de plus. » De fait,
une des premières lettres de Soderini s'adresse à
Nicolas, « homme respectable, ami très cher ».
Depuis que la ville l'a choisi il n'a encore écrit à
personne, pas même aux princes, parce qu'il attend
d'être solennellement installé au Palais; il recommande à Machiavel quelques-uns de ses hommes à
qui les soldats de Borgia ont volé leurs mulets! Une
affaire sans grande importance, mais la démarche
même et le ton de la lettre traduisent une certaine
intimité.

Fidèle et en même temps protégé, Nicolas se range
parmi les clients. Chargé de mission, commissaire
aux armées, il ne cesse de servir et de vivre dans le
petit cercle des responsables, dans le secret des
affaires publiques, d'en fortifier son amour-propre et
sa connaissance des hommes, de leurs jeux et de leurs
ambitions. Au demeurant, c'est là une activité dont il
ne tire que d'assez maigres profits : il s'en glorifiera
plus tard.

ENCORE EN MISSION...

Après son séjour en France, pendant ces quelques
semaines de l'automne et l'hiver 1501, Machiavel se
mêle donc de tout et règle ses affaires domestiques,
se marie, retrouve ses appuis, ses subordonnés, et
s'impose à nouveau à la chancellerie. Dans cette

période, retenons seulement deux missions à court
terme qui le placent au cœur d'affaires importantes.

Encore sous le coup de l'échec devant Pise, ébranlée par des conflits internes plus feutrés qu'autrefois
mais encore très vifs, Florence voit sa paix menacée
de toutes parts. Pise se trouve des alliés. César Borgia
rapproche ses troupes et va passer les monts, venant
de Lombardie; des bandes rebelles tiennent quelques
cantons dans le district florentin; surtout Pistoia,
sentinelle et forteresse située sur la route de la mer,
sombre dans l'anarchie, déchirée par une terrible
guerre entre deux factions rivales, les *Panciatichi* et
les *Cancellieri*; chaque parti se cherchant des aides,
appelant jusque dans le *contado* florentin, sur cette
voie vitale de l'Arno, des armées étrangères, campant
en pays conquis.

Dès le début février 1502, moins d'un an après son
retour, Nicolas est envoyé comme commissaire muni
de pleins pouvoirs contre les compagnies rebelles
dans la région de Carmignano, à cinq lieues de
Florence, sur la rive droite du fleuve. Ce ne fut
l'affaire que de quelques jours.

La pacification de Pistoia le retient bien plus
longtemps; au nom des Dix, il est rédacteur auprès
des commissaires sur place. Visiblement rédigées par
la même plume, les lettres adressées alors à Florence
témoignent d'un grand sens politique; prêchant la
modération, recherchant les compromis, elles ne
parlent que de sagesse, d'entente et recommandent
inlassablement une ferme détermination sans aucun
excès. Il faut bannir et mener comme otages à
Florence les six plus enragés de chacun des partis,
procéder au tirage au sort de nouveaux officiers, à
l'élection des prieurs qui doivent prendre en charge la

cité; en somme rétablir la pleine autorité des Florentins. Ne pas négliger non plus de confisquer toutes les
armes et surtout les canons, se rendre maître des
tours et des portes, les désemparer et combler les
fossés : laisser la ville à merci. Autant de conseils très
détaillés, que transmet le rédacteur en annonçant
l'envoi d'un résumé, « aperçu sur les points les plus
importants pour faciliter l'ouvrage », puis d'une réca-
pitulation.

A vrai dire, il s'agit bel et bien d'une véritable
guerre civile aggravée, dans les campagnes, de révoltes sociales. La troisième commission adressée à
Pistoia donne l'ordre de faire rendre gorge aux
paysans et de mettre à raison ces gens habitués à ne
se soumettre à aucune loi, qui en font trop à leur aise;
il faut leur reprendre leurs fermes, toutes les récoltes
dont ils se sont emparés de force. Comme il est
impossible de mettre partout des garnisons fortes
d'au moins une centaine d'hommes, ne pourrait-on
pas occuper ces paysans, les détourner de leur guerre
en les recrutant pour quelque expédition au-dehors,
par exemple aller piller sur le territoire de Pise? Ce
serait un sage expédient.

Il ne fait aucun doute que Nicolas a suivi sur le
terrain toutes ces négociations et interventions. S'il
ne les a pas dictées, il a du moins certainement
inspiré ces rapports, si précis que les autorités disent
n'avoir rien à ajouter. Visiblement, l'affaire en elle-
même le passionne; il s'y sent à l'aise car elle lui
donne l'occasion de montrer son art. Tout à la fin, en
mai 1502, il prend plaisir à rédiger une sorte de leçon
tactique : « Rapport sur les entreprises de la République florentine pour pacifier les factions devant
Pistoia. » Ces observations présentent un résumé en
forme de justificatif des événements et de ce qui a

été fait pour y porter remède, puis une analyse de la situation, en particulier un dénombrement des cavaliers et fantassins sur place, dans la cité et dans les environs; enfin l'évocation de l'attaque décisive du 17 mai 1502. Les commissaires prennent alors possession de la cité, châtient les criminels ou les citent à comparaître devant eux. Belle leçon de politique sur la façon d'investir une place et de la garder : Nicolas Machiavel écrit ici en maître d'œuvre.

Cette même année 1502, le 22 juin, la pacification de Pistoia à peine achevée, Nicolas quitte à nouveau Florence, pour courir, en compagnie de Francesco Soderini, à la rencontre de César Borgia : mission de confiance dont dépend le sort de la République car il s'agit de parler avec le maître de l'heure en Italie. Depuis plus d'un an, César, encouragé par la diplomatie pontificale d'Alexandre VI, son père, cherche à se tailler en Italie centrale une vaste principauté. Par plusieurs alliances et accords, il tente de dominer la Romagne et peut-être Bologne; dans le même temps, il attaque de toutes parts, investit les territoires florentins par ses armées ainsi que celles de ses complices plus ou moins avoués. Déjà en septembre 1501, Piombino, clé d'un important passage et riche de mines de fer, petit État princier que Florence avait tant surveillé, tant choyé, tombait après un long siège. Aux portes mêmes du district, la situation allait de mal en pis. Arezzo, ville sujette, se révoltait, aidée en sous-main par Vitelozzo, capitaine de guerre et frère de ce Paolo Vitelli naguère ignominieusement exécuté sur la piazza della Signoria. Simple vengeance privée, affirme Borgia...; mais Vitellozzo est bien alors « son homme », fermement engagé par un contrat particulier que l'on appelait *condotta*. Peu après leur entrée dans la ville, ses troupes appellent celles du duc qui, d'autre part, s'avancent toujours vers le val di Chiana, s'emparent de Cortone, de Borgo San Sepolcro, étapes vers la plaine de Florence.

C'est à ce moment-là que le maître de Milan sollicite des Florentins l'envoi d'un homme avec qui parler... Nos deux commissaires, Soderini et Machiavel, se trouvent sur la route, quand leur arrive la nouvelle : par une manœuvre hardie exécutée bride abattue, alors que chacun le croit au siège de Camerino, César se présente avec le gros de ses troupes devant Urbino, s'empare de la ville et de toute sa principauté. Et Nicolas d'écrire aussitôt : « ... Que Vos Seigneuries prennent bien note de ce stratagème et d'une telle promptitude, secourue par une chance pareille. » Dissimulation, art du secret, de la surprise, plus la fortune et les heureux hasards, dès l'été 1502, se dessine le profil du Prince.

Quant à Machiavel, il progresse régulièrement là où l'avait placé son premier emploi, celui de secrétaire à l'une des chancelleries. Depuis lors, il a constamment attiré l'estime des prieurs des Dix, de tous ceux qui comptent et décident à Florence. Mais – insistons encore – ces progrès dans la carrière sont limités. Il n'ira pas très haut et suit une voie particulière, parallèle. Dans une seule occasion, en 1507, la fortune semble lui sourire davantage. Il est alors question d'une ambassade auprès de l'empereur Maximilien. Piero Soderini l'avait désigné pour être réellement « orateur »; mais l'influence du gonfalonier commençant à décliner quelque peu, les ennemis du groupe au pouvoir s'y opposèrent fermement, firent casser la décision et envoyèrent à sa place Francesco Vettori. Nicolas, qui l'accompagnait comme second, entretint avec celui-ci toujours d'excellentes relations mais le titre et les honneurs lui échappaient...

Ainsi, pendant plus de dix ans, le retrouvons-nous toujours fort occupé. Pourparlers, négociations d'approche d'une part, recrutement des armées, commissaire à la guerre de l'autre : toutes les missions dont il est chargé se ressemblent. Il ne sera jamais ambassadeur; jamais capitaine des troupes en campagne.

PORTRAIT D'UN SECRÉTAIRE

Ces dix années, au cœur d'une vie, alors que Machiavel a entre les trente et quarante ans, nous pouvons tenter de les embrasser d'une seule vue. En suivre tous les instants serait se perdre inévitablement dans les méandres et les labyrinthes de l'histoire diplomatique de Florence et si l'histoire de l'homme s'identifie parfaitement avec celle de sa patrie – aucune faille, défaillance ou repentir de ce côté –, elle se superpose nécessairement à celle, ponctuelle, éparpillée, des événements eux-mêmes. Nicolas mérite bien que l'on quitte la trame serrée des alliances et de leurs renversements, des paix signées à la hâte et à peine ou pas du tout respectées, des campagnes manquées et des sièges, des interminables intrigues ourdies dans ou loin du Palazzo; et même d'abandonner, pour un temps du moins, les Médicis à leur sort d'exilés, alors qu'ils préparent dans la suite de l'étranger leur retour vengeur.

Peut-on, à cette date, brosser quelque portrait digne de foi du maître de la chancellerie? Résister à la tentation de peindre le héros, d'évoquer son allure, ses comportements et attitudes, fut toujours difficile pour l'historien; c'est parfois une sorte d'ascèse alors qu'il paraît si aisé de laisser voguer l'imagination, de solliciter quelques bribes d'informations, de répéter les appréciations d'hommes qui l'ont à peine ou pas du tout connu. Le portrait historique, image merveilleuse qui fixe l'attention et conduit les réflexions, fait partie de nos traditions. Depuis le tout début des récits romantiques, parfois même avant, il n'y a pas de livre d'histoire qui n'illustre le personnage. Si bien que, le plus souvent, lorsque la documentation manque ou reste incertaine, chaque époque se fait des héros du passé une image particulière, images naturellement différentes les unes des autres, chargées d'attributs et de symboles souvent anachroniques. Il en est, hélas, ainsi pour Nicolas Machiavel et rares sont les auteurs capables d'écrire en toute sérénité, comme Edmond Barincou : « Aucune des effigies de Machiavel n'est authentique. »

Certes, le portrait est alors à la mode, en Italie peut-être plus qu'ailleurs, surtout dans les villes de cour, un peu moins dans les cités marchandes pour des raisons que l'on imagine aisément : le personnel politique, les maîtres de la cité changent trop souvent, par le jeu du renouvellement périodique, annuel ou bisannuel des conseils et des magistratures. Ces hommes ne font la plupart du temps que de courts passages au pouvoir; leur choix tient davantage à l'appartenance à un groupe, à une clientèle, qu'à leur propre personnalité; dépositaires aussi de certaines vertus de modestie et d'une prudence ancestrale, ils n'éprouvent pas le désir d'offrir leur image à l'admiration de leurs concitoyens. Avons-nous une collection, même incomplète, des prieurs qui se succédèrent à la tête de la Commune? Des membres du Conseil des Dix? Ou encore de ces marchands florentins, maniers d'argent, les maîtres de grandes compagnies? Quelques très rares figures nous restent, qui prennent pour nous une valeur exceptionnelle.

Tous les portraits de Nicolas Machiavel que nous ont proposés et nous proposent encore les livres sont donc inventés. Ils témoignent simplement de la façon dont telle ou telle époque, tel auteur même, se représentait l'homme ou l'écrivain. Ainsi la figure sans doute la plus chargé de signification est-elle ce portrait en buste attribué à Santi di Tito qui est exposé dans le Palazzo Vecchio et reproduit sur la couverture de notre livre. Santi, peintre et architecte toscan, né à Borgo San Sepolcro en 1536, n'a pu connaître Machiavel, mort en 1527. Après avoir travaillé quelque temps à Rome pour le cardinal Salviati, il s'installe à Florence en 1566, œuvrant pour plusieurs grandes familles de la cité et pour le couvent de Santa Croce. Dans l'ensemble de ses travaux, presque toujours inspirés par les Évangiles (tels par exemple *les Pèlerins d'Emmaüs*), son portrait de Nicolas s'inscrit comme une œuvre différente, peut-être de commande, ce qui souligne bien l'intérêt que l'on portait au personnage. Mais Santi peint quelque soixante ans plus tard et cette composition idéalisée répondait certainement à une idée particulière. Machiavel, le visage fin, presque émacié, les yeux noirs au regard vif sous d'épais sourcils, les cheveux noirs et très courts, semble presque sourire d'une sorte de satisfaction intime. Il porte un vêtement gris sombre à manches et, par-dessus, une sorte de tunique noire, sans aucun ornement, simplement nouée au col d'un cordonnet. Une main s'appuie sur un livre posé sur une table, à sa droite; l'autre tient une feuille de papier, une lettre sans doute, insigne de sa fonction. En somme, la parfaite figure du parfait serviteur de l'État : sérieux, rigoureux, intelligent.

Deux autres portraits, ceux-ci anonymes, nous sont aussi proposés; ils sont l'un et l'autre plus tardifs mais, la physionomie et quelques détails du costume mis à part, ils vont bien dans le même sens. Que Machiavel, vu cette fois de profil, se coiffe d'un grand bonnet noir ou d'une toque de velours, ou qu'il arbore, de face, tête nue, une abondante chevelure bouclée sur un front très haut dégarni, toujours la même impression s'impose : modestie et rigueur. C'est là, dans les dernières années 1500, une tradition solidement ancrée.

Mais lorsque plus tard, au XIXᵉ siècle, s'affirme une légende qui fait de Nicolas l'homme de toutes les roueries politiques, des intrigues et des dissimulations, lorsque se forge le concept de « machiavélisme », l'image change, prend une signification morale et éthique, reflète la réprobation. Et Jean Giono d'évoquer, par exemple, une gravure des années 1850 qui, témoignant de l'opinion du temps, charge le visage de toutes les infamies, hypocrisie, ruse et duplicité, pour présenter un homme qui « ayant un tel visage n'aurait pas fait cent mètres en paix dans n'importe quelle rue de n'importe quelle ville du monde ». Légende noire qui ne s'est pas complètement effacée de nos esprits et correspond à des idées bien arrêtées, depuis fort longtemps déjà.

Au début de ce siècle, certains auteurs – sans aucune preuve – ont voulu reconnaître Nicolas Machiavel dans une des figures d'une vaste composition de Mantegna; mais c'est là un portrait sans aucun caractère, qui ne traduit rien et l'attribution n'est que de pure fantaisie.

De toutes ces inventions se dégagent ainsi deux représentations de l'homme qui correspondent chacune à une époque et à une façon de l'approcher, de le reconnaître : celle, « sociologique », du secrétaire, appliqué à sa tâche, modeste, effacé; et, plus tard, celle de l'écrivain, du penseur, politicologue et théoricien. Une image forgée par les gens de la cité qui pensaient surtout à ses travaux de la chancellerie, une autre par des « clercs » qui se référaient aux œuvres écrites et, parmi elles, essentiellement à quelques-unes, chargées d'une renommée particulière.

En vérité, les lettres de ses familiers ne nous laissent que de maigres certitudes. Rien ou presque au physique, pour l'allure générale ou l'expression; simplement le fait que Nicolas se présentait toujours comme un homme de son état. Une allure sans extravagance : la robe noire et la toque lui composaient une sorte d'uniforme de bureaucratie, d'homme de robe donc, en un temps où la mode nouvelle avait introduit d'autres usages vestimentaires, moins traditionnels. Au moral, une activité débordante, certainement un grand acharnement au travail, à courir partout à la fois, le souci de tout prévoir, de tout compter; peut-être une teinte d'avarice, pour le moins de parcimonie; une forte propension à se plaindre, à dire sa misère, ses trop grandes dépenses sans défraiement! Mais quel tenant d'office, alors et toujours, n'a jamais gémi sur sa condition?

Par les grands chemins

Il reste que la meilleure façon d'approcher Nicolas Machiavel, de le comprendre, est de le suivre dans ses innombrables missions diplomatiques, dans ses

charges d'administrateur et d'en dégager les caractères sans les noyer dans le récit confus des avatars de
la République florentine. Et là, les documents abondent : les instructions des Dix ou de la Seigneurie, les
compte rendus soigneusement rédigés, les missives
reçues ou envoyées sur chacune de ces entreprises
disent en effet le nécessaire et bien davantage,
parfois entre les lignes. Par opposition aux « œuvres »,
traités, écrits destinés au public pour bâtir le plus
souvent une renommée, cette documentation de première main, spontanée, acheminée au plus vite dans
le feu du travail, présente un net parfum d'authenticité; nous y trouvons des phrases réellement chargées
de concret, destinées à prévoir ou à soutenir une
action et non des constructions théoriques.

La chronologie tout d'abord, forcément simpli-
fiée... Nous avons laissé Machiavel en juin 1502 alors
qu'il était appelé auprès de César Borgia avec
Francesco Soderini. Ce furent alors les longues et
difficiles entrevues d'Urbino, conversations qui, à
n'en pas douter, devaient beaucoup apprendre à notre
secrétaire sur les vertus du duc et, par la suite,
nourrir longtemps ses réflexions. Ce qui, déjà, lui
permet de brosser, pour ses maîtres de Florence, un
avant-portrait du Prince : « L'homme de cour est on
ne rêve pas plus brillant et magnifique; l'homme de
guerre si hardi que toute chose, si grande soit-elle, lui
paraît insignifiante. » Un homme qui frappe par son
audace, qui refuse de penser aux périls et de connaître la fatigue.

Revenu en hâte à Florence pour rendre compte de
vive voix, il repart aussitôt entre le 15 août et le
17 septembre 1502 pour trois missions éclairs à
Arezzo, dans le but de réduire la ville à merci; il doit
voir en tout cas ce qu'il en est de la rébellion et des

manigances de Vitellozzo, à présent ennemi juré.

Une seconde légation auprès de César Borgia le conduit cette fois à Imola; il y reste jusque vers le 10 décembre, soit six semaines employées à lanterner le duc. Puis Nicolas suit sa cour à Cesena, Pesaro, Senigaglia, Sassoferrato, Gualdo; c'est à l'occasion de cette mission que, le 30 décembre 1502, il observe comment César endort la méfiance des chefs de troupes qui conspiraient contre lui, les attire à sa cour, pour les faire prendre ou assassiner par ses fidèles tous en même temps. Une manœuvre qui devait fournir à l'auteur du *Prince* son plus bel exemple pour illustrer son discours sur la dissimulation politique. Une sorte d'admiration teintée à peine de stupeur l'amène à applaudir et lui vaut, de nos jours encore, cette réputation du théoricien des pièges et des tromperies. Peut-être est-ce là, à Senigaglia, que se découvre cette notion même de « machiavélisme ». Toujours est-il que Machiavel s'empresse de rédiger une seconde lettre en forme de compte rendu, de crainte que la première ne s'égare et aussi afin de ne rien laisser perdre de ses analyses de l'événement : c'est le *Rapport sur la façon dont le duc de Valentinois a fait tuer Vitellozzo Vitelli, Oliverotto da Fermo, le seigneur Pagolo et le duc de Gravina Orsini.*

Cependant, devant le veto de Louis XII, allié assez timide mais allié tout de même des Florentins, César renonçait à pousser plus avant en Toscane. Machiavel retourne donc à Florence au début de 1503. Il y passe les six premiers mois de l'année, surveille les affaires d'Arezzo et le siège mis à nouveau devant Pise, rédige lettre sur lettre aux commissaires envoyés par la République dans toutes les directions, notamment au capitaine de Borgo San Sepolcro qui tient l'une des plus fortes garnisons sur la route que pourraient emprunter les armées de César.

Le 18 août 1503 meurt le pape Alexandre VI Borgia. Aussitôt Nicolas prend le chemin de Rome. Chargé d'assister au conclave, il doit faire savoir aux cardinaux à quel point Florence souhaite voir élire un pape énergique, capable de prendre en main les intérêts de l'Église. Nicolas ne fut sans doute pour rien dans l'élection du pape génois, ligure du moins, le cardinal de Saint-Pierre-aux-Liens, Giuliano della Rovere, neveu de Sixte IV, qui prit le nom de Jules II; mais il eut avec le nouveau pontife de longs entretiens afin de lui représenter les craintes de Florence face à tous ses ennemis, maintenant surtout les Vénitiens.

Les événements de Rome provoquent évidemment la chute du Borgia de Milan. Les petits seigneurs de Romagne ou des Marches le quittent pour faire allégeance au pape; plusieurs cités se soulèvent dans ses États; la Seigneurie de Florence lui refuse alors le laissez-passer qu'il sollicite. Arrêté à Ostie et fait prisonnier, il ne reste d'autre issue au Borgia que de s'humilier à Rome, reniant ses entreprises des dernières années, accablant de reproches amers les mânes de son père. Cette chute du Prince, Nicolas l'observe avec sa lucidité habituelle et une pointe d'humour : « Ce pape commence à payer ses dettes d'une façon très honorable. »

De nouveau chez lui et au Palais vers la mi-novembre 1503, Machiavel reprend la route pour une longue chevauchée jusqu'à Lyon; une mission rapide – il reviendra fin mars sur les bords de l'Arno – pour s'informer de la situation car les Français menacent.

En avril 1504, il est à Piombino. Puis, pendant plus

de quatre années, il ne quitte plus l'Italie où il effectue un grand nombre de très courts voyages : on le voit apaiser les conflits, parler aux seigneurs et podestats des cités, inspecter les fortifications et les camps, déjouer les entreprises des capitaines qui tiennent toujours la campagne, entre autres d'un Bartolomeo d'Alviano qui envahit le territoire florentin et, dans la Maremme, cherche à se forger un État princier, fruit de ses raids guerriers. Après une victoire inespérée contre les soldats rebelles à San Vincente, mais aussi après un nouvel échec devant Pise, il devient urgent pour Florence de recruter des milices et de le faire vite, si possible. En avril 1505, voici Nicolas à Pérouse auprès du tyran Giovanpaolo Baglioni; en mai, le 4 exactement, il reçoit de nouvelles instructions pour aller à Mantoue; enfin, le 16 juillet, il part pour Sienne en grande hâte (« tu chevaucheras jusqu'à Sienne afin de t'y trouver demain matin à l'heure des affaires... ») : il doit y rencontrer Pandolfo Petrucci.

Il est difficile de reconstituer parfaitement le calendrier de toutes ces allées et venues; faute d'instructions de la Seigneurie ou de lettres conservées, certaines courses nous échappent. Pour nous en tenir au principal, disons que Machiavel, à cette époque, partageait à peu près également son temps entre les missions diplomatiques ou militaires et les travaux les plus sédentaires du Palais, la direction des bureaux de la chancellerie. De janvier à mars 1506, il s'occupe de l'inscription des hommes que l'on pense appeler dans la milice, dans plusieurs villes ou bourgades du district florentin, dans la région du Mugello qu'il connaît bien, à Ponte-a-Sieve aussi, dans tout le district de Poppi.

Le 25 août 1506, il part à Rome et suit le pape

dans ses déplacements, jusqu'à Viterbe et Orvieto, et même jusqu'à Pérouse où il s'arrête longtemps avant de regagner Florence à la fin d'octobre. L'année 1507 fut pour lui celle de l'entreprise la plus lointaine, la plus désagréable aussi. Après une mission très ordinaire à Sienne, au moins d'août, il est envoyé près de l'empereur Maximilien début décembre. Il passe par la Lombardie, traverse à grand-peine le pays occupé par les Français, si méfiants et soupçonneux qu'il déchire ses instructions; il atteint Genève et, au prix d'une dure course d'hiver, rejoint Bolzano. C'est alors une série de longues courses pour suivre l'empereur, qui le mènent vers Trente, Bolzano à nouveau, puis Merano et Innsbrück. Après ces chevauchées que rien ne justifiait, sauf peut-être le désir des Allemands de tenir le secrétaire florentin éloigné de leurs troupes pour lui en cacher les mouvements, il obtient enfin son congé. Fatigué, souffrant, malade même, il est à Florence le 16 juin 1508.

Durant l'hiver ce sont encore une fois les commissions pour assiéger Pise puis, en mars 1509, le voyage à Piombino, le retour vers Pise pour surveiller le blocus. Enfin, le 10 juin, la ville tombe après avoir résisté dix ans aux entreprises et intrigues florentines. Ainsi se termine une guerre qui a si lourdement pesé sur la politique et la diplomatie de la Seigneurie.

Le 10 novembre 1509, Nicolas reçoit de longues instructions pour se rendre à Mantoue puis à Venise afin de rencontrer les envoyés de l'empereur; mi-décembre il s'y trouve toujours, usant encore sa patience, empêtré dans les difficultés. Une troisième mission à la cour de France s'amorce en juin 1510. Par Lyon, Nicolas gagne Blois, accompagne la cour à la chasse puis tombe malade, victime d'une épidémie de toux pernicieuse. Séduire encore, apaiser les méfiances du roi et de ses conseillers, cela le conduit jusqu'au mois d'octobre, malgré son désir de plus en plus vif de rentrer.

Ici pèse un long silence car il nous manque les lettres écrites ou reçues. Nous imaginons donc Machiavel à Florence, occupé encore aux affaires de la guerre, à consolider sans doute aussi le gouvernement du gonfalonier de plus en plus menacé par le succès et le prestige des Médicis. Au printemps 1511, « factotum de la République », on l'envoie à Monaco auprès de Luciano Grimaldi (le 2 mai). En septembre, autre légation en France, la quatrième donc, mais très rapide : le 24 septembre on le sait à Blois et le 6 novembre de retour à Florence, retour qu'expliquent certainement les troubles et les menaces car les Français approchent, hostiles. En mai 1512, Nicolas s'emploie à lever des troupes et à les mettre sur pied : il va à Pise, à Fucchio, à Sienne et encore à Pise.

Ainsi, en moins de dix années, de 1502 à 1511, outre un nombre considérable de déplacements à travers l'Italie, jusqu'à Rome d'une part et Monaco de l'autre, Nicolas est allé à quatre reprises en France et, par deux fois, il a rencontré l'empereur ou ses envoyés dans les Alpes du Trentin ou en Lombardie. Il n'a pas connu Venise, mais a fréquenté toutes les cours qui comptent à cette époque, l'Espagne exceptée. Il a eu l'occasion d'approcher des princes, des souverains et un nombre infini de conseillers, de légats, de chargés d'affaires, prélats ou capitaines. C'est là une expérience d'une étonnante richesse, une connaissance des pays et des hommes à laquelle peu de personnes en son temps peuvent prétendre.

CHAPITRE IV

Diplomatie à la florentine

Quel était alors le métier de Nicolas Machiavel, celui qui faisait toute sa vie et qu'il regrettera tant de perdre lorsqu'il connaîtra les défaveurs? Il n'est pas difficile de reconstituer la vie du secrétaire. Nous pouvons le voir agir au jour le jour, grâce à de nombreux documents : lettres officielles et procès-verbaux d'audiences, conseils, suggestions, recommandations ou nouvelles instructions, lettres familières des amis, collègues ou parents, discours ainsi que certains passages des analyses politiques. Ces textes nous permettent également de démonter dans le détail les mécanismes de cette subtile et inlassable diplomatie florentine des années 1500 à laquelle la République doit de garder la main, dans des circonstances si difficiles, sur plusieurs cités voisines et non des moindres.

LES ORATEURS

On le sait, Nicolas ne fut jamais ambassadeur en titre. Alors que l'ambassadeur, envoyé extraordinaire, noble ou grand marchand, se trouve sollicité pour une seule mission de prestige et à titre presque gracieux puisqu'il vit très bien grâce à ses autres affaires, Machiavel continue à émarger au budget de la Seigneurie pour son salaire ordinaire; s'y ajoutent seulement des indemnités modestes, souvent payées avec beaucoup de retard. Il reste avant tout le secrétaire de la chancellerie; les Dix ou ceux de la Seigneurie s'adressent à lui avec familiarité, sans égards particuliers, le tutoient et, en fait d'instructions, lui donnent plutôt des ordres comminatoires. Ils l'appellent leur « envoyé » ou leur « légat ».

Être ambassadeur, ou comme on dit encore, *orateur* – les deux mots semblent proches et le second s'employait très volontiers alors dans l'Europe entière –, c'est tout autre chose. En juillet 1510, Machiavel parle des orateurs anglais qui vont quitter Blois et la cour de France « fêtés et comblés de présents ». Un peu plus tard, il informe les Dix qu'il va très vraisemblablement bientôt cesser de leur envoyer des lettres car, l'orateur de Florence étant annoncé, il s'en remettra complètement à lui (« à Sa Magnificence »), en particulier pour les tenir au courant des négociations. Cet orateur, Roberto Acciaiuoli, connaissait Nicolas depuis quelque temps, l'appréciait et le protégeait; mais la règle était de respecter la hiérarchie, de marquer une grande déférence devant la personne et le titre. En 1504, pour une nouvelle mission en France, l'orateur de la République florentine est Niccolò Valori. Il avait déjà été avec Machiavel devant Pistoia et pour plusieurs autres missions. Cette fois, il l'accompagne lors des audiences : « Je ne veux pas tarder davantage à vous apprendre ce que nous avons obtenu du roi auquel nous nous sommes présentés, moi, Machiavel et Ugolino. » (Ugolino est un Italien installé depuis quelque temps en France que Nicolas a recruté pour lui servir de conseiller et d'interprète.)

En 1506, Nicolas se rend à Rome, d'abord seul, et suit Jules II à Imola. Puis arrive « Sa Magnificence l'Ambassadeur » Francesco Pepi; désormais c'est lui qui, chaque jour, rend compte des événements. Aussi avec la permission de la Seigneurie « et s'il plaît à Dieu », le secrétaire peut-il s'en retourner sur le chemin de Florence. Ou le secrétaire précède l'orateur, lui prépare la voie, ou il l'accompagne pour le conseiller. Dans tous les cas, semble-t-il, il s'agit d'hommes qui ont travaillé ensemble, et parfois qui se connaissent bien; Nicolas gardera leur estime pendant toute sa carrière, même dans les moments difficiles. Certains seront disgraciés avec lui lors du retour triomphant des Médicis; d'autres plaideront sa cause pour lui faire retrouver quelque emploi.

Pour des missions plus proches, les Dix ne délèguent pas toujours des orateurs, mais seulement deux « officiers » de rang égal ou presque; on garde pourtant l'impression que Nicolas, s'il n'est pas seul, demeure en retrait; jamais il n'apparaît comme chef de mission, jamais il ne donne d'ordres. Et pourtant, quelle efficacité : les lettres signées d'autres noms, y compris par des ambassadeurs en titre, sont parfois rédigées de sa propre main.

A cette époque, une véritable ambassade prend l'allure d'une représentation qui engage toute la République. L'orateur se fait accompagner d'une suite : secrétaires, domestiques, valets, écuyers, jeunes de sa famille et, autant qu'il se peut, d'autres personnages de la bonne aristocratie florentine qui viennent renforcer son train et son prestige et profitent du voyage pour s'occuper de leurs propres

affaires. Lisons plutôt Biagio Buonaccorsi; en septembre 1506, resté au Palais, il informe son ami et
patron alors à Rome, que deux ambassadeurs, Francesco Gualterotti et Jacopo Salviati vont partir pour
Naples; ce sera une magnifique légation « tant pour
leur qualité à tous deux que par celle des nombreux
jeunes gens qui les accompagneront ». Il fallait bien
cela car l'on vient d'apprendre que le roi catholique
qui se trouvait encore il y a deux jours à Savone va se
rendre là-bas, entouré de tant de seigneurs, d'une si
grande pompe vestimentaire et d'un tel luxe en toutes
choses qu'il faut un bien bel et solide arroi pour ne
pas faire trop piètre figure devant eux.

Quelque trois semaines plus tard en effet, Francesco Pepi, sur le chemin de Rome, écrit à Machiavel
pour lui faire part de son embarras; il aimerait
pouvoir aller au plus vite, voyager sans pompe et
cérémonie car il attache bien plus d'importance à
l'accomplissement de sa mission qu'à toutes les
démonstrations du monde. S'il n'avait qu'un valet, il
monterait aussitôt à cheval, arriverait au milieu de la
nuit, laissant sa suite piétiner derrière lui. Mais
comment ne blesser en rien la dignité de la République, « sachant bien que si j'arrivais seul, ce serait
comme si je n'y étais pas? » Aussi faut-il se conformer aux usages et s'alourdir d'un grand cor-
tège : huit valets à cheval, son fils, son gendre, son
intendant, deux laquais et un courrier, tous en bon
appareil et bien montés, sans compter quatre cavaliers dont un membre de la famille des Peruzzi et
l'autre de celle des Venturi qui, eux aussi, vont voir le
pape. Que Nicolas songe donc à les installer : « Nous
avons quitté Florence ensemble et ils m'ont accom-
pagné jusqu'à ce jour, et leur idée, bien sûr, est de
continuer à loger avec moi; je vous livre tous ces

détails pour que vous sachiez quelle sorte de logement m'est nécessaire. » Aussitôt le secrétaire court aux quatre coins de la ville comme le fourrier d'une cour princière pour trouver à tout le monde un gîte convenable; mais, au lendemain du conclave, Rome est encore sur les dents car de nombreuses légations s'y pressent pour honorer le nouveau pontife : ni logement ni provisions suffisantes; il faut, avec l'aide du pape, chasser des familles de chez elles.

AMBASSADEUR AU PETIT PIED

Pour Machiavel, il en va évidemment tout autrement. Simple secrétaire, il voyage sans le moindre appareil et à petits frais. On ne lui accorde que le strict nécessaire... et encore! Il ne s'agit plus d'une mission de représentation mais de faire face au plus vite à une situation qui risque d'empirer si l'on ne déjoue pas les intrigues de l'ennemi, ou de conclure alliance avant que d'autres ne le fassent. Toutes les instructions insistent sur la nécessité d'agir rapidement : « Tu te rendras aussitôt... », « Tu n'auras de cesse... » Et, sauf extraordinaire, Machiavel voyage seul. Si, en 1509, pour aller à Mantoue, on lui adjoint deux cavaliers, dont on ne signale ni le nom ni la qualité, c'est parce que ceux-ci doivent porter à l'empereur ou à ses délégués une grosse somme d'argent; Nicolas, d'ailleurs, ira devant s'il le peut.

Par souci d'économie encore, les maîtres conseillent souvent de voyager par la poste, c'est-à-dire en louant des chevaux qu'on échange à chaque relais : « Nicolas, tu prendras les chevaux de la poste et tu iras en toute célérité conclure... »; « Tu chevaucheras

par la poste à Lyon, par Milan, ou en tout autre
endroit où tu apprendras où se trouve Sa Majesté. »
Pour d'autres itinéraires, moins fréquentés par les
marchands, il achète un cheval, le garde le temps de
sa mission ou, pressé par le besoin d'argent, le revend
en attendant de repartir. La bourse vide, à un
moment, il menace de revenir à dos de mule! Au
mois d'août 1510 encore, alors qu'après tant d'années
de services ses qualités ne sont certainement plus
mises en doute, il supplie les seigneurs des Dix
d'ordonner qu'on lui avance 50 ducats s'ils ne veulent
le voir retourner à pied; il a trois bêtes à nourrir et ne
voit comment faire.

Pour ce qui est d'aller diligemment, Machiavel sait
s'y prendre et s'en vante. Dans ses lettres, il ne cesse
d'insister sur ses exploits, sa merveilleuse adresse, son
acharnement à mener les affaires rondement et à tout
résoudre en quelques jours. Souvent il est déjà sur
place alors que d'autres sont encore en route. En
janvier 1504, il se fait fort de rejoindre le roi de
France en six jours; parti de Florence le 20 après-
midi, il est à Milan le 22, y passe la nuit, atteint Lyon
le 27 où il trouve effectivement la cour; comme
toujours au débotté, à peine d'autres vêtements sur
lui, il demande audience. S'il traîne en chemin, ce
n'est vraiment pas sa faute; en plein hiver, entre
Genève et Bolzano, il affronte de méchantes routes.
Tout est contre lui et tout l'enrage : la longueur du
chemin, les pays inconnus, les interminables palabres
avec les officiers, surtout « la nécessité de me battre
avec des bêtes fourbues et la triste justesse de ma
bourse ». Certes, tout le temps n'a pas été perdu :
pendant les quatre nuits qu'il a dû passer chez les
Suisses, il a eu le loisir de s'informer de leurs mœurs,
de leur gouvernement, de tout ce que les Français ou
les Impériaux pouvaient attendre d'eux.

Sur place, ces missions apparaissent fort éprouvantes car il n'est pas question de s'installer à demeure au terme du voyage. A l'époque, la cour, que ce soit celle de Louis XII, celle du pape ou celle de l'empereur, se déplace constamment de ville en ville ou de château en château, par plaisir ou pour répondre aux exigences de la politique, pour se faire voir ou pour aller négocier ailleurs. Nous sommes le 26 septembre 1506, et Machiavel, qui suit Jules II depuis près d'un mois, se trouve à Urbino; quelques jours plus tard, le pape décide de partir pour Santa Fiore, un bourg qui n'a pas plus d'une centaine de maisons. Si bien que le plus gros de la suite va l'attendre directement à Cesena : « Je serai certainement de ceux-là car il m'est impossible de le suivre de bourgade en bourgade et, pendant les deux jours que l'on mettra pour aller là-bas, il ne peut rien se passer qui en vaille la peine. » Et quelle équipée! Une quinzaine de jours après l'on est à Forli et le pape se demande comment se rendre à Imola sans passer chez les Vénitiens. On délibère longuement : si l'on suit le littoral, la cour pontificale se trouvera enfermée contre la mer; et par les montagnes, l'itinéraire est dangereux. Certains sont alors d'avis de choisir une route qui morde un peu sur les monts et sur le territoire de Florence : « Je dis aussitôt au pontife que, puisqu'il avait décidé de prendre la route à travers notre domaine, j'allais sur-le-champ monter à cheval pour y réunir toutes les provisions que pourrait nous fournir un pays aussi dénué de tout, pauvre d'habitations et où il devrait bien penser ne pouvoir passer qu'en pleins champs ou autres lieux plus sinistres encore. Si je l'avais su plus tôt, j'aurais préparé, en tout cas, une belle réception; mais, en l'absence des Seigneuries ou de leurs officiers, les

populations démontreront à n'en pas douter l'affection la plus vive : il me répondit qu'il ne s'en souciait
mie et se tiendrait pour heureux de tout. »

Une fois de plus, Machiavel se retrouve commissaire aux vivres. Il loge où il peut, car selon l'usage il
n'est jamais intégré à la cour; il doit se préoccuper
des chevaux, des courriers, des provisions et du gîte.
Le plus souvent, il dort tout simplement à l'auberge,
à ses frais, parfois dans de bonnes auberges : ainsi à
Sienne, là où il descend, arrive, en 1505, le frère du
cardinal Ceserino avec quinze chevaux. Encore faut-
il payer et faire bonne figure : « Le matin au départ
n'hésitez pas à faire donner [...] deux mots de bon
départ à la chambrière et au garçon d'écurie pour
éviter d'en avoir les oreilles importunées. » Chaque
jour le voit occupé à compter les pièces de sa bourse,
toujours trop plate. A Sienne précisément, tout lui
coûte cher et il lui est impossible d'informer la
Seigneurie par courrier particulier car il n'a plus
qu'un seul écu devant lui et n'a pas encore payé son
hôte.

Que d'appels, que de rappels : « Si vous voulez que
je reste encore ici... envoyez-moi des fonds »; ou
encore : « Des cinquante florins que j'ai reçus avant
de partir, il ne m'en reste que huit et c'est tout ce que
je possède. » Il est obligé d'emprunter afin d'expédier
ses lettres de façon convenable. Tant de difficultés
d'argent montrent assez la condition précaire d'un
homme que l'on dépêche en hâte et qui n'émarge au
budget qu'au prix de différentes acrobaties.

Quant aux responsabilités de Machiavel, quelles
sont-elles? Le plus souvent le secrétaire est envoyé
pour parler et entendre, tenter de vider un contentieux et apaiser des défiances, se ménager une
bienveillance, voire une alliance; ainsi en est-il, par

exemple, à dix ans d'intervalle en 1500 et 1510, lors de deux légations du roi de France. Ces missions l'obligent à d'interminables audiences : il lui faut discuter avec les conseillers pour se gagner des appuis, justifier les démarches de la Seigneurie, protester de la pureté de ses intentions et de sa fidélité aux accords passés. Nicolas sait bien qu'on l'envoie chez les princes pour rétablir une situation compromise ou faire traîner les choses. Désamorcer simplement une action menaçante, multiplier les atermoiements, obtenir des délais, c'est là une position, on s'en doute, très inconfortable; mais il s'y complaît et réussit parfaitement.

En France surtout, ses promesses, ses belles paroles rencontrent bon accueil et, généralement, suffisent : « Ils sont à tel point intéressés par le présent et les avantages du moment, qu'ils en oublient les outrages ou les bienfaits qu'ils ont pu recevoir, de même pour le bien ou le mal à venir. » Le caractère des Français le remplit d'aise et ce peuple oublieux du passé, incapable de prévoir au-delà d'un lendemain immédiat, facilite la tâche du diplomate solide, calculateur, examinant froidement les situations, plus encore leurs conséquences.

La Seigneurie compte encore sur Nicolas pour percer à jour les véritables intentions du voisin ou de l'allié : « Ton voyage doit, avant toute chose, servir à voir de tes propres yeux les dispositions que l'on prend là-bas, à en vérifier l'exactitude, à nous en informer le plus vite possible, en accompagnant ta lettre de tes commentaires et de tes avis. » Ceci pour le roi de France. Mais pour Pandolfo Petrucci à Sienne, on peut insister...; il faut absolument connaître de quel côté il penche, si oui ou non il s'apprête à aider les Florentins ou à pactiser avec ce Bartolomeo d'Alviano qui envahit leurs terres; que Nicolas ne ménage pas ses efforts pour le démasquer avant que le péril ne s'aggrave; qu'il prenne toute initiative qu'il jugera bonne « sans d'autres instructions que de toi-même, et des circonstances du moment, en retournant Pandolfo dans tous les sens, en le menant avec toute l'habileté et la sagesse dont tu as toujours fait preuve jusqu'à maintenant ». Du résultat de la plupart des missions dépend la conduite de la guerre. Machiavel s'en va négocier une *condotta*, demander une aide, prendre un capitaine au service de Florence au nom de la Seigneurie : le 4 mai 1505, le voici auprès du seigneur de Mantoue pour répondre à l'offre reçue par un député spécial le matin même et veiller à ce que le contrat soit bien conforme à ce qui avait été prévu; il faut régler toutes les conditions puis ne rien changer, refuser tout artifice ou clause ambiguë. Au Palais, on se méfie des manigances et des accords secrets entre le maître de Mantoue et le roi de France; que le secrétaire les démêle et reste ferme. On l'envoie aussi porter l'argent pour payer les troupes ou dédommager à l'avance un capitaine des profits – confiscations, pillages, rançons – qu'il trouverait à servir un autre; qu'il achète donc sa neutralité.

C'est encore lui, Nicolas, qui doit répondre aux avances du pape quand, en août 1506, celui-ci propose de prendre à sa solde les troupes que Florence a déjà engagées pour attaquer Bologne. On se félicite de cette merveilleuse disposition, mais comment dire au souverain pontife tout le ravissement des Florentins : « Une demande tellement imprévisible qu'elle nous a laissé quelque temps en balance... »? On a déjà licencié plusieurs *condottieri* et 200 hommes d'armes pour ne garder que le strict

nécessaire : une seule compagnie; on va donc tenter
l'impossible pour en rassembler d'autres. Que Nicolas fasse patienter...

A d'autres moments, il va avertir en hâte un fidèle
des menaces qui pèsent sur ses États et, par là même,
s'assurer une fois encore – ce n'est jamais trop – de
son attachement. En 1504, il est auprès du seigneur
de Piombino dont les sujets se sont révoltés aux
frontières des terres de Sienne et appellent les
ennemis. Le secrétaire est également chargé de
missions plus délicates et il lui faut faire preuve
d'autorité : ainsi lorsqu'il s'agit de rappeler à l'ordre
un voisin, allié mais infidèle, dont on sait pouvoir se
plaindre et que l'on veut remettre au plus vite dans le
droit chemin; en avril 1505, Nicolas saute sur son
cheval et court au plus vite parler à Giovanpaolo
Baglioni à Pérouse, ou en quelque lieu qu'il se trouve,
pour lui présenter de sévères remontrances : celui-ci
vient d'envoyer une lettre fort douteuse, or il ne
fournit plus ni hommes ni armes. Qu'est-ce à dire?
« ... Et suivant le ton de ses réponses, tu régleras la
progression de ton langage jusqu'à lui signifier le peu
de contentement que nous pouvons avoir de lui... »
Qu'il n'oublie pas de retourner Baglioni sur le gril, de
le sonder sur le vif, qu'il le presse, le réfute sur
chaque détail, lui fasse entendre que les raisons qu'il
donne à gober ne valent rien. Mais – autre face du
travail diplomatique – il devra faire appel à ses bons
sentiments, lui montrer que renier ses engagements
serait pour lui le déshonneur, la forfaiture à sa parole
de soldat, la marque d'une vilaine ingratitude après
tant de bienfaits reçus. Ne pas manquer d'ailleurs,
dans le même temps et par mesure de précaution, de
s'informer diligemment et très exactement de toutes
les troupes dont ce Baglioni peut disposer, de leurs
emplacements et armements.

ÉCRIRE CHAQUE JOUR...

Quelle que soit la part d'initiative et de responsabilité dont dispose Nicolas, sa tâche reste dictée par les maîtres de la Seigneurie, par le conseil des Dix ou les prieurs. La mission s'amorce officiellement par une lettre d'instructions et par une lettre de créance. Toutes deux d'une remarquable précision, elles définissent parfaitement les rapports entre les organes du gouvernement et leur légat sans rien laisser au hasard, envisagent toutes les situations et, parfois, leurs rebondissements.

Certaines lettres, en forme de *Memorandum,* préparent déjà les discours. Ainsi les Instructions à Machiavel, député au Roi Très Chrétien par décision du 14 janvier 1504, alors que Florence a déjà sur place un ambassadeur en titre, disent tout ce que l'on attend d'un « député extraordinaire » : qu'il informe l'ambassadeur et lui présente ses lettres de créance, qu'il lui fasse part des nouveaux renseignements parvenus à la Seigneurie. Il devra l'accompagner partout, le seconder, le soutenir éventuellement quelque peu et le bien guider. Surtout, il devra toujours rendre compte au plus vite.

Même loin de chez lui, le député ou commissaire n'est pas livré à ses seules décisions. Bien au contraire, des liens tenus maintiennent le contact, d'une façon stupéfiante si l'on songe aux techniques du temps. Nous imaginons mal de nos jours l'extraordinaire intensité des correspondances qu'on échange alors à travers toute l'Europe. Par toutes sortes de moyens, jour après jour parfois, on se tient au courant, on donne des avis, on demande de nouvelles instructions ou approbations. Par courriers spéciaux loués exprès ou attachés aux princes, aux villes ou à l'Église, par la poste, par commis ou amis sûrs, les lettres parcourent les routes de la Chrétienté à un rythme déconcertant et franchissent tous les obstacles et surveillances quelles que soient les saisons. Grâce à une étonnante capacité d'écrire, à une rigoureuse discipline et à différentes précautions contre les aléas, les lettres constituent les nerfs de toutes les affaires ; pour les marchands entre le siège social et les succursales, pour les hommes d'Église vers Rome, pour les princes et les hommes d'État plus encore.

La nouvelle doit partir sur-le-champ et arriver vite. C'est là un des facteurs déterminants du succès : de quelques heures gagnées, d'une information parvenue plus tôt ou surprise en route, dépend le sort d'une subtile spéculation sur le cours des produits, sur le change, ou d'une manœuvre politique savamment ourdie. Et la diplomatie, celle de Florence au premier chef naturellement, s'appuie sur un formidable réseau de renseignements, sur l'appel incessant aux informations neuves. Nicolas se plie à cette véritable obsession et y excelle ; il sait ce que le Palais attend de lui et ne se fait pas faute d'écrire même s'il n'a rien à dire d'important, simplement pour maintenir le contact et rassurer. Chaque lettre, comme l'avaient déjà appris les hommes d'affaires italiens plus de cent ans auparavant, commence par le rappel des correspondances : date du dernier envoi, accusé de réception des missives récemment parvenues, identifiées elles aussi par leur date. L'année 1510, lors de sa troisième légation à la cour de France, Nicolas, arrivé à Lyon le 28 janvier très tard, écrit dès le lendemain, puis cinq jours consécutifs ; en février, il expédie dix lettres, toutes d'importance; la Seigneurie, de son côté, lui a écrit les 26, 28, 29 et 31 janvier puis à six reprises entre le 2 et le 12 février. A la fin de l'été 1506, lors de la légation auprès du pape, dans une période pourtant où la cour se déplace énormément et où visiblement il n'a pas toutes ses aises, Nicolas envoie trois lettres à partir du 28 août, et vingt et une du 1er au 28 septembre. Le 28 septembre, il écrit d'abord le matin pour informer d'une conférence qui avait réuni la veille auprès du souverain pontife le duc d'Urbino, l'ambassadeur de Venise et l'archevêque de Pavie (« mais rien n'a transpiré des affaires que l'on y a traitées ») et également des bruits qui courent sur la réconciliation entre le roi de France et le grand capitaine à Naples, Gonzalve de Cordoue. Puis l'après-midi, il envoie une seconde missive pour dire que le pape l'avait fait mander et lui avait exposé ses projets de reconquête des États de l'Église.

Faire acheminer ces lettres au plus vite n'est certainement pas petite affaire. Tout est à craindre. Or les moyens qui donnent vraiment satisfaction coûtent cher. Certaines missives se perdent en route, on ne sait trop comment, mais l'on pense toujours à la malveillance des voisins. D'où ce pointage rigoureux à l'arrivée et, aussi, par mesure de précaution, l'habitude de résumer ce que l'on a déjà dit : « Mes dernières lettres étaient du 1er de ce mois... et pour plus de précaution, j'y rappelais en substance tout ce que je vous avais décrit depuis le 24 passé », ou encore : « Je vous joins ici, attachée à la présente, la copie de ma lettre du 9 » et, enfin, de Bolzano, « J'ai écrit quatre lettres à Vos Seigneuries, bien qu'il y en ait trois qui disent à peu près la même chose. » Au Tyrol, en effet, l'empereur Maximilien, peu désireux de voir Florence informée de ses intentions et des déplacements de ses troupes, fait surveiller les routes et interdire les courriers. Ainsi à Merano arrive, fourbu, un courrier nommé Simone qui était parti pour Florence depuis quelques jours et que l'on croyait arrivé à Bologne : il est revenu sur ses pas car les Allemands l'ont arrêté en route.

Dans tous les cas, le mieux est bien sûr de dépêcher l'un de ces courriers qui garantissent le secret et une prompte exécution. Nicolas indique par un signe particulier, un $\triangle$, les lettres vraiment confidentielles et confiées à des hommes sûrs. Comme cela dépasse souvent les ressources de sa bourse, il se contente de la poste, bien meilleur marché... ou demande que ses maîtres paient à l'arrivée! « Que Vos Seigneuries fassent rembourser quinze carlins à Francesco de Nero pour cette estafette » (de Sienne). Pour de petits parcours, il prend soin de surveiller étroitement ces courriers : il note exactement l'heure de départ (« cette $\triangle$ va partir de Sienne à la vingt-deuxième heure ») afin que les bureaux ou les Dix puissent apprécier le service. A Mantoue, le 11 avril 1505, il donne deux ducats au messager, un nommé Carlo (« qui part d'ici à la vingt-troisième heure »); celui-ci lui a promis d'être le lendemain au Palais, à Florence, avant que Leurs Seigneuries ne rentrent au logis; sinon il devra rembourser les deux ducats. A Trente, en juin 1508, nouvelles largesses, cette fois bien enregistrées et conditionnelles : « J'ai remis au porteur six ducats d'or et seize *crazie* (monnaies d'argent) pour qu'il puisse louer des chevaux et aller plus vite et lui ai promis qu'à Florence ils seront à son compte s'il fait bien sa traite. »

De France, ces courriers constituent un luxe et

Nicolas doit se livrer à de véritables marchandages!
Nous voici à Melun, en septembre 1500, alors qu'il
s'initie encore au métier. Comme les nouvelles lui
paraissent de grande urgence, il se tourne vers un
banquier italien installé près du roi, un certain
Ugolino Martelli qui se mêle de tout et prétend
arranger l'affaire, parle d'un ami qui partagerait les
frais du messager. On discute la journée entière :
« Nous voilà bien tard et n'avons pu encore nous
entendre avec ce mal luné [...] et nous ne savons s'il
se décidera jamais de l'heure à laquelle la lettre
partira demain »; en fin de compte, on partage et
Ugolino leur avance 35 écus que les Seigneurs
doivent rembourser à Florence à un autre Martelli,
Giovanni (« je dis bien écus 35, telle est la somme
que vous aurez à payer »). Soixante-dix écus pour un
voyage!

Toutes les occasions paraissent bonnes à saisir.
Notre secrétaire, à l'affût d'une bonne affaire ou
d'un service gratuit, pèse le pour et le contre, hésite
entre le courrier et la poste ordinaire : « Je vous fais
parvenir cette dépêche par Branchino qui va partir à
la vingtième heure pour aller acheter des chevaux à
Florence. » De Lyon, il remet ensemble trois lettres à
un homme expédié par Neri Mari et cela ne lui coûte
rien. Plus tard, à la cour du pape, il trouve un
courrier « qui se rendait en France », puis d'Urbino,
le sculpteur Sanseverino qui allait en toute hâte à
Florence (septembre 1506). Sans cesse il cherche des
facilités; à Sienne, il a gardé par devers lui une
dépêche toute une nuit dans l'espoir de pouvoir
l'expédier sans frais; mais il lui faut payer un porteur
et, comme à l'habitude, il précise le moment exact du
départ, le 13 à la onzième heure et l'engagement : « Il
m'a promis d'être à Florence à la dix-septième

heure »; six heures donc pour couvrir une distance d'environ 60 km.

La présence de la cour mobilise souvent tous les moyens. A Lyon, pendant son séjour de l'année 1504, Nicolas se plaint de la difficulté d'expédier les lettres, de la nécessité où il se trouve de les rassembler par paquets, de les garder ainsi plusieurs jours. Celles que lui adresse la Seigneurie arrivent aussi par lots, parfois après une assez longue attente et de grandes impatiences. Routes surveillées, rigueurs de l'hiver, frais considérables ou manque d'occasions, cette correspondance ne fonctionne qu'à force d'application et d'habileté; c'est là certainement une des tâches les plus contraignantes du secrétaire qui n'utilise la poste, lorsqu'elle existe, que pour les nouvelles qu'il juge sans grande importance. Accepter trop souvent de telles facilités ne serait-ce pas admettre, comme un échec, une trop grande tiédeur à poursuivre sa mission? Expédier vite, au contraire, c'est se faire valoir et Nicolas y attache un grand prix. Que d'agitation, de précipitations... pour servir ce culte quasi obsessionnel de l'information!

PARLER, CONVAINCRE, SAVOIR

Sur le métier lui-même, sur la façon d'approcher le prince et les siens, de négocier, de s'informer, Machiavel aussi rend compte très scrupuleusement. Il rapporte avec complaisance ses travaux, forge lui-même son image de parfait délégué. Sa vertu est d'abord de savoir s'introduire rapidement auprès du souverain, et sa première lettre s'amorce presque toujours par la même phrase : « Nous sommes arri-

vés, nous nous sommes présentés. » Cette entrevue –
généralement une courte audience – permet d'exposer. Ensuite viennent les discussions argumentées,
parfois très longues. Souvent ces conversations ne
donnent pas l'impression de faire avancer l'affaire.
Le roi de France et le pape leur consacrent volontiers
des heures entières car ils tentent eux-mêmes d'en
savoir davantage. A Pérouse, en avril 1505, Machiavel, arrivé le matin de bonne heure, parle pendant
trois heures, avant et après le dîner, avec Baglioni ;
trois heures pendant lesquelles, dit-il, il réussit à
lui montrer clairement et fermement les trois principaux points de sa mission. On veut bien le
croire...

Bien entendu, en visite, le Florentin cultive des
amitiés à la cour, parmi les familiers du prince, les
gens influents ; il en fait le siège jour après jour,
multiplie les contacts. Tout renseignement peut servir ; à la cour de France surtout où il lui faut d'abord
amadouer ceux qui parlent le plus au roi, des
personnages souvent bien désagréables. En 1504,
Nicolas prépare son affaire de loin en allant, dès
Milan, rendre visite à Charles, seigneur de Chau-
mont et neveu de Georges d'Amboise, cardinal archevêque de Rouen : ils ont ensemble une conversation
qui permet de faire un grand tour d'horizon de toute
l'Italie. A la cour même, c'est évidemment « Rouen »,
le cardinal, qu'il doit séduire, informer le premier et
tenir sans cesse au courant pour tâcher de le convaincre : « Nous avons eu l'occasion d'accoster Rouen qui
se trouvait à la chapelle ce matin... après quelques
propos insignifiants et d'autres dont nous avons parlé,
il nous a confié, chose surprenante... » Six ans plus
tard, en 1510, à Blois, les approches se compliquent
encore et Machiavel de traquer, à la lettre, deux

personnages. Il rend d'abord ses devoirs à l'évêque de
Paris, Étienne Porcher : « C'est l'un de ceux qui
actuellement mènent les choses et je lui ai parlé avec
tout le cérémonial qu'imposaient la majesté du personnage et les circonstances. » De là, il va chez le
chancelier Jean de Ganai, un homme « autrement
ardent et fort irascible », chez qui il lui faut subir une
longue, interminable mercuriale, appuyée de grands
gestes, une « rabâcherie de récriminations » sur les
torts des Florentins; il en sort tout abasourdi, sans
avoir pu placer un seul mot : « Mais sachez bien que
je ne l'ai quitté qu'après l'avoir fait radoucir. » Une
vraie poursuite en effet, qui ne tolère aucun repos! Le
malheur est qu'il ne réussit à mettre la main ni sur
Monseigneur d'Amiens ni sur Boucicault, deux membres des plus influents du conseil qu'il ne trouve
jamais; il n'a pu s'entretenir avec eux qu'à son
arrivée, et en présence du roi. Mais, grande fortune,
il a surpris l'archevêque avant que celui-ci n'aille dire
sa messe, alors qu'il sortait de chez le roi en
compagnie du trésorier Robertet : il s'est ensuivi une
petite conversation dans l'allée, au cours de laquelle
il a glané par hasard une confidence qu'il s'empresse
de coucher sur le papier.

Ailleurs, en Italie, le député de la chancellerie peut
servir d'intermédiaire, rendre de petits services, et se
retourner vers la Seigneurie pour lui mettre le
marché en main. A Sienne, Pandolfo Petrucci se fait
bien prier pour se déclarer nettement aux côtés de
Florence : longues passes d'armes et subterfuges, les
tractations s'enlisent et Petrucci se dérobe toujours.
Ce n'est que pour mieux demander la grâce d'un sien
barbier, nommé Bastiano de Cortona, arrêté par les
Florentins et accusé de vouloir comploter contre la
République; il prie qu'on le relâche par amitié et

Nicolas s'entremet le 18 juillet 1505; trois jours après, il revient à la charge.

Nicolas donne volontiers de longs comptes rendus de toutes ces démarches, de ces entretiens : heures de visites, rencontres, audiences, comme s'il voulait dire l'emploi de ses journées. Qui plus est, il rapporte la substance de chaque conversation en faisant état des arguments, des hésitations, des décisions. Le plus souvent, il se contente d'un résumé elliptique très alerte, mais parfois il donne de longues citations pour restituer entièrement le discours; on croirait alors le voir écrire sous la dictée. Ainsi, par exemple, pour le cardinal d'Amboise, à Lyon, le 19 février 1504 (« Il me dit... ») et, plus encore pour le pape, en août 1506, qui a quitté Rome pour s'installer à Nepi; comme il n'avait pas la tête aux affaires, Nicolas se présente à lui le lendemain matin; il veut rapporter toute l'audience et commence par reprendre mot pour mot, à la première personne, sa propre allocution (« Votre Sainteté n'ignore pas combien... ») puis il donne les réponses de Jules II, cette fois sous la forme de résumés entrecoupés de longues citations que, sans doute, il a retranscrites de mémoire et mises noir sur blanc après coup.

Le secrétaire observe tout autant qu'il parle; il se tient en alerte à chaque instant pour recueillir des renseignements, espionner plus ou moins ouvertement. Il faut alimenter la Seigneurie, lui fournir des textes précis, en tout cas des indices dignes de foi. Si, à Lyon, la chasse aux nouvelles bat son plein, attraper une information importante ne paraît pas si aisé. Oui, l'on sait que les rois de France et d'Espagne viennent de signer une trêve; mais quelle trêve? Nicolas n'a rien pu savoir ni par le roi ni par le cardinal : « Mais je sais de quelqu'un qui dit le tenir de l'un et de l'autre... Je n'ai rien pu apprendre des autres articles; il est vraisemblable qu'il n'y en ait que très peu car j'ai entendu dire de plusieurs personnes que cette trêve n'était qu'une suspension des combats...» Le voici peu satisfait; il cherche encore.

Renseigner c'est, sur un plan plus large, faire connaître la situation politique, le jeu des influences, les faveurs et les disgrâces. C'est par Nicolas que la Seigneurie apprend que Louis XII sévit à Milan contre les nobles qui avaient soutenu le parti des Sforza, qu'il séquestre leurs biens, qu'il les bannit de la ville et leur assigne un exil. Une autre leçon de politique ne passe pas inaperçue : la façon dont le pape établit son autorité dans Pérouse, abolissant la magistrature des Dix («... qui maintenait la tyrannie... ») de telle façon que chacun l'en admire encore; et le souverain pontife d'affirmer que, grâce à lui, chaque jour introduit dans la ville des racines nouvelles et fait se dessécher un peu plus celles de l'ancien pouvoir : « Et c'est ce que nous verrons avec le temps! ».

Informer, en outre, c'est faire savoir les emplacements et les mouvements des troupes, leur importance et leur valeur. Déjà, à Imola, près de César Borgia, grâce à un homme dévoué qui assurait avoir pris son information dans les lettres adressées à Paolo Orsini, il pouvait recopier la composition exacte des forces du duc : d'abord les fantassins par compagnies de 200 à 600 hommes, en indiquant pour chacune le nom du capitaine; puis les cavaliers en trois escouades, chacune de 60 lances, toutes commandées par des Espagnols; enfin, cinq compagnies de lances françaises, pour le moment dans le territoire de Faenza, et environ 300 autres cavaliers sur le point d'arriver.

Lorsque Machiavel suit la campagne de Jules II vers Pérouse, Urbino puis la Romagne, toutes ses lettres ou presque apportent une information sur les capitaines et le recrutement des mercenaires. A Pérouse arrive l'infanterie du duc d'Urbino qui doit former la garnison de la ville; mais, deux jours plus tard : « J'oubliais de vous dire que les cent hommes d'armes que le pape attendait de Naples viennent de se montrer; ce sont des troupes fort belles et très bien montées. » On les passe en revue et Nicolas en fait une description attentive : 600 cavaliers en comptant deux cavaliers légers par lance; le duc d'Urbino a 6 000 fantassins et 300 Suisses.

Enfin le député de Florence ne doit jamais négliger d'épier les concurrents, d'évaluer tout ce que, près du prince, entreprennent les autres nations. Rien de plus déconcertant, de plus désagréable que de voir arriver à la cour de France, à Mantoue ou à Rome, des ambassadeurs dont on ne peut encore percer les desseins. Le 30 janvier 1504, à Lyon, ceux de l'empereur ont été reçus à dîner par le légat mais pas encore par le roi. Peu auparavant et à deux reprises, Nicolas avait parlé aux envoyés du marquis de Mantoue; hélas, il ne sait rien de précis et les Français, pour expliquer ces entrevues, laissent courir de faux bruits sur de mauvaises raisons : c'est de la poudre aux yeux; finalement, quatre jours plus tard, c'est l'envoyé lui-même qui vend la mèche et livre le secret (« ce qui mérite considération! ») : il ne s'agissait que d'une offre d'engager cinquante lances... Le 6 septembre 1506, une bien plus grave affaire place Machiavel devant les feux de la rampe. Ce jour-là, par l'orateur de Bologne auprès du pape, il obtient quantité de renseignements sur les agissements de l'orateur de Venise qui ne cesse de proposer d'abominables échanges (Bologne contre Faenza et Rimini, entre autres). De plus, le Florentin sait parfaitement que le pape vient de recevoir une lettre de son légat de Venise, datée du 31 août; il en donne même copie.

Parler d'un réseau d'espionnage serait bien sûr pur anachronisme. Mais ces diplomates, à l'affût de tout, ne cessent de poser des questions, de fureter ici et là, de recevoir ou d'acheter des confidences. Tâche délicate et difficile car il s'agit notamment de faire le partage entre les informations dignes de foi et les nombreux faux bruits. Pour Nicolas, Mantoue n'est qu'un affreux carrefour de cancans. Ne dit-on pas que l'empereur, marchant sur les pas des Vénitiens, a fait son entrée dans Padoue? Toute la ville en parle mais personne n'est en mesure de le confirmer.

Ici ne pleuvent que de fausses nouvelles « et la cour même en regorge plus que la place ». Nicolas se tire comme il peut de tant de fâcheuses situations, souvent tout simplement en inventant. A son ami Guichardin il avoue, mais par lettre secrète, qu'à Vérone, il se trouve comme lui « en île sèche » et qu'il ne sait rien de rien; et pourtant « afin de donner signe de vie, j'échafaude des dépêches ennuyeuses que j'expédie aux Dix ». Lorsque le secrétaire indique ses sources, c'est pour montrer que l'on peut lui faire crédit, ou, au contraire, pour marquer les limites de certaines informations. Venant de Genève, arrêté près de Constance, à Schaffhouse, alors qu'il ignore les interventions de l'empereur, il rencontre sur la route deux Génois qui s'en retournaient en Italie et leur demande leurs avis qu'il s'empresse de dépêcher à Florence. Arrivé à Constance, il parle aussitôt à plusieurs personnes qu'il suppose renseignées : à deux Milanais, dont il a fait connaissance à l'église, et au

compositeur de musique Arrigo, dont la femme
habite Florence; à l'envoyé du duc de Savoie, Monseigneur Divitu, qui lui reproche assez fort de vouloir
apprendre en un seul instant ce que lui-même a eu
bien de la peine à découvrir en deux mois de
temps.

C'est qu'en Allemagne décidément les secrets ne
se pénètrent pas aisément. L'empereur, quand il
voyage, n'envoie son cuisinier en avant qu'après une
chevauchée d'une bonne heure afin que personne ne
puisse savoir où il compte aller le soir. Nicolas
interroge toutes sortes de gens, poursuit une minutieuse enquête; il rend longuement compte des informations qu'il a apprises « d'un homme de soixante-
dix ans dont chacun ici estime la prudence » mais,
dans la même lettre, il ajoute, désabusé : « Quant à
ce que j'ai vu de mes yeux depuis Genève jusqu'à
Memmingen, sur une distance de plusieurs centaines
de milles, je n'ai pas vu un seul fantassin ni un
cavalier. »

A Pérouse, après les interminables conciliabules
avec Giovanpaolo Baglioni et ses proches, le voici
réduit à interroger deux soldats toscans dont l'un,
semble-t-il, était plus propre à parler qu'à se battre :
« Tous deux me dirent que, sans aucun doute, tout
cela était combiné... »

Ces informateurs occasionnels, bénévoles ou non,
Nicolas les protège s'il le juge nécessaire et refuse de
donner leurs noms. Il s'agit parfois de compatriotes
amis, d'hommes d'affaires bien disposés envers la
Seigneurie mais craignant de compromettre leur
position à la cour de France ou de Rome. A Milan,
sur la route de Lyon, après avoir argumenté avec
Charles d'Amboise pourtant favorable, Machiavel
parle avec un ami de Florence qui l'a reconnu car ils

s'étaient trouvés à la cour ensemble autrefois;
l'homme le tire à part et lui confie ce qu'il a vu et ce
qu'il pense, mais, poursuit-il : « Je vous dirai une
autre fois le nom de cet ami, en toute sécurité, car
pour le moment je ne veux pas lui nuire dans le cas
où ma lettre tomberait mal. » Et lorsqu'il quitte
Bolzano et la cour de l'empereur pour regagner enfin
l'Italie, il déchire lui-même les lettres qu'il avait
préparées, sachant qu'il sera soigneusement fouillé en
Lombardie. Il fera son rapport de vive voix dès qu'il
arrivera à Florence.

LE PETIT MONDE DES BUREAUX

A Florence, pour les tâches quotidiennes, l'univers
de Machiavel est celui des scribes, mi-juristes, mi-
hommes de lettres. Un monde sur lequel les textes
officiels ne disent pas grand-chose, dont ne parlent
pas les chroniqueurs du temps, plus préoccupés des
grands événements qui bouleversent l'horizon politique ou de leurs propres desseins familiaux. Jusqu'à
présent aucun historien ne s'est penché sur ce petit
groupe très solidaire qui constituait en quelque sorte
une communauté socio-professionnelle. Par bonheur,
quelques missives adressées à Nicolas, dans les
années 1500-1502, donnent une image assez curieuse
et non dénuée de pittoresque de ces clercs, de leurs
jeux et intrigues et aussi de leur parler.

Clercs de la basoche? Pas tout à fait puisqu'ils ne
gravitent pas autour d'hommes de justice, d'un
parlement, de ses juges et suppôts, qu'ils n'invoquent
pas à tout moment procès et sentences et qu'au
demeurant ils ne sont pas assez nombreux pour

former un corps spécifique, faire parler d'eux d'une façon fracassante et défiler dans les rues en joyeuses bandes de plusieurs centaines. C'est, au contraire de la Basoche de Paris par exemple, un cercle confidentiel... et combien fermé!

Tenir office au Palazzo Vecchio n'est pas alors petite affaire! Cela situe un homme et le distingue d'une foule anonyme de serviteurs de la Commune, auditeurs ou petits juristes. C'est, chaque jour, retrouver travaux et amis en plein cœur de la ville, dans ce monde sévère, presque caché, qu'abritent, à deux pas du Dôme et du baptistère d'un côté, du Ponte Vecchio de l'autre, les hauts murs imposants, presque aveugles, et la haute tour crénelée (la seule encore debout aujourd'hui dans la cité) du Palais Vieux, le Palazzo del Popolo. Une grande bâtisse, ancrée au plus profond des quartiers d'affaires, qui ressemble plus à un château fort qu'à une résidence d'apparat; une forteresse conçue pour résister aux assauts et aux coups de main, qui veut affirmer l'assurance du gouvernement communal, face aux partis, aux complots, et la conjuration des Pazzi, en 1478, a montré que la précaution n'était pas inutile. Être secrétaire ou scribe de la Seigneurie, c'est aussi voir sous ses fenêtres la foule des passants – petits marchands, badauds ou solliciteurs – se presser sur la place, la piazza della Signoria, seul grand espace « civique » de la ville; bref, voir toute la vie de Florence à ses pieds.

Sous cette cuirasse inchangée, le Palais s'embellit, se transforme. On l'aménage pour répondre aux goûts nouveaux et aux nécessités pratiques qu'imposent le remaniement, la multiplication ou l'élargissement des conseils. Dans les années 1450, la première cour a pris une allure moins dure avec ses galeries à arcades

et ses grandes fenêtres ou ses balcons. En 1495, pour
accueillir les grandes assemblées, tel le Consiglio
generale del Popolo, on a aménagé la magnifique
salle des Cinq Cents ornée sur les murs de grandes
scènes de batailles pour chanter les hauts faits de la
ville : « Battaglia di Anghari » et « Battaglia di Cas-
cina ». Machiavel et les siens, les deux bureaux de la
chancellerie, se tiennent à l'étage supérieur, presque
en haut du bâtiment, dans le quartier administratif :
salle des Prieurs, chapelle de la Seigneurie, salle des
Audiences qui date de 1476, et enfin la Grande Salle
que l'on veut croire encore en l'état ou presque et à
laquelle s'attache toujours le nom de Nicolas
Machiavel.

Ces hommes, nous les voyons à l'œuvre : secrétaires et conseillers, ils forment un petit groupe d'une
dizaine de personnes. Très proches de la Seigneurie
et surtout du gonfalonier, toujours présents, ils le
secondent, l'appuient de leurs avis. Dans les premières semaines qui suivent l'élection de Soderini, tout
va bien et les voici enfin avec un maître selon leur
cœur, responsable : « Depuis qu'il est installé au
Palais tout marche droit; il a déjà exprimé le désir de
se faire écouter de bonne heure; on a commencé à
arranger pour lui la salle d'audience des Dix [...] et
c'est notre bureau de la chancellerie qui servira pour
eux; de ce fait maintenant la grande salle est pour
nous autres. » Mais, naturellement, chacun, et Biagio, l'ami de la famille, le premier, se plaint d'avoir
trop de travail. Comment expédier en temps voulu
toutes les affaires? « Un tel débordement de besogne
que jamais nous n'avons connu cela [...] au point de
ne pouvoir écrire comme l'on voudrait et d'en demander amicalement pardon. » Ou encore : « Dès que
j'aurai un seul moment de libre, je vous écrirai
davantage; il vous faut prendre patience... »

A les croire, le nouveau patron ne cesse de les accabler, d'exiger des lettres, des rapports, des préparations et comptes rendus d'audiences, des mises au net et des copies (« à nous faire sécher sur pied! »). Et bien sûr les petits chefs sont de mauvaise humeur, injustes, exigeants; ils leur incriminent tous les retards et les échecs, ne se lassent pas d'admonester, de morigéner : « Maître Antoine [c'est Antonio della Valle], vu que nous ne sommes pas là assez tôt le matin et que le soir nous ne restons jamais après la troisième heure, nous a vigoureusement rabroués... et le lendemain nous avons dû comparaître devant les Seigneurs qui nous ont honnêtement semoncés. » Ainsi, au long des lettres familières, surgit un flot de protestations amères ou de longs discours hardis qui relancent les fautes sur les voisins, parlent à l'envi de silences, de bouderies et rancœurs.

Petite république de bureaucrates mal nantis, incertains du lendemain, qui cherchent à garder le vent des faveurs, se jalousent férocement et, souvent, s'entre-déchirent. Nicolas sait tout; grâce aux lettres de ses fidèles, il est au courant des intrigues, des crocs-en-jambe et des disputes épiques qu'entretiennent l'ambition ou de solides inimitiés, ou encore l'appartenance à de petits clans.

Ces gens de la chancellerie forment autour de leurs patrons une clientèle. On se connaît bien, on suit les affaires privées, on se rend des services. C'est par eux que Nicolas, si souvent et trop longtemps au gré de tous en mission, apprend les bruits qui courent dans le Palais, les événements et les changements, les hasards des élections et des tirages au sort pour désigner les nouveaux magistrats. Le 11 novembre 1502, Biagio Buonaccorsi, qui signe là « Frater Blasius », recopie pour lui la liste des « nouveaux seigneurs », c'est-à-dire des huit prieurs. Par eux aussi, il reste en relation avec les siens, et l'on peut même se demander s'il écrit directement à Marietta, sa femme; elle, en tout cas, ne prend pas la plume, trop fatiguée, fait-elle dire lorsque, dès l'automne 1502, elle attend son premier enfant : « Votre dame se porte bien; elle se languit de vous et envoie souvent ici quelqu'un pour savoir de vous et de votre retour. »

Biagio se charge de transmettre les lettres à la maison de Florence ou au bourg de Sant'Andreà : « J'ai fait porter tout aussitôt votre lettre à Marietta », ou bien : « Hier, à peine arrivée votre première lettre, j'ai envoyé quelqu'un courir en informer Madame Marietta pour qu'elle ne reste pas ainsi plus longtemps dans l'attente »; de même pour tous les parents ou fidèles ou pour l'argent. Le voici, un moment, fort occupé à récupérer deux florins d'or : « Dès que je les aurai touchés, je les ferai porter chez Madame Marietta [...] et si vous désirez autre chose, avisez-moi; je me chargerai de tout avec plaisir. » C'est lui qui met en garde, parle des petits problèmes domestiques, des griefs et des mauvaises humeurs de la jeune femme. On le sait, elle ne supporte pas ces séparations trop longues; elle voit l'argent – celui de sa dot – filer très vite pour de mauvais achats. Elle a appris que Nicolas se fait tailler une robe « et en fait mille folies ». Elle ne se calme qu'à la nouvelle que l'époux absent s'emploie à établir sa filleule et lui donner une bonne dot. La voilà alors qui s'agite et exige de connaître les détails du trousseau et des cadeaux. Quelle aubaine! Toutes les « corneilles » (les commères) des rues « vont maintenant lui faire honneur et vouloir lui tenir compagnie ». Une curieuse affaire pourtant : le père de la jeune fille, un Bartolomeo Ruffini, sans doute l'un des garçons du bureau, habitué du Palais, écrit fort respectueusement à Machiavel, l'appelant son patron et bienfaiteur, mais non sans lui rappeler qu'il a d'énormes besoins d'argent et ne peut entretenir la fille plus longtemps. Que le maître fasse vite, qu'il arrange tout lui-même ou par un huissier ou l'un de ses gens « pour qu'on la vende avant que vous ne partiez d'Imola [...] Vous connaissez le chiffre ». Il parle de la réputation de la jeune fille, de son honneur qu'il faut préserver. Une forte dot y pourvoiera. Sans manquer de lui recommander, en plus, « un certain Ciachera, Florentin de mes parents », en mal d'établissement.

Biagio rapporte en deux mots ce qu'il a observé froidement au Palais et s'amuse certainement beaucoup des avatars domestiques du maître. Pendant des années, inlassablement, en dépit des absences de son patron, il se charge de ses comptes et de ses créances : « Et débrouillez-vous pour nous revenir très vite. » En 1510, après dix ans de fidélité, c'est encore lui qui donne des nouvelles... si l'on peut dire : « Ta femme est ici et elle est bien vivante; tes enfants marchent sur leurs deux pieds et il n'y a pas de feu chez toi mais la vendange est maigre. Voilà où tu en es. J'ai fait chercher ton neveu par deux fois : impossible de l'attraper. Demain, j'essaierai de le voir... »

Une intimité et une fidélité à toute épreuve donc, qui, malgré quelques brouilles ou gros nuages, ne se démentent jamais. Un dévouement aussi de tous les instants : « Mon sort à moi c'est de pisser le sang pour vous comme pour moi; et le vôtre c'est d'aller faire le coq devant les poules. » Commissionnaire, toujours préoccupé de bien servir, il court les boutiques acheter une pièce d'étoffe, une robe, une toque : « La toque vous coûte un ducat car elle est de deux couleurs, et je n'ai pu faire mieux. » Et ailleurs :

« J'attends de Lorenzo la pièce de velours et de Madame Marietta votre pourpoint; aussitôt je vous enverrai le tout et s'il vous faut autre chose, dites-le vite. » Ce jour-là, Nicolas n'est pas loin : il se trouve seulement de l'autre côté de l'Apennin, à Imola, mais il se fait habiller à Florence et ne plaisante ni sur la qualité ni sur les couleurs ni sur les prix! Les fournisseurs savent à quoi s'en tenir : « Lorenzo vient de venir et de me dire qu'il n'a rien pour le moment dans sa boutique en fait de satin noir qui puisse vous satisfaire; il lui faut acheter au-dehors et, à cause du mauvais temps et de l'heure déjà avancée, il doit remettre cela à lundi. » Ainsi, en marge des nouvelles sérieuses, les lettres qu'échangent les deux hommes se chargent d'une foule d'allusions aux démarches chez les drapiers et tailleurs, chez les bailleurs de fonds, banquiers et courtiers.

Nécessité oblige, Biagio va même jusqu'à se faire tailler un vêtement sur lui-même pour l'essayer. Ce qui le divertit peut-être, mais surtout l'agace : « A la première heure, je suis donc allé chez Leonardo Guidotti et je lui ai acheté l'étoffe, me fiant à ses conseils ainsi que vous me l'aviez recommandé; la pièce m'a semblé fort belle; il a sept aunes et demie de drap et cela vous reviendra, à ce que j'ai cru saisir, quatre ducats et demi chaque. J'ai fait couper la robe sur moi-même, attentif à toutes vos recommandations pour le col et les autres détails; le tout du mieux que j'ai pu. J'espère que cela vous ira; sinon grattez-vous le cul. » Biagio envoie la robe en même temps qu'une lettre, où il parle à quatre reprises de cette maudite robe : il pense qu'elle est réussie et s'attarde à quelques considérations sur la mode : le devant en est cousu « car j'ai vu qu'aujourd'hui les gens veulent le porter ainsi ». Le brave ami en est tout fier : « Arrangez-vous pour que le premier jour que vous la mettiez, elle ait sur vous bonne tournure. »

Au même moment, Biagio cherche aussi des livres, chez les marchands de Florence, pour les envoyer à son maître. Comme il ne trouve aucun volume des *Vies de Plutarque* qu'il lui a commandés, il va devoir écrire à Venise : « A la vérité, vous nous cassez rudement les pieds à nous demander sans cesse tant de choses. » Chaque lettre parle des recherches de tel ou tel objet, des marchandages sur les prix, des tenues de comptes, exactement comme le ferait l'intendant en place du patron ou un serviteur appliqué à satisfaire, mais toujours sur un ton familier, quasi affectueux, avec ces pirouettes impertinentes qui teintent les relations d'une couleur si particulière à l'intérieur du groupe.

Dans ce petit clan de clercs, tous se piquent d'indépendance, de bel esprit. Mais tous, bien sûr, dépendent du maître. Nicolas pense à eux, leur rapporte quelques menus souvenirs de voyage. Dès sa première ambassade en France, en 1500, il avait promis à Biagio de lui ramener un *estoc* et de lui acheter, contre paiement remboursé, une belle paire de gants, deux toutes petites escarcelles et quelques babioles de Paris. Surtout Machiavel, premier secrétaire et chef de la chancellerie, aide les siens; il intervient en leur faveur, parle pour eux, promet des charges, s'entremet pour les établir, eux, leurs enfants ou leurs amis, comme un parent plus fortuné, en tout cas plus influent. Par exemple, pour ce Lorenzo, sans doute un tavernier ou un aubergiste qui lui a fourni du bon vin à bon prix et lui fait savoir, par Biagio, qu'ils serait bien aise que le seigneur d'Imola le désigne pour le service de sa poste, à

Florence. Ainsi trouvons-nous à la fin des lettres une série de petites recommandations.

Un de ses commis, trop impécunieux pour accéder à l'office de secrétaire sans appui auprès du conseil, se recommande naturellement au Tout-puissant et à tous ses amis, mais il fait aussi écrire Biagio en sa faveur et la petite phrase glissée dans la lettre à Nicolas dit clairement ce que l'on attend du fidèle : il est consciencieux et muet comme une tombe; il rédige vite et avec élégance. De loin donc, le patron choisit ses gens; il peut faire jouer des influences, gagner des appuis et des voix, savoir à qui se fier, et s'attirer des reconnaissances ou rappeler les alliances, les services rendus. Lui seul en est capable. Biagio, homme à tout faire, ne s'y risque pas. Lorsqu'en novembre 1502 arrive le moment de nommer les magistrats aux conseils et d'installer de nouveaux officiers, il se récuse sans ambages. Prudent, apeuré à l'idée de mal faire, il ne se lancerait pas dans pareille affaire trop encombrée d'embûches; il se refuse même à semer de bonnes paroles ici et là : « Ce n'est pas moi qui vais aller parler pour vous de l'arbre et de ses fruits, et de la mule et de la merde. Réfléchissez à ce qui importe! »

En somme, tous ces gens des bureaux du Palazzo Vecchio se comportent comme une grande famille de protégés, de petits parents qui s'épaulent et ne se font jamais oublier. Rien ici ne rappelle l'anonymat indifférent des grandes équipes d'officiers et de scribes ou les simples relations d'affaires. Près du maître se pressent, comme le note si bien l'un d'entre eux, les « pauvres stradiotes », hommes d'armes de second rang, cavaliers légers utilisés surtout comme éclaireurs, dont la mission consiste à explorer le terrain et à mesurer les forces de l'adversaire : mot rare, un peu

pédant, venu du grec, qu'employaient déjà les Vénitiens pour désigner leurs forces auxiliaires en Morée
et en Albanie; le roi de France en avait recruté là-bas
pour ses armées d'Italie. L'image est belle : elle
suggère une volonté de combat et, de fait, ce groupe,
tel une sorte de *lobby* des bureaux, veille au grain,
tout en cherchant à évincer les intrus.

Leur vie se résume en une incessante guerre
d'escarmouches contre les nouveaux venus, les nouveaux chefs surtout, détestés et bien sûr incapables.
Ils guettent leurs faux pas et rient de leurs maladres-
ses... Comment accepter des ordres de ces gens-là,
ces parvenus qui ne songent qu'à prendre la place du
vénéré patron? Des inimitiés rancies, aggravées par
de basses vengeances, irréductibles, font que ces
aimables collègues ne peuvent ni se voir ni travailler
ensemble. Agostino Vespucci, « coadjuteur » de
Machiavel, prend exprès la plume pour lui conter
tout au long l'abominable injure que lui inflige le sort
lorsque, à la suite de malheureux hasards, les autres
ayant fui sans vergogne, il lui faut écrire trois, quatre
lettres sous la dictée de l'affreux, l'insupportable
Ricci : « Il me faut alors boire cette coupe de fiel! »
Et Nicolas a laissé sa place à cette vipère : « Vous
savez bien où nous mène ce mauvais goût que vous
avez d'aller toujours cavaler, déambuler, rouler partout votre bosse. »

Biagio, le bon et fidèle Biagio, ressasse le souvenir
de ses misères et travaille seul dans son coin, désabusé : « Je fais désormais bande à part et, si l'on ne
me dit rien, je ne parle à personne au point que l'ami
[c'est le vilain Antonio della Valle] s'en est bien
aperçu et m'accable d'injures...; il m'appelle six fois
avant que je ne réponde mais j'y suis bien décidé et
continuerai tant que je resterai en place. » Et, comme

Vespucci tout à l'heure, le voilà amer; il déblatère, profère malédictions et imprécations, fait n'importe quoi, se tient coi, ne s'intéresse à rien ni à personne et laisse tout aller au fil de l'eau. En fin de compte, la coupe déborde; dans une dernière lettre, Biagio, le cœur lourd, finit par s'en prendre à l'ami et maître si souvent loin d'eux, lui lance tous ses griefs à la tête, lui cherche de mauvaises querelles. Il n'hésite pas à lui reprocher ses défauts, son avarice entre autres : « Vous qui avez si peur de ne pas avoir vingt sous devant vous, vous le roi des avares [...] Et cette lubie maintenant que d'exiger d'être très exactement informé du pourboire! [...] Si bien que vous l'avez maintenant, votre pourboire, et que Dieu vous donne la vérole par-dessus le marché! »

Au vrai, tout ce petit monde s'accroche à ses maigres salaires et craint pour sa place. Le nouveau gonfalonier, qui voit grandir son prestige chaque jour et s'emploie à le maintenir de mille façons, parle non seulement de réduire les gages mais veut voir la liste de tous les emplois. Fin de la lune de miel... et conciliabules pour trouver les moyens de tricher ou de « mouiller » un tas de personnages qui – cela est écrit à mots couverts – se font un peu graisser la patte ou retiennent quelque chose au passage. On s'émeut : « Tout le monde chez nous est à l'envers. » On se prend à espérer : « Peut-être n'a-t-il demandé cela que pour avoir les noms des huissiers, des courriers... pour connaître à combien se monte tout ce personnel-là. » On prie Dieu... Nous sommes le 4 novembre 1502. Le 12, nouvelle alerte, certains affirmant que l'on maintient les salaires mais que l'on va réduire le personnel.

Personne ne roule sur l'or et de graves difficultés d'argent assaillent au jour le jour les maîtres rédac-

teurs et leurs commis. Il leur faut vivre et penser à
mettre de côté pour acheter quelque charge en cas de
malheur. Luccà qui – aveu charmant – se donne
autant de mal au bureau que pour la construction de
sa maison, n'y parvient pas et se tourmente, la mine
sombre, toujours « entre le four et le moulin »; le fisc
le poursuit et s'il ne peut payer, adieu pour lui
l'espoir de prendre la place de notaire, justement
vacante...

Toutes ces lettres expriment, sur des tons différents, les préoccupations inévitables de ceux qui,
comme Nicolas, tiennent leur office de la faveur des
hommes en place. Installés d'une façon précaire, ils
vivent sous la menace permanente d'une catastrophe,
à savoir l'arrivée aux hautes charges de l'État d'un
autre parti imposant les siens ou même, si rien ne
change dans la Seigneurie, l'arrivée aux bureaux
d'un autre groupe mieux recommandé. On comprend
que, sa vie entière, Machiavel ait constamment
condamné ces incertitudes, lutté contre ce qu'il
appelle les clients incapables, vilipendé surtout le
régime des partis, les hasards des tyrannies et des
faveurs.

Mais n'est-ce pas aussi au Palais, avec ses seconds
et ses amis, que Nicolas peut faire l'apprentissage de
ces compagnies d'hommes, de ces petits cénacles plus
ou moins turbulents, très portés aux jeux de toutes
sortes, aux farces même, groupes ou académies dont
il garde pour toujours le goût et qu'il retrouvera bien
plus tard dans les années difficiles parmi d'autres
hommes? Les clercs du Palazzo Vecchio, accablés de
travail disent-ils, gardent beaucoup de temps par-
devers eux : « Au premier bureau, malgré tout, nous
rigolons ensemble bien souvent et faisons même

quelque bombance chez Biagio. » On rit de tout, et Nicolas d'y participer par ses lettres, parce qu'il reste au cœur de tous les propos : « Vos lettres à Biagio et aux autres rédacteurs nous donnent à chacun un plaisir que je ne saurais dire. Leurs boutades et facéties les font pâmer à se décrocher la mâchoire. » On joue aussi beaucoup aux cartes, aux dés et au tric-trac : parties mémorables, bonnes fortunes et désespoirs, batailles épiques qui tiennent les deux bureaux en émoi. Biagio, le plus enragé de tous, ne s'endort jamais dès qu'il s'agit de battre les cartes et de jeter les dés. Antonio et Giuliano, qui souffrent de rhumatismes et affirment être incapables d'écrire, s'exercent pourtant aux osselets et manient les cartes très joliment. On triche sans doute quelque peu et Maître Antonio a bien cru en devenir fou; lors d'une mauvaise querelle avec Andreà di Romolo, pour un coup de tric-trac plutôt véreux, celui-ci lui a lancé un gros sabot qui lui a pour moitié cassé les reins. Le pauvre diable passe son temps à remettre en bonne place un tas de pansements, un harnais de bandages que personne ne peut lui faire enlever : « Tous deux arrivent au bureau [...] Maître Antonio sur ses omelettes [?] baveuses et Maître Andreà avec ses pompes à lavement et tous deux campent sur leurs positions. Nous pourrons sans doute raccommoder tout cela, si tant est que l'on raccommode les reins d'Antonio. »

Les femmes, les amours enfin... et, ce qui enrage Marietta, cette complicité entre les amis. Nicolas reçoit quelques nouvelles, à mots couverts parfois, par allusions. Une femme l'attend, on la voit au balcon tel un faucon cherchant sa proie, au *lungarno* (sur le quai) delle Grazie, près du Ponte Vecchio. Du maître, de ses penchants et de ses mœurs, naturellement, on sait tout ou bien on invente pour se divertir, se moquer gaillardement : grands conciliabules et grosses plaisanteries... Au Palais, la danse des frondeurs et malveillants est menée par Fedino, « le plus impur de tous les bipèdes et quadrupèdes » et surtout Ottaviano Ripa, délégué aux écritures près du conseil des Dix, qui « sait bien nous faire rire, écrit encore Vespucci, nous délecter de bons mots, nous abandonner à la même hilarité homérique que si vous étiez parmi nous ». Ce long séjour en France n'est-il pas trop pénible pour un homme comme Nicolas ? Comment peut-il résister et n'être pas en prison ou chassé d'un pays aux lois « si sévères contre les pédérastes et les débauchés » ? Tous protestent bien sûr de sa parfaite pureté de mœurs, mais Ripa confie à voix basse d'abominables secrets.

Pendant plus de dix années ce fut là, à Florence, son réconfort et ses soucis : sombres querelles politiques ou simples rivalités personnelles dont, en fait, dépendait la vie de l'homme de bureau et d'office ; cabales contre l'étranger au clan, ridicules cloués au pilori, mais aussi services et complicités. Nicolas, averti à temps grâce à d'innombrables missives et à un étonnant réseau d'informations, est en mesure d'agir, de penser par des interventions indirectes, d'imaginer des parades sur telle ou telle part du jeu politique, sur les avancements et les nominations, sur les carrières. Marcello, le chef en titre de la chancellerie, qui trois ans plus tôt l'avait introduit, lui garde toute sa confiance : « Il l'aime et le chérit comme un frère. » Nicolas a duré aussi longtemps que cette Seigneurie qui, dans une large mesure, répond à ses vœux et qui a pu maintenir à l'écart les Médicis.

Ainsi peut-on mieux cerner la véritable dimension politique du personnage et la nature de ses pouvoirs.

Souvent absent, Nicolas, même obligé d'aller porter
les arguments de la Seigneurie ou de démêler de
vilaines affaires fort loin, reste le chef incontesté d'un
« organe » qui n'est pas seulement d'exécution.
Approcher le gonfalonier chaque jour, travailler près
des Dix ou pour eux, cela compte et pèse lourd. Le
secrétaire se trouve rarement à l'écart des décisions.
De plus, il établit avec le personnel, les scribes, des
liens plus forts, plus complexes surtout que ceux de
simple dépendance ou d'obéissance; en fait, une
totale adhésion, des connivences, et même des liens
affectifs les unissent. Tous se connaissent et le
bureau, qui partage les mêmes difficultés et les
mêmes angoisses, sait faire front, imposer ses façons
de voir. En marge des grands officiers et des conseils
certes, mais très proche d'eux, investi en principe des
pouvoirs de décision, il représente une force politique
non négligeable, un véritable groupe de pression,
efficace, même s'il n'est pas porté par le char de la
grande Histoire.

L'ART DE L'AMBASSADEUR

Nicolas Machiavel a beaucoup appris des affaires
de cour, de la façon de s'y comporter, et surtout des
moyens de donner satisfaction et de se faire apprécier
à Florence; il connaît tous les procédés, ouverts ou
cachés. Outre ses lettres qui ne font découvrir que
peu à peu le métier et le personnage, il a pris soin
d'écrire sur le vif deux essais sur l'art d'être ambassadeur (comprenons aussi bien légat ou chargé de
mission), deux discours, chacun en forme de *Memorandum*, fruits de nombreuses expériences et, certai-

nement, de quelques déboires. Ce sont des *Conseils pour qui veut se rendre en ambassade*, l'un pour qui doit se rendre à Milan et à la cour de France, l'autre de portée plus générale.

Le premier de ces deux traités, rédigés en 1506, s'en tient surtout à des considérations pratiques : comment se faire annoncer en arrivant, à qui se présenter en premier lieu, à qui remettre les lettres, auprès de quels amis italiens se recommander, comment se rendre aux audiences à la cour de France. Suit une liste très précise des pourboires à distribuer : d'abord un ducat à l'huissier de la première porte, puis trois aux autres et à ceux de Rouen, le cardinal; ne pas oublier le fourrier et le maître des postes à qui, si l'on reste quelque temps, il faut donner quelque bagatelle; aux trompettes : « Rien du tout, mais faites-les bien inviter à boire! » De retour de l'audience, « ayant pris congé de ceux qui vous accompagnent, se présentera tout à coup la foule des trompettes, fifres et musiciens, trompettes du seigneur Jean, fifres et tambourins, trompettes du Maître Annibal, trompettes du podestat », il faut donner à chaque corps de musiciens des pièces d'argent de deux à quatre *carlini* ou de 20 à 30 *grossi* « qu'ils se partagent également entre eux pour aller boire », mais « s'il vous plaît de renvoyer bredouilles les trompettes du podestat, alors donnez à ceux de Maître Alexandre »!

Quant aux aléas de la route, aux bonnes et mauvaises fortunes des étapes, Machiavel les décrit en vieux routier, sans négliger le moindre détail. Dès que vous avez dépassé Asti et par toute la Savoie, n'hésitez pas à faire bonne provision, pour plusieurs jours, de ce bon et beau pain qui ne durcit pas trop, ne pèse pas sur l'estomac délicat et fatigué par le voyage. Pour les monnaies, ne les gardez pas toutes avec vous et sachez lesquelles valent le plus ici et là ; on accepte dès passé Bologne celles de Milan, les petits *quarti*, les lourds *ambrogeni*, *carlini* et *marcelli* ; au-delà d'Asti, prenez des monnaies de Savoie et jamais les pièces de Saluces : vous ne sauriez qu'en faire. Bien sûr la moindre économie, le plus petit profit comptent. Conduire à bonne fin sa mission, c'est d'abord, il ne s'en cache pas, faire durer l'argent, savoir attendre des subsides qui tardent toujours à venir. Ou l'on a compté trop juste, ou l'on s'est fié à des intermédiaires incertains, ou la mission se prolonge au-delà du prévu. Et si, personnellement, Nicolas tient à aller aussi vite en besogne, c'est aussi par nécessité ; on ne lui laisse guère les moyens de traîner en chemin ou de s'attarder dans des délices.

D'autres recommandations concernent le logement : proposez des conditions claires et que tout soit bien entendu d'avance, demandez à vos domestiques qu'ils pendent haut et court vos vêtements et vos bottes, hors d'atteinte des rats : « C'est là petite chose risible, mais j'en parle par expérience ! »

Curieusement, Nicolas n'évoque ici que les dépenses personnelles, des pourboires en somme, et ne fait aucune allusion aux cadeaux que les orateurs sinon les députés pouvaient apporter avec eux ou qu'ils recevaient en hommage. Des présents somptueux des califes de Bagdad aux vases de Sèvres puis aux tapisseries d'Aubusson, cette pratique devait pourtant rehausser l'éclat des ambassades. En Occident comme en Orient, elle avait depuis toujours grandement favorisé les échanges d'influences artistiques, assuré la renommée universelle de certains ateliers et aidé à une meilleure connaissance des civilisations.

Or Machiavel reste muet sur ce sujet. Florence veut-elle ignorer et proscrire de telles largesses? Est-ce, de la part de notre Florentin, le mépris pour une façon de faire qu'il réprouve? Au cours de plus de deux cents lettres, il ne cite que les victuailles offertes par la ville de Sienne au légat pontifical à son arrivée, le 14 août 1507. C'est que le prélat se présente avec une troupe de 110 cavaliers, 30 à 40 mulets de transport et encore 40 personnes à pied. On les loge à grand-peine à l'évêché ou dans les auberges de la ville et, bien que le légat se propose de tout payer de sa bourse, on lui livre de considérables quantités de viande (deux jeunes vaches écorchées et préparées, six moutons de même), de volailles, de poissons de mer, de pain, d'avoine pour les bêtes; au total pour au moins deux cents ducats. Et même si la coutume veut que la ville offre quelque présent aux ambassadeurs, c'est ici à la fois l'entrée triomphale et la garnison. Lui, Nicolas, arrivait les mains vides.

Beaucoup plus tard, en octobre 1512, n'ayant alors plus guère, à son grand regret, l'occasion d'exercer ses talents, il se souvient des années fastes où, investi de la confiance des maîtres, il courait les routes, suivait les cours. Est-ce la nostalgie de ces temps révolus ou plutôt la simple amitié, le désir de rendre service qui le poussent? Toujours est-il que, prenant prétexte du départ de Raffaello Girolami en Espagne pour y rencontrer l'empereur, il écrit un *Art de l'ambassadeur* qui se hausse à un autre niveau, parle abondamment des vertus nécessaires à ce métier, sans négliger il est vrai quelques trucs ou subtilités.

Ici encore, le savoir de notre Florentin ne peut être pris en défaut. Tout d'abord et par-dessus tout, affirmer son prestige; il doit se montrer ni pingre ni

réticent, mais généreux. Qu'il parle franc aussi, car
la duplicité se démasque aisément et c'est ainsi que
l'on perd la confiance du prince qui vous reçoit; si
malgré tout l'on se trouve dans telle extrémité qu'il
faille dissimuler quoi que ce soit, « il convient de le
faire avec assez d'art pour que rien n'en transpire et,
pour le cas où cela se ferait, avoir une explication
toute faite ».

La chasse aux nouvelles reste la grande affaire
pour « engraisser » les dépêches. Écrire souvent est
bien; que l'on s'efforce donc de tenir au jour le jour
un catalogue de toutes les informations recueillies ici
et là; certains « hommes sages et experts dans l'art
des ambassades » envoient tous les mois ou tous les
deux mois un memorandum dans lequel ils font un
exposé circonstancié de la situation.

Comment être bien renseigné? Quelques conseils
mis ici noir sur blanc rejoignent exactement ce
qu'écrivait Nicolas dans ses lettres six ou dix ans
auparavant. Il faut, en premier lieu, avoir soi-même
de quoi répondre aux curiosités, savoir exactement ce
qui se passe en Italie jusqu'à Rome et Naples pour
s'en servir à bon escient comme monnaie d'échange.
Il faut aussi fréquenter toutes sortes de gens, en
particulier ces « chercheurs de nouvelles toujours à
l'affût des on-dit qui traînent partout »; les presser à
leur tour, en tirer ce que l'on peut : lui, Machiavel,
n'a-t-il pas connu des hommes graves parfaitement
honorables, qui tenaient chez eux des tables de jeu
pour y attirer ces gens et les faire parler?

Enfin, il convient naturellement de passer tout cela
au crible, y appliquer son jugement et se faire une
opinion. Cependant, dans sa dépêche, l'ambassadeur
ne peut présenter comme venant de lui ces analyses
des tractations en cours, plus ou moins secrètes : on

ne le croirait pas, on le verrait prendre trop d'importance, ce serait «odieusement prétentieux». Aussi
tout l'art consiste-t-il à rester dans l'ombre : «On a
coutume alors de recourir à un simple artifice [...] et
l'on écrit quelque phrase du genre : " Les hommes
d'expérience qui se trouvent à la cour pensent que,
estiment que... " » Ce sont les « milieux bien informés »...

LES CLIMATS ET LES USAGES : FRANÇAIS ET ALLEMANDS

Cet art déjà donne aux lettres une autre dimension
et habille l'avis personnel d'un tour différent, en fait
une sorte de traité de science politique... Les toutes
premières œuvres de Nicolas Machiavel, penseur,
théoricien, s'inscrivent en droite ligne dans la suite et
le ton de ces dépêches. C'était pour lui l'apprentissage de l'aventure littéraire.

Cette aventure prend racine et corps, et toujours
dans le cadre de ses missions, Nicolas s'y essaie très
tôt. Mettant à profit les fruits de son expérience, il
brosse des peuples et des gouvernements de petits
tableaux vifs, alertes et perspicaces, qui se nourris-
sent de ses souvenirs, observations et réflexions. Il
écrit alors en homme de lettres, pour être lu par un
public plus vaste que ses seuls maîtres de la Seigneurie, des essais sur la nature des nations; des études de
« climats » dirait-on.

L'année 1504, la difficile mission à Lyon nous vaut
un court écrit plutôt vengeur, presque un pamphlet,
le *De natura Gallorum*. Sa plume s'y trempe d'amertume : l'échec des pourparlers n'est pas encore oublié

et pas davantage la levée du siège devant Pise.
Comme lors de sa première légation, en 1500, il a
hâte de quitter le pays et ne livre là qu'une suite de
jugements à l'emporte-pièce, quelques-uns peut-être
assez savoureux mais dignes seulement d'un petit
esprit. Le roi de France n'a aucune autorité; si un
gentilhomme lui fait défaut, il lui suffit de ne pas
paraître à la cour pendant quatre mois pour se faire
oublier. Les Français, il les voit avides, avares,
inconstants, arrogants, prêts à plier devant tout dans
une mauvaise fortune, insolents et insupportables
dans une bonne. En somme : « Peu d'Italiens ont
quelque chance de réussir à la cour si ce n'est ceux
qui n'ont plus rien à perdre et flairent le vent
d'aventure. » D'ailleurs, ces Français sont des ennemis acharnés de tout ce qui est « romain », c'est-
à-dire italien; ils ne veulent même pas entendre leur
parler.

Ce rude jugement se trouve fortement nuancé dans
le *Tableau des choses de la France*, écrit en 1510 et
peut-être à partir de plusieurs rapports ainsi mis au
net. Bien plus mesuré, Machiavel ne se contente pas
d'accès d'humeur ou de pirouettes. Il propose une
analyse sérieuse des structures politiques du royaume, des droits et des pouvoirs du souverain, des
façons de gouverner. Au total, l'information et la
démonstration s'articulent en six grands chapitres,
bien structurés à en croire leurs libellés, mais qui
abordent assez souvent des sujets dont on voit mal les
liens. L'auteur, visiblement, n'a pas encore tout à fait
maîtrisé ses propres sources et livre certaines de ses
réflexions comme elles viennent. Son discours, construit d'une manière assez fantasque, étonne aussi par
son allure « baroque », échevelée, par des juxtaposi-
tions d'analyses conduites en profondeur et de détails

minutieux; on penserait volontiers qu'il s'agit là de fiches transcrites successivement dans l'ordre de rédaction, auxquelles il aurait fait des additions tardives.

Dans ce *Tableau*, Nicolas aborde de nombreux sujets : l'attitude des Français au combat, l'économie et les ressources du royaume, en particulier celles du clergé; les réactions des Français face à leurs voisins; la condition des terres et les droits des seigneurs; la liste des grands officiers de la cour; enfin, les droits revendiqués par le roi sur le duché de Milan et le royaume de Naples.

Certaines appréciations, notamment sur les armées et les campagnes, semblent peu originales : l'inconstance des troupes, leur impétuosité à engager le combat, leur prompt et grave découragement dès que la fortune hésite : « S'ils rencontrent un adversaire assez heureux pour supporter la furie du premier choc, ils perdent tout leur mordant et se montrent couards comme des femmes. » C'était là un cliché répété à l'infini par plusieurs auteurs et qui reflétait un certain conformisme. Nicolas se souvient peut-être davantage de ses lectures qu'il n'observe et ne juge sur pièces; depuis Pise, dix ans auparavant, il n'a pas vu souvent les Français sur un champ de bataille. Ne cite-t-il pas lui-même César « qui dit que ces Français étaient au premier choc plus que des hommes mais à la fin plus faibles que des femmes ». Réminiscence et désir de s'en tenir aux acquis, aux images éprouvées. Sur cette trame, puisant dans un fonds de souvenirs et d'anecdotes, il pique à son gré quelques notes précises, concrètes, chiffrées même, par exemple sur la situation juridique des biens, sur les revenus et les émoluments des officiers et magistrats, sur les effectifs des armées. L'ensemble compose un tableau fort disparate, peu satisfaisant en bonne logique, mais cependant intéressant.

L'analyse de la situation politique et militaire en Suisse retient rarement l'attention du secrétaire florentin. Renommés pourtant et craints dans toute l'Italie pour leur infanterie invincible, du moins en batailles rangées, les cantons suisses ne lui inspirent que quelques développements généraux, entrecoupés de considérations sur les négociations en cours, dans une seule lettre, datée du 17 janvier 1508. Là, il s'applique essentiellement à décrire la fédération à partir de renseignements qu'il tient d'un homme sage, fort réservé, habitant de Fribourg et qui avait commandé une compagnie de soldats. Il cite les douze provinces (« qu'ils appellent ici cantons »), définit en une phrase leur gouvernement pour les affaires extérieures du moins, et leurs relations avec la Diète générale; au passage, il signale deux « peuples » plus indépendants, le Valais et la Ligue des Grisons et, enfin, insiste tout naturellement sur l'examen du mode de recrutement et les effectifs : 4 000 hommes pour défendre le pays, 1 000 à 1 500 pour aller au-dehors, « car là ne marche que celui qui le veut ».

Les mœurs des Allemands et leur politique l'intéressent bien davantage; coup sur coup il leur consacre deux traités en 1508 et 1509, peu de temps donc après son retour de la désagréable légation du côté de Bolzano. Le premier, *Rapport sur les choses de l'Allemagne*, reste lié à la conjoncture et aux événements. Nicolas y analyse longuement l'attitude de l'empereur face à l'imbroglio italien; il parle de la Diète de Constance, des mouvements des troupes, de leur rassemblement dans le Tyrol. Puis il donne la leçon des faits : ce qu'il faut croire et ne pas croire

des intentions de Maximilien : « Il n'est pas déraison-
nable de penser... »

Ce *Rapport* ne prend un peu de hauteur que
lorsqu'il brosse, au moral, un portrait du personnage,
insistant sur son extraordinaire avidité, sur son incapacité quasi maladive à prendre une décision par
lui-même, et sur la façon dont son entourage peut le
conduire. Ce sont, en deux longs paragraphes, une
suite de traits acérés, lancés sans aucune indulgence,
sans nuance mais d'une plume tellement incisive que
l'on y sent toutes les qualités des écrits qui, quelques
années plus tard, feront la grande renommée de
l'auteur. Portrait d'un prince, déjà... mais bien différent du Borgia. Maximilien « veut tout faire à sa tête
et ne fait rien comme il veut ». Avare comme pas un,
il n'est rien que l'on ne puisse obtenir de lui, l'argent
à la main. Certes il voit, un peu tard, que certains le
trompent... mais tant d'hommes vivent près de lui,
dans son ombre, l'approchent et lui parlent qu'il n'est
pas un jour où l'un d'eux ne se joue de lui.

Laissant ce portrait, Nicolas, avec cette facilité
qu'il a de juxtaposer les sujets et les genres, entreprend de décrire la puissance et la richesse de
l'Allemagne, de son souverain, de ses cités. Il a dû s'y
complaire car c'était là, certainement, un tableau
bien déconcertant pour ses amis italiens maîtres des
villes, toujours à court d'argent, obligés de se livrer à
d'innombrables acrobaties, de recourir à l'emprunt,
de mesurer chichement leurs largesses... et de laisser
leur secrétaire courir les routes la bourse vide.

L'empereur n'aurait pas moins de 1 600 florins de
rente; il ne dépense rien pour entretenir les hommes
d'armes en temps de paix (ce sont les gentilshommes
qui le font à leur compte), ni pour tenir des garnisons
dans les forteresses gardées par les bourgeois eux-

mêmes, et pas davantage pour payer des officiers de police (ce sont les bourgmestres qui y pourvoient). Les villes ont par-devers elles d'étonnantes réserves d'argent et de vivres; elles ne paient pas de soldats, assurant elles-mêmes leur propre défense.

De l'avis du Florentin, les seules faiblesses du pays sont tout d'abord l'absence de liens entre ces forces politiques plus ou moins indépendantes. Les Communes « qui sont le nerf de l'Allemagne » rechignent toujours à aider l'empereur de leurs armes; leurs hommes traînent les pieds et il est impossible de réunir promptement leurs contingents. Lorsque Maximilien a voulu défendre la Souabe contre une attaque des Suisses, les villes lui promirent 14 000 hommes mais on n'en trouva jamais que la moitié ensemble : « Lorsque les troupes d'une Commune se présentaient, celles de l'autre levaient déjà le camp. »

Une autre cause d'affaiblissement réside dans ces conflits qui opposent sans cesse l'empereur aux princes et les princes aux villes, sans compter les Suisses qui ne s'entendent avec personne : au total, un écheveau d'alliances, d'intrigues et de compétitions! Comme Nicolas n'arrive absolument pas à les démêler, il se contente d'une série d'affirmations ou d'axiomes dont, une fois de plus, on suit très mal le fil; on s'y perd et le discours demeure fort obscur.

Deuxième traité, le *Discours de Nicolas Machiavel sur les choses d'Allemagne et sur l'empereur* n'est qu'un complément du précédent. Rédigé à la hâte, il n'apporte vraiment rien d'original et noircit seulement le portrait du souverain présenté maintenant comme un pantin, d'humeur imprévisible, jouet d'une troupe de courtisans prétentieux et avides. En somme, un anti-portrait, fondamentalement contraire à l'image idéale du prince que Nicolas, peu à peu, au gré de ses missions, se forge pour lui-même.

Que *le Prince* et autres traités politiques, que les analyses et portraits qui ont fait la renommée de Nicolas Machiavel soient directement nourris des observations, notes et réflexions de ces dix années passées à courir les grands chemins et à fréquenter les cours, à pratiquer son métier, à y réfléchir, on ne saurait en douter. Toute la matière se trouvait là. Si l'on peut s'interroger sur la « philosophie » de Machiavel, on est, en revanche, assuré de l'étendue de son expérience et de son savoir.

CHAPITRE V

L'art de la guerre

L'image d'un Nicolas Machiavel capitaine, théoricien de l'art de la guerre, commissaire aux camps, s'impose aujourd'hui bien moins que celle de l'homme des ambassades et du politicien. En fait, ses idées sur le recrutement et la conduite des troupes ont longtemps été considérées comme accessoires car l'on s'est avant tout intéressé à ses écrits strictement politiques, ses traités sur les diverses façons de gouverner, de satisfaire le peuple et de tromper les ennemis. *Le Prince* cache trop d'autres œuvres essentielles pour qui veut comprendre la véritable personnalité de Nicolas Machiavel, le suivre dans ses démarches et ses raisonnements. Or sa façon de concevoir les armées et la guerre dans une République a marqué toute sa vie et tous ses travaux; c'est là une des pièces maîtresses de ses théories sur la nature de l'État, sur ses institutions, sur la notion de citoyen.

Dans les premiers temps de sa charge de secrétaire à la chancellerie, Nicolas se fit surtout connaître et apprécier par son rôle lors de la guerre contre Pise, par son engagement indiscutable contre les capitaines français ou suisses, par son efficacité dans l'« assassinat » du condottiere Vitelli. Toutes ces actions inspiraient en haut lieu confiance et reconnaissance. N'oublions pas non plus que sa première légation en France avait précisément pour but de régler avec le roi cette malheureuse affaire du siège de Pise, apaiser les ressentiments et balayer les dernières amertumes provoquées alors par l'ignominieuse retraite des Français.

Plus tard et pendant plus de dix ans se sont succédé à un rythme précipité de nombreuses missions de caractère elles aussi strictement militaire : s'assurer de l'appui de troupes amies et engager la guerre dans de bonnes conditions, stipendier quelque capitaine. Ce fut là l'essentiel de ses soucis de « député », plutôt sergent recruteur et intendant que véritable diplomate. Surtout, il faut le souligner, la seule charge administrative importante qu'il ait jamais obtenue en tant que membre et secrétaire d'un nouveau conseil, les Neuf de la Milice, consistait à réorganiser les armées de Florence, à introduire une profonde réforme dans les habitudes de recrutement et même de combat. Il donne là le meilleur de lui-même; se sentant pleinement responsable et non plus subalterne, il tente – l'occasion lui en est donnée à ce seul moment de sa vie – de réaliser une de ses plus chères théories non en politique mais dans l'art de la guerre. L'écrivain stratège, manieur d'idées et compilateur d'anecdotes, devient un homme de terrain, un homme d'action; une action à laquelle il se donne avec un enthousiasme obstiné pour mener la politique de recrutement qu'il a préconisée; il y croit et doit réussir.

On comprend que la gravité de l'échec l'ait précipité dans la disgrâce. En 1512, la fuite des milices florentines, conçues et armées par Machiavel, devant les troupes espagnoles marque pour lui, tenu à juste titre pour responsable, la fin des honneurs. Le retour des Médicis ne fait qu'aggraver cette défaveur.

LES *CONDOTTIERI;* LA HANTISE DE LA TRAHISON

Chez notre auteur au demeurant si fécond et varié, les écrits sur la guerre tiennent une place pour le moins égale à ceux qui ne parlent que de politique. Tout au long de sa vie, Nicolas mûrit ses idées, renforce ses convictions; après tant de lettres, de procès-verbaux et de discours sur les armées et les milices, son *Art de la Guerre,* une de ses dernières œuvres, témoignera toujours de son intérêt pour ce qui se rapporte aux troupes, à leurs chefs et aux campagnes. Machiavel y contredit du tout au tout les habitudes de son temps en ce qui concerne la nature même de l'armée, son recrutement et son commandement, puisqu'il préconise une réforme complète – du moins pour les Communes – de la défense du territoire et le retour à des traditions très anciennes.

Dans les premiers temps des Communes, dans l'Italie du Nord et du Centre, chaque citoyen – les nobles et leurs clients, les marchands et les artisans – participaient à la défense de la cité et partaient en campagne contre l'ennemi, généralement assez proche. De même les villes maritimes recrutaient des milices pour construire et armer les galères. Chaque société de quartier était aussi une compagnie militaire rassemblée derrière sa bannière, son gonfalon. Parfois cette armée communale s'articulait en corps de cavalerie (sociétés de nobles autour de leurs chefs

de clans) et en compagnies de fantassins, de piétons
(pedoni) chargés surtout de la défense des portes
(sociétés de portes). Aux habitants de la ville se
joignaient ceux des faubourgs et même du district
rural, tous les villages étant rattachés à l'une des
circonscriptions politico-militaires de la cité. On
allait au combat derrière des chefs connus, des
voisins, des hommes de métier; dans les moments
difficiles, on se serrait, dernier carré, autour du char
de combat, le *carroccio*, traîné par deux bœufs,
portant les oriflammes.

Mais au temps de Machiavel, et depuis plusieurs
générations, les villes ont abandonné ce système des
milices recrutées parmi leurs citoyens. Si les sociétés
de portes restent parfois assez actives, si les magistrats municipaux continuent ici et là à dresser
minutieusement la liste de tous les habitants capables
de porter les armes, ces recensements et levées
d'hommes ne concernent généralement que la stricte
défense des enceintes dans les cas désespérés, surtout
lors d'attaques violentes d'ennemis ou de rebelles.
Tout au plus lance-t-on encore ces milices contre les
bannis, contre les factieux, contre les villes sujettes
révoltées ou en proie aux guerres civiles, pour noyer
dans le sang les troubles ou les sursauts d'indépendance. Elles constituent donc essentiellement des
forces de police, parfois partisanes.

Pour des opérations de plus vaste ampleur, pour
aller aux frontières ou attaquer une ville ennemie,
pour conquérir une province, armer une expédition
lointaine de plusieurs mois, on ne peut songer à
mobiliser les citoyens qui répugnaient trop à laisser
les leurs, leurs biens, leurs affaires. Au moment où
quelques villes se forgent de grands États territoriaux
susceptibles de rivaliser et même de l'emporter sur

ceux des princes, les cités de Toscane, Florence la première, font désormais appel à des compagnies de mercenaires, qu'elles engagent avec leur chef en vertu d'un acte en bonne et due forme, la *condotta*. Pendant plus de deux siècles, la *condotta* et le *condottiere* ont marqué non seulement l'art militaire de toute la péninsule, mais quantité d'aspects de la vie sociale et même de la civilisation. Le *condottiere* symbolise vraiment une époque.

Les guerres entre les partis, les querelles internes et les exils, les interventions de l'étranger faisaient de l'Italie un véritable champ clos. Dans la moindre principauté, les conflits dynastiques avaient, par ailleurs, laissé sans emploi, sans protecteur et sans gîte de nombreux hommes d'armes déracinés, qui se rassemblaient en compagnies plus ou moins importantes. Ces compagnies – les *routes* disait-on en France à la même époque – comptaient d'abord des nobles des partis vaincus, bannis de leur ville, réputés rebelles et dangereux, poursuivis par les persécutions des hommes au pouvoir. Les avaient rejoints de nombreux étrangers abandonnés sur place lors du retrait des grandes chevauchées venues d'outre-Alpes : les Allemands de l'empereur, des Français, Hongrois et Aragonais qui avaient suivi leur prince à la conquête du royaume de Naples; et surtout des Anglais chassés de chez eux par de mauvaises fortunes ou par les guerres civiles entre les maisons princières. Ces gens, arrivés on ne sait quand, aux origines souvent obscures, s'identifièrent très vite à leur nouvel État; ils italisèrent leur nom, tel le célèbre John Hawkwood devenu Giovanni Acuto. Enfin la compagnie accueillait les nobles d'Italie, seigneurs déchus ou cadets de famille écartés de la succession ou même d'une part du patrimoine. Aussi trouvait-on là, parmi les chefs, les frères plus jeunes ou les bâtards des grandes familles princières de l'Italie du Nord, de Romagne, d'Émilie, de Lombardie : les Este, les Gonzague, les Malatesta par exemple; ils se taillaient de brillantes renommées, pouvaient prétendre à la considération et se mariaient avantageusement.

Bien que composée d'hommes d'origines si diverses, la compagnie constitue une société marginale mais fortement solidaire qui se surimpose en quelque sorte au pays. Elle adopte un nom, ses chefs prennent des surnoms tandis qu'à l'intérieur s'établissent de solides hiérarchies des pouvoirs et des compétences. Les textes, très explicites à cet égard, parlent du capitaine, chef de guerre incontesté, du connétable, stratège et négociateur, du maréchal chargé de l'intendance, tous trois étant assistés d'un conseil qui se réunit avant de conclure un contrat ou de partir en campagne.

La troupe est formée essentiellement de cavaliers : 5 000 ou 6 000, pas davantage. Aguerrie, expérimentée mais parfaitement mercenaire, elle s'engage à servir strictement aux termes d'un contrat rédigé par un notaire qui stipule les obligations des deux parties et rappelle en tous points ceux conclus entre marchands pour leurs affaires. Il s'agit toujours, en premier lieu, de défendre la ville employeur et son district, ses provinces, ses bourgs et châteaux, ses terres. Quant au but de l'attaque, par « une chevauchée ininterrompue » et jusqu'à extermination de l'adversaire ou conclusion d'une trêve, il est nommément désigné : telle principauté ou telle cité. La durée de l'engagement est également bien définie, le plus souvent six mois ou un an. En échange de ces services, la ville paie une certaine somme d'argent, en plusieurs échéances, et ravitaille les hommes d'armes en vivres et en chevaux au prix habituel du marché; les prisonniers et donc les rançons, les armes et leurs dépouilles, le butin reviennent naturellement aux hommes de la compagnie.

En fait, ces accords pourtant si précis, si fréquents qu'ils devenaient une sorte de routine, prêtaient par la suite à de nombreux différends dûs le plus souvent au manque d'argent. On ne payait pas, ou trop tard, ou en versements insuffisants; les vivres et les armes n'arrivaient pas à temps; les hommes s'impatientaient, menaçaient de partir, et, en tout cas, se payaient eux-mêmes sur le pays en confisquant les blés et les bêtes. Ces pillages organisés, monnaie courante malheureusement et parfois sans nul prétexte, laissaient une province ou des cantons entiers en ruine. Si le désaccord s'aggravait, les chefs s'en prenaient aux commissaires de la ville qui les employait; ils tendaient l'oreille aux propositions de l'ennemi ou encore cherchaient à servir ailleurs, abandonnant le camp en l'état. C'est ce qui s'était produit en 1499 devant Pise, où les mercenaires allemands et suisses avaient séquestré les commissaires de Florence.

Nicolas a pu observer à maintes reprises à quel point ce système souffre d'un manque de confiance de part et d'autre. Les gens de la ville délèguent sur place des administrateurs – un capitaine et des officiers d'intendance – pour superviser et décider les opérations. Ils multiplient vainement les précautions contre les exactions, plus encore contre les trahisons, ou les simples retournements : la *condotta* prévoit même une longue période de neutralité, couvrant parfois plusieurs années, pendant laquelle il est

interdit à la compagnie d'agir contre le patron qu'elle
vient de quitter. En outre, pour éviter désordres ou
exactions, les mercenaires doivent toujours camper
hors des murailles de la cité et ne les franchir, « aux
heures dues », que par petits groupes.

Le *condottiere* est donc l'objet d'une suspicion
quasi générale. Mais il trouve une sorte de compensation aux coups portés par ses maîtres devenus
brusquement méfiants dans l'affirmation de son prestige et de sa réputation. Ce à quoi consent volontiers
la Commune en distribuant largement les honneurs
au chef de guerre... tout en poursuivant de grands
efforts pour le maintenir à l'écart des centres nerveux
de la Seigneurie. Attitude en porte-à-faux et pourtant
habituelle et recommandée; les citadins, qui ne
cessent de surveiller leur capitaine mercenaire, le
flattent, lui tressent des couronnes, lui dressent des
statues. Le renouveau du grand art statuaire et des
images arrogantes de l'homme à cheval, oubliées
depuis bien des siècles, doit beaucoup à cette politique ambiguë, à ce désir d'exalter les vertus, la
bravoure et surtout la fidélité du héros qui a bien
servi. Le portrait du cavalier en belle tenue, armé, la
lance ou l'épée à la main, vient rehausser les monuments funéraires. Les princes, chefs de leurs troupes,
firent d'abord dresser les leurs; ainsi ceux des Scaliger à Vérone, coiffés des grands cimiers emblèmes de
leur lignée, puis celui de Bernardo Visconti par
Bonino da Campione, à Milan au château Sforza en
1363. C'est là une tradition princière qui se perpétue
longtemps puisque la statue de bronze de Niccolò
d'Este à Ferrare est commandée en 1441 à deux
artistes florentins venus tout exprès.

Les Communes sacrifient également à cette mode
en faveur de leurs bons ou moins bons capitaines. Dès

1328, les maîtres de Sienne demandaient à Simone Martini de peindre sur les murs d'une des salles du palais communal le portrait équestre de Guidoriccio da Fogliano : on y voit l'homme et le cheval couverts de draps aux couleurs vives caracoler comme à la parade devant le camp retranché et deux villes ennemies soumises. Or en même temps, ces statues posaient des problèmes financiers auxquels la ville n'était pas souvent capable de faire face. Pouvait-on, pour rendre hommage ou s'attirer de bonnes grâces, s'imposer de tels sacrifices? En 1394, Florence avait accordé un monument funéraire surmonté d'une effigie de bronze à John Hawkwood, mort cette année-là. Mais, un mois plus tard, on s'était résigné à ne plus commander qu'une sorte de tableau à Agnolo Gaddi; jugée indigne de glorifier le souvenir d'un grand capitaine, l'œuvre est complètement reprise en 1436 par Paolo Uccello qui en fait l'impressionnant tableau que l'on peut admirer sur le mur nord de Santa Maria del Fiore : un portrait monumental, de plus de huit mètres de haut sur cinq de large, représentant le cavalier dressé sur un soubassement architectural en forme de sarcophage; le tout donnant l'illusion du relief par d'habiles effets de perspective. Mais seulement l'illusion... et à peu de frais. Florence reste, à tous coups, fort économe et réticente quand il est question de dépenser pour honorer ses grands capitaines. En 1456 à nouveau, pour Niccolò de Tolendino on s'est contenté d'une effigie peinte, bien plus complexe mais du même ordre que la précédente, dernière œuvre d'Andreà del Castagno.

C'est à Venise que nous trouvons les grandes statues de bronze des *condottieri*. La confrontation des deux traditions montre que, déjà dans les années

1400, les rapports entre Florence et ses capitaines n'étaient sans doute pas aussi aisés qu'en d'autres cités. Venise, la Sérénissime, utilise depuis longtemps les services de grands capitaines avec des fortunes diverses, voire hasardeuses. Cependant, elle n'hésite pas à leur promettre de beaux monuments et même à leur accorder le droit de se montrer en effigie, dressés à cheval sur l'une des places publiques de la cité. Ainsi, pour Erasmo de Narni, dit Gattamelata (= la griffe du chat), mort en 1443. A la suite de circonstances accidentelles, le groupe équestre le représentant fut exécuté à Padoue, là où s'était réfugié en exil Palla Strozzi, le banquier de sa famille chargé de la commande; Florentin d'origine, il fit appel à un autre Florentin, Donatello, qui s'installa lui aussi dans la ville pendant une dizaine d'années. La sépulture du guerrier prit évidemment place à l'intérieur de l'église, la basilique de Sant'Antonio, mais la statue, vraisemblablement inspirée des modèles de la Rome antique, en particulier de celle de Marc Aurèle, ou des quatre chevaux de San Marco à Venise, se dresse sur le grand parvis, devant la façade. Celle de Bartolomeo Colleone, capitaine général à vie pour Venise en 1454, mort très riche et comblé d'honneurs dans son château de Malpaga en 1465, fut commandée et payée par Venise à Verrochio, puis placée en plein cœur de la cité sur la piazza San Giovanni e Paolo.

Nous sentons donc une nette différence d'attitude. Plus réticentes, soupçonneuses ou pingres, les villes de Toscane ne cherchent pas comme Venise à exalter leurs chefs guerriers; elles ne leur demandent que des services limités, pour des périodes relativement courtes ou pour une seule campagne; elles n'aiment pas leur tresser trop de lauriers. Nicolas Machiavel

adhère complètement à ce climat de méfiance; il
porte d'ailleurs une part de responsabilité dans l'exaspération de ces soupçons et, au cours des ans, nous le
voyons affirmer son hostilité au système de la *condotta*. C'était remettre en question une tradition
solidement ancrée, une forme de civilisation même.
Mais cette attitude inébranlable, qui dicte constamment sa politique et ses démarches, se concilie
admirablement avec ses théories sur le gouvernement
des hommes.

Chez Nicolas, le refus du mercenariat procède à la
fois d'expériences et d'un choix intellectuel, de l'attachement à certaines valeurs morales et civiques.
Pour lui, il est évident que ces mercenaires qui
exigent toujours davantage pèsent trop lourd sur le
budget, fort limité, de la Seigneurie. En outre, leur
recrutement est incertain : que de démarches, d'offres et de flatteries avant de pouvoir s'assurer le
concours d'un capitaine... et le voir se mettre en
marche! Le secrétaire de la chancellerie en sait long
sur ces marchandages. Il sait aussi la nature fragile
de ces engagements, à la merci d'un renoncement;
aux différents échelons de leur hiérarchie, les chefs
restent sensibles à toutes les propositions. Surtout, ils
ménagent leurs troupes, se décident rarement à
attaquer, car l'intérêt « national » ou même de parti
ne les inspire jamais. Les hommes servent pour de
l'argent et ne se soucient que des solidarités à
l'intérieur de leur groupe; ils ne se sentent liés qu'à
leurs capitaines.

Dans les lettres et instructions de Nicolas, « député » ou commissaire à la guerre, se dessine donc une
critique, acerbe et documentée, de cette forme de
guerre menée par des compagnies étrangères sol-
dées : une guerre faite d'attentes, préparée par des

négociations, où l'on cherche soit à profiter de l'effet de surprise, de l'embuscade, soit à corrompre une partie des adversaires plutôt que de les affronter franchement. Le capitaine se montre plus stratège que véritable conducteur d'hommes au combat. Diplomate toujours de ses gardes, il ourdit sans cesse quelque intrigue et se méfie de ses alliés.

Cette guerre, d'ailleurs, avait souvent pris des allures particulières. Se conformant à de véritables règles d'art, elle déployait les fastes d'un spectacle : parades, lettres de défi écrites par des clercs dans un style savant et ampoulé, gardées et retranscrites dans des recueils pour la postérité; rencontres de champions experts pour fixer l'heure et le lieu des batailles; outre, naturellement, les joutes et tournois, cavalcades, triomphes. La *condotta,* la guerre des capitaines et des princes, suscite l'éclosion d'une littérature et d'un art pictural, deux reflets d'une civilisation, l'un et l'autre en contradiction avec les habitudes « civiques » des communes italiennes d'autrefois.

Au nom de l'efficacité, Machiavel prend ici nettement parti. Seuls les hommes de la ville et du pays, menacés dans leur personne, celles des leurs, et dans leurs biens, peuvent se battre, accepter les sacrifices qu'impliquent des véritables campagnes. Il affirme sans ambages la supériorité du citoyen et des milices face aux compagnies de soldés. Les magistrats des villes de Toscane, sans se laisser encore complètement convaincre, en prennent cependant conscience. L'idée d'un retour à des formes « populaires » de recrutement circule dans toute l'Italie. D'autres que Nicolas la soutiennent en son temps.

Toute la philosophie de *l'Art de la Guerre* repose sur cette absence de réel intérêt national chez les

mercenaires, homme d'horizons divers, sans patrie.
Elle s'alimente aussi à d'autres sources, se renforce
de certitudes qui marquent constamment les différents aspects de l'œuvre de Machiavel. On y trouve
sinon la nostalgie du moins une forme de révérence à
l'égard du passé « communal » de Florence et d'une
tradition que l'on pourrait appeler sous réserve d'anachronisme « républicaine ». L'auteur du *Prince* reste
profondément fidèle à ces formes de gouvernement
collégial, celui des Arts, des prieurs et du gonfalonier; c'est là, on le sait, qu'il a milité et trouvé des
protections. Suite logique de cette prise de position,
Nicolas considère que la Commune doit se défendre
elle-même, susciter des vertus et des sacrifices chez
les concitoyens. Solder des mercenaires était forcément accepter une corruption puis une grave déca-
dence de cet esprit civique, sans parler, bien sûr, des
risques de trahisons et des ambitions du capitaine. Le
passé des villes d'Italie et même de Florence l'a
montré à maintes reprises, le chef de guerre, protecteur de la cité, en devient aisément le tyran. Nicolas
pense, on s'en doute, aux fortunes politiques de
quelques grands *condottieri,* Francesco Sforza à
Milan en premier lieu, et de rappeler, pour Florence,
la détestable tyrannie du duc d'Athènes, Gautier de
Brienne (1342).

Mais on trouve dans l'*Art de la Guerre* une autre
référence intellectuelle, livresque cette fois, c'est
l'exemple de l'ancienne Rome républicaine dont les
hauts faits et les manifestations éclatantes de vertus
civiques reviennent ici constamment sous la plume
du commissaire florentin, comme en tant d'autres de
ses discours et traités. Rome armait ses propres
légions de citoyens, acharnés, écrit-il, à défendre
leurs familles et leurs champs. Toute l'argumentation

de Nicolas Machiavel se rapporte à cette image
d'une merveilleuse simplicité qu'il nuance rarement.

MACHIAVEL SERGENT RECRUTEUR

Homme d'action, chargé d'importantes missions de
recrutement et d'organisation des troupes de la
Seigneurie, déjà engagé pour surveiller le camp
devant Pise au début de sa vie publique, Nicolas eut
maintes occasions par la suite d'appliquer ses théories si bien arrêtées.

Fâcheusement impressionné par l'attitude des mercenaires, par leurs atermoiements et leurs trahisons,
il se montre au contraire plein d'admiration pour les
troupes levées en 1503-1504 dans les campagnes de
Romagne par le sinistre dom Michele, âme damnée
naguère de César Borgia, maintenant empressé au
service du pape. Machiavel songe de plus en plus
sérieusement à organiser une milice florentine, à
recruter lui aussi des soldats-paysans dans les vallées
du *contado*. Mais, s'il réussit sans mal à se gagner
l'appui du gonfalonier Piero Soderini et de son frère
Francesco, son projet se heurtait à toutes sortes de
préventions. Dans les grandes familles de Florence,
Michele a laissé trop de mauvais souvenirs pour
qu'on puisse le citer en exemple. On craint aussi de
voir Soderini se forger de la sorte une garde personnelle toute dévouée; l'on crie déjà à la tyrannie.
Nicolas, alors, agit sans le faire savoir, attendant que
la situation empire, que les corps de mercenaires, une
fois encore et même davantage que par le passé,
aient montré leur incapacité et leurs divisions.

« Considérant que c'était là chose toute nouvelle et insolite, que le peuple ne pouvait approuver que s'il avait été témoin de quelque essai satisfaisant », il commence par recruter de son propre chef, avec le seul accord tacite de quelques-uns et de Soderini lui-même, des hommes dans le val du Mugello et dans le Casentino. Dans ces pays de montagnes, de forte tradition guerrière, la levée de soldats payés par la République n'aurait pas dû soulever trop de difficultés. Il s'y rend en janvier et février 1506. Quelques lettres écrites et signées de sa main nous le montrent à l'œuvre, marchant dans la neige et courbant le dos sous la tramontane glacée : village après village, il rassemble les paysans sur la place devant l'église, parle aux chefs des clans et des communautés, inscrit, compte ceux qui peuvent faire de bons soldats, promet des bannières et des armes. Mais il se heurte à de nombreuses difficultés : les habitants le reçoivent assez mal ; ici les mâles adultes ont déserté les bourgs ; là les querelles entre les deux versants du mont empoisonnent la vie et rendent tout accord impossible. Il lui faut sans cesse négocier, apaiser les conflits, parler de la ville, de l'argent... et ce n'est jamais chose aisée : « Je n'ai pu aller plus vite et si quelqu'un ne me croit pas, qu'il vienne lui-même en tâter ; il verra alors ce que c'est que d'avoir à mettre ensemble des paysans et de cette espèce-là. »

Sergent recruteur donc et, en fin de compte, il réussit. Dénombrant 300 hommes ici, 200 un peu plus loin, il dresse des bilans qu'il transmet régulièrement jour après jour à la Seigneurie, allant même jusqu'à « réduire » les chiffres pour ne retenir que les meilleurs hommes. A Florence, dans le cercle des amis, on est fort satisfait. Le gonfalonier, les Dix ou leur délégué répondent à chaque missive de leur secrétaire par des encouragements : « Nous te félicitons de ton zèle et de ta diligence [...] tu n'as pas perdu de temps [...]; nous voyons bien comme l'entreprise de réunir ces hommes est plus difficile qu'il n'y paraissait dès l'abord. » Que Nicolas continue ainsi, qu'il soit assuré que les Dix adhèrent à toutes ses propositions; on va lui envoyer des armes et nommer incessamment des connétables, qui seront priés de prendre aussitôt le chemin.

Mais notre commissaire, désireux d'aller plus vite, finit par s'impatienter. Les bannières auxquelles ces paysans tiennent tant ne sont pas prêtes ou ne conviennent pas; les armes n'arrivent pas et pourtant l'armurier certifie les avoir expédiées : se sont-elles perdues en route? Les connétables demeurent introuvables et on les cherche en vain tant dans la ville que dans leurs maisons des champs. Se cachent-ils pour éviter de se mettre une telle affaire sur les bras, de se voir promus capitaines d'une bande de paysans? Quoi qu'il en soit, Nicolas doit se résigner à désigner d'autres connétables, moins difficiles et peut-être moins exigeants.

Mais Machiavel ne désespère pas et s'accroche à son idée : le voici qui étend l'entreprise à d'autres districts, entretient une correspondance attentive avec plusieurs chefs de milices ou administrateurs de la Seigneurie. En juin 1506, il écrit à Lorenzo Diotisalvi Neroni, vicaire du val di Pesa pour le féliciter de ses succès (« rien ne pouvait me contenter davantage... ») et lui dire comment mieux réussir pour recruter d'autres hommes, les tenir sous les armes, les rendre satisfaits de servir. Que l'on soit indulgent pour leurs méfaits; que les inscrits soient relevés des condamnations qu'ils ont encourues auparavant (sauf ceux coupables de rébellion ou punis de peine capitale) et, pour les fautes qu'ils viendraient à commettre, qu'ils en soient châtiés d'une façon modérée : « Nous voulons là des soldats et non des moines! » Que le vicaire donne le plus de prestige possible au connétable pour qu'il soit respecté et obéi de tous. Que l'on prenne soin également de faire voir la bannière et que l'on explique pourquoi les soldats du village voisin en ont, eux aussi, reçu une, que l'on a confiée aux plus dignes de la porter. Enfin, pour s'assurer de la bonne tenue des troupes et accroître le prestige de la République, que l'on fasse régulièrement des revues aux jours prévus.

Pendant plusieurs mois, Machiavel va se trouver directement confronté aux rudes réalités du recrutement. Mais nous voyons mal ce qu'il réussit à mettre effectivement sur pied. Si les procédés nous sont connus dans le détail même, la vue d'ensemble et les résultats de l'entreprise nous échappent complètement. A le lire, notre commissaire recruteur rassemble des corps de plus en plus nombreux dans plusieurs gros bourgs : dans le Mugello surtout et, d'abord, en pleins monts, à San Godenzo puis plus bas, près des grandes routes, à Dicomano, enfin à Ponte a Sieve, beaucoup plus près de Florence, investissant ainsi peu à peu la cité où son action n'a toujours pas vraiment reçu d'approbation officielle, de cadre institutionnel.

C'est, avec quelque audace et une rare persévérance, forcer la main. Dès le 15 février, il faisait passer une première revue sur la place de l'un des villages du Mugello; il s'éloigne alors quelque peu, visite dans les montagnes de l'Apennin deux vicariats l'un après l'autre, réclame à Florence des armes, des chausses et des pourpoints, et enfin, un nouveau connétable. Il

recueille des chiffres, additionne, suppute, gonfle
sans doute ses succès, dont il se vante dans chacune
des lettres qu'il adresse à la Seigneurie. A Florence,
on l'approuve sans cesse, on l'encourage. Le voici
homme indispensable, en tout cas responsable; pas
vraiment grand stratège mais organisateur d'une
armée de paysans – qu'il veut bons citoyens animés
des meilleures intentions – auxquels il s'applique à
insuffler son enthousiasme.

Comment suivre sur la carte ses démarches hési-
tantes, un peu brouillonnes? Cette attitude assez
désordonnée n'est pourtant pas gratuite. Nicolas
poursuit un but et impose ses vues. Deux textes écrits
de sa main, une fois de plus en forme de *Memoranda*,
exposent parfaitement ses arguments pour faire
reconnaître son indiscutable réputation de théoricien
sur tout ce qui concerne l'art de la guerre. Ce sont
deux rapports explicites, sans doute mis au net après
coup, qui annoncent déjà un plus noble ouvrage. Le
premier, le *Rapport sur l'institution de la Milice*,
envisage dès 1505 les étapes et les processus de
recrutement des troupes sous un angle strictement et
typiquement florentin. Il était aisé pour Nicolas de
rappeler les déboires passés et d'affirmer qu'on ne
pouvait continuer ainsi. En fait, si notre homme ne
s'en prive pas, il passe vite et la démonstration tourne
court; il l'escamote avec une sorte de désinvolture :
« La chose étant assez claire et demandant, si l'on
voulait en disserter, qu'on l'aborde d'une toute autre
façon, je la laisserai de côté et j'admets comme un
fait acquis la volonté de lever une armée propre. »
Donc : recruter des milices; d'ailleurs le mot même
lui plaît et il s'y attarde comme à plaisir.

Mais comment incorporer ces milices à un État

aussi complexe que celui de Florence, si fragile,
toujours menacé d'éclater, à un peuple de citadins si
jaloux de ses libertés et – il ne le dit pas mais l'idée
soutient tout le discours et perce aux bons moments –
aussi jaloux de sa supériorité? C'est alors que se
manifeste ce que l'on a pu appeler le génie politique
de Machiavel, et qui n'est en fait qu'un simple
mélange d'astuces, de démarches finaudes étayées
par quelques réflexions de bon sens et présentées
avec un art consommé de faire sérieux. Pas question,
dit-il sans ambages ni atermoiements, de commencer
par armer les gens de la ville : ceux-ci doivent être
des cavaliers afin de l'emporter sur tous les autres,
hommes de la campagne nécessairement fantassins;
on ne fait pas un cavalier en un jour et le temps
presse; on verra plus tard. Pas question non plus
d'aller lever des troupes, de les organiser, dans les
régions trop éloignées de Florence et trop peuplées;
laissons sans armes ces lieux du district où se
trouvent « de gros nids d'hommes », tels Prato, Pistoia, Arezzo, Volterra, Cortone, San Gimignano.
Fournir des armes à ces gens serait bien trop dangereux : ils lèveraient aussitôt la tête et clameraient
haut leur indépendance.

Il faut recruter les milices florentines, républicaines, dans les cantons relativement proches de Florence et donc bien surveillés, dans les montagnes et
les vallées étroites, là où aucune cité ne fait la loi et
ne risque d'entraîner les paysans avec elle car une
multitude de bourgs « ne suffit pas à monter une
entreprise ». Il faut armer le *contado* florentin, plus
particulièrement le val d'Arno, le pays de Casentino,
le Mugello, le val di Pesa où Nicolas a passé sa
jeunesse et où il possède encore des biens et, enfin, la
plus lointaine Lunigiana, aux confins du territoire

génois. Pour cela, ne pas hésiter à faire coïncider les *bandiere* (compagnies) avec les circonscriptions territoriales en place, les *podestarie*. La Commune de Florence tiendra un compte exact des hommes et des *bandiere*; et pour éviter tout particularisme, toute prise de conscience d'une unité, on donnera à chaque compagnie non pas un nom qui lui rappellerait son origine géographique ou un passé quelconque, mais, comme à Rome dans l'ancien temps, un simple numéro pour les reconnaître et les commander. Toutes porteront sur leur gonfalon le signe de la République, le lis de Florence. Au total, trente compagnies sont recensées et placées sous onze connétables.

L'idée de la milice est mûre; elle peut et doit servir les intérêts de la République non seulement par des actions guerrières mais aussi par la *reputatio* : il faut recruter beaucoup, voir large, enrôler sous chaque bannière le plus d'hommes possible : être fort – ou le paraître – pour décourager l'ennemi.

Le plus délicat est ensuite de s'assurer la fidélité d'hommes rassemblés à force de persuasion, qui se sentent certainement davantage sujets que citoyens. Il ne faut pas leur laisser l'occasion d'agir mais toujours les tenir en main. Faire en sorte de ne pas placer à la tête d'une compagnie un homme natif du pays, qui y possède des biens, ou qui y soit marié; mais au contraire les envoyer, pour commander, loin de chez eux et, de toute façon, changer les commandements des connétables chaque année et les tenir à l'écart de leurs anciens soldats : « En suivant toutes ces précautions, vous n'aurez rien à craindre d'eux! » Ainsi perce encore cette peur, obsédante, du chef susceptible de trahir ceux qu'il sert. Amertume et mauvais souvenirs sans doute... Davantage encore un état d'esprit « républicain », hostile à tout ce qui peut ternir l'image de la cité, fière d'elle-même, indépendante, capable de se défendre : « Et vous verrez quelle différence il peut se trouver entre être servi par des soldats d'élection, choisis par vous, et ceux de corruption, achetés, que vous avez connus jusqu'à maintenant. »

Nicolas ne s'intéresse guère à la valeur des troupes, à la façon de les aguerrir; il ne se préoccupe pratiquement que de « revues », c'est-à-dire des montres : aligner les hommes et les compter de temps à autre. Peu ou pas d'exercices : il n'en parle jamais. Ces soldats-laboureurs ne consacrent que peu de temps au service; rien n'interdit de recenser un grand nombre d'hommes dans chaque village et de leur demander seulement de paraître à douze ou seize « revues » par an; le reste de l'année, ils vaqueront fort commodément à leurs occupations.

On imagine sans mal les effets d'un tel système lors des campagnes et sur les champs de bataille! Et, de fait, en 1506, dans son second traité militaire, le *Discours sur l'Ordonnance des milices de Florence,* Nicolas prévient l'objection; abordant au fond la composition des troupes et leur commandement, il y répond en stratège un peu plus averti. Il convient, dit-il, d'examiner la valeur des recrues, leurs aptitudes à se battre. Ceux des régions frontières, ces rudes montagnards qui semblent combler son attente, ont l'habitude depuis des générations de défendre leurs villages et leurs familles contre les incursions des voisins. Pour les autres, que l'on en recrute certes un grand contingent, mais qu'on se contente de les inscrire sur les rôles ou de les employer à des travaux divers, pour ne les rassembler en masse que face à un péril exceptionnel. S'ils doivent quitter leurs cantons, que l'on s'en tienne à un petit nombre d'entre eux, à un noyau dur de gens mieux entraînés.

En définitive, ce second discours n'est qu'un plaidoyer pour des recrutements importants. Toutes sortes d'arguments plus ou moins spécieux appuient ce qui se veut une démonstration logique. Ainsi, en particulier, l'appel à l'autorité de l'État; si l'on attend simplement des volontaires, très peu viendront et certainement pas ceux qui ont déjà été les meilleurs soldats : « Car à peine entendront-ils un seul roulement de tambour qu'ils se perdront dans la nature et, au lieu d'avoir 6 000 fantassins, vous n'en trouverez pas un seul! » Il faut forcer tous ces gens à servir et en prendre, au moins pour la forme, un grand nombre. Que l'on ne craigne pas d'user de la réquisition et que la Commune, la Seigneurie s'y emploient de toutes leurs forces; il est bien certain que ceux qui se dérobent, si on leur demande leur consentement, obéissent dès qu'ils sont requis : « Et même alors tous ceux que vous laissez de côté font mauvaise figure. »

N'essayez pas de leur donner quelque dédommagement en argent : cela vous ruinerait à la fin, vous serez régulièrement trompés et les trois ou quatre ducats par tête que vous pourrez leur offrir seraient pour eux « si chétive aubaine qu'ils n'en seront ni plus dévoués au pays ni plus obéissants ». Ne leur proposez pas davantage d'exemption d'impôt, si ce n'est pour quelque acte de bravoure insigne; vous rendriez jaloux les autres sujets du district. Mais la recette pour remplacer la solde apparaît mal. Ce discours où le théoricien, fondateur de la milice, déroule interminablement ses affirmations et ses aphorismes, ne vise qu'à gonfler sa propre affaire : beaucoup d'hommes sur les rôles, de nombreuses compagnies...

Dans quel but? On peut se demander si Nicolas ne
songe pas à tout autre chose qu'à doter Florence
d'une véritable armée de citoyens. Sait-il la tâche
impossible? Ce qu'il veut, bien sûr, c'est imposer son
modèle à l'antique, le modèle de la vertu civique des
pères conscrits de Rome. Mais, en plus, il s'applique
à administrer une leçon politique : le recrutement
d'une milice de paysans ou artisans villageois permettrait aussi de renforcer l'autorité de la Seigneurie, de
Florence, sur des hommes qui, si les circonstances les
sollicitent, risqueraient de lui échapper; plus on aura
recruté d'hommes – même incapables de se battre –,
plus cette manifestation d'autorité se sera étendue.
Les compagnies militaires, les *bandiere,* si maladroi-
tes au combat soient-elles, peuvent alors se substituer
à certaines circonscriptions administratives et donner
de nouveaux moyens d'action.

On le voit, un dessein strictement politique inspire
ces deux *Discours* sur les milices. Leur organisation
paraît parfois un prétexte, un processus d'élaboration
de nouvelles structures, d'autres façons plus contraignantes de gouverner; elle conduit à d'autres types
de rapports entre la ville-seigneurie et ses campagnes
dépendantes; elle pourrait cimenter certaines solidarités et, en tout cas, restaurer une domination quelque peu ébranlée. Sous la plume de Machiavel qui a
l'expérience de ces problèmes, c'est là une réponse
directe aux rébellions qui, dans les derniers temps,
ont si sévèrement troublé la paix à l'intérieur du
district, voire du *contado,* et mis en cause la présence
même de Florence.

COMMISSAIRE À LA GUERRE

Après tant de démarches qui l'ont mené au fond
des vallées, après avoir assiégé sans cesse les Dix de
ses beaux discours, rameuté tous ses amis, Machiavel
finit par trouver sa récompense. Malgré bien des
réticences et même de fortes oppositions, la Seigneurie se résoud à rendre officielle la milice, déjà
rassemblée en fait au cours des mois précédents. Elle
reconnaît un fait accompli car dans bien des villages
et depuis plusieurs semaines sinon plusieurs mois,
ponctuellement, les hommes sont inscrits sur les
rôles. Nicolas a pu citer des chiffres, parler d'effectifs, d'armes et de ravitaillement.

Le 6 décembre 1506 sont publiés les décrets qui
instituent les neuf officiers de l'Ordonnance des
milices de Florence. Tous les auteurs s'accordent à
dire que ce décret, qui ajoute encore une magistrature à celles déjà multiples de la Commune, doit son
inspiration, pour plus que l'essentiel, à Machiavel
lui-même; le texte en serait écrit de sa main propre.
Si les chapitres qui traitent des modes d'élection et
de tirage au sort de ces neuf officiers, du processus
d'installation, de leur bureau et de leurs subalternes,
ne disent rien que de très ordinaire, le préambule et
quelques considérations générales, quelques attendus
aussi, reprennent exactement les arguments ou affirmations à l'emporte-pièce de notre commissaire
recruteur. La République peut se flatter d'avoir de
bonnes lois et une bonne justice; il ne lui manque que
de bonnes armées. Et Nicolas de rappeler, une fois de
plus, comme un refrain à la longue un peu lassant, le
credo : le passé l'a bien montré, il ne faut avoir
aucune confiance dans les troupes de mercenaires;

trop peu nombreuses et faibles, elles ne sont d'aucune
utilité; très importantes, elles se montrent ou insupportables ou suspectes.

Bien sûr, les Neuf une fois en place, leurs noms
sortis des urnes et des bourses du tirage au sort,
peuvent s'adjoindre un secrétaire qui dispose d'un
sceau particulier à l'image de saint Jean-Baptiste,
patron de la ville; ce secrétaire est naturellement
Nicolas. Au terme d'innombrables petits travaux, de
missives et de rapports, le voici enfin promu sinon à
une grande dignité, du moins à une vraie responsabilité, celle de conseiller de toutes les levées des
troupes, de leur organisation et répartition, de leurs
armements et ravitaillement.

Cette fonction auprès des Neuf de la Milice arrive
à un moment où la République accepte une profonde
remise en cause de son système de défense. Machiavel, qui en prend d'autant plus de relief, se place ainsi
aux premiers plans de la scène. Pour lui, il ne s'agit
pas seulement de contrôler l'organisation de l'armée
mais d'affirmer par ce biais une nouvelle prise de
conscience des vertus propres à une cité libre. Exalter
les mérites d'une troupe de citoyens qui gardent leurs
armes chez eux mais ne font jamais de la guerre un
métier, c'est, se référant à ce qu'il croit savoir de la
Rome républicaine ou des premiers temps de la
Commune en Italie, exalter une forme particulière de
l'État et du gouvernement : des hommes capables
d'idéal civique se préoccupent avant tout de servir la
patrie, leur Commune et leur État, de les défendre,
de les faire triompher en toutes occasions.

C'était aussi le refus du Prince et de son gouvernement. Dans cette affaire d'enrôlement et d'organisation de la milice, Nicolas se mettait davantage
encore dans le camp des partisans du régime en

place, celui du podestat Soderini et, se rangeant par avance parmi les adversaires décidés d'un retour des Médicis, il se désignait lui-même à leur vindicte et préparait son malheur.

Loin d'être accessoire, cette affaire des armées communales répondait certainement à une politique d'ensemble; elle peut et doit même s'interpréter comme une action pour renforcer l'autorité du gouvernement « républicain », des conseils et collèges, pour lui donner les moyens d'une politique plus indépendante et aussi pour lui permettre de s'appuyer sur des forces armées fidèles. Il est vraisemblable sinon évident que Machiavel n'était pas le seul à penser et à promouvoir cette politique; il fut, on le sait, soutenu et encouragé par Soderini lui-même, par ses proches, par un groupe qui voyait là un procédé efficace pour consolider ses positions. En apparence, les gens se laissèrent forcer la main par un homme qui prenait sur lui tout le mal mais avait sans doute reçu des instructions dans ce sens.

Et pourtant, dans les mois qui suivent ce brillant succès, les choses ne vont pas toutes seules. Dès le 15 novembre 1506, dix jours seulement après les décrets, le cardinal Soderini, frère du podestat, manifeste de sérieuses inquiétudes. Il faut bien, dit-il, que cette Ordonnance sur la milice soit chose voulue par Dieu si l'on peut l'appliquer malgré tant d'oppositions et de malignités. Quels périls nous menacent! Que ni la malice ni l'ignorance ne viennent gâter de si belles dispositions! Et Filippo Casavecchia, un des chers amis de Machiavel, qui l'avait tant aidé dans ses démarches pour recruter des hommes dans le *contado,* de lui montrer quels ennuis le guettent; Nicolas ferait mieux de se préoccuper de sauvegarder ce qui est, gardant les pieds sur terre, que de poursuivre dans l'abstrait un bel idéal. Qu'il laisse en paix tous ces « faux » problèmes de civisme et d'éthique; qu'il songe plutôt à se garder des querelles comme des amitiés trop vives qui peuvent mal tourner et donner source à de profondes inimitiés. Et de citer alors, mieux même que ne le ferait notre savant secrétaire, toute une litanie d'exemples tirés du grand répertoire des histoires antiques : on remonte au fils de Tarquin, on en arrive, bien entendu, à Jules César et à Pompée puis au triumvirat d'Antoine, Octave et Lépide, avant de passer aux drames encore présents dans toutes les mémoires, à Giuliano de' Medici et Jacopo de' Pazzi, grands amis d'abord, ennemis acharnés jusqu'au complot et au meurtre ensuite. Pratiquez donc, poursuit Casavecchia – et son conseil tient sans doute sa raison d'être de quelques démarches intempestives –, pratiquez donc la modération et la civilité; ce sont les vertus premières de l'homme d'État; elles lui évitent de susciter jalousie ou suspicion.

Nicolas, trop assuré de son succès et de ses appuis, a-t-il mérité la leçon? L'a-t-il suivie? En était-il seulement capable? Toujours est-il qu'on l'envoie de nouveau loin de Florence, à Sienne puis à Savone et en Suisse auprès de l'empereur Maximilien. Il semble que pendant son absence les Neuf de la Milice aient éprouvé bien du mal à faire accorder leurs gens. En juin 1507, les voici fort occupés à régler de graves affaires de coups et blessures entre recrues, de malversations et d'accusations infamantes contre certains capitaines; nous apprenons incidemment, non sans quelque surprise, que l'un des connétables de cette milice, mise sur pied par des hommes si hostiles aux mercenaires, n'est autre qu'un Espagnol du nom de dom Gilberto...

REPRISE DE PISE

Mais la guerre contre Pise, qui domine toujours l'horizon politique, sollicite d'autres entreprises. Au cours du mois d'août 1508, Nicolas Machiavel rédige de sa propre main, au nom des Neuf de la Milice, le mandat qui lui donne pouvoir de lever des hommes contre Pise, de les enrôler dans les compagnies et de les conduire jusqu'au camp. Commissaire à la guerre, souvent véritable capitaine, il se dépense sans compter, se rend d'un camp à l'autre, écrit partout, met en place une machine de combat, celle qu'il avait si minutieusement imaginée et décrite près de dix ans auparavant dans son fameux *Discours sur la situation de Pise*, discours qui, on s'en souvient, lui avait valu sa première nomination dans une charge publique à la chancellerie. Il tient là l'occasion d'une belle revanche sur ses déboires de l'époque.

De fait, cette nouvelle guerre se présente sous une forme toute différente qui convient sans doute bien mieux à notre stratège. Il ne s'agit pas d'affronter l'ennemi en rase campagne et de livrer bataille à ciel ouvert, ni même de lancer des troupes, vraisemblablement peu préparées à ce genre de combats, à l'assaut de grandes murailles, mais simplement d'investir la ville de loin et de la couper de son ravitaillement en contrôlant les routes et le fleuve par des camps retranchés. Ce que souhaite Machiavel, c'est établir un blocus pour affamer l'ennemi et, dans le même temps, poursuivre une entreprise de démoralisation des assiégés, susciter trahisons et mécontentements, faire crier malheur et famine, pousser les maîtres de la cité à négocier. Une forme de guerre où son talent pouvait aisément donner sa mesure.

Bien sûr, selon son habitude, il tient la Seigneurie constamment avertie, fait pas à pas approuver sa politique, reçoit sans cesse des marques de satisfaction. Piero Soderini lui-même l'encourage... tout en trouvant que le blocus ne fait guère d'effet! Il faut presser davantage la dévastation des champs, les brûler et les ravager sans merci. Ces gens de Pise ont ensemencé tant de blé autour de chez eux que, si on les laissait engranger leurs récoltes, ils combleraient bien vite les dégâts infligés à leurs autres moissons. Que l'on envoie des hommes mettre le feu partout où ils ne risquent pas d'être pris!

Petite guerre, guerre cruelle, sordide. Dans les bulletins de victoire qu'il envoie à Florence, notre commissaire se glorifie d'avoir arrêté un convoi de grains, pris un moulin, bien disposé les camps pour tout surveiller, ou consolidé un gué pour barrer le cours de l'Osole, canal qui amenait les eaux d'un lac jusqu'à travers la ville; et de décrire minutieusement ces hauts travaux guerriers, de dire le nombre de pieux par rangée de pilotis, de parler lames de fer et savants agencements : l'ennemi ne pourrait désarticuler ce barrage et, quant aux Florentins, ils y feront défiler leurs troupes : « On y ferait bien passer l'armée de Xerxès! » Ces mêmes bulletins parlent aussi des problèmes d'intendance, de la paille qu'il faut acheter chaque jour, des pioches et des bêches pour les terrassiers, du transport des blessés et des foins. Machiavel ne cache pas les difficultés pour tenir ses propres hommes en place; il se plaint de ceux qui veulent à tout prix s'en retourner chez eux sitôt leur temps terminé, des ravitaillements et des armes qui n'arrivent pas régulièrement, de toutes sortes d'inquiétudes ou d'alarmes. Ces belles milices de citoyens ne se comportent vraiment pas comme il faut et sont loin de répondre à l'attente de celui qui rêvait de conscrits vertueux, acharnés à se battre pour la patrie! Un caporal nommé Bastruccio a demandé et obtenu un congé; mais à peine libéré, il a enrôlé une douzaine de compagnons et a filé au service des Vénitiens (« malgré vos proclamations et défenses solennelles »); il s'en est fallu de peu qu'il ne débande toute la compagnie, promettant à chacun quatre ducats. Beau spectacle pour Nicolas qui avait tant crié contre la corruption des soldats mercenaires, contre leurs débandades précisément!

Au mois de mars 1509, les Pisans parlent de négocier. Ce sont des bruits, des approches, par l'entremise du seigneur de Piombino, où Machiavel se rend en hâte; mais il n'en retire aucune certitude, affirme qu'on se plaît à le lanterner, que tous, en face de lui, sont de mauvaise foi. Des heures perdues à parlementer... et un fort long, terriblement long compte rendu à la Seigneurie de ces innombrables parlotes inutiles, de ces faux-fuyants. Un autre suit, minutieux comme toujours sous sa plume : de retour à l'armée il rassure; les camps sont bien en place, les compagnies passées en revue.

Enfin, début juin 1509, la ville se rend. Nicolas et Antonio de Filicaia, autre commissaire à la guerre, se dépensent encore : tractations, modalités de la reddition et de l'entrée des troupes dans la cité, surveillance des miliciens avides de butin, exaspérés d'une si longue attente; ils vont jusqu'à discuter longuement de l'heure de réception dans Pise : « Pas avant midi et demi et si cela est possible à la treizième heure et quelques minutes, heure qui sera pour nous la plus fortunée de toutes. » Finalement, tout se passe pour le mieux et, à en croire ses lettres, Machiavel recueille sa part de gloire : ce sont ses milices qui l'ont emporté. Il s'en vante; on lui en sait gré. Agostino Vespucci voudrait, s'il en avait le temps, lui écrire sur sa victoire une épître à la façon de Cicéron : « C'est bien vous avec vos compagnies qui avez accompli un si beau travail! »

Pise est prise et Florence pavoise... Nicolas, lui, reprend la route vers Mantoue et l'empereur ou ses conseillers. Départ bien précipité... certains pensent que l'on s'est vite débarrassé de cet homme un peu encombrant, trop assuré de ces lauriers tout neufs, infatué des succès de sa politique.

Au vrai, ce fait d'armes ne prouve pas grand-chose sur l'efficacité des milices. Comment savoir si la nouvelle armée serait capable de mener un vrai combat? Est-elle suffisamment aguerrie? Lui donne-t-on les chefs qu'elle mériterait? La lecture de cette fastidieuse et scrupuleuse correspondance offre une image bien terne de l'affaire. De même pour les capacités de son chef et commissaire. S'emparer d'une ville assiégée depuis plus de dix mois par la faim, par la subversion et l'intrigue ne donne sur la valeur des troupes que bien maigre indication. Ce n'était, au plus, qu'une suite d'escarmouches, de longues veilles, d'attaques contre charretiers et bateliers, de coups de main, d'incendies de récoltes, de pillages. Rien qui permette d'envisager avec confiance de véritables entreprises guerrières.

CHUTE DE PRATO

A chacun de ses séjours à Florence, au retour de Mantoue, de Vérone puis de France, Nicolas tente de

remédier aux faiblesses de ses chers citoyens soldats.
Il s'efforce de choisir de bons connétables et veut
placer toute l'infanterie sous les ordres d'un seul
capitaine. Cependant le temps presse : les menaces
grondent de partout, le pape Jules II, maintenant
ennemi déclaré, infatigable et acharné, reprend souffle, ourdit plusieurs alliances. Le 2 décembre 1511, la
guerre s'installe déjà et les Neuf de la Milice donnent
à nouveau pouvoir à Machiavel de lever des troupes
et de préparer la défense du district : une lourde
charge, qui devait le compromettre à jamais. Il va s'y
employer avec la même énergie que naguère contre
Pise, donnant sans cesse de sa personne dans les
villages et les camps, rameutant ses officiers. Aussitôt il met sur pied des compagnies de cavaliers,
réorganise le commandement, pousse toujours plus
avant son grand projet et pense administrer une autre
preuve.

Mais l'horizon s'assombrit encore : le pape resserre
ses alliances; les Espagnols vont bientôt envahir la
Toscane. A la diète de Mantoue le pape fait approuver un plan de guerre concerté et le partage des
dépouilles; les Médicis doivent reprendre le pouvoir
dans Florence. Déjà leurs partisans, les *Palleschi* (la
palla, la balle, figurait sur la marque des marchandises de leur compagnie puis sur les armes de la
famille) s'agitent, nouent des intrigues, font échouer
les tentatives de négociation et s'évertuent à paraly-
ser l'effort de guerre. Soderini semble incapable de
faire front, voulant ménager peut-être toutes les
factions et ne pas trop se marquer. Certes, les ordres
de la Seigneurie et des Neuf de la Milice deviennent
plus pressants, sévères, inspirés par Machiavel lui-
même toujours sur la brèche. Il écrit aux podestats
pour leur reprocher de ne pas avoir fait inscrire sur

les rôles tous les hommes jeunes; il promet d'envoyer
très vite les armes nécessaires, des lances, des épées,
des escopettes; il s'engage à payer les soldes rubis sur
l'ongle et, pour garder tel ou tel capitaine, passe
volontiers l'éponge sur quelques méfaits : « Sans
manquer à l'honneur et sans que la justice paraisse
par notre faute avoir été bafouée [...], il est nécessaire
de se ménager jusqu'au moindre des hommes susceptibles de servir au salut public. »

Rien n'y fait : les hommes manquent partout et
tiennent mal leur poste. Pierfrancesco Tosinghi, commissaire général des armées, à qui l'on commande de
barrer les chemins de la montagne par où l'ennemi
pourrait passer, répond simplement qu'il ne le peut
pas, car il n'a plus de soldats; il est même resté la
nuit sans escorte. L'endroit est désert, les habitants
ont fui, le podestat et l'officier des douanes plient
bagage; tout près de là, 150 cavaliers espagnols sont
arrivés pour camper, dévastant les campagnes alentour, pillant, faisant des prisonniers en nombre. Face
cette fois à une véritable armée de métier, l'affaire
s'annonce mal.

Un peu plus tard, le Florentin Francesco Guicciardini (Guichardin), historien contemporain des événements, devait porter sur la faiblesse des siens et
l'incurie des gouvernants responsables un jugement
lucide et désabusé : les factions se sont querellées
sans discontinuer, laissant le territoire à la merci des
envahisseurs. Les Florentins n'avaient, tout compte
fait, que peu d'hommes et leur maigre infanterie, qui
avait été rassemblée à la hâte, n'avait ni discipline ni
expérience; les quelques compagnies occupées à
défendre Florence n'avaient jamais voulu s'en écarter.

Le drame, certainement, ne surprend personne :
3 000 fantassins appartenant à ces pauvres milices,

enfermés dans la petite ville de Prato, avec peu de vivres et peu de munitions, presque pas d'artillerie, succombent dès le premier assaut. Dans la nuit du 28 au 29 août 1512, quelques Espagnols attaquent les murailles; ils rencontrent si peu de résistance que d'autres les suivent aussitôt et pénètrent dans la cité par tous les points faibles et même par les portes. Avec stupéfaction, ils voient ces hommes si peu expérimentés montrer tant de lâcheté, jeter leurs armes à terre, chercher refuge le plus loin possible, implorer merci à tout vent et se rendre. Il en mourut, croit-on, plus de 2 000 non en combattant mais en cherchant à fuir; les survivants, y compris le commissaire florentin, furent faits prisonniers : dans la ville, ce ne furent que violences, tueries, pillages et incendies, jusqu'à l'arrivée du cardinal Jean de Médicis qui parvint à établir un certain ordre.

Quelques boulets de canons « très lents et de peu d'effet », une poignée d'ennemis à l'assaut d'une brèche étroite, il n'en fallut pas plus pour réduire à rien, dès le premier soir du siège, une garnison de quelque 3 000 Toscans mal approvisionnés, mais solidement retranchés derrière d'imposantes murailles. Une des meilleures places fortes du district était donc prise en un tour de main alors que cette même armée toscane, florentine, avait dû piétiner pendant plus de neuf mois, investissant, dévastant, n'attaquant jamais, avant d'avoir raison de la résistance des Pisans.

Ce fut une catastrophe irréparable : rien ne pouvait mieux démontrer la faiblesse du système, l'impossibilité d'accorder le moindre crédit à ces milices, dont Nicolas portait l'entière responsabilité.

L'ARMÉE À L'ANTIQUE MALGRÉ TOUT

Et pourtant... Lisons, quelques années plus tard, notre commissaire aux guerres, inventeur de la milice paysanne : « Ne vous rappelez-vous pas cette malheureuse époque où, en Italie, la fin de chaque guerre laissait une foule de soldats sans emploi et sans solde; ils allaient tous se regrouper en compagnies dévastatrices, taxant les bourgs et les châteaux, ravageant les pays tout alentour. » C'est dans son *Art de la Guerre,* écrit dans les années 1520-1521, où Machiavel reprend inlassablement les mêmes thèmes et agite les mêmes spectres de violence ou de trahison. Visiblement les échecs, la pitoyable débandade de ses milices devant les armées espagnoles ne lui ont rien appris. A-t-il voulu tout oublier pour le simple bénéfice d'un livre de philosophie et de morale politiques où les considérations techniques, pourtant fort nombreuses et précises, ne viennent qu'à l'appui d'une belle thèse pour enrichir un discours? En théoricien fort obstiné, il ne tient aucun compte de l'expérience; il ne songe qu'à exalter les souvenirs glorieux et vertueux des soldats romains, toujours prêts, croit-il, à quitter la charrue ou leurs autres métiers pour prendre le glaive et voler au secours de la patrie menacée.

Historien érudit, disposant d'un vaste répertoire d'exemples parfaitement adaptés à son propos, il les appelle sans cesse à la rescousse. Tantôt il invoque l'histoire de Rome, de ses alliés et de ses ennemis, tantôt celle toute proche de l'Italie du Quattrocento, celle des papes et des princes. Puis vient sous sa plume l'évocation dramatique des désolations semées tout autour de Carthage par les troupes de mercenaires, ou les crimes affreux des *condottieri* italiens : ainsi Francesco Sforza qui s'est finalement retourné contre les Milanais, s'est rendu maître à force d'intrigues de leur ville; ainsi le nommé Brancaccio qui a si mal servi le pape.

Machiavel en revanche se délecte de l'image du guerrier romain vertueux qui, « satisfait des honneurs du triomphe retournait avec plaisir à la vie privée », ne prenait aucun goût au métier des armes mais les déposait volontiers, la campagne finie. Et d'évoquer un merveilleux trait de vertu, celui de cet Atilus Regulus, « général des armées romaines en Afrique qui, vainqueur des Carthaginois, demanda pour seule faveur au Sénat le droit de retourner cultiver et surveiller ses terres que ses fermiers, en son absence, avaient ruinées ». Puis, tout naturellement, citant l'unique bon souvenir, de parler encore comme d'un haut fait d'armes de la reprise de Pise par ses armées en 1509, de se complaire dans un parallèle Rome-Florence, sa Florence à lui, telle qu'il l'avait conduite à la guerre, mais de façon si artificielle et si abstraite que le beau discours semble flotter dans l'irréel.

L'Art de la Guerre reste cependant une œuvre d'importance qui permet de mieux cerner l'homme, puisqu'il reflète ses *a priori,* son étonnante culture et l'étendue de ses lectures, son goût un peu agaçant du minutieux, son application à tout chiffrer. Nicolas imagine là une sorte de dialogue entre deux de ses contemporains qu'il connaît bien et présente comme des experts : Cosimo Rucellaï, son ami de Florence, lettré, humaniste, homme de bien, patriote, et Fabrizio Colonna, *condottiere* célèbre qui a longtemps servi les princes étrangers, Charles VIII puis le roi d'Espagne et mourut en 1520, alors qu'il était connétable du royaume de Naples. La scène se passe à Florence, en présence de quelques nobles compagnons, de jeunes gens qui brûlent de bien faire et interviennent tour à tour à la fin. L'étonnant est que, devant tous ces faire-valoir qui posent des questions, font mine de réfléchir, d'élever des objections et arguments, c'est le *condottiere,* guerrier de métier vieilli sous le harnais, qui est le porte-parole de Machiavel, résolument hostile aux mercenaires. Un homme qui revient de loin...

Sur le fond même, l'auteur esquive les difficultés et escamote sans aucune vergogne tout débat sur le grand échec des milices florentines. Rucellaï rappelle leur peu de succès, la mauvaise opinion qu'avaient d'elles tant d'hommes éclairés. Réponse : ce sont eux qui avaient tort et c'est précisément une injustice que de les prétendre éclairés; toujours l'art d'écarter abruptement la véritable discussion... Et quand, pour finir, Machiavel éprouve encore le besoin de faire une allusion – discrète et rapide – à la débandade de ses hommes à Prato, c'est pour accuser la Seigneurie et les Florentins de ne pas l'avoir compris, d'avoir mis sur pied un système très différent de celui qu'il avait proposé, de n'avoir fait « qu'une ébauche manquée au lieu d'une figure parfaite ». Il n'en dit pas davantage.

Ce discours ne surprend plus; en fait, il se renouvelle à peine et s'enrichit seulement ici et là de quelques exemples ou de considérations marginales plus ou moins bien venues. Telles ces digressions plutôt puériles sur la valeur de l'exercice militaire les jours de fête...; les hommes y apprendraient à user de leurs armes au lieu de se morfondre dans un cabaret. Image, une fois encore, d'une société idyllique formée de citoyens honnêtes, intègres, préoccupés de fortifier leur vertu.

L'originalité est ailleurs. Elle tient aux longs développements très techniques consacrés à l'art militaire
à proprement parler. On entre alors dans les détails
les plus minimes, les plus concrets, et l'on explore
toutes les possibilités. Comment recruter les soldats,
les choisir, les répartir entre les différentes compagnies afin de préserver un équilibre de qualité?
Quelle proportion de cavaliers disposer face aux
bataillons d'infanterie? Comment les armer, les
entraîner, les solder?

Si le soldat guerrier de métier est détestable, car il
ne pense qu'au profit qu'il tire de la guerre, encore
faut-il savoir, au moment du recrutement des
citoyens-soldats, juger les hommes, porter toute son
attention au choix ou plutôt à l'*élite,* « pour me servir
d'un mot plus honorable, consacré par les Anciens ».
Ne prenez, conseille Machiavel, aucun de ceux qui
s'adonnent à des métiers infâmes, oiseleurs, pêcheurs
ou cuisiniers..., mais des paysans, laboureurs. Qu'ils
soient aussi de bonne race et bien proportionnés...
Nous voilà ainsi revenus à César qui tenait beaucoup
à l'agilité du corps, ou à Pyrrhus qui ne recherchait
que des hommes de haute taille. Sur ce point,
Nicolas curieusement a son idée; il s'est fait du
soldat-citoyen, fils de la terre, généreux et vertueux,
une sorte de portrait idéal qu'il détaille complaisamment sans sourire : les yeux vifs, le cou sec et
nerveux, la poitrine large, les muscles du bras sail-
lants, de longs doigts, peu de ventre, les reins
cambrés, les jambes et les pieds solides...

Nous passons ensuite à la conduite des opérations.
Machiavel présente des analyses circonstanciées
illustrées de petits schémas clairs où est indiquée la
position des différents corps de troupes pour les
manœuvres délicates; chacune de ses planches étant

commentée par une légende qui explique le sens des évolutions et les précautions nécessaires tout en montrant l'avantage du procédé; ainsi : « Bataillon en marche lorsqu'il se forme en bataille par le flanc... cette manœuvre à faire lorsque l'on craint d'être attaqué par la queue... »; « ... Manière de former en bataille un bataillon en marche qui craint d'être attaqué par le flanc... » La grande affaire est de ne jamais se laisser surprendre. La peur de l'embuscade, d'une attaque brusquée, continue, on le voit, à l'obséder.

Ces chapitres didactiques, savants, restent de lecture assez pesante malgré le dialogue qui coupe le discours et voudrait soutenir l'attention. Certes, un tel degré de technicité et des connaissances si précises ne sont pas étonnantes. Machiavel a suffisamment fréquenté les princes, les *condottieri* et les grands capitaines pour avoir beaucoup appris; pendant six ou sept ans, il a commandé la Milice de Florence, disposé les troupes, ordonné les mouvements, campé avec les compagnies. On serait donc tenté de voir dans ces exposés savants le fruit de ses expériences. Mais cet *Art de la Guerre* s'est-il vraiment nourri de cette petite guerre autour de Pise, de la déroute de Prato?

Sûrement pas... *L'Art de la Guerre* est d'abord un traité qui reprend à son compte et même démarque plusieurs ouvrages anciens. La fidélité à l'antique l'habite constamment, à vrai dire, non sans facilité. Nicolas n'en fait pas grand mystère dès les premières pages : « Je parlerai encore des Romains : il faut toujours en revenir là »; et, un peu plus loin : « Si l'on étudie attentivement leurs institutions et leurs mœurs, on y notera beaucoup de choses dont on tirerait aisément profit pour une société qui ne serait pas tout à fait corrompue. » Le propos, les ambitions paraissent bien définis : prendre la trame chez ces auteurs de Rome, s'inspirer de la société du temps et adapter ce répertoire au goût et aux préoccupations du jour, enrichir au passage chaque démonstration d'exemples « historiques ». C'est un véritable procédé de fabrication qui avait déjà fait ses preuves et témoigne d'une parfaite assimilation des modèles.

La leçon s'impose ainsi à chaque détour du livre : il nous faut imiter les Romains en toutes choses... Ne serait-ce d'abord que pour le choix des armes. Certes, Nicolas ne néglige ni le fusil ni le canon qui doit, si possible, ouvrir le combat et précéder l'assaut, mais, dans un long chapitre, il s'attarde à disserter savamment des mérites respectifs des armes courtes et des armes longues, de l'épée ou du glaive et de la pique. Les Romains n'avaient pas de piques, note-t-il, ou ne s'en servaient guère; et ils avaient bien raison. Si vous pensez autrement, vous faites erreur; c'est que vous n'avez pas lu avec assez d'attention les récits de Tite-Live, là où il décrit les batailles. Lui, Machiavel, les a bien compris; il sait que les soldats, la pique à la main, ne peuvent serrer les rangs et, s'empêtrant les uns dans les autres, manœuvrent mal.

Suit alors un discours, aussi pesant que beaucoup d'autres, pour démontrer que la valeur des fantassins suisses ou allemands – ces soldats que toutes les nations d'Italie se sont empressées d'imiter – est finalement bien surfaite. Excellents face à la charge d'un escadron de cavalerie, on les a vu impuissants dans la mêlée, maladroits à soutenir le choc d'une infanterie bien disciplinée. Et d'appeler à la rescousse toute l'histoire de ces armées d'outre-Alpes, en particulier la victoire contre ces Suisses de Car-

magnola, général de Filippo Visconti. Une démonstration conduite, comme on pouvait s'y attendre,
pour souligner la supériorité des Romains sur ces
Suisses, des Anciens sur les Modernes.

De même pour la stratégie, pour la tactique et
aussi pour le rappel de quelques ruses qu'il présente
comme des recettes de guerriers alors que le discours
n'est plus qu'une suite d'anecdotes et, à vrai dire,
d'épisodes fort peu glorieux : tous les exemples se
réfèrent encore une fois à la Grèce ou à Rome. C'est
Alexandre (contre les Illyriens), c'est Leptème de
Syracuse (contre les Carthaginois) qui ordonnent à
leurs troupes de ravager leur propre pays et de
marcher ce faisant sous les drapeaux de l'ennemi,
afin que celui-ci, croyant rejoindre les siens victorieux et partager le butin, s'avance désarmé et se
jette dans le piège. C'est Tamiris contre Gracchus en
Espagne qui fait mal accompagner son camp, ses
victuailles et ses vins de telle sorte que les autres
viennent s'engager sans mesure et s'exposent à une
sauvage contre-attaque, et même : « Quelques-uns
ont empoisonné ces mêmes vivres afin d'être plus
assurés de la victoire... »

Le souci de citer sans cesse Rome ou d'autres
combats des temps anciens mène ici à l'histoire
gratuite, pour le simple plaisir de rappeler quelques
traits de vertus ou subterfuges de gens de guerre.
C'est de l'anecdote, de l'échantillon à l'état pur. Les
généraux d'alors, écrit-il, savaient fort bien se tirer de
mauvais pas que, fort heureusement, ceux du temps
de Nicolas n'ont pas à surmonter; il leur fallait
interpréter à leur avantage des signes sinistres. Qu'il
arrive une éclipse de soleil ou de lune, un tremble-
ment de terre, que la foudre tombe sur l'armée, les
hommes s'en effrayaient aussitôt, auraient refusé

d'aller au combat ou se seraient laissé décimer : « Les généraux devaient expliquer ces phénomènes comme des faits naturels et les faire servir à leur cause... » Et de citer à nouveau César!

En fait, le propos de *l'Art de la Guerre* est plus ambitieux, et sent l'artifice. De cette histoire de Rome, Nicolas ne retient pas seulement la conception générale du système des milices ou quantité d'exemples édifiants de hauts faits d'armes. Comme toujours, il en tire une leçon qu'il prétend administrer à ses contemporains et d'abord à ses concitoyens de Florence : rien ne peut se faire ni se poursuivre heureusement sans une forte discipline, inaltérable, librement consentie. Il faut que chacun se plie aux règlements, à l'autorité de l'État; ne pas donner aux chefs trop de pouvoir; surtout entraîner les hommes aux manœuvres, les rompre à tous les exercices.

Et c'est là, une fois de plus, qu'intervient claire-ment, sans détours et d'une façon même puérile, le discours politique. Comment exiger de chacun des sacrifices si l'on ne donne pas l'exemple, si l'on ne s'applique à faire preuve de vertu? L'homme d'État, les magistrats de la République, doivent, comme les anciens Romains, se montrer compétents, assidus et sobres, modérés dans leurs ambitions (« ... des hommes simples, grossiers, soumis aux lois... »). Si, depuis l'arrivée des armées du roi de France Charles VIII, les Italiens ont perdu tant de batailles, si leurs terres ont été ravagées par les chevauchées et les dévasta-tions, n'est-ce pas par la faute de leurs princes, de ces hommes juste capables de bien écrire de subtils discours. De ces hommes qui, environnés de débau-chés, ne pensaient qu'à surpasser les autres mortels par le luxe de leur table et de leur lit? De ces

hommes enfin qui, loin d'écouter les conseils salutai-
res, prétendaient que leurs moindres paroles fussent
regardées comme des oracles?

Quels citoyens auraient obéi à ces gens-là sans
contrainte? De cette corruption, de cette incompétence scandaleuse vinrent « les terreurs subites, les
fuites précipitées et les plus étonnantes défaites ».

CHAPITRE VI

Le temps des malheurs

Victoire des armes, la prise de Prato par les Espagnols? Celle de quelques escouades de soldats étrangers à bout de souffle et de deux canons plutôt asthmatiques... Victoire politique en fait. Depuis des années, les Médicis préparaient leur retour et songeaient à venger avec éclat leur départ ignominieux de 1494.

LE PARTI MÉDICIS

Grande famille, clan ou si l'on veut tribu, les Médicis, grâce à leurs étonnantes ramifications et alliances, régnaient sur une organisation occulte, un parti – au plein sens du mot – terriblement actif, sans cesse renforcé d'apports nouveaux. Les deux chefs, Julien, très populaire, que l'on disait généreux, « noble », fastueux, sachant pratiquer avec élégance les largesses attendues, et le cardinal Jean furent partout présents pendant leur exil sur la scène diplomatique.

Dépourvus d'armée mais capables d'en solder, ils

avaient su se concilier Français puis Espagnols.
Surtout, ils avaient attiré l'intrépide pape Jules II
dans leur camp. A Rome et dans plusieurs cités
d'Italie centrale, jusqu'à Sienne, jusque dans le
district florentin, ils accueillaient et réconfortaient
tous ceux qui avaient été bannis de Florence pour
s'être opposés à Soderini ou simplement pour des
affaires de droit commun, de rixes ou de vendettas
inexpiables, tous les mécontents qui fuyaient leur
ville pour chercher ailleurs meilleure fortune. Alors
recommençait une fois de plus, dans la droite ligne
d'une tradition plus que séculaire, l'interminable
litanie des harcèlements, des complots plus ou moins
avoués, des recherches d'appuis et d'argent.

A force de patience et d'habileté, exploitant les
erreurs de la Seigneurie, les Médicis organisent ainsi
le plus fort des partis du dehors que Florence ait
jamais connu. Bientôt leurs partisans ne se contentent
plus de les soutenir; avides de vengeances ou de
profits, pressés d'occuper dans la ville des charges
qu'ils ambitionnent, ils les poussent à l'action.

Depuis longtemps, à Florence même, ils agissaient.
Leurs partisans, les *Palleschi,* orientaient ou paraly-
saient le gouvernement du gonfalonier, semaient la
panique en annonçant d'autres complots dans le
cercle des hommes du pouvoir qui tenaient encore les
rênes en mains mais se demandaient pour combien de
temps, imaginant leur chute sous des couleurs d'apo-
lypse.

Sciemment ou non, les Médicis jouent à merveille
de cet art d'inquiéter. Très tôt, dès 1508, il font
épouser la fille de Pierre le Malchanceux, Clarisse, à
Filippo Strozzi, un des jeunes gens les mieux en
place, d'une grande renommée et héritier d'une belle
fortune. Filippo pense-t-il déjà à l'avenir, à se garan-

tir contre un retournement de situation? Ou simplement à la dot? Toujours est-il que l'affaire fit grand bruit. Piero Soderini voulut s'opposer au mariage par tous les moyens et traîner en justice le coupable, soupçonné de trahison; en un mot, le bannir. Et pour cette besogne, l'homme de confiance dont il avait besoin se trouvait à ses côtés : Nicolas Machiavel, qu'on appréciait pour avoir pu le juger en différentes occasions. Le secrétaire fut donc chargé de rédiger une accusation en bonne et due forme. On ignore s'il en eut le loisir ou s'il put se récuser et abandonner une partie si délicate. Quoi qu'il en soit, les Strozzi, trop gros morceau certainement pour le gonfalonier, loin de baisser la tête et battre leur coulpe, crièrent très haut... et passèrent outre. Le mariage eut lieu : Filippo fut condamné à une forte amende et à cinq années d'exil; il alla vivre dans le royaume de Naples où il cessa d'intriguer; et en 1512, nous retrouvons Clarisse Strozzi dans la suite des femmes heureuses d'acclamer leurs cousins, de nouveau maîtres de la ville.

Une autre alerte, aussi chaude mais plus dramatique, avait secoué la cité lorsqu'en 1510 fut mystérieusement découvert un complot visant à assassiner Soderini. On affirmait que l'un des conjurés, un nommé Princivalle della Stuffa, s'était vanté imprudemment – ou avait fini par avouer sous la question – avoir reçu de l'argent de Julien de Médicis pour recruter les tueurs. On mit le pape Jules II lui-même en cause. Vrai ou faux, Piero Soderini tenait là son prétexte, si bien que certains crièrent à la provocation pure et simple. Il fit soigneusement préparer puis proclamer en janvier 1511 un long décret qui renforçait la surveillance contre les amis des Médicis dans la ville, déclarait *ipso facto* rebelles ceux qui seraient pris à fréquenter l'un des palais de deux frères Julien et Jean, ou simplement à entrer en contact avec eux d'une façon ou d'une autre.

MACHIAVEL EN BUTTE AUX ENVIEUX

Pendant que les Médicis mûrissaient leur revanche, fourbissaient leurs armes et fortifiaient leurs positions à Florence même, que devenait Machiavel? Outre les Médicis eux-mêmes qu'il avait tant combattus pour leur personne et plus encore pour ce qu'ils représentaient, d'innombrables jaloux souhaitaient ardemment sa chute, ne serait-ce que pour prendre sa place ou se venger de quelques déboires. Au fil des ans, tandis que la lutte se durcissait entre les clientèles, ses responsabilités et partis pris avaient dressé contre lui bien des envieux. Personnage d'abord assez obscur, peu dangereux encore tant qu'il n'occupait que le secrétariat de la chancellerie, il était devenu naturellement point de mire de nombreuses intrigues lorsqu'il s'était mêlé des guerres. Ses nouvelles fonctions l'avaient inévitablement conduit à prendre des décisions souvent mal reçues, à trancher et à tenter de faire respecter un certain ordre contre les intérêts particuliers. De quoi, on s'en doute, se rendre détestable dans un climat politique plus porté à l'anarchie, en tout cas au particularisme, aux affrontements entre clientèles, qu'au respect des lois et des « vertus républicaines ».

Pendant sa carrière, puis dans ses écrits, Nicolas s'est amèrement plaint de la dégradation de ces vertus et de l'esprit civique. Les intérêts privés, selon lui, l'emportaient partout et toujours sur le public; à chaque instant, dans la ville, triomphaient les factions au service de l'ambition des grands. C'était là le grand mal, la véritable plaie; et lui, agent de l'État, d'origine relativement modeste, se faisait, au contraire, le champion d'un tout autre idéal de gouvernement, appelant de ses vœux une sérieuse réforme des mœurs. Pour les partis, Machiavel était bien l'homme à abattre.

Une affaire assez trouble et complexe, dont il ne s'est sorti que bien mal, montre cet antagonisme entre l'État et les partis où Machiavel se trouve engagé, exposé aux critiques malveillantes. Nous sommes en 1508. Commissaire à la guerre, Nicolas devait alors répondre de tous les actes de ses subordonnés, connétables et capitaines chargés de recruter les hommes dans les campagnes, de réprimer abus et désordres. Parmi ces chefs de guerre s'était fait remarquer par quelques violences ou simplement par quelques excès de zèle, Michele Corella qui, partout où il allait, suscitait de vifs mécontentements des citoyens outragés. C'était, il est vrai, un bien curieux personnage que ce guerrier de métier que nous avons déjà vu à l'action; il avait longtemps servi César Borgia et l'avait aidé à ourdir son piège contre les alliés et traîtres à Senigaglia. Fait prisonnier en 1503 lors de la défaite de Borgia et conduit à Rome à la merci du nouveau pape Jules II, il finit par se faire engager et, un peu plus tard en 1507, le 27 février exactement, nous le trouvons, pour le compte de la Seigneurie de Florence, à la tête d'une compagnie de trente arbalétriers à cheval et de trente fantassins, au titre de « capitaine de garde » dans tout le district et, plus particulièrement, dans le *contado* proche.

Est-ce Machiavel qui a signé le contrat, la *condotta,* pour une durée d'un an et renouvelable? En tout

cas, c'est vers lui que vont les récriminations de ceux
qui ne supportent plus les rigueurs de cette homme
« capable de se fâcher comme un démon ». La
Seigneurie s'inquiète et prétend agir ; dès novembre
1507, le podestat de Prato reçoit ordre de confisquer
le cheval noir de Michele et de le vendre aux
enchères afin de payer les deux ducats d'or qu'il doit
encore à un trompette : « Et tu garderas le reste pour
satisfaire les autres créanciers dudit dom Michele
[...] et tu aviseras de l'avoir bien fait. » On le connaît
bien maintenant à Florence, pour ses humeurs dangereuses, ses violences ; son nom défraie la chronique.

L'affaire atteint Nicolas qui s'informe enfin. Cela
nous vaut en réponse une longue lettre de Michele
qui se défend ; reprenant tous les griefs lancés – à tort
naturellement – contre lui, il les réfute d'une plume
aussi vive que son humeur, sans aucun embarras pour
la verdeur de ses propos. Ce ne sont, à vrai dire, que
sombres histoires enchevêtrées, dont il est difficile de
dérouler les fils, mais qui montrent bien le climat de
violences, d'insécurité, entretenu par les querelles
entre personnes et entre partis jusque dans les petits
bourgs. Michele Corella se trouve alors dans une
petite bourgade aux limites du *contado*, à Fiorenzuo-
la, où il doit à la fois veiller sur la citadelle, tenir les
hommes en paix, les protéger contre les attaques des
bannis, les *fuorisciti*, intervenir lors des rixes, punir
les agresseurs et tenter d'interdire les vengeances
privées. Un de ses sergents est allé aider un paysan à
vendanger une vigne que les rebelles menacent d'attaquer ; ils sont sortis le soir, à la fermeture des
portes, si bien que Michele a d'abord cru son homme
déserteur : « Chaque jour un de ces drôles me joue un
tour ! Encore un arbalétrier qui a décampé ! Par la

Mort-Dieu, si j'en tiens un entre mes pattes, je lui
passe cette épée-là à travers le corps; cela servira
d'exemple aux autres... » Mais l'homme revient :
« Chacun sait quel châtiment je lui ai fait donner
pour cela comme pour toutes ses autres friponne-
ries. » De fait, la vigne appartenait à un autre...
lequel réclame justice! Que l'on pince donc le ven-
dangeur qui va chaque jour à Florence... les autres
voleurs se tiendront tranquilles; lui, Corella, n'a rien
à voir dans cette affaire de raisins!

On l'accuse aussi de complaisance; ne pactise-t-il
pas avec des gens du pays qui pourraient avoir de
l'influence, en particulier les amis d'un capitaine que
l'on appelle l'archiprêtre, engagé dans la Romagne et
que l'on pourrait faire venir près de Florence? C'est
faux : « Qui a conté cela à Votre Seigneurie en a
menti faussement par la gorge! » Au contraire, il n'a
cessé de mettre en garde contre cet archiprêtre et a
même envoyé une liste complète de ses fidèles :
« Vous voyez combien j'en suis partisan, vous qui
osez dire que je marche avec sa bande! » Que l'on
considère la vérité : depuis qu'il est arrivé dans ce
bourg perdu, il n'a fréquenté qu'un vieillard « qui
donnerait la moitié de ce qu'il a pour qu'on le laisse
tranquille »; on peut vérifier : cette homme se nomme
Giorgio della Golfaia et, « c'est lui qui m'a prêté le lit
où je dors ».

Autre menterie enfin : certains qui prétendent
souiller son honneur et lui veulent du mal affirment
qu'il a pris langue avec un rebelle, Matteo Facenda.
Ce n'est que pure calomnie : l'homme et les siens, qui
lui ont pourtant rompu les oreilles pour obtenir un
sauf-conduit, n'ont jamais mis les pieds dans le
district de Florence, ils ne sont allés que jusqu'à
Vagnio, hors des limites.

Au-delà de la simple anecdote, ces plaintes et ces protestations d'innocence méritent attention. Michele voit très nettement la politique que lui impose Nicolas Machiavel; il sait ses devoirs et dit se souvenir parfaitement de ses instructions (« je les ai dans la tête et dans le cœur ») : ne pas fréquenter un chef de parti, ne pas avoir de commerce amical avec un rebelle. S'il s'est trouvé amené à parler et à délivrer les garanties à deux ou trois bannis, c'était seulement parce qu'ils avaient promis qu'il pourraient en dénoncer d'autres.

Mais, et nous sommes encore avec Michele, ces chefs des factions dont l'officier intègre doit tant se garder ne désarment pas. Témoin cette détestable aventure : une pauvre femme est venue se plaindre à lui qu'un ribaud d'étranger vient de lui ravir de force sa fille. Michele le poursuit aussitôt et le découvre dans la maison des Bello, une des grandes familles du bourg. Achille de'Bello en interdit l'accès « la moitié d'une grosse lance à la main », refuse de se rendre au palais, se fait protéger par son frère et par quarante hommes en armes. Corella réunit sa compagnie et finit par mettre la main sur le ribaud, puis le conduit devant le capitaine de la forteresse voisine; celui-ci le voyant si bouleversé, hors de lui — « à ce moment-là, ma chemise me collait au cul plus que les chausses... » —, le supplie de faire la paix et de ne rien ébruiter... mais les autres ont parlé, jusqu'à Florence.

« Devais-je faire autre chose? ai-je péché contre le Saint-Esprit? » s'inquiète le rude capitaine, étourdi de tout ce qui lui tombe sur la tête. L'affaire, relativement grave, clamée assez haut pour que Nicolas lui-même ait dû s'en inquiéter tout exprès, illustre clairement la forte position des chefs de familles et de factions dans le moindre village : toutes gens capables de protéger leurs amis et clients, de lever dans l'instant des hommes armés en nombre, naturellement violemment hostiles à toute politique d'ordre. Ce sont des hommes dressés contre l'autorité de l'État, défiant les officiers de justice et tenant toujours leurs maisons comme des lieux d'asile, des forteresses privées. En ce sens, la longue lettre de Michele Corella montre bien la position difficile de Nicolas Machiavel, si attaché pendant toutes ses années de service à faire respecter l'autorité de la Seigneurie... et donc la sienne. Il sait bien quels obstacles représentent ces partis et, par la suite, les dénonce dans ses écrits historiques et politiques. Ce sont eux les responsables des troubles : par l'ambition démesurée de leurs chefs, par la médiocrité des petits clients profiteurs, avides, envieux des hommes de vrai mérite, assoiffés de vengeance. Ainsi meurent les vertus qui font la force d'une République et lui assurent la paix.

Lui-même devait nécessairement tomber sous leurs coups car ces gens-là, préoccupés seulement de leurs petits intérêts, incapables même de concevoir le bien public, l'ont détesté au cours des ans. Ils attendaient leur heure et ne l'ont pas épargné; c'était là tout leur talent.

A vrai dire, le conflit est engagé depuis longtemps. A l'époque de Soderini déjà, Nicolas, sur le conseil de ses amis, ne cesse de se garder, de réfuter les désagréables propos tenus sur son compte, de désamorcer de grandes campagnes de calomnies. Les menaces se précisent, les mauvais bruits ne sont plus seulement le fait de petits commis en mal de sensations ou d'emploi mais de personnages bien placés,

capables d'agir... Tout le parti des Médicis l'assaille.
En 1506, Biago Buonaccorsa, le fidèle ami, l'avertit
de ce qui se trame contre lui : à table, Alamanno
Salviati, parlant avec plusieurs jeunes gens et avec
Ridolfi, s'est vanté, depuis qu'il est au Conseil des
Dix, de n'avoir « donné aucune mission à ce ribaud-
là ». (Il s'agit de Nicolas!) Il lui faut se défendre et
prendre la peine de tenir chacun au courant de ses
démarches : « Mais vous n'êtes qu'une paillasse et
c'est à coups de bâton qu'il faudrait vous faire
marcher! »

Trois ans plus tard, en 1509, survient une nouvelle
mise en demeure bien plus grave. C'est en fait une
véritable alerte, car il n'est plus seulement question
de fanfaronnades ou de médisances mais d'entreprises concertées pour le discréditer, l'écarter des affaires, le réduire à néant : « L'affaire dont je veux vous
entretenir aujourd'hui est d'une telle gravité qu'elle
ne saurait l'être davantage. » Surtout que Nicolas
fasse ce qu'on lui dit et, selon son habitude, qu'il ne
traite pas tout cela par-dessus la jambe en se gaus-
sant des autres qui, eux, ne l'oublient pas! Un
inconnu « soigneusement encapuchonné » est venu
présenter devant les Dix une dénonciation en bonne
et due forme, affirmant que, né de père illégitime,
Nicolas ne pouvait en droit exercer la charge qu'il
détenait, ni aucune autre d'ailleurs. Un nombre
considérable de personnes mal intentionnées se sont
emparées avec délices de la nouvelle et ont commencé à parler, à « clabauder ». Et Biagio, une fois
de plus, a dû se mettre en quatre pour prendre la
défense de son ami, faire taire un peu ces gens-là,
torturer la loi pour en donner des interprétations plus
favorables. Toute la lettre dit ce climat d'intrigues,
les manœuvres, les sinistres façons de ruiner la

réputation d'un homme en vue, cible de sarcasmes, à abattre. L'histoire se colporte partout (« jusque dans les bordels... »), les ennemis se font si nombreux et tellement acharnés qu'ils ne laissent passer aucune occasion. Alors, que Machiavel ne s'endorme pas, qu'il ne se laisse pas bercer de bonnes paroles et d'espoirs : « Ne croyez pas que l'on noircisse la chose à plaisir! elle l'est bien assez déjà et elle nous touche tout autant que vous-même. » Et Biagio de conseiller la prudence et la modération : qu'il ne fasse rien de dramatique, qu'il reste où il se trouve (à Mantoue). L'affaire se calme peu à peu et l'on finira sans doute par l'oublier.

Nicolas prend bien sûr le contre-pied et fait front violemment. Ouvertement, il brave les médisants, les met au défi et en fin de compte les fait rentrer sous terre. Cette fois encore il l'a emporté et, de fait, il garde toutes ses prérogatives.

LE TRIOMPHE DES MÉDICIS

La déroute des milices florentines de Soderini et de Machiavel, la prise de Prato par les Espagnols, l'entrée triomphale dans cette ville du cardinal Jean de Médicis, en maître et protecteur, mettant un terme par sa seule autorité aux violences et pillages, autant d'événements qui scellaient la victoire d'un parti et précipitaient à Florence la chute des hommes en place. Cette défaite de Prato mit évidemment le feu aux poudres et sema parmi le personnel politique un véritable vent de panique, laissant tous les officiers, magistrats, membres des conseils, face à de

graves alternatives. Pouvaient-ils espérer servir encore, se faire pardonner leurs engagements?

Soderini, lui, ne tergiverse pas longtemps. Dès
qu'il perd tout espoir de pouvoir rester – certains de
ses amis s'y employèrent très bien –, il s'enfuit à
Sienne, abandonnant tout sur place; aussitôt on le
poursuit, on le croit à Piombino... et on le retrouve à
Raguse! Cependant ses partisans, ou plutôt ceux du
régime collégial, « communal », toujours hostiles au
retour en force des Médicis, ceux que l'on appelait
les *optimates,* tentent l'impossible pour les écarter
encore du pouvoir. Ils ne proposent qu'une simple
réforme de style : le gonfalonier ne sera plus désigner
à vie mais seulement pour un an; ce sera Giambat-
tista Ridolfi. Cet homme, à qui jusqu'alors personne
ne pouvait rien reprocher, se fait fort de remettre de
l'ordre dans les affaires de l'État. Quand aux Médicis, bien sûr, ils pourront rentrer librement dans la
cité, reprendre possession de leurs biens sans avantages particuliers. Mais les *Palleschi* sont bien trop
nombreux et impatients à Florence pour se laisser
berner et la manœuvre de diversion ne fera pas long
feu.

A Prato, dans les premiers jours qui suivirent la
prise de la ville, Julien et le vice-roi de Naples,
commandant des troupes espagnoles, avaient d'abord
accepté un compromis proposé par des orateurs
florentins du gonfalonier : le mariage de Julien avec
une nièce de ce dernier et une solennelle réconciliation. Mais arrivèrent d'autres députés, dont Jacopo
Salviati, archevêque de Florence, qui annoncèrent la
chute de Soderini.

Les Médicis voient alors la route s'ouvrir devant
eux. A la suite de Julien, le héros du jour, les exilés,
les nobles chassés de chez eux, rentrent, heureux,

acclamés dans leur ville : « Nous trouvâmes telle presse de gens, nous entendîmes tant crier " Palla ! Palla ! " ; nous eûmes pour nous tant de poignées de main, de baisers, d'embrassades que nous crûmes pour le vrai en être étouffés par la presse et maintes fois fûmes tirés hors de nos chevaux. Le plus beau était que nous étions tout reconnus, appelés par nos noms, alors que nous ne pouvions reconnaître personne ou presque personne, hormis ceux que nous avions reçus hors de Florence. » Il leur est d'abord impossible d'atteindre le palais de Julien qui est littéralement assiégé par une foule compacte, vociférant, acclamant encore : grandes liesses des retours, des triomphes longtemps attendus dans le dur exil. Le palais en fête accueille enfin tous les nobles et Julien – il se fait alors la barbe – a un mot charmant pour chacun.

Ridolfi ne pouvait tenir. Le 16 décembre 1512, Julien, selon un projet arrêté depuis longtemps, faisant mine de céder aux objurgations de ses partisans évidemment de plus en plus nombreux, occupe sans mal le palais de la Seigneurie, en chasse les occupants ; reprenant la vieille tradition des tyrans, il se fait acclamer par une assemblée « populaire », une *Balia* convoquée et réunie à la hâte sur la place.

Voici les Médicis à nouveau maîtres absolus de la cité et de tous les organes du gouvernement. Bien entendu, Ridolfi abandonne aussitôt sa charge de gonfalonier. Les Neuf de la Milice et la Milice elle-même sont supprimés. Les autres conseils et magistratures se trouvent étroitement contrôlés selon un procédé qui avait déjà fait ses preuves au temps de Laurent le Magnifique ; grâce au jeu parfaitement maîtrisé des présentations, des élections, des tirages au sort plus ou moins truqués, on reprend les manœuvres, ordinaires dans cette République florentine, qui permettent sans trop de difficultés l'accaparement des offices au profit d'une seule faction.

Face à ce coup du sort, en août, Nicolas Machiavel semble s'en tenir dans un premier temps à une attitude de refus intransigeante. La déroute de ses milices puis l'abdication et la fuite du gonfalonier, son protecteur et garant, le prennent au dépourvu. Comme Soderini ne l'a pas consulté, Nicolas l'accuse aussitôt de lâcheté, de faiblesse coupable; accusation qu'il reprendra quelques mois plus tard dans une épigramme vengeresse où il crie son indignation, son mépris :

> La nuit où mourut Piero Soderini,
> Son âme s'en fut à la porte de l'Enfer.
> « En enfer, lui cria Pluton, le crois-tu,
> pauvre homme?
> Va plutôt aux limbes avec les garnements! »

Dures paroles contre l'âme vile, l'âme sotte *(anima sciocca)*, d'un homme incapable du moindre sursaut d'héroïsme. Soderini, qui s'était montré trop benoît, tout au long de son ministère, n'avait rien d'un Brutus; effrayé, montré du doigt par la foule méprisante des ennemis à la curée, il n'avait su que s'enfuir.

Nicolas, de son côté, pense qu'il fallait organiser et prêcher la résistance, tout mettre en œuvre pour barrer la route aux Médicis, les empêcher de reprendre le pouvoir, de réinstaller en maîtres ce régime « princier » contre lequel, la plume à la main, il avait tant lutté; dont il n'avait cessé de dénoncer les turpitudes et abus, plus encore le vice fondamental.

Ce fut, on le sait, peine perdue : l'idée même d'une résistance ou d'un compromis ne pouvait faire illusion que quelques jours; la foule qui envahit la rue emporta tout espoir.

Nicolas en prend son parti et effectue ce que, malveillant, l'on appellerait volontiers un assez joli virage. Qui voudrait ici renouer avec la tradition du « portrait » moral et, biographe sourcilleux, s'ériger en juge, trouverait certainement beaucoup à dire. Les admirateurs de l'auteur du *Prince,* champion du régime républicain à l'antique, taisent généralement cet épisode ou ne lui consacrent que quelques mots. Mais, à dire vrai, il n'y a là rien d'étonnant ni de tellement scandaleux : homme politique d'abord, il tient à une charge qui est toute sa vie, lui vaut considération et relations, peut lui donner encore l'occasion de se placer sur le devant de la scène, de conduire ce qu'il pense être de grands travaux. On peut certes l'accuser de flagornerie, d'abandonner toute dignité. On peut au contraire penser, et c'est évidemment l'excuse que l'on attend, qu'il s'emploie à réconcilier les factions et à conduire les Médicis dans les voies les moins mauvaises.

De ces jours difficiles qui marquent le changement de maîtres pour les hommes en place, il nous reste trois lettres de Machiavel; nous l'y voyons tenter à tout prix de sauvegarder quelque bribe d'influence. Dès septembre 1512, il adresse à Julien une missive de caractère officiel, dans le style de l'administrateur soucieux de bien accomplir sa tâche et, au milieu de la tourmente, de garder le bon cap et mettre les choses au net. Il propose de faire un recensement exact des biens que réclament les Médicis, biens confisqués, spoliés, occupés par d'autres. Il s'agissait là d'une affaire, nous l'imaginons aisément, fort délicate : à chacun de leur retour en force, les bannis, à Florence comme en beaucoup d'autres villes d'Italie, se montraient particulièrement exigeants et demandaient de formidables indemnités, exigeaient réparation, tempêtaient pour obtenir davantage. En certaines occasions, il avait même fallu mettre en place des magistratures spéciales et ouvrir un registre pour recenser, décrire et estimer ces biens. En 1267 par exemple, lors de la reprise de la ville par les Guelfes chassés depuis six ans, le *Liber estimationum* mentionnait près de 700 possessions détruites dans la ville même : palais et dépendances, tours, châteaux, entrepôts et ateliers.

Cette fois, en 1512, cinq commissaires sont désignés pour régler l'affaire; mais Nicolas, semble-t-il, écrit en son propre nom. Cette lettre, on en reste un peu surpris, ne se teinte aucunement d'un ton de soumission complaisante; c'est au contraire une vive exhortation : soyez raisonnable, dit-il à Julien, ne demandez pas l'impossible! Loin de tout admettre et de tout livrer, Machiavel lui demande de ne pas pousser trop loin ses prétentions; reprendre tous les biens serait causer de graves torts aux nouveaux propriétaires qui, le plus souvent, les ont achetés de bonne foi. Ils n'accepteraient pas d'en être privés : « Les hommes sont ainsi faits qu'ils pleurent plus fort et plus longtemps un bien perdu qu'un frère ou un père tué, car on peut parfois oublier les morts, mais les biens jamais. » Et comme toujours dès qu'il se mêle d'administrer une leçon, Nicolas cite un exemple édifiant : à la mort de Côme de Médicis, son fils Pierre fit confiance à deux familiers, Diotisalvi Neroni et Luccà Pitti, qui ne songeaient qu'à le perdre et lui conseillèrent d'exiger le paiement de toutes ses créances, ce qui lui valut « un discrédit

universel » dans la cité et faillit provoquer sa chute.
Que Julien se garde d'en faire autant et accepte cette
transaction que lui, Machiavel, lui présente : les
terres et les maisons restant à ceux qui les tiennent en
ce moment et la Commune de Florence s'engageant à
lui verser une rente de 4 000 à 5 000 ducats par an en
dédommagement et en souvenir du profit qu'elle en a
naguère retiré.

Cette démarche audacieuse, en un temps pourtant
difficile, ne s'embarrasse d'aucune précaution ni
pudeur superflues. On y voit comment peut s'exercer
le talent politique d'un homme gravement compromis, qui déploie toutes ses ressources et ses arguments, parle avant tout de bien public et, dans le
même temps, s'affirme comme un intermédiaire
indispensable. Nicolas insiste assez lourdement : les
nouveaux maîtres ont intérêt à préserver la paix
sociale; estiment-ils leur pouvoir assez bien assis pour
tout se permettre et tout braver? « Je vous dis et redis
que vous avez besoin de gagner pour votre Maison
des amis et non des ennemis. » Lui, Nicolas, peut
agir; il est en mesure d'obtenir la décision souhaitée,
le versement d'une forte rente annuelle de la *Balia*.
Évoquer l'Assemblée du peuple qui vient de porter
les Médicis au gouvernement, en laissant croire qu'il
pourrait y paraître et emporter la décision, n'est-ce
pas, sous couvert d'une menace voilée, faire entendre
qu'il joue encore un rôle et tient en main l'un des
ressorts de ce jeu si complexe, si hasardeux?

Une deuxième lettre est adressée à une dame de la
famille des Médicis que l'on identifie souvent comme
l'épouse de Pierre le Malchanceux, le fils de Laurent : Alfonsina Orsini. Ce très long et très circonstancié discours d'un style noble est en apparence le
récit des événements survenus depuis la diète de

Mantoue. Avec une volonté de neutralité et d'exactitude, Nicolas rappelle les démarches de Soderini, le siège et la prise de Prato, les indécisions de Florence, les tractations, le rôle décisif du vice-roi de Naples. Le parlement populaire, écrit-il, n'a pas délibéré en toute liberté; ce sont les soldats de la suite du cardinal Jean, fort nombreux, qui, après s'être emparés du palais de la Seigneurie, ont fait partout crier sur ordre *Palla* et exigé, au milieu d'un grand tumulte ponctué de cris de guerre, cette convocation extraordinaire de la *Balia.* De cet assentiment populaire extorqué, Machiavel tire ses arguments en présentant des faits une image et une leçon qu'il s'efforce de faire admettre. Si le calme règne certainement dans la ville (« le miel après le vinaigre »), c'est parce que le peuple espère vivre sous les nouveaux princes aussi « honorablement » que du temps de Laurent le Magnifique, « leur père de glorieuse mémoire ».

La troisième lettre (en septembre 1512) reprend les mêmes arguments mais cette fois ouvertement. Dans cette lettre publique, destinée à tous les partisans des Médicis, aux *Palleschi,* là encore sans aucun complexe et sans faire mine de reconnaître sa position plutôt précaire, il se permet d'administrer une solennelle et quelque peu arrogante mise en garde, une leçon de morale. En sage averti par l'expérience, il s'érige en juge des jeux politiques, donne des conseils, se place au-dessus des factions. Le but reste le même : pacifier, calmer les esprits et, en fin de compte, amener les Médicis vainqueurs à ne pas trop profiter de leur victoire. N'allez pas penser, leur dit-il, que tout est arrivé, que vous allez pouvoir vous permettre n'importe quoi. L'intérêt de la chose publique, la quiétude de notre chère cité vous l'interdisent; votre propre intérêt aussi. Et, en effet, à nouveau la menace pointe : le peuple conduit à vous acclamer contre son véritable mouvement pourrait bien se retourner contre vous. Qu'ils se méfient surtout des faux alliés, opportunistes, pêcheurs en eau trouble capables de se rallier à tout pouvoir, de ceux « qui vont jouant de la croupe comme putains entre le peuple et les Médicis ». Ces gens-là ont combattu Soderini et voudraient le faire passer pour félon afin de justifier leur défection. Machiavel en arrive finalement à une défense du gonfalonier ou, du moins, du système de gouvernement qu'il représentait. Ce régime n'était pas pire que d'autres et c'est à tort qu'on l'accable : « Toutes les fautes que l'on peut reprocher à Piero, notre République en sera toujours ou coupable ou suspectée. » Ceux qui l'attaquent ne sont que de mauvais citoyens qui cherchent à se faire honneur et à gagner la faveur des foules; ils ne pensent qu'à leur fortune et certainement pas à celle des Médicis.

En somme, un discours habile qui tend à amener les nouveaux maîtres à se désolidariser de ceux qui, dans Florence, attaquant le gonfalonier en place, ont servi leur cause, préparé le terrain. Une démarche qui, bien sûr, avait quelque chance de réussir : ne vaut-il pas mieux se fier en l'homme honnête, loyal, fidèle serviteur du gouvernement, dévoué à la République, plutôt qu'en ceux qui n'ont su que trahir, intriguer, semer les discordes, ruiner cette République, ruiner sa renommée? Que les partisans des Médicis, ces *Palleschi,* si assurés de leur fait, ne l'oublient pas... Ce sont eux maintenant les arbitres... Doivent-ils à tout prix récompenser de leurs services, même indiscutables, ces hommes dangereux, peu sûrs? Ou bien, le coup réussi, les dédaigner, les rejeter à l'écart des affaires ? Un conseil de cynisme qui rejoint parfaitement la ligne de pensée de Nicolas Machiavel et, de plus, sert ses intérêts.

C'est dans l'adversité que l'on peut juger des ressources de l'homme. Or Nicolas, qui risque de tout perdre, joue ici à merveille. Maître de son discours, il sait convaincre, se rendre utile, se justifier sans s'humilier. Ces trois lettres n'indiquent en aucune façon un ralliement précipité ou un quelconque reniement. Tout au contraire : ce sont de solides plaidoyers pour maintenir ferme le service de la chose publique ; il s'offre à le faire, comme par le passé. Son consentement ne va pas plus loin.

La disgrâce

Machiavel s'est dépensé en pure perte... Les foudres d'une épuration politique entretenue par les passions partisanes, par le désir effréné de venger les affronts et les refus endurés pendant plus de dix ans, frappent à toutes les portes des familles qui s'étaient compromises avec le gonfalonier, ou qui simplement avaient occupé une charge publique convoitée. Voici venu le moment des règlements de compte, des carrières brisées d'un coup, des avancements : spectacles ordinaires qui ne pouvaient et n'ont jamais surpris personne en Italie ni ailleurs. Nicolas, malgré son habileté et sa compétence, n'y échappe pas. Comment l'aurait-il pu, lui qui, bien qu'il n'ait jamais été au faîte des honneurs, bien qu'il n'ait jamais pris place parmi les grands profiteurs du régime, ne lui devait pas moins sa charge depuis 1498, et n'avait cessé de le soutenir ? Lui qui, les derniers temps, s'était employé à mettre sur pied ces milices communales, noyau d'une résistance armée contre les Espagnols et les Médicis?

Le 7 (ou le 9?) novembre 1512, un décret de la Seigneurie le casse de toutes ses fonctions. Les Neuf étant déjà supprimés, on lui enlève l'emploi de secrétaire de la chancellerie et du Conseil des Dix. Son adjoint et ami Biagio Buonaccorsa est également frappé de la même façon. Nicolas se retrouve donc sans gages et sans moyen de se défendre. Le 10 novembre, il lui faut déposer une forte caution de 1 000 florins d'or et se préparer à rendre ses comptes; il ne pourra quitter le territoire florentin avant qu'ils soient examinés et jugés conformes. Il court chez tous ses amis rassembler les pièces d'or et y parvient. Il court aussi solliciter des signatures, des quittances, établir des relevés, des bilans et faire face à cette accusation pernicieuse de prévarication, qui ne visait qu'à le perdre. Quel travail que de remettre les comptes en ordre pour un homme qui a eu la charge de solder les paysans de la milice, acheter des armes et des vivres, payer coursiers et messagers!

De plus, le 17 novembre, ses ennemis, agacés sans doute par toutes ses démarches, agacés aussi de le voir encore parler à quelques amis, lui font interdire pendant un an l'accès au palais de la Seigneurie. Mesure accablante qui l'éloignait davantage encore et, comble d'hypocrisie, lui rendait plus difficile la mise au net de ces fameux bilans que, dans le même temps, on ne cessait de lui réclamer pour semer un peu plus avant les soupçons. Tout est bien orchestré; l'art de perdre atteint une sorte de perfection.

Deux événements viennent malencontreusement aggraver sa position. D'abord il reçoit une lettre de Piero Soderini, qui s'est réfugié à Raguse pour se

mettre à l'abri des actions vengeresses de Jules II. Or
cette lettre expédiée sous un autre nom (« en perro-
quet ») n'est certainement pas passée inaperçue.
Nicolas y répond. A vrai dire, il n'y a rien de
compromettant dans ses bonnes paroles, ses
réflexions sages, désabusées, sur le destin des hommes, sur la route de la Fortune, l'inconstance du
monde, la nécessité de ne considérer que la fin et non
les moyens. Il semble que les deux anciens complices,
ensemble peut-être, se bercent encore d'un certain
espoir de voir la situation se retourner d'un coup : le
pape n'est-il pas mécontent de voir sa victoire confisquée par le cardinal Jean et par son frère? Ces
Médicis n'avaient-ils pas promis de s'en tenir simplement à renverser Soderini! N'ont-ils pas été beaucoup trop loin? Tout ceci peut indisposer et l'on se
prend à envisager un avenir moins sombre. Sans
parler du ton amical, familier, qui montre clairement
l'intimité préservée entre l'homme en fuite, le félon,
et le suspect de Florence.

Seconde affaire, celle-ci dramatique : il s'agit cette
fois d'une conjuration vraie, ou supposée, « découverte » par hasard. A la mi-janvier 1513, on présente
aux prieurs une feuille de papier égarée, dit-on, par
l'un des membres d'un complot, où figurent une
vingtaine de noms. On arrête les deux têtes, Agostino
Capponi et Pietro Pagolo Boscoli, « jeunes gens certes
de bonnes maisons mais sans réputation ni clientèle ni
biens », qui avaient ourdi le projet de chasser les
Médicis, sollicité d'autres nobles supposés mécontents des nouveaux maîtres, pris auprès d'eux différents conseils sur la manière de conduire les révolutions et, finalement, décidé de tuer ou le cardinal ou
Julien. Le complot paraît en fait bien léger, bien
inconsistant... C'était plutôt une sorte d'exercice

politique, une « hypothèse de travail » sans réel désir de passer à l'action. Les vingt noms couchés sur le papier ne représentaient que des comploteurs éventuels, des hommes que, pour la plupart, l'on n'avait même pas encore approchés. On verrait là plus volontiers une véritable provocation montée de toutes pièces qui compléterait admirablement le processus de mise en place du nouveau parti et couronnerait le sordide travail d'épuration. Rien que de bien ordinaire là encore...

Toujours est-il que le cardinal Jean de Médicis sévit très fort; Capponi et Boscoli sont torturés, puis décapités; deux autres chefs du complot, Niccolò Valori et Giovanni Folchi, d'abord enfermés pour deux ans dans une forteresse près de Volterra, seront ensuite condamnés à un bannissement perpétuel hors du district, en certains lieux fixés par la Seigneurie. D'autres pseudo-complices, de bonnes familles de Florence, sont eux aussi réduits à l'exil. Le verdict avait été rendu après discussion et vote unanime « d'un grand nombre de citoyens les plus qualifiés », façon élégante de désigner une magistrature d'exception, mise en place on ne sait de quelle façon.

Les juges affirment que le nom de Nicolas Machiavel figurait en bonne place sur la fameuse liste des comploteurs, mais cette liste semble avoir connu différents aménagements ou prolongements selon les nécessités de l'accusation. Lui, si circonspect, qui cherchait encore à se ménager une sortie, a-t-il vraiment trempé dans une affaire aussi peu sûre, inévitablement vouée à l'échec? On ne peut qu'en douter... Mais on connaissait bien alors ses sympathies et l'on savait que des liens anciens, étroits, le portaient vers plusieurs des condamnés, ou leurs parents. Ainsi surtout pour les Capponi. Tommaso Capponi, comme Machiavel, avait été « député » de la République et Niccolò Capponi commissaire devant Pise en même temps que lui; si quelques petits différends avaient pu les opposer l'un à l'autre, ils avaient tous deux, animés de la même volonté, inspirés par la même politique, œuvré à installer et renforcer le blocus de la ville. Un autre Capponi, Francesco, était un ami personnel de Nicolas et appréciait sa compagnie. Nous savons aussi tout ce qu'il devait à Valori qui ne lui avait jamais ménagé son estime, l'avait constamment recommandé auprès de la Seigneurie, voulant faire de lui un véritable ambassadeur à la cour de France. C'est lui, Valori, qui, en 1512, avait tenté de réconcilier Soderini avec les Médicis et, en fin de compte, avait aidé le gonfalonier à fuir. L'amitié de Giovanni Folchi remontait, elle, aux tout premiers temps de la carrière de Machiavel, aux années 1500 pour le moins.

Ces condamnés ne furent évidemment pas désignés au hasard; ils formaient un groupe d'hommes qui se connaissaient de longue date; ils représentaient dans Florence un certain courant d'opinion ou, du moins, un réseau de relations, un faisceau de clientèles; ils accordaient leur protection à nombre de fidèles et, le fait paraît assuré, à Nicolas Machiavel lui-même.

Le 20 février, on le jette en prison; le voici mis au cachot, les fers aux pieds et aux bras, questionné, c'est-à-dire torturé, frappé et humilié, plongé au plus secret du désespoir. Il n'est pas tout à fait seul cependant, ni condamné d'avance... On ne lui fait pas de procès et il semble que l'instruction l'innocente ou le considère comme un comparse sans importance. Il apprend dans sa geôle l'exécution de Boscoli et de Capponi, les condamnations de plusieurs autres et

comprend ainsi que le glaive se détourne de lui. Reste
à sortir de là...

A Florence, quelques protecteurs de haut rang et
non suspects d'anciennes complaisances interviennent peu ou prou en sa faveur; peu sans doute,
craignant pour eux-mêmes d'en faire trop : les Strozzi, Ridolfi, Vettori surtout. Son jeune frère Totto,
l'ecclésiastique, envoie tout exprès un courrier à
Rome – dépense très lourde pour ses finances –, afin
d'avertir Francesco Vettori, l'ambassadeur de la
République, et lui demander d'intervenir auprès du
pape. Nicolas et Vettori avaient souvent travaillé
côte à côte... Il fallait, en tout cas, essayer.

On conseille aussi à Nicolas de s'adresser directement à Julien de Médicis pour se faire mieux voir,
plaider sa cause. Il lui écrit par deux fois au moins
(les papiers du temps ne nous sont pas tous restés) et
par deux fois en vers, jouant ainsi une carte nouvelle.
Il ne s'agissait plus cette fois d'une leçon donnée de
haut, d'une exhortation à la sagesse politique mais
d'une vraie supplique, écrite sur un ton précieux, un
peu larmoyant. Non plus conseiller mais pauvre
quémandeur; il lui fallait maintenant apitoyer le
maître, plus encore lui plaire, l'intéresser par la belle
tournure des vers, par quelque trait d'esprit. Exercices de style raffinés, ces deux poèmes veulent accréditer l'image d'un homme de lettres, d'un artiste en
somme, susceptible de prendre place parmi les beaux
esprits de la cour.

Le premier poème, un sonnet, dit les malheurs du
prisonnier, ses souffrances, pire ses tourments : les
fers et les poux (« gros et gras comme papillons... »)
mais surtout le vacarme, le râclement des chaînes,
des verrous et des serrures, la prière pour les deux
amis conduits au supplice au moment où allait

poindre l'aurore. Et pourtant, dans les trois derniers vers, quelle chute déconcertante : qu'ils aillent, ces deux-là, vers leur cruel destin avec la grâce de Dieu pourvu que la clémence du maître s'émeuve en ma faveur! Appel attendu mais aussi façon bien brutale et peu élégante de se démarquer complètement des coupables. Suit encore, après ce reniement déjà indélicat, une flagornerie de la plus belle manière : si toi, Julien, tu me gracies, ta renommée l'emportera sur celle de ton père et de ton aïeul qui ont si bien illustré ta race.

Peu après vient sous la plume du prisonnier un autre exercice littéraire. Se refusant à parler à nouveau de pardon, il s'en tient à un jeu, une vraie fiction et à quelques pointes d'esprit. Il a mandé les muses d'aller, leur cithare à la main, prier le maître pour lui. Mais l'une d'elles le visite d'abord et refuse de le connaître en si piteux état, pieds et mains liés; elle le prend pour un autre qui se nommerait Dazzo (ou Dazzi) et le repousse. Que Julien, lui qui sait, veuille bien se donner la peine de la détromper.

Il est possible que cette petite pièce, par l'allusion aux muses et à leurs chants, ait pu plaire à un prince qui se piquait de belles-lettres. C'était, par ailleurs, une offre de services à peine déguisée. Ce Dazzo, que l'on connaît mal, était, pense-t-on généralement, bouffon ou poète de cour, l'un et l'autre peut-être, en tout cas familier des Médicis. La muse l'exécute sans pitié (« ... ta comédie aux oripeaux d'emprunt...! »). Machiavel, érudit, bon écrivain, si l'on voulait de lui, serait d'une tout autre veine.

Voici donc sa nouvelle voie : rentrer en grâce puis servir, non plus dans le jeu politique à part entière, mais au service personnel du prince, comme écrivain de cour, poète et sage, plus tard historiographe.

La liberté vint d'une façon inattendue. Le 21 février 1513 meurt Jules II et sa succession suscite une compétition très dure entre les cardinaux gallicans, les Espagnols et les Italiens. Finalement, après six jours à peine de conclave, Jean de Médicis l'emporte sans trop de difficultés et devient pape sous le nom de Léon X le 11 mars. On imagine comme la nouvelle fut accueillie à Florence, chez les Médicis eux-mêmes, chez leurs protégés et dans les rues. La cité y gagnait un prestige considérable et les hommes d'affaires l'espoir de grands profits, en particulier l'assurance que la ferme des mines d'alun de Tolfa, dans la Maremme pontificale, et de tout ce grand commerce international, leur serait une fois de plus confiée.

Pour la famille princière, c'est une éclatante consécration et la certitude de rester au pouvoir dans la ville, de refaire ses finances malmenées les derniers temps, de se préparer sur le plan européen un superbe crédit et de magnifiques alliances. Florence pavoise; la famille entière applaudit. Julien fait monter d'extraordinaires spectacles allégoriques et dresser des arcs de triomphe qui dépassent en magnificence tout ce que l'on avait pu voir jusque-là. Des chars somptueux, dessinés et ornés par les meilleurs artistes, parcourent les rues entre les palais tendus de tapisseries et de draps d'or, les belles pièces d'orfèvrerie exposées aux fenêtres. En plein carême partout l'on festoie... Et on libère les prisonniers!

CHAPITRE VII

Comment plaire aux princes?

Sorti de geôle, Nicolas ne retrouve bien sûr ni emploi ni mission. Jusqu'à son véritable retour en grâce, en 1521, pendant plus de sept ans, il lui faut vivre ou à Florence ou sur ses terres, dans la maison héritée de son père, à Sant'Andreà in Percusina. Il y mène une vie presque sédentaire qui tranche dramatiquement avec ses habitudes. C'est pour lui le temps des graves réflexions, peut-être d'une sorte de maturation et surtout de la mise en ordre de ses écrits, de ses projets. Contraint à l'inaction, toujours tenu en suspicion par les maîtres de l'heure tant à Florence qu'à Rome, il envisage sérieusement une carrière d'auteur et cherche à briller, à se faire une réputation solide dans le cercle des érudits, humanistes et beaux esprits. Une autre ambition, donc une autre façon d'agir : le succès, dans cette nouvelle voie, pourrait le consoler de tant de déboires, de rêves effondrés, lui valoir de nouvelles faveurs.

BASSESSES POUR UN OFFICE

La démarche situe parfaitement l'homme, dans son milieu et dans son temps; elle s'inscrit dans les

mœurs de l'époque, dans les habitudes des cours
princières, en un mot dans ce que nous appelons le
mécénat. Depuis bien plus d'un siècle déjà, dans
toute l'Italie, de Naples aux petites cours de Ferrare
et de Mantoue, le prince s'entourait, non pour son
seul plaisir mais aussi pour gouverner, d'un cénacle
de savants, de poètes, de philosophes et rhéteurs,
amoureux de beaux écrits et de beaux objets. La cour
est ainsi devenue une école où, au fil des jours, des
fêtes et des discours, enseignent les humanistes les
plus célèbres, attirés par de nombreux avantages, de
bons gages entre autres, plus encore par une protection assurée et de multiples occasions de rencontres,
de confrontations passionnantes.

Dans les ateliers de la cour travaillent copistes,
traducteurs, enlumineurs ; et, dans les appartements,
le cabinet particulier, le *studiolo* du prince, aux murs
couverts d'élégantes marqueteries de bois précieux,
de marbres rares ou de peintures allégoriques sert de
bibliothèque ainsi que de petite salle d'exposition, de
musée privé en quelque sorte. Sans parler des fêtes et
des jeux guerriers prétextes souvent à de grands
spectacles, des représentations théâtrales qui, dans la
cour du palais, trouvent un cadre tout nouveau, un
peu déconcertant peut-être, pour les comédies antiques, celles de Plaute et de Térence parfois remises
au goût du jour. Ici l'homme d'art, l'écrivain, l'humaniste approchent facilement le prince ou ses
conseillers, préparent réceptions et voyages, rédigent
la correspondance diplomatique car l'orateur est
souvent choisi parmi ces hommes de lettres du sérail.
Certains tiennent registre des collections, d'autres
préparent de grands projets d'urbanisme ou songent à
une cité idéale qui pourrait concilier les exigences
d'un gouvernement autoritaire, efficace et omnipré-

sent, le développement d'une économie harmonieuse
– source de bons profits et de bonnes taxes – avec le
bien-être des sujets et même certaines préoccupations
de caractère esthétique toutes nouvelles. Inventions
littéraires, créations artistiques, vie politique, emplois
et faveurs, tout dépend du prince, tout se rejoint.

Dans son étude sur la vie des intellectuels florentins au temps de Nicolas Machiavel (de 1494 à 1530
exactement), leurs origines et leurs carrières, leurs
ambitions, Christian Bec a bien montré comment ces
hommes, amis en particulier de l'humaniste Marsile
Ficin, sont engagés dans la vie publique et finissent
tous, malgré parfois des premiers choix contraires,
par aller servir les Médicis et grossir leur cercle
d'érudits, de poètes, traducteurs et compositeurs, soit
à Florence soit, après 1513, à Rome. Certains, séduits
par quelques discours égalitaires de Savonarole,
s'étaient d'abord rangés à ses côtés; ils ont milité en
sa faveur, sont intervenus auprès du pape pour faire
lever la condamnation qui frappait leur héros; ils en
ont été évidemment sévèrement punis ou ont perdu le
bénéfice de leur charge... mais sont tout de même
revenus un peu plus tard vers la maison Médicis.
Girolamo Benivieni s'était converti à Savonarole dès
1490 et voulait jeter au feu ses premières œuvres trop
frivoles à son gré; il écrit alors des chants religieux
pour les jeunes disciples du moine – les *fanciulli* – et
publie deux de ses œuvres. Chassé de tout office par
la République et le parti anti-Savonarole, réduit à
une vie solitaire dans une campagne éloignée, il
cultive l'estime puis l'amitié de Jean de Médicis, le
futur pape, à qui il dédie un chant très rythmé (une
frottola) sur la rénovation de l'Église. Plus tard
encore, il recherche la protection de l'autre pape
Médicis, Clément VII, à qui il présente en hommage
un important traité sur la cité idéale.

Zanobi Acciaiuoli, un autre humaniste florentin qui appartient, lui, à une grande famille de la cité, subit plus durement encore les aléas de la politique et des conflits acharnés pour le pouvoir, conflits qui ne mobilisent pas seulement les clients, les foules, les hommes en armes parfois, mais aussi et toujours les hommes de plume. D'abord adversaire résolu de Pierre le Malchanceux, il avait comploté contre lui et fut emprisonné pendant quelques mois jusqu'à la chute du prince. Il suit alors Savonarole, prend même l'habit de dominicain, travaille beaucoup dans la bibliothèque du couvent de San Marco et traduit divers ouvrages du grec. Mais il sait, à temps, voir venir la fin du tyran, se rapproche comme il faut de ses adversaires, courtise les Médicis en exil et peut suivre Jean à Rome lorsqu'il est élu pape. Il est chargé d'y enseigner les belles-lettres et désigné comme responsable de la bibliothèque pontificale en 1518.

Deux exemples, deux carrières particulièrement significatives parmi d'autres et auxquelles, bien sûr, Nicolas Machiavel doit songer. Ainsi va la vie de ces hommes de lettres, toujours en quête d'emplois, de protections et, par ailleurs, « intellectuels » passionnés par les affaires de leur temps, la conduite de la chose publique et la politique. Nicolas sait que la charge tombe dès que cesse la faveur ; que lui-même, en 1498-1499, grâce à des patrons devenus d'un coup tout-puissants, s'était trouvé placé dans ce secrétariat de la chancellerie d'où l'on venait tout juste de chasser Alessandro Braccosi, un homme terriblement actif qui avait déjà connu une mésaventure de ce genre quelques années plus tôt et s'était vraiment trop compromis avec Savonarole. Il sait aussi que désormais, en 1512, la fidélité aux Médicis paie bien : témoin son propre successeur, ce Michelozzi qui toute sa vie les a servis, d'abord Pierre le Goutteux puis Laurent le Magnifique qui le fit commissaire dans la ville de Pérouse; chassé au moment du départ de Pierre le Malchanceux en 1494, Michelozzi venait tout naturellement de revenir comme chancelier.

Plus s'affirme la puissance et l'éclat des principautés à travers l'Italie du nord au sud, plus le régime « communal » de forme « républicaine » à Florence même paraît compromis, plus la protection de ces princes paraît nécessaire; elle seule peut assurer à l'homme de lettres comme à l'artiste des commandes et une certaine notoriété.

Nicolas Machiavel ne l'ignore pas. Son sort, pense-t-il, se décide d'abord à Rome. Aussi, dès sa sortie de prison, écrit-il à Francesco Vettori qui y représente la République pour lui annoncer qu'il est libre, disponible et qu'il manque de tout. Libre par hasard : il lui rappelle que l'intervention de ses amis n'y est pour rien et un assez sec « je vous remercie cependant » (ou malgré tout?) qui sonne plutôt mal cache à peine l'amertume. Laissons pourtant le récit des malheurs et des infortunes (« ... la malchance a tout fait pour m'accabler... »). Pensons à l'avenir, aux manières d'entreprendre. Machiavel se dit encore très aimé, soutenu par de nombreux amis, bien considéré dans la ville : ne l'a-t-on pas vu sortir des geôles « à la grande joie de tous dans cette cité ». Mais il comprend parfaitement que les Médicis règnent sans partage; il promet de ne plus les affronter, de ne plus encourir de soupçon, ne plus prendre de risques; en un mot, d'être prudent, comme s'il reconnaissait avoir sinon comploté, du moins avoir beaucoup trop parlé, échauffé les esprits.

Prudence et espoir : le moment si dangereux des sordides et mesquines vengeances passé, les humeurs s'apaisent et l'on peut attendre plus de libéralités. Modestie aussi : cette première et courte missive à Vettori, qui développe une sorte de programme, insiste sur la nécessité d'agir auprès de Léon X et d'obtenir de lui l'oubli du passé; elle ne parle encore que d'une requête pour le jeune frère Totto, mal établi : on solliciterait son inscription sur les rôles de la maison pontificale et un brevet. Supplique précise qui répond au même dessein, au même choix de carrière : non pas une prélature dans une quelconque ville de province d'Italie ou d'ailleurs, plus ou moins éloignée, pas même une charge dans l'administration de l'Église, dans la Curie, mais un office à la cour, dans l'entourage immédiat du souverain pontife; et, de cette position, tirer évidemment une protection qui pourra s'étendre à toute la famille, la mettre à l'abri des suspicions et intrigues. Que Léon X les accueille tous...

Pour lui-même, Nicolas quémande aussi, bien sûr, mais sans oser préciser : il ne veut qu'une simple marque de confiance, plutôt une façon de se remettre le pied à l'étrier qu'une source de profits ou de prestige. Toutes ambitions refrénées, il ne voudrait, « dans la mesure du possible... que quelque emploi pour commencer...; si peu que ce soit, car je crois que je vous ferai honneur autant qu'à moi profit ».

Nicolas ne pouvait mieux marquer son allégeance et le voici engagé à servir la maison qu'il avait tant combattue dans ses actes et ses écrits, qu'il voulait tenir écartée du pouvoir puisque, depuis la chute de Pierre le Malchanceux en 1494, elle représentait le plus grave danger pour la paix de la cité; puisqu'elle ne pouvait évidemment pas s'insérer modestement

dans le régime « communal », « républicain » à la
romaine, régime de « liberté » dont, théoricien féru
d'antique, il avait clamé à tous les échos les vertus et
les mérites. Bien sûr cette première démarche, qui
prend le ton d'une supplique auprès de Francesco
Vettori et du pape, va bien plus loin qu'une simple
soumission et même un ralliement personnel; elle le
conduit, écrivain, théoricien de la politique, dans une
autre voie.

Léon X reste-t-il inflexible et ferme-t-il délibérément sa porte? En tout cas, Vettori échoue dans ses
interventions. Pour le jeune frère Totto, rien à faire :
il y a trop de demandes, peu de places et la chambre
apostolique s'oppose absolument à les multiplier;
toute intervention serait bien superflue. Piètre champion d'une cause difficile, Vettori s'en explique,
berce son ami de bonnes paroles et de regrets : « J'ai
éprouvé depuis huit mois les plus vifs chagrins que
j'aie jamais connus au cours de ma vie... je me suis
désolé de n'avoir pu vous aider en rien comme le
méritait la confiance que vous aviez mise en moi...
j'ai été absolument peiné... » Il dit aussi qu'échouer
est bien dans sa nature; son ambassade à Rome avait
mal commencé dès son départ de Florence; depuis, le
sort l'a poursuivi car il a perdu dans l'affaire du
conclave au moins 500 ducats; il n'a pas su agir à
temps et comme il le fallait : « Malhabile comme je
le suis à servir mes intérêts et ceux des autres... »
(30 mars 1513).

Si bien que les lettres entre Nicolas et Francesco
Vettori toujours si amicales, familières même, aban-
donnent peu à peu ce sujet des suppliques si délicat
pour se cantonner dans l'anecdote plaisante, dans les
ragots plus ou moins scandaleux, ou encore dans de
grandes considérations sur le jeu de la politique

européenne. Visiblement cet homme qui signe feu le secrétaire *(quondam secretarius)* perd tout espoir de ce côté. Il parle simplement de sa vie, de ses petits déboires, de ses affaires familiales. En somme, il attend. Et pour longtemps!

Un moment pourtant une autre chance surgit : le cardinal Francesco Soderini, frère du gonfalonier déchu, qui s'était évidemment fermement opposé lors du conclave à l'élection d'un Médicis, se résigne et se rallie au nouveau pape. Il rentre en grâce et Vettori pense – peut-être pour se dégager d'une mission désespérée – que Nicolas devrait le solliciter. Que d'hésitations pourtant, qui montrent assez le climat d'intrigues qui couvre toute la cour de Rome! Le cardinal certes se dépense beaucoup, il se démène sans cesse auprès du pape... mais lui faire confiance et naviguer dans son sillage si turbulent, est-ce bien adroit? S'il s'est placé assez avant dans les confidences du souverain pontife, trop de Florentins, à Rome, bien en cour eux aussi, lui sont tellement hostiles... Sans doute y regarderait-il à deux fois avant de soutenir Machiavel. Le cardinal est timoré et avisé; il ne s'engage pas aisément.

Ainsi, dès la fin de 1513, s'estompe tout espoir du côté de Rome. Quelques mois de démarches, de sollicitations timides auprès des amis, bien intentionnés mais prudents ou maladroits, en ont révélé la vanité. On ne peut attendre un apaisement strictement « politique ». Si l'attitude du pape semble indécise ou ambiguë, les ennemis de Florence, les hommes de sa maison et de son parti, les sinistres clients parasites n'oublient pas et montent la garde en ne laissant aucune chance au quémandeur. Machiavel reste un banni indésirable, marqué d'un vif opprobre et du poids du passé. La lutte entre les partis, ce régime tant abhorré des factions se perpétue tout naturellement.

Tout doit se jouer à Florence auprès de Julien, frère du pape, duc de Nemours, et seigneur de la ville, chef de la maison et du parti. En prison déjà, on le sait, Nicolas s'était employé à le séduire par quelques poèmes bien tournés; libre, réduit à la malheureuse condition de l'homme écarté de la scène et du jeu, il continue à tenter d'attirer l'attention : cadeaux d'un bel esprit, dédicaces, flatteries très ordinaires; en un mot, les petits travaux et fantaisies d'un poète de cour pour son maître. Sans vraiment s'engager aux côtés des Médicis, sans justifier leur avènement et leur pouvoir dans Florence – il ne pourra jamais s'y résoudre parfaitement –, il consacre maintenant ses efforts à tourner de jolis vers; avec une certaine lourdeur tout d'abord, il aborde de nouveaux genres, non de politique et de théorie, mais plus légers et plus gracieux, des genres qui peuvent plaire et satisfaire à la mode. En un mot, il cherche à se faire remarquer des grands et, selon l'heureuse expression de Christian Bec, à démontrer l'étendue de sa capacité intellectuelle et « sa disponibilité comme écrivain de cour ».

Ainsi, dans une démarche tout à fait consciente et comme s'il s'agissait d'un programme bien arrêté, Nicolas s'adresse à Julien. Il essaie d'entretenir avec lui une correspondance littéraire, prélude peut-être à d'autres échanges. A peine sorti du cachot et installé dans sa maison de Sant'Andreà, le voici qui prend prétexte de l'envoi d'une brochette de grives pour lui demander aide et protection. Le « pauvre Machiavel », pas plus gras que ces oiseaux, supplie que le maître se souvienne de lui, en dépit de toutes les médisances. Que Julien juge par lui-même, qu'il se fie à ses mains qui peuvent palper plutôt qu'à ses oreilles qui n'entendent que de méchants bruits. Les hommes qui l'entourent sont « mauvaises gens qui aiment à mordre »; donnez-leur ces volatiles à dévorer, ils en oublieront peut-être de déchirer les autres hommes : « Ils m'enlèvent ordinairement de si jolis morceaux! » Nicolas entre en campagne contre les courtisans, les montre du doigt, dénonce leur mauvaise foi et leur rapacité; il veut faire croire qu'ils sont responsables de tous ses malheurs tant ils l'ont, injustement, perdu de réputation. Il faudrait d'abord faire taire tous ces misérables...

PREMIERS ESSAIS D'UN POÈTE DE COUR

Dans le même temps, il tente de s'affirmer dans un autre genre : la poésie. Certes, comme presque toutes les œuvres « mineures » de Machiavel, celles qui n'ont pas beaucoup retenu l'attention des historiens de la pensée, ces petites pièces, pour la plupart, ne sont pas datées; certaines n'ont même pas de dédicace et seules quelques allusions précises permettent de les situer. Il est donc possible que notre secrétaire s'y voit essayé avant sa disgrâce, qu'il ait joué, pour lui-même ou pour un cercle d'amis, au petit poète léger. Mais à partir de 1512, il s'attache délibérément à écrire dans cette veine et saisit toutes les circonstances.

Ce sont d'abord, mieux individualisés que d'autres, une série de *Capitoli,* pièces de longueurs très inégales, en forme d'épigrammes, à l'image certainement des modèles latins, en particulier de celles

d'Horace. Il nous en reste quatre, qui sont toutes
adressées à des protecteurs, des hommes qui le
soutiennent et en qui il espère encore : Filippo de'
Nerli, partisan déclaré de ses théories, qui l'a souvent
réconforté, le lisait attentivement pour le conseiller et
même le réprimander; à Giovambattista Soderini,
autre frère de Piero le gonfalonier et comme lui en
exil à Raguse; à Giovanni Folchi qui, condamné pour
le complot de 1513, devait finir misérablement ses
jours à Volterra, loin des siens et des ses compères; à
Luigi Guicciardini enfin, le frère du chroniqueur
historien Francesco. A un moment où Machiavel
s'emploie à se concilier les maîtres de Florence et de
Rome, il n'oublie pas ses vrais amis et se recommande toujours à eux; pour marquer aussi une
fraternité de sentiments, de sensibilité et d'intérêts
culturels.

Ces *Capitoli* ne se présentent pas comme des
poèmes gratuits. Bien au contraire, ce sont les chants
tristes de la disgrâce, chants amers, désabusés, de
facture originale, qui s'inspirent directement des
désillusions de leur auteur. Ils parlent de malheurs et
d'injustices, tentent parfois un plaidoyer, souvent
fustigent les méchants acharnés à la perte des
vertueux. Dans chacun de ces poèmes, Nicolas procède par allégories, plaçant tour à tour sur le devant
de la scène les personnages mythiques coupables
d'avoir provoqué sa chute... et celle du bon gouvernement, celui des gens honnêtes. L'Occasion tout
d'abord, si fugitive qu'on ne peut jamais la reconnaître lorsqu'elle se présente à nous et encore moins
la rattraper une fois passée : « Je ramène sur le
devant tous mes longs cheveux et je cache sous eux
mon visage et ma gorge [...], derrière ma tête, pas un
cheveu ne flotte »; cette Occasion qui, perdue, ne

laisse que des regrets, le Repentir. Puis vient la Fortune, déesse cruelle aux yeux inhumains, avec ses roues sur lesquelles l'homme grimpe si malaisément, au prix de tant d'efforts, et dont le sort le précipite tout en bas, dans les noirs abîmes ; ainsi la Fortune peut-elle contempler ces foules innombrables d'intrigants qu'elle n'a laissé parvenir aux cimes du pouvoir que pour mieux les précipiter, avec plus d'éclat : « Dans sa course impétueuse elle va changeant, ici et là, la face du monde. » L'Ingratitude, « monstre semblable à la peste », porte suspendu à son flanc un carquois où elle place « trois flèches assassines au poison subtil... » Et Nicolas évoque bien entendu ses longues années passées à servir la patrie et dont il ne reste rien, pas plus que s'il avait semé dans le sable ou dans la mer. Mieux, il peint l'ingrat, ses procédés, sa façon de sortir l'une après l'autre ses trois flèches ; portrait très dur sans aucune complaisance, d'un ton plus amer que tous les autres ; l'ingrat, ce triste individu sans honneur, non seulement oublie de vous récompenser mais finit par vous mordre et vous déchirer à belles dents, jusqu'à l'os. Vous en êtes atteint à jamais ; il ne vous lâchera pas. Si vous en abattez un, mille autres prennent le relais, fils de l'Avarice, du Soupçon, nourris dans les bras de l'Envie. Enfin l'Ambition, partout maîtresse du cœur des hommes jusque dans les plus pauvres des cabanes, soutenue par une cohorte de furies, la Paresse, la Cruauté et l'Orgueil, ne laisse personne en repos.

Mais ici, ces noirs tableaux achevés, s'amorce une autre leçon de politique : lorsque l'Ambition s'en prend à une nation d'hommes aux cœurs fiers, qui cultivent les vertus, régis par de bonnes lois, elle n'engendre pas de bien grands maux ; ces hommes-là assouvissent leurs fureurs contre leurs voisins et vont

porter leurs ravages dans le bercail d'autrui, tandis
que chez les peuples voués à la servitude, couards,
sans aucune vertu civique, elle amène malheurs et
ruines, les querelles fratricides. Ainsi la France
reste-t-elle victorieuse et prospère tandis que l'Italie
est « battue par les tempêtes d'une mer de douleurs ».
Une leçon qui, une fois encore sous la plume de
Machiavel, oppose la vertu des bonnes lois aux
désordres des autres, la guerre conquérante et glorieuse aux détestables guerres intestines.

Sans aucun doute, ces *Capitoli* valent mieux
que l'oubli où tant d'auteurs les tiennent depuis
longtemps. Ils traduisent parfaitement les sentiments de l'auteur écarté des responsabilités, habité
par tant de regrets et de reproches, un peu obsédé
par les incertitudes de la Fortune, par sa roue si
cruelle.

Le genre cependant en reste complexe, original. Si
le petit *ex cursus* politique, un peu didactique et
plutôt surimposé, rattache ces vers à une réflexion et
à des écrits déjà très habituels, ils s'accordent parfaitement avec la mode des cours : Nicolas, comme à
plaisir, a multiplié les allégories qui, attendues,
surgissent à chaque détour ou rebondissement. Par
ailleurs, il sait, soit par simples allusions, soit en les
désignant nommément, introduire dans ces chants les
exemples et héros de l'Antiquité : Cicéron, Marius,
Scipion (« un homme divin... un héros à peine sorti de
l'enfance »). Ces petites pièces montrent déjà ses
aptitudes à maîtriser des formes littéraires, des
expressions de pensée susceptibles de plaire, de servir
aux fastes des princes.

LES CHANTS DE CARNAVAL

C'est à ce moment-là, au début de sa disgrâce, que Machiavel écrit une parfaite œuvre de cour, une commande en quelque sorte, dictée par les circonstances. Ces *Chants de Carnaval*, plusieurs critiques les négligent ou les considèrent comme sans aucune signification et peu dignes d'intérêt, un passe-temps qui ne mérite que quelques rapides commentaires. D'autres les situent bien plus tard car ils ne peuvent admettre que ces compositions d'une aimable fantaisie aient pu être conçues dans ces jours d'angoisse. En fait, ces *Chants* s'insèrent très bien dans l'évolution de la carrière littéraire de Nicolas; pour la compréhension de l'homme et de ses travaux, ils apparaissent comme des œuvres significatives de ce temps où il cherche non plus tellement à s'imposer comme acteur, conseiller, mais simplement à plaire, à se distinguer. Homme d'État lucide, pesant ses maigres espoirs, il a bien compris où était le salut et, même s'il lui en coûte, il se résigne de bonne grâce.

C'est que, depuis longtemps déjà, toute fête prend inévitablement une signification politique, délivre un message, exalte la puissance de telle famille, de tel groupe social, familial ou professionnel, ou de l'État. Les processions, jeux et joutes, les triomphes, les courses du *palio* à travers la ville sont de grands moments de la vie publique, de merveilleuses occasions de rencontres sociales auxquelles quiconque détient ne serait-ce qu'une parcelle de pouvoir se doit de participer, de se montrer à son avantage, en tout cas de prêter une oreille attentive. Et *a fortiori* l'État lui-même, la Commune ou le prince. Le peuple réclame de grandes fêtes qui rompent le cours des jours et disent la grandeur des maîtres; elles font oublier les malheurs du temps et l'on juge dans la rue de la bonne volonté d'un gouvernement à la splendeur du spectacle. *Panem et circenses,* l'ancienne règle qui faisait fortune à Rome s'applique toujours, et l'assistance plus ou moins nombreuse de la foule aux jeux témoigne clairement, aux chroniqueurs du temps, de la façon dont le seigneur dans la ville, le tyran, le prince, est accepté ou boudé. La fête est affaire d'État.

A Florence, la grande solennité fut pendant toute l'ère « communale », la Saint-Jean-Baptiste, patron de la ville : processions et actions de grâce devant le baptistère, exposition des trésors et des reliques, défilé politique des sujets et vassaux portant les symboles de leur allégeance, bannières ou cierges, « châteaux » de bois et de papier; plus, le jeu du *palio,* course de chevaux dans les rues, du bourg d'Ognissanti à celui de Santa Croce, par la *via* dite précisément *del Corso;* plus les tournois et les joutes. Cette fête communale non seulement se maintient à travers toutes les vicissitudes mais s'amplifie; au temps de Soderini et des bons offices de Machiavel, elle avait pris une dimension considérable. Les quatre grandes places de Florence – la Signoria, Santa Croce, Santa Maria Novella, l'Annunziata – d'abord champ clos politique pour l'une, lieu de prédications pour les autres où les moines inspirés sermonnaient le peuple, prennent maintenant, une ou deux fois l'an, des habits de fête, accueillent dans leur cadre somptueux défilés et cavalcades, jeux guerriers et courses de chars.

Naturellement, le prince se devait de renchérir et opposer à ces réjouissances de traditions si anciennes les siennes propres, conçues tout exprès pour servir sa gloire. Ce furent, occasionnellement, les entrées princières, réceptions d'ambassadeurs, cérémonies de mariages, les triomphes et surtout, chaque année, le carnaval, fête urbaine partout en Occident, fête princière par excellence à Florence. Vasari, l'historien des artistes célèbres de ce temps, nous dit que Pierre le Goutteux, gagné dès ses jeunes années à ces jeux et fêtes à grand spectacle, mit le carnaval à l'honneur dans la ville et prit l'initiative de faire défiler dans les rues des nobles hommes « en manière de triomphe ». Ces triomphes médicéens, pour fêter de grands événements, connurent dès lors une pompe extraordinaire : plusieurs dizaines de chevaux, six ou huit écuyers les torches à la main pour chaque cavalier et, bien sûr, le char monumental chargé de personnages costumés « conformes à une histoire », illustrant par leurs attitudes et leurs chants un thème souvent édifiant.

Le carnaval, à l'origine fête populaire plutôt satirique, marquée aussi de quelques réflexions sur le destin de l'homme (elle annonçait le début du carême) perd de sa spontanéité pour servir les mêmes intentions politiques et le prestige du prince. Elle fut aisément confisquée par le pouvoir en place. Les Médicis, Laurent en tête, faisaient de cette fête une joyeuse mascarade, un hymne à la prospérité, au bien-être du peuple, une aimable occasion de réjouissances. Le maître de Florence y consacre des moyens extraordinaires, y voit un maillon de son jeu politique digne de toutes les dépenses, des meilleurs choix. On multiplie à l'envi les chars décorés, peuplés d'innombrables figures allégoriques, les escortes de cavaliers brillamment costumés, les groupes de valets, de danseurs. Aux artistes les plus en vue, Laurent commandait les décors et les habits; aux humanistes, poètes et philosophes de cour, il confiait le choix des thèmes, des symboles et des attributs. Lui-même s'y employait volontiers, donnant la main à tout, composant des chants de carnaval que reprenaient en chœur les groupes de personnages montés sur les chars.

Ces chants écrits ou attribués à Laurent le Magnifique, adaptés pourtant à des sujets si divers, se ressemblent tous, répondent à la même inspiration, à la même éthique. Qu'il s'agisse de métiers, de jeux, de communautés d'étrangers installés dans la ville, qu'ils exaltent les vertus ou critiquent quelques travers ou même certains vices, tous prennent une allure aimable, gracieuse. Rien d'amer, de caustique ni de dramatique : ces poèmes disent la joie de vivre, l'amour de la femme; ce sont propos légers, courtois, sans irrévérence et de bon ton. Ils disent aussi l'attachement à la cité prospère, capable de si bien accueillir tous ces arts, d'enrichir les hommes. Surtout ils chantent et redisent l'amour de la paix; les héros antiques, les empereurs de Rome taisent leurs exploits guerriers et se vantent d'avoir donné à leur peuple de justes lois. Les marchands de Florence, sur leur char, ne pensent plus à courir l'aventure vers des terres lointaines mais à enrichir leur ville et à remplir leur bourse en restant chez eux. La paix, la tranquillité, la sagesse et le bon sens, la prudence : ces mots, à dessein, reviennent sans cesse et témoignent allègrement d'une éthique de la modération qui répugne à chanter les faits d'éclat; plutôt rêver de médiocrité réconfortante et d'aisance... des biens matériels... Tout le contraire du héros vaillant.

Laurent et les siens sont les nouveaux champions de l'ordre et de la richesse; non pas des glorieux combattants, glanant des lauriers ensanglantés sur les

champs de bataille, mais des hommes de gouvernement, gardiens du droit et des lois, sages, avisés. Au
moment où lui-même ou les poètes à sa solde
écrivaient ces chants de carnaval, vers 1470-1480,
Laurent impose une nouvelle figure du prince qui
reflète parfaitement, depuis Côme l'Ancien au
moins, le destin de la dynastie. A la différence des
autres princes d'Italie, des Scaliger de Vérone, des
Sforza, Este ou Gonzague, de tous les petits sei-
gneurs-tyrans des Marches ou de la Romagne, tous
capitaines d'aventure, *condottieri* de profession ou
d'occasion, les Médicis ne doivent rien à la fortune
des armes, aux bravoures ou aux violences. Marchands avant tout, pendant plusieurs générations ils
ont accru leur richesse et leur influence, accumulé
toujours plus d'argent, patiemment tissé un remarquable réseau d'alliances et de clientèles, faussé aussi
le jeu des élections et des tirages au sort : démarches
souterraines, presque occultes dont les ennemis ou les
victimes ne peuvent s'apercevoir que trop tard. On
comprend aisément que leur propagande officielle,
les discours et les hymnes, ne cherchent pas à exalter
les campagnes militaires, les souvenirs des César ou
des Scipion.

D'autant plus que les Médicis n'ont pas beaucoup
risqué ou innové. Aucune initiative à leur crédit : ni
découverte de routes nouvelles, ni conquêtes de
nouveaux marchés. Rien de comparable ici aux
hommes d'affaires pionniers de Venise ou de Gênes
toujours en quête de nouvelles fortunes aventurées,
loin de chez eux, en avant-garde. Nos Florentins
n'agissent qu'à coup sûr; ils placent leurs pas là où
tant d'autres avant eux avaient préparé le terrain.
Leurs filiales ne s'implantent pas en Orient, en
Afrique ou dans les nouvelles terres ibériques mais

seulement dans les villes chrétiennes d'Occident bien reconnues et policées : en Italie d'abord, puis en France, en Angleterre et en Flandre.

Aux yeux de tous donc, la bannière des Médicis est image de paix, la paix que le prince offre à ses sujets et qu'il entend préserver contre les extravagances des aventuriers, les appétits des ambitieux. Les chants carnavalesques de Laurent mettent en garde : aimez-vous, soyez heureux mais ne conspirez pas, ne tentez à aucun moment de troubler le bel ordre de la cité, ne restez pas en dehors de la communauté soumise, consentante ; regardez les malheurs des proscrits, des exilés ; voyez où les a conduits leur folie.

Par la suite, en dehors des jours de carnaval et du temps même de Nicolas Machiavel, les grandes cérémonies pour célébrer l'élection de Jean de Médicis sur le trône pontifical dépassent en faste et en splendeur tout ce que l'on avait pu voir jusqu'alors. Deux équipes, les *brigate,* mises sur pied pour l'occasion, rivalisent d'inventions et de prodigalités, font appel aux meilleurs auteurs pour inventer les sujets, aux meilleurs peintres pour dessiner costumes et décors. La *brigata* du *Diamante,* conduite par Julien de Médicis lui-même, présentait trois magnifiques chars imaginés par Andreà Dazzi qui enseignait le grec et le latin à l'Université ; on les avait ensuite confiés pour leur décoration aux grands artistes de la ville, tous déjà célèbres : à Jacopo di Pontorno, à Andreà del Sarto, à Andreà di Cosimo et, pour les masques, à Bernardino da Giordano et Piero da Vinci, père de Leonardo. L'autre équipe, celle du *Broncone* menée par le jeune Lorenzo, le futur duc d'Urbino, fit défiler le même jour six chars inventés par Jacopo Nardi, auteur apprécié, écrivain de cour à qui l'on devait une *Istoria fiorentina,* véritable chant

à la gloire de la famille. Tous ces chars s'inspiraient
de l'histoire ou de la mythologie romaines : char de
l'Age d'or avec Saturne et Janus, de Numa Pompi-
lius, de Titus Manlius Torquatus, de Jules César,
d'Auguste et, enfin, de Trajan.

Deux ans plus tard, en 1515, pour l'entrée du pape
à Florence, ce fut le Triomphe de Camille dont
Jacopo Nardi composa les chants : « Contemplez
dans quelle gloire est l'heureuse Florence...! »

Machiavel reprend très exactement la tradition et
l'inspiration de tous ces chants médicéens dans ses
propres *Chants de Carnaval,* dès les premières
années de sa disgrâce et plus tard, jusqu'en 1523-
1524, alors que, la Fortune lui souriant à nouveau
timidement, il n'en poursuit pas moins sa cour dans
Florence d'une façon aussi assidue. Les deux premiers poèmes s'en tiennent à de petites scènes de
genre liées aux métiers : les vendeurs de pignons,
graines de pommes de pin qui servent à aromatiser
les plats et les charlatans, batteurs de foire, mon-
treurs d'animaux, de serpents et de lézards, vendeurs
de remèdes contre les morsures. Ce sont d'assez
longues pièces, pas très enlevées et d'une facture
plutôt empruntée qui évoquent gestes et boni-
ments.

Puis vient, dans la droite ligne de ce qui plaît alors,
le dialogue galant : *Chant des amants désespérés et
des femmes,* où l'on voit les amants se répondre, se
reprocher leurs injustices et exhorter ceux qui les
entendent à plus d'indulgence. Le *Chant des ermites*
introduit lui aussi, d'une façon inattendue et assez
artificielle, les conversations galantes avec les « dames belles et gracieuses ». Ces ermites qui habitent
sur les hauts sommets des montagnes sont descendus
dans la ville parler aux citoyens; ils leur demandent

de ne plus prêter l'oreille aux astrologues qui prédisent « un temps horrible et étrange », qui prétendent que les étoiles, par leurs vertus étonnantes, vont faire tomber tant de pluie que la terre en sera recouverte. Mais non : ces eaux, belles dames, ne sont que les larmes de ceux que vous faites mourir de chagrin; les tremblements de terre, les tempêtes et les guerres ne sont que les effets de l'amour : « Les foudres et les coups de tonnerre, ce sont vos beaux yeux qui les font expirer! » Moralité : si tout cela vous fait vraiment peur, venez donc avec nous, bâtir vos ermitages sur nos rochers élevés; on y passe du bon temps et l'on se soucie bien peu de ce qu'il pleuve en bas...

Enfin, deux chants plus sévères parlent du destin de la ville et de son gouvernement. Celui des *Diables chassés du ciel* met en scène des esprits autrefois bienheureux, maintenant tourmentés, perdus par leur orgueil insensé. Lorsqu'ils gouvernaient la cité, ils y apportaient « plus qu'en enfer même, la discorde et les malheurs »; leur seul plaisir est de faire le mal; ils traînent à leur suite la guerre et la faim, le fer et la glace; seul l'Amour peut triompher d'eux. Le *Chant des esprits bienheureux*, certainement plus tardif, écrit sans doute en 1523, au moment de l'élection de l'autre pape Médicis, Clément VII, est d'abord un hymne à la paix qui peint les douleurs des peuples lancés dans l'aventure guerrière; Jules II s'y trouve clairement désigné, condamné pour son humeur belliqueuse; c'est lui qui, en Italie et au dehors, a attisé les passions, suscité et entretenu les conflits entre les princes. Le nouveau pape au contraire, « nouveau pasteur », ne songe qu'à corriger un troupeau engagé en si mauvaise voie; il lui plaît « qu'on laisse les armes et que l'on vive en paix ».

Descendus de leur bon gré des trônes célestes, ces

esprits bienheureux viennent dire aux hommes combien la concorde et la paix plaisent à Dieu, « et à
quiconque aurait le moindre grain d'humanité ».
Quel malheur que de voir ce pays, l'Italie, qui a
donné ses premières lois à l'univers, sombrer ainsi! et
le Turc est là, à vos portes, qui fourbit ses armes :
levez-vous tous contre lui! Surtout cultivez l'amour
de la justice et de l'honneur : « C'est par là que toutes
les flammes de la vertu peuvent brûler encore. »
Défense de l'Italie et de la Chrétienté, des grandes
vertus civiques, espoir dans le nouveau pape, ce petit
discours politique convenait certainement au carnaval médicéen en cette année de liesse.

L'exemple de Laurent, la référence à ses propres
chants ne font aucun doute. Nicolas Machiavel
contribue ainsi à maintenir la gloire du Magnifique, à
affirmer la continuité non seulement familiale mais
aussi spirituelle d'une dynastie. Les Médicis, discrédités par le règne plutôt malheureux de Pierre le
Malchanceux, supplantés par Savonarole, chassés,
tenus en exil, à l'écart des affaires, dénoncés comme
ennemis d'une République qui voulait montrer une
autre image, mais revenus grâce à l'appui d'un pape
guerrier et dans les bagages d'une armée étrangère,
trouvent là une forte légitimité, successeurs indiscutables de leurs grands ancêtres.

En tout cas, ces *Chants de Carnaval*, écrits entre
1512 et 1523, témoignent, à travers ces années si
troublées, d'une fidélité à un genre littéraire très à la
mode, particulièrement prisé dans l'entourage des
Médicis. Bien que ses opinions sur le principat
demeurent certainement réservées sinon franchement
hostiles, Nicolas, par ces petits poèmes sans grande
originalité, copiés sans honte sur ceux de Laurent ou
de ses familiers, montre son vif désir de servir la

cour, d'être appelé à en rehausser l'éclat. Il s'adapte parfaitement, parle des métiers et des amours, de la politique, exactement comme il le faut. Le ton répond également à ce que l'on attend : de petites scènes assez vives, des galanteries et clins d'œil, de multiples références aux personnages mythologiques, dieux du panthéon romain.

Poète de cour, Nicolas Machiavel, ces années-là, se manifeste de bien d'autres façons et l'on sent clairement chez lui l'application à exposer une palette de talents variés, dans les genres qui font alors fureur... Il écrit quelques sonnets d'inspiration galante, malheureusement mal datés, et surtout une *Pastorale* puis une *Sérénade.* La *Pastorale,* d'une manière bien conventionnelle et assez plate, met naturellement en scène un berger. Assis à l'ombre d'un laurier, son pipeau aux lèvres, le berger contemple Phébus, Apollon puis Jupiter, les appelle à l'aide pour célébrer la beauté et les vertus d'un jeune homme qu'il ne nomme pas...; d'autres dieux et déesses de l'Olympe surgissent et, à peine évoqués, disparaissent. La *Sérénade,* hymne à l'amour champêtre, décrit longuement et d'une manière plutôt empruntée une scène de séduction. La belle Pomone, aimée de Pan, de Silène et des plus jeunes satyres, désespère le plus ardent d'entre eux, Vertumne qui avait le don de changer aisément d'apparence. Pour l'approcher, il prend les traits d'une vieille femme aux cheveux blanchis et lui tient un interminable discours, appelant à son aide plusieurs fables antiques; il la convainc; elle va céder, raisonnablement.

On ne peut résumer facilement *l'Ane d'or,* long poème resté inachevé à la fin du huitième chant. Tout n'y est pas clair et bien des allusions nous échappent complètement. Le genre s'apparente à celui de plusieurs grands poèmes latins de l'Antiquité ou italiens du temps même de Machiavel; il construit là laborieusement une fable, une sorte de féerie et s'inspire visiblement de la *Divine Comédie* de Dante dont certains vers semblent venir spontanément sous la plume de l'auteur : il y fait également des emprunts à Ovide, à Virgile et au *Orlando Furioso* de l'Arioste. Le prologue du chant I affirme l'intention : « Je chanterai, si la Fortune m'en donne le loisir, les aventures, les peines et les douleurs que j'ai éprouvées sous la forme d'un âne. » C'est naturellement Nicolas lui-même qui parle; il n'attend ni honneur ni profit, mais « veut braire à son aise pour tout l'univers et tant pis qui écopera ».

Le héros – sans doute un jeune homme – s'est égaré un soir d'été dans de grands bois solitaires; la peur l'assaille de toutes parts; il voit à ses côtés la mort avec sa grande faux et entend, à travers un épais brouillard, des bruits affreux, ceux d'un cor farouche et formidable. S'approchent alors une lueur étrange et une jeune femme d'une étonnante beauté, aux tresses blondes échevelées. Il allait fuir, effrayé. Mais où? Comment s'y retrouver? Quelle étoile suivre pour aller au port? Il reste. La jeune femme le prend par la main et se présente : elle garde chaque jour les troupeaux de Circé qui règne en ces lieux. Ces bêtes sont des créatures humaines métamorphosées par la sorcière. Commence alors, la femme lui cachant le visage, une longue marche à travers rochers et épines jusqu'au merveilleux palais; on enferme les bêtes à l'étable et la bergère le fait entrer, l'installe confortablement et tout aussitôt lui tient un fort beau discours sur les inconstances de la Fortune. Tout pour lui va mal en ce moment et les lois cruelles de la destinée ne lui laissent qu'une seule issue : en attendant que les étoiles lui deviennent favorables, qu'il erre quelque temps dans le monde sous une nouvelle peau. Ce sera celle d'un âne.

Ils ont faim et prennent ensemble une aimable collation sortie d'une armoire toute proche : un poulet, une salade bien épluchée, du vin d'un goût exquis, inégalable. Elle l'accueille dans son lit; sa beauté éclipse tout ce que l'on peut imaginer et le poète ébloui en dit minutieusement « tous les charmes jusqu'à la poitrine ». Il perd les sens « en savourant la dernière des voluptés ».

Le lendemain, elle le laisse d'abord seul méditer encore tout à loisir sur les revers de la Fortune – Athènes et Sparte à la rescousse – et lui fait visiter les unes après les autres les pièces où sont enfermés les animaux : les lions, « aux dents aiguës et aux griffes recourbées », les loups voraces « qu'aucune nourriture ne peut contenter », les buffles et les bœufs, la panthère et le léopard, puis « des bêtes plus grosses encore que des éléphants »... toute une ménagerie, et Nicolas, un peu las peut-être ou désabusé, abrège pour aller plus loin vers des enceintes particulières où s'agitent des êtres difformes, des monstres appliqués à des travaux sans fin, livrés à des supplices, qui personnifient les vices ou les ridicules de l'homme : un paon qui marche sans cesse la roue déployée « sans se soucier que le monde aille sens dessus dessous », un lévrier à la vue abîmée qui avance à tâtons, un chien qui cherche son maître partout, un souriceau inconsolable de se trouver si petit.

Le conte s'arrête ici. Mais, à la différence de Dante conduit par Virgile, Nicolas laisse ses animaux sans nom et ne préoccupe pas de placer ici ou là tel

ou tel des hommes qu'il a pu connaître. Un détail
important, la porte de la dernière pièce s'orne d'une
statue de marbre à figure humaine, montée sur un
éléphant, couronnée de lauriers, fêtée par la foule qui
l'entoure; c'est, dit la bergère de Circé, « le grand
abbé de Gaète ». Le personnage, de fait, a bien
existé : c'était Barabello, le bouffon que le pape
Léon X combla d'honneurs et qu'il fit couronner lors
d'un triomphe grotesque, monté précisément sur un
éléphant. Aucune intention précise n'anime ce bien
long poème, cette fastidieuse description des bêtes
prisonnières de la sorcière mais il faut noter cette
seule attaque personnelle contre les flatteurs et
mauvais esprits, contre toute cette foule de courtisans
sans talent ni discernement dont le pape s'entourait.
Ce sont eux, ridicules, bouffons, qui tiennent la
place.

Voici donc Nicolas poète de cour, appliqué, désireux de séduire, horriblement jaloux de tous ces gens
déjà en place.

CHAPITRE VIII

Réflexions sur le jeu politique

Machiavel ne cherche pas simplement à plaire. Loin de se cantonner dans les petits exercices d'agrément, il prétend se rendre utile, nécessaire même. Alors que d'autres – c'est lui qui le dit –, pourtant bien en cours ne songent qu'à dépouiller les vaincus sans envisager l'avenir, lui s'en porte garant et en tout cas travaille à l'assurer. C'est ainsi que, dans ses premiers mois d'exil, il se consacre à la rédaction du *Prince*.

A priori, tout peut étonner dans un tel choix. Et d'abord la primauté accordée à ces réflexions au détriment d'autres projets mûris depuis des années qui lui tenaient certainement à cœur. Mais les circonstances ont dicté leur loi et l'on voit ici comme peut peser la réponse à une « commande ».

LE PETIT JEU DES DÉDICACES

Au sortir de prison, dans sa retraite campagnarde, Nicolas avait commencé à mettre au point ses *Commentaires* sur les *Décades* de Tite-Live sous la forme d'un *Discours* auquel il travaillait depuis fort longtemps et qui deviendrait plus tard un traité sur les Républiques. Or, dès l'été 1513, tout d'un coup, il mène de front une autre rédaction puis abandonne la première : le traité politique sur le Prince accapare son temps et son attention. Évolution décisive, commandée par sa volonté de se faire admettre dans le cercle étroit des écrivains philosophes familiers de la cour. Il y serait difficilement parvenu avec un discours sur les mérites du gouvernement « populaire » ou même « républicain »!

Rupture brutale de sa pensée et de sa conception de l'État? Naturellement, comme en d'autres occasions déjà, Machiavel peut justifier son *nouveau* choix; et sa démonstration, d'une limpide simplicité, tient en quelques aphorismes, il est vrai assez puérils : la République ne convient qu'aux peuples vertueux, honnêtes, capables d'apprécier et de garder leur liberté (voyez, une fois de plus, les Romains); en Italie, les peuples sont de plus en plus corrompus et donc incapables de demeurer libres; ils ne le méritent pas; il leur faut une autre forme de gouvernement et c'est pourquoi l'Italie tout entière glisse inéluctablement vers le principat auquel il faut, bien raisonnablement, se rallier. Surtout si le prince du moment, favorisé par la nature et par la chance, peut prétendre par ses qualités, par ses vertus en quelque sorte intrinsèques, dominer et conduire la cité.

Un pas plus avant l'amène à abandonner une première figure exemplaire, celle d'un homme qu'il avait autrefois approché de près et bien connu, César Borgia, duc de Valentinois, pour un autre, ou plutôt pour d'autres, ceux qu'il veut servir, les Médicis.

Borgia ou Médicis? Le large fossé qui sépare les deux modèles donne la mesure des démarches et des

itinéraires de l'écrivain. Si l'un et l'autre ont en
commun d'avoir derrière eux un pape de leur famille
installé à Rome, pesant de tout son pouvoir en leur
faveur, leur personnalité et leurs options s'opposent
comme s'opposent le guerrier, le capitaine audacieux
et le politique patient. Là encore Nicolas prend parti
et suit le cours des idées en vogue dans sa bonne
ville.

Mais le parfait modèle est-il Laurent le Magnifique, d'illustre mémoire, ou Julien qui règne maintenant à Florence, ou encore Jean, le pape Léon X, ou
peut-être même Jules, fils bâtard de Julien frère de
Laurent, à présent cardinal de l'Église romaine? On
ne sait trop et c'est là que se découvre l'intention
courtisane. Machiavel, au fond, connaît mal ces
hommes qu'il n'a appréciés que comme adversaires et
n'a jamais fréquentés. Dès qu'il les évoque, il n'écrit
pas comme à l'ordinaire d'après sa propre expérience,
mais se fiant à la renommée, s'inclinant devant une
tradition, il vante des mérites méconnus, sans doute
imaginaires, par des à-peu-près ou des phrases passe-
partout.

A vrai dire, Machiavel parle ici fort peu des
Médicis : ce qui le préoccupe est seulement d'offrir
son livre à l'un d'eux, soit à Rome soit à Florence, de
le savoir bien accueilli, peut-être lu et médité...
Dédicacer son ouvrage au prince, n'est-ce pas alors
recevoir une sorte de consécration, se faire reconnaître parmi les écrivains de l'entourage, de la
familia? Et de fait, l'un des premiers feuillets des
livres illustrés par les artistes enlumineurs montre
souvent l'auteur à genoux présentant son ouvrage au
maître, seigneur ou prince, assis sur une chaise haute,
sous un dais de tapisserie, entouré de deux ou trois
conseillers; la noblesse des attitudes, la richesse des

costumes soulignent l'intérêt que l'on porte à la scène; parfois c'est la seule image du manuscrit, celle qui marque la propriété, la commande même, en tout cas les liens entre le prince et l'homme de lettres.

Or Nicolas semble très indécis sur la dédicace de son livre. Va-t-il seulement oser? Le 10 décembre 1513 déjà, il annonce à Vettori l'achèvement de son « opuscule » qu'il intitule *De principatibus* où, dit-il : « Je creuse de mon mieux les problèmes que pose un tel sujet. » Il lui annonce son intention de le dédier « à Sa Magnificence Julien ». Mais peut-il aller jusque-là sans se faire annoncer? Ne conviendrait-il pas de préparer le terrain? De toute façon, Julien paraît homme à ne pas lire son livre ou du moins à le lire sans en tirer aucune leçon... Vettori, si bien intentionné mais de plus en plus timoré, tergiverse une fois de plus; l'affaire est délicate – visiblement elles le sont toutes pour lui à Rome –; il veut lire quelques passages avant de se prononcer. Un premier chapitre, reçu un peu plus tard, lui plaît à merveille; mais il veut aller jusqu'au bout, peut-être se méfie et finalement ne fait rien.

Nicolas abandonne tout projet de ce côté. Il se contente de peu et place en avant-propos une assez pauvre dédicace « au Magnifique Laurent de Médicis »; mais il désigne ainsi le petit Laurent, celui que les mauvais plaisants dans la ville appellent déjà *Lorenzuolo*. Faute de pouvoir atteindre le pape ou le cardinal même, il ne restait pas d'autre choix. Laurent, âgé seulement de 21 ans, détenait bien quelques pouvoirs à Florence, sous la tutelle de ses oncles... Cette même année 1513, toujours à Vettori, Machiavel annonce clairement sa démarche : pour Laurent, les louanges, un peu lourdes, succèdent aux flatteries. Nicolas, d'ordinaire plutôt discret, fit rarement aussi bonne mesure : la conduite du jeune prince à la tête des affaires publiques ne suscite que flatteuses espérances : il fait montre du meilleur zèle, il est affable et généreux; aux audiences, il ne marque aucune différence entre les riches et les gens de peu; il sait se faire aimer sans rien perdre de sa dignité, et respecter plus que craindre. En un mot, et c'est bien le plus important, « tout en lui rappelle les extraordinaires qualités de son aïeul » (Laurent le Magnifique).

Mais il lui faut encore persévérer dans la voie du ralliement. Cette dédicace assez courte du *Prince* sent vraiment le pensum. Certains, écrit-il, pour obtenir la grâce d'un prince ou quelques bienfaits, offrent des chevaux, des draps d'or, des armes ou encore des pierres précieuses. Lui ne possède rien de tout cela : « parmi toutes ses hardes », il n'a que sa longue expérience des hommes et des États. D'où ce petit volume naturellement indigne... Suivent d'autres platitudes qui dépassent peut-être ce que l'on pouvait attendre. Que Sa Magnificence ne s'étonne pas qu'un homme « de petite et basse condition » ose parler du gouvernement des princes et en définir les règles : ceux qui dessinent des paysages ne se tiennent-ils pas en bas dans la plaine pour mieux contempler les montagnes... de même, pour bien connaître la nature des princes, il convient d'être du peuple!

Le livre, écrit pour les Médicis, ne leur fut pas présenté. Nicolas le fit seulement connaître à Florence à plusieurs de ses amis qui, semble-t-il, restèrent fort discrets. L'opération de charme se solde par un lamentable échec.

Et pourtant, le « pauvre Machiavel » en attendait beaucoup; il s'était fait violence et avait bien précipité les choses. Le 10 décembre, à Vettori encore puis à nouveau dans d'autres lettres au même et à ses amis et protecteurs, il exprime son dénuement, son désarroi, son vif et pressant désir d'entrer en grâce ; il les supplie d'agir, dit qu'il aimerait aller à Rome pour voir si le pape « ce jour-là est chez lui », s'il peut le recevoir. Tout lui serait bon : « Je désire tant que les Médicis se décident à m'utiliser, fût-ce au début pour me faire rouler des rochers ! » Cet ouvrage sur les principautés, pense-t-il, devrait l'accréditer : si on le lisait seulement, l'on verrait que toutes ces années au service de l'État, il ne les a passées ni à dormir ni à jouer, qu'il a toujours fait preuve d'un loyalisme et d'une honnêteté (sa misère actuelle en fait foi) au-dessus de tout soupçon ; on saurait qu'il lui serait impossible de changer de nature. Pourquoi ces seigneurs ne voudraient-ils pas se servir d'un homme qui a pour lui une expérience « qui ne leur a rien coûté » ?

Comme naguère pour les sonnets, les intentions sont parfaitement claires et toute l'œuvre répond à ces préoccupations. Si ces années d'exil et, par force, d'inaction lui ont donné loisir de rassembler souvenirs et réflexions, il paraît évident qu'à ce moment-là Nicolas Machiavel n'écrit pas seulement par désœuvrement, pour combler son ennui ou calmer son amertume. Contrairement à ce que l'on a pu lire bien souvent, ses œuvres des années 1513-1520 ne sont pas œuvres de renoncement d'un homme qui n'aurait rien à espérer ou à tenter, qui se réfugierait dans la méditation et les petits travaux littéraires en se repliant sur lui-même. Bien au contraire, ce sont des œuvres de combat qui servent un but précis, qui s'inscrivent dans une politique et témoignent de son acharnement à espérer.

Le *De principatibus* (*le Prince*) et le *Discours sur la première Décade de Tite-Live*, écrits à peu d'intervalle, se coulent l'un et l'autre dans le même moule et répondent aux mêmes préoccupations. La composition des deux livres porte la marque d'une élaboration simultanée, quasi parallèle. Nicolas l'annonce d'ailleurs au début du *Prince,* dès le chapitre II : « Je laisserai de côté les Républiques dont j'ai ailleurs discouru tout au long. » Il s'agit, examinant d'une part le gouvernement des princes, de l'autre celui des républiques urbaines, de bâtir une sorte de tableau général des différentes formes d'État, de leurs origines et de leurs natures, de leurs rapports avec les sujets et, par conséquent, des moyens d'exercer et de conserver le pouvoir. Des livres éminemment didactiques donc, qui s'efforcent d'administrer des leçons, où ce que certains appelleraient le discours politique de Machiavel se limite essentiellement à une suite d'observations de caractère le plus souvent empirique, fondées sur des analyses de cas ou d'exemples précis bien plus que sur des raisonnements de haute logique.

Les leçons ou observations se dégagent d'une foule d'expériences vécues ou connues de plus ou moins près, plus ou moins bien interprétées. On s'en doute, Nicolas ne manque jamais de rappeler à quel point les devoirs de ses charges, missions et légations l'ont mis à même d'examiner les comportements des hommes d'État et la façon dont ils étaient reçus par le « peuple ». L'histoire de l'Italie envahie par les armées étrangères, divisée, asservie souvent, lui fournit de ce point de vue une palette inépuisable de situations; notamment pour les derniers temps, ceux précisément qui ont vu un peu partout dans la péninsule l'affaiblissement du pouvoir communal et l'établissement du principat. Mais son attention ne le porte pas vers tous les horizons : pour lui, le prince est, tour à tour et selon les besoins de la démonstration, ou Francesco Sforza, ou César Borgia ou, bien entendu, l'un des Médicis, Laurent le Magnifique en premier lieu.

L'Italie cependant ne lui suffit pas. Pour trouver ses plus belles illustrations au savant tableau qu'il compose, un peu laborieusement il faut bien l'admettre, il se tourne là encore vers les Grecs et les Romains; et dans le *Discours sur les Républiques*, nous le sentons pas loin de penser que toutes les fausses manœuvres des hommes de son époque ou d'un passé récent, toutes ces erreurs grossières, s'expliquent par le simple fait qu'ils ne connaissaient pas bien l'histoire de leurs ancêtres. Machiavel consacre une bonne part de l'avant-propos du *Discours* à ce thème : de notre temps, dit-il, les hommes s'extasient sur la moindre figure antique de marbre ou de bronze; ils en ornent leur demeure; ils la donnent en modèle aux artistes qui tirent gloire de les imiter. Nos lois ne sont jamais que les héritières de celles d'autrefois, et la médecine se fonde encore sur les expériences des médecins anciens. « Et pourtant, pour fonder une République ou maintenir des États, pour gouverner un royaume, mettre sur pied une armée et conduire la guerre [...] on ne trouve ni prince ni République ni capitaine ni simple citoyen qui ait recours aux exemples de l'Antiquité. » C'est une négligence et une faiblesse; on n'apprend plus l'histoire des temps passés que pour y chercher délassement ou divertissement. C'est pour cette raison que lui, Machiavel, a entrepris d'écrire ce *Discours* où il analyse attentivement les livres de Tite-

Live, ceux du moins « que la méchanceté des temps ne nous a pas dérobés ».

LE PRINCE

Sans que cela soit dit aussi clairement, le petit livre *De principatibus* relève de la même démarche. Certes, les Romains et Alexandre y sont moins souvent cités que les grands capitaines d'Italie mais c'est auprès d'eux qu'il faut prendre des leçons.

Nicolas organise son ouvrage autour de quelques thèmes qu'il expose chacun en quatre ou cinq « livres » sur un ensemble de vingt-six. Tout d'abord les origines et la nature des principautés, où l'on voit combien on peut en rencontrer d'« espèces » et comment elles s'acquièrent : par héritage; par la conquête et alors quelles précautions prendre pour les conserver; par les armes donc et la *virtù*; ou bien encore par la fortune, c'est-à-dire par un heureux hasard de circonstances, profitant des actions d'un autre. *Virtù* et fortune, deux ressorts du principat, deux temps forts aussi de l'ouvrage où l'auteur déclare sans ambiguïté sa conception du jeu politique et son acquiescement aux belles entreprises hardies.

Quelques passages tournent ensuite à vide, tels ces développements un peu plats, essentiellement de nomenclature sur principautés civiles et principautés ecclésiastiques, sur la façon de mesurer leurs forces.

Les belles leçons reprennent, à partir du livre XIII, dès qu'il s'agit des armées et de la conduite de la guerre : diverses espèces de gens de guerre et de mercenaires, de soldats auxiliaires, soldats de la garde du prince. Rien de très nouveau donc ; Machiavel affirme, une fois de plus, son attachement irrévocable aux troupes levées parmi les sujets, en dénonçant plus fort que jamais l'emploi de mercenaires : « Je veux montrer plus clairement quels malheurs viennent de cette espèce de soldats... » Et de citer pour plus d'édification l'exemple des Carthaginois qui furent près d'être anéantis par leurs soldats mercenaires, l'exemple aussi de Philippe de Macédoine ravissant leur liberté aux gens de Thèbes qui l'avaient fait capitaine après la mort d'Épaminondas ; et, pour son temps, les deux Sforza, le père qui abandonna le service de la reine Jeanne de Naples et l'obligea à se soumettre aux Aragonais ; le fils, Francesco, capitaine des Milanais qui, vainqueur des Vénitiens, fit aussitôt alliance avec eux pour se retourner contre ses maîtres et s'emparer chez eux du pouvoir.

Plus « politiques », plus originaux surtout, les huit ou neuf chapitres qui traitent du comportement des princes : libéralité ou parcimonie, sévérité et même cruauté ou clémence... Faut-il vraiment tenir sa parole ? Comment faire en sorte de n'être jamais haï ou méprisé ? Comment choisir ses ministres et fuir les flatteurs ? Ce sont ces quelques pages rapides, incisives qui, bien plus tard, ont surtout retenu l'attention des commentateurs persuadés d'y voir l'essence même de la pensée de Nicolas Machiavel. A partir de ces réflexions et des quelques exemples qui viennent à l'appui du discours (César Borgia, le pape Alexandre VI Borgia « qui ne fit jamais rien d'autre que de piper son monde ») s'est forgée et accréditée l'image d'un Machiavel cynique, froid calculateur, qui recommanderait en quelque sorte la ruse à tout coup et le faux-semblant.

Comme toujours en pareil cas, on a beaucoup simplifié et schématisé au point de fausser quelque peu l'esprit et la lettre même du discours. Certes Nicolas l'affirme sans ambages : les princes qui ont fait de grandes choses sont ceux qui ont su le mieux tromper leurs voisins et leurs sujets, qui « ont su par ruse circonvenir l'esprit des hommes »; il l'ont emporté sans mal sur ceux qui se sont toujours fondés sur la loyauté. L'idée se développe à plaisir : comparaison avec le lion et avec le renard (« ceux qui veulent seulement faire le lion ne comprennent rien à rien »); nécessité de dissimuler sa pensée, de « colorer » ses paroles. Principes se justifiant aisément par différentes considérations exposées tout aussi nettement; en premier lieu, et c'est la conclusion du chapitre, parce que seul compte le résultat qui est ou de conquérir ou de maintenir un État; et parce que le vulgaire, qui seul est à considérer puisqu'il est le grand nombre, ne juge que par ce qu'il voit. Ensuite parce que l'affaire est aisée et ne comporte aucun risque : les hommes sont par nature d'une incommensurable naïveté « et celui qui trompe trouvera toujours quelqu'un pour se laisser conter ». Enfin, comment s'embarrasser de scrupules face à des gens qui sont des « méchants qui eux-mêmes ne tiendraient pas leur parole » ?

Ce souci de dissimuler, cette circonspection guident donc toutes les démarches du prince averti : dans sa façon de s'entourer, de confier des responsabilités, de prendre conseil et d'écarter les hommes trop prompts à louer. Mais, tout aussitôt, les propos et le ton changent, le discours s'enrichit lorsque Nicolas prend à parti les princes qui ont perdu leurs États parce qu'ils n'ont pas su courtiser la Fortune, se montrer à la fois prudents et entreprenants. Il pleure alors sur les malheurs de l'Italie, « plus esclave que les Juifs d'avant Moïse, sans chef, sans ordre, battue et pillée, dépecée, envahie par les étrangers ». Ainsi se justifie la dédicace, l'appel à l'illustre maison des Médicis, « avec sa fortune et sa *virtù* et favorisée par Dieu et par l'Église ». Le petit livre, en bonne logique, s'achève par une exhortation à ces princes pour qu'ils prennent la tête de cette résistance et se hâtent de la délivrer. Que les Médicis suivent ces exemples glorieux – Moïse, Cyrus, Thésée –, qu'ils chassent les étrangers, « cette tyrannie barbare qui donne la nausée à tout le monde ici ». Et, pour cela naturellement ils ne doivent plus prendre à leur service ces affreux capitaines mercenaires, mais recruter des armées bien à eux, des soldats qui soient tout pénétrés de la *virtù* italienne. C'est alors que revient – et c'est bien dommage car il finit par lasser le lecteur le plus complaisant – le petit couplet habituel, agrémenté cette fois d'une démonstration si naïve et si embrouillée qu'elle frise le canular. Certes, dit notre stratège politicien, l'infanterie suisse et espagnole ont bien l'une et l'autre une terrible réputation mais « une tierce institution des gens de guerre pourrait les abattre [...] car les Espagnols sont incapables de soutenir le choc des chevaux et les Suisses ne s'attendent pas à se voir attaqués par des gens de pied aussi décidés à combattre qu'eux-mêmes; des hommes décidés pourraient fort bien se faufiler par-dessous leurs piques et les pourfendre tout à leur aise! »

On voit mal le pourquoi de telles fantaisies si ce n'est, une fois encore, le désir obsédant de reprendre l'idée de l'armée de citoyens. C'est ici une fin bâclée, sauvée seulement par un assez joli rappel de Pétrarque : « Aux cœurs d'Italie, vaillance antique est encore et restera toujours. »

LE *DISCOURS* OU LES VERTUS DE LA RÉPUBLIQUE

Le *Discours sur la première Décade de Tite-Live*
ne prend pas le contre-pied du *De principatibus*. Il le
complète. Mais l'œuvre, que Nicolas avait mise en
chantier bien avant sa disgrâce, ne s'adresse manifestement pas aux puissants du jour. Ce *Discours* est
dédié à deux amis et protecteurs des jours sombres :
Cosimo Rucellaï et Zanobi Buondelmonte; ce dernier, un des plus fidèles du petit groupe, toujours
hostile aux Médicis, devait prendre plus tard une
part active à la conjuration contre le cardinal Jules,
en 1522; Nicolas en leur offrant cet ouvrage plus
mûri que le *Prince*, sans doute plus important à ses
yeux, marque bien son attachement aux anciennes
amitiés, sa fidélité à une sorte d'idéal, du moins à des
prises de position et à des alliances inébranlables.
Les *Décades* de Tite-Live étaient en fait une
Histoire de Rome (*ab urbe condita...*) divisée en un
certain nombre de livres, rassemblés par groupes de
dix que l'on a appelés les décades. Seuls nous restent
35 livres complets qui forment une suite ininterrompue à partir de la guerre contre Hannibal; les autres
livres ont disparu et n'étaient et ne sont encore
connus que par quelques extraits ou par des résumés
apocryphes. Machiavel avait lu et relu tout au long
de sa vie les *Décades* de Tite-Live : son père, Bernardo, on le sait, avait établi un index pour un imprimeur allemand qui lui avait laissé l'ouvrage en prime
pour sa peine. Assurément, cette œuvre constitue une
des principales sources de son savoir sur le passé de
Rome, sur ses institutions, les guerres et les conquêtes.

Dans le *Discours*, Machiavel commente ces livres sur l'*Histoire de Rome* en y cherchant ce qui pourrait être utile à la compréhension du monde et surtout des formes de gouvernement : « Ainsi ceux qui le liront verront quelle utilité l'on doit se proposer de la connaissance de l'histoire. » L'ouvrage s'en tient donc en principe à une analyse raisonnée des dix premiers livres connus de la première décade. Le plan ne réserve aucune surprise : comment se sont établies les Républiques? Comment se maintiennent-elles? Comment peuvent-elles se perdre? On retrouve exactement la même démarche que dans *le Prince*, une démarche certainement arrêtée depuis longtemps.

De nos jours l'ouvrage ne suscite pas grand intérêt. Or Nicolas y avait certainement mis le meilleur de ses réflexions, le sujet répondant bien mieux à ses propres préoccupations que le thème qu'il abordait dans *le Prince*. Mais en fait, rédigé par à-coups, abandonné à plusieurs reprises et finalement achevé après six années de travail et non sans hésitations, le *Discours* porte la marque d'une mise au point difficile.

Beaucoup plus long que *le Prince,* cet ouvrage mal construit semble parfois fastidieux, voire même touffu. L'auteur y multiplie les courts chapitres, éparpille ses observations et analyses. Plus déconcertant encore, il hésite constamment entre un déroulement logique qui s'en tiendrait à un examen par thèmes tel qu'il est annoncé dans les grands titres et une trame chronologique qui s'enlise un peu dans la seule histoire de la République romaine. Les formules à l'emporte-pièce, susceptibles de retenir l'attention, y sont rares et même absentes pendant de longs développements. Surtout, le sujet de ce traité sur les Républiques est bien plus académique, beaucoup moins lié aux événements du moment, à l'histoire de l'Italie des années 1500. Le propos initial – éclairer le présent par l'étude et l'analyse des temps passés – est vite négligé au profit du seul exposé didactique.

Certes, Nicolas parle de son Italie; il évoque entre autres le gouvernement de Piero Soderini, gouvernement « républicain » par excellence et qu'il a bien aimé en son temps, mais seulement au détour d'un chapitre, comme en marge, et d'une façon fort alambiquée. Il parle aussi de Savonarole, du Conseil des Dix mais, là aussi, à court de souffle; en fait, il n'a que bien peu à dire et, lacune tout de même surprenante, il ne se reporte pas aux anciens temps de la Commune, à celle des consuls et des podestats, ou même à celle du *popolo*. En dehors de Florence, l'inspiration et les exemples sont encore moins nombreux. Écrire ce gros et pesant traité sur les Républiques et n'y citer Venise qu'accidentellement, n'étudier à aucun moment les institutions de la Sérénissime, montre la grande misère d'une documentation très sélective. Pas un mot non plus ou presque sur Gênes.

Au contraire les références aux épisodes de l'histoire romaine abondent et de même les citations d'auteurs, les démarquages plus ou moins habiles non seulement de Tite-Live, objet principal du *Discours*, mais aussi de Tacite, Virgile et Juvénal. Les emprunts à Tite-Live, naturellement de loin les plus nombreux, ne se limitent pas à de simples mots ou expressions : Machiavel reprend souvent de longues phrases en latin sans s'en cacher : il donne ses sources : « Après avoir rapporté son discours [celui du consul Valerius], Tite-Live ajoute : *Non alia militi familiarior.* »

On devait aussi s'y attendre : pour son auteur –

décidément bien ancré dans ses convictions, ce *Discours* sur l'histoire de Tite-Live est prétexte à exposer une nouvelle fois ses vues sur les armées et la défense de l'État. Et ceci nous vaut (... si l'on peut dire) le refrain habituel sur les avantages du recrutement national. Nicolas y consacre dix chapitres entiers, certes pas très originaux, mais toujours aussi soignés. Il les introduit en croyant les justifier par un semblant de comparaison avec les temps anciens : « De quelle façon les soldats d'aujourd'hui s'écartent de la règle antique »... Vient alors une analyse minutieuse du texte de Tite-Live – abondamment cité! – et une reconstitution de l'armée romaine, recrutement et dispositions de campagne.

A côté de tant de détails, les pages qui suivent sur les temps modernes paraissent bien pauvres. On en arrive alors à l'importance de l'infanterie dont, à l'exemple des Romains, il faudrait faire plus de cas que de la cavalerie; de nombreux chapitres, très courts, interrompus par différentes digressions, évoquent, sans ordre logique ni chronologique apparent, de grands faits d'armes des consuls et généraux romains. On y trouve tour à tour Scipion et César, et des hommes moins célèbres tels Manlius Torquatus, héros de la défense de Rome contre les Gaulois et Valerius Corvus, lui aussi défenseur de la patrie, d'abord contre les Gaulois puis contre les Samnites (335 av. J.-C.). On se promène allègrement à travers les siècles; on s'enlise un peu dans quelques détours et l'on perd le fil dans le labyrinthe d'une démonstration qui se veut convaincante. Ce sont des *Commentaires* très particuliers..., où Machiavel, une fois encore, affirme l'excellence des chefs vertueux, de ceux surtout qui, par leur générosité, ont su gagner la confiance de leurs soldats, servir autant la gloire de la patrie que la leur.

De même pour la vie politique, que Machiavel envisage ici dans le but bien précis de répondre à une seule question obsédante et dramatique : comment conserver une République? Comment la préserver des vers qui la rongent dès que les hommes oublient leurs devoirs, des intrigues et des manœuvres des ambitieux? Comment éviter l'arrivée du Prince? Dans le dernier chapitre de ce *Discours*, Machiavel écrit qu'une République « qui veut se conserver libre doit prendre chaque jour de nouvelles précautions ». Et de parler encore de la grandeur de la Rome des premiers temps, de la rigueur de ses lois, de la façon exemplaire dont elle savait châtier les coupables. Nicolas applaudit : Rome n'a pas craint de faire condamner à mort une légion et une ville entière, d'exiler 18 000 hommes, de reléguer en Sicile les soldats qui s'étaient fait battre à Cannes par Hannibal, leur ordonnant de ne manger que debout et leur interdisant de prendre garnison dans les villes; surtout elle sut appliquer « le plus terrible des châtiments », la décimation... qu'il justifie en quelques mots : « Lorsque tous ont mérité la mort et que l'on se contente de les décimer par la voie du sort, les victimes ne peuvent s'en prendre qu'au sort, et les survivants, de la crainte que ce ne soit sur eux qu'il tombe une autre fois, se gardent bien de recommencer. » Tout plutôt que de laisser s'affaiblir le courage des soldats et la grandeur de la patrie. C'est un véritable plaidoyer pour la discipline, pour la lutte contre les faibles et les traîtres, pour la défense à tout prix des assises « républicaines ».

Le Prince n'était qu'une œuvre de commande ou, si l'on préfère, de circonstance, écrite pour plaire, pour solliciter sinon quémander, pour marquer un rallie-

ment. Mais c'était une fausse adhésion. Machiavel
considérait le principat comme une calamité qui
succédait inévitablement à d'autres. On le voit dans
toutes ses autres œuvres, sa préférence va à la
« République », héritière en Italie et plus particulièrement à Florence de la Rome antique comme il le
montrait en recouvrant à des artifices ou à des
rapprochements grossiers.

Le paradoxe, le hasard malin qui souvent président
aux fortunes littéraires ont fait que *le Prince*, petit
volume facile à lire sinon à embrasser d'une seule vue
toujours claire, reste attaché au nom de Machiavel; il
a assuré sa renommée, alors que le sujet et l'ouvrage
même paraissent accidentels, incongrus. Le *Discours*
sur la première Décade de Tite-Live, plus baroque
dans sa composition et son écriture, traduit bien
mieux ses choix inébranlables. Dans ces années
difficiles, il témoigne qu'au-delà des flatteries, si ce
n'est des flagorneries, en tout cas des complaisances
– et le *Prince* en est une –, les convictions de l'homme
public, préoccupé du sort de sa ville, inspiré par un
idéal de gouvernement, restent inchangées.

CHAPITRE IX

Le pauvre Machiavel

Dans une lettre du 10 décembre 1513, petit chef-d'œuvre d'élégance, Nicolas se plaît à évoquer sa vie à la campagne, dans sa maison de Sant' Andreà in Percusina et l'image un peu apprêtée qu'il en donne, ponctuée de quelques touches de persiflage, reste dans toutes les mémoires. Il retrouvait la demeure et le village de ses années de jeunesse, les mêmes paysages, un genre de vie et des préoccupations engluées dans la gestion de ses biens, la sauvegarde des métairies et des bœufs de labour. Il retrouvait l'héritage de son père.

La maison sans doute ne valait pas grand-chose; flanquée d'une grande dépendance louée le plus souvent à des hommes qui faisaient profession d'aubergistes, on avait fini par l'appeler l'*albergaccio,* la *vilaine* ou la *méchante* auberge. Les amis s'en moquaient et, comme son père, Nicolas criait misère.

LA POUILLERIE DE SANT' ANDREÀ

Si nous imaginons un héritage sans surprise, si nous plaçons les pas du fils dans ceux du père, les

hasards de la documentation contrarient nos curiosités. Pour pouvoir situer parfaitement l'auteur du
Prince au cours de ces années, on aimerait retrouver
ne serait-ce qu'un seul cahier de comptes et se faire
ainsi une idée précise de ses biens, de ses travaux et
de ses dépenses. Or il ne reste qu'un petit nombre de
lettres, de plus en plus rares d'ailleurs, presque toutes
adressées à Rome à Vettori, quelques-unes seulement
à Florence. C'est donc Nicolas qui nous parle de
lui-même et nous impose ce qu'il veut que l'on pense
de son long, très long temps d'exil... Il nous tend le
miroir, non sans intentions bien sûr.

Pendant tout septembre 1513, Machiavel ne fait,
dit-il, que piéger des grives; il se lève avant l'aube,
prépare la glu, attend, revient, prend chaque jour de
deux à six oiseaux. Depuis (il écrit six semaines après
son arrivée), il se morfond, se lamente; de durs
travaux l'appellent et le retiennent en de terribles
compagnies. Celle des bûcherons qu'il rejoint au
lever du soleil et surveille pendant deux bonnes
heures : ces gens-là parlent fort et ont toujours
quelque querelle à vider. Lui-même s'est brouillé
avec un client qui s'était fait livrer du bois sans
l'avertir puis a prétendu n'en payer qu'une partie,
ayant gagné le reste lors d'une partie de tric-trac dont
personne ne se souvient. Il faut un arbitre et quelle
affaire que ce bois! La matinée s'avance; le voici à la
fontaine, puis à l'auberge, chez lui enfin pour le
déjeuner, puis de nouveau à l'auberge.

Dans tous ces récits perce le regard du citadin
imbu de supériorité, orgueilleux de sa condition. Il
n'est pas sans intérêt de verser son témoignage au
dossier des rapports ville-campagne à l'époque, de le
confronter à quantité d'autres plus ou moins directs,
plus ou moins sincères, à ce que disent sur ce

chapitre les conteurs depuis Boccace, les farces, les moralités. Regard amusé tout d'abord, curieux, comme si Nicolas Machiavel venait de découvrir un autre monde, comme s'il décrivait pour un traité encyclopédique les mœurs et usages de quelque peuple lointain ou inconnu : « J'observe la variété des goûts et la diversité des caprices des hommes... » Surtout un regard plus dur, plus critique, prêt à tout tourner en dérision. Une part importante de la journée se passe à l'auberge et quel théâtre d'observation : un boucher, un meunier, des chaufourniers! C'est avec ces hommes-là qu'il s'encanaille à jouer au tric-trac; des gens qui crient comme des perdus – on les entendrait du village voisin! – qui se disputent, s'accusent de tricher, soulèvent mille querelles interminables pour une petite pièce d'argent : « C'est dans une telle pouillerie que je dois me plonger pour éviter que mon cerveau ne moisisse complètement. »

Emphase littéraire? Exercice de style? Sans doute! Il s'agissait de dire, sur un mode plaisant et sans trop d'outrance, à quel point cette vie lui pesait et comme il souhaitait revenir aux affaires. Il fallait aussi, par un artifice d'auteur très ordinaire, préparer, en teintes contrastées, un autre tableau : le refuge du soir ou au bord de la fontaine, auprès de ses auteurs latins préférés, dans un monde raffiné et serein. Ces quelques lignes illustrent une attitude caractéristique d'une civilisation : l'homme de lettres se réfugie dans le parfait, l'irréel; le monde des campagnes heurte sa sensibilité et ses goûts. Il méprise superbement sa rusticité, sa grossièreté. La villa est avant tout source de profits, le paysan ne l'intéresse que médiocrement. Pour ces citadins imbus de leur monde, le temps n'est pas venu – ou n'est plus – où l'on idéalise les bergers.

Quant à la pauvreté qu'il ne cesse d'évoquer, est-elle gêne réelle, difficulté de vivre ou de paraître? Ou plutôt façon d'apitoyer? Ou encore – cela paraît plus vraisemblable – un procédé littéraire? Pour Machiavel toute occasion est bonne de rappeler élégamment, à la façon des poètes latins, sa condition modeste, la simplicité de son gîte et de sa table : « En compagnie de ma maisonnée, je me nourris des aliments que me procurent ma pauvre ferme et mon petit patrimoine. »

Il a sans aucun doute beaucoup perdu. Une lettre d'avril 1514 permet pour une fois, si on le veut croire, de mesurer ce que lui coûte sa disgrâce : pas seulement le goût aigre de l'échec et de l'amertume mais de grandes privations. Il écrit à Vettori – toujours lui – pour dire comment il s'efforce de faire réduire les taxes que lui réclament les officiers de Florence; il affirme avoir perdu depuis son exil 90 florins de revenus par an et être maintenant réduit à 40 florins. Nicolas n'hésite pas à nommer les hommes chargés de chiffrer les revenus, Lorenzo Strozzi en tête, pour que son ami envoie une attestation sur sa situation de fortune : des rentrées d'argent ramenées à moins du tiers de ce qu'elles étaient...

Si occupé par les affaires et les voyages, il n'a pourtant pas négligé ce patrimoine. Il s'était appliqué à recueillir des héritages, celui de son père d'abord, à démêler chez les notaires quelques problèmes d'inventaires et de partages, à régler différends et procès. Mais ce Nicolas Machiavel, propriétaire foncier, exploitant, engageant des métayers, engrangeant ses récoltes, ne se dessine qu'à grands traits imprécis. Seules deux ou trois lettres d'avant la chute de 1512, à une époque donc où ses activités le tenaient écarté des travaux des champs, montrent que ceux-ci devaient tout de même tenir une place dans sa vie.

Dès que ses finances le lui ont permis, il s'est inquiété d'acquérir des terres. En 1506 son frère Totto lui écrit à Florence afin de lui faire part d'un projet longuement mûri d'achat de deux grands domaines; pour l'un, appelé *Valdifina,* les tractations semblent engagées depuis un certain temps déjà mais on pourrait lui en joindre un autre, le *Viacino,* qui compte 4 000 sestiérées de terres en collines, plaines et pâturages. Ce *Viacino* produit 200 sacs de blé l'an, 40 de fourrages et 36 ducats d'or de récoltes diverses; on peut donner la « plaine » en fermage. Au total, c'est une bonne occasion à saisir à condition de remettre les lieux en état et d'y installer de bons fermiers ou métayers.

Quelque temps plus tard, en décembre 1509, dans une lettre adressée de Vérone à Luigi Guicciardini qui se trouve alors à Mantoue, lettre presque entièrement consacrée à conter une soi-disant aventure galante, Nicolas fait état *in fine* d'un autre projet. De son voyage auprès de l'empereur, il garde, écrit-il, un peu d'argent par-devers lui qu'il voudrait employer « à quelque menu négoce ». Non pas commerce de marchandises, ni investissement dans une quelconque société, ni spéculation financière d'aucune sorte... non, il songe à se lancer dans l'élevage des poules et la vente des œufs, à acheter un poulailler et « trouver quelque drôle qui le tienne »; il vient d'apprendre qu'un Piero di Martino s'y entend assez bien : que son ami se renseigne donc sur son compte; si cela ne va pas, qu'il trouve alors quelqu'un d'autre.

Comme son père, Nicolas cherche dans la terre les moyens d'en tirer profit. Ainsi, d'une génération à l'autre, le profil social, les intérêts demeurent. Ni les

charges de secrétaire à la chancellerie, ni les missions
auprès des cours, ni même l'organisation de la milice
florentine et la conduite de la guerre contre Pise
n'ont apporté à Machiavel l'occasion d'une brillante
et décisive ascension sociale. Il s'est évidemment
vanté d'être resté honnête, d'avoir su résister aux
tentations et se glorifie de sa pauvreté. Sans doute...
mais on imagine mal comment, face à une Seigneurie
si parcimonieuse de ses florins, si rétive à récompenser, si soupçonneuse, il aurait pu faire autrement. Ses
déboires de 1512 ne le privent que de ses salaires et
sa condition ne change pas; à aucun moment il n'a
été question de confisquer ses biens ou de le soumettre à une dure amende. Jamais, même dans les plus
noirs moments, il ne se plaint d'avoir été spolié.

Le « pauvre Machiavel », le voici citadin contraint
de vivre aux champs dans cette honnête médiocrité
de propriétaire soucieux de ne pas trop déchoir, de
tenir un rang dans cette société de laboureurs et
artisans de village : une demeure sans apparat, quelques bons livres qu'il garde comme des trésors,
d'interminables palabres à l'auberge du bourg, la
porte à côté. Dans la journée, une défroque de paysan
et les mêmes soucis : surveillances, marchés, marchandages, de rares visites. Telle est la pouillerie :
« Je m'en désespère », dit-il, et ses lettres se teintent
en effet d'une aigreur qui s'enfle au cours des mois.
En décembre 1514, toujours à Vettori, il termine par
un véritable cri du cœur : « Si vous me portez encore
autant d'amitié vous n'apprendrez pas sans en être
révolté l'existence obscure et sans gloire qu'est la
mienne [...] Ce qui m'irrite plus que tout, c'est
de voir tant de bonheurs pleuvoir dans notre cité
sur cette famille des Médicis alors qu'il ne me
reste, pauvre de moi, que les ruines de Pergame. »

Est-ce seulement pour apitoyer l'ami, le forcer à
agir, qu'il menace de tout quitter, qu'il s'abandonne à
des projets extravagants? Plutôt, écrit-il, que de
rester dans cette « pouillerie » (le mot revient sans
cesse) où je me ronge et où je vois bien que Dieu
m'oublie, je préférerais un jour quitter ma maison
pour aller m'engager comme secrétaire ou intendant
de quelque officier d'administration ici ou là dans le
district, ou bien encore dans un bourg aussi perdu
que celui-ci; j'irais apprendre à lire aux enfants,
j'abandonnerais ma famille « pour laquelle j'entends
ne pas compter plus que si j'étais mort »; ils se
passeront de moi, je leur suis trop à charge, habitué
que je suis à bien dépenser et ne pouvant vivre
sans.

LA « MAISONNÉE »

La famille compte pourtant. Pendant toutes ces
années, avant et après 1512, Nicolas continue à
exercer de plus ou moins près son rôle d'aîné, de chef,
à conseiller et même à aider comme le faisait son
père des parents éloignés, à régler au moins mal
quelques affaires domestiques. Comme Bernardo
autrefois, il intervient volontiers pour faire rendre
justice. Quand il était secrétaire, cela lui était aisé.
Rien d'étonnant alors à ce que telle ou telle lettre
officielle, pour un compère, un ami, un subordonné,
ou un haut personnage, se termine par un appel
discret à une recommandation. Chacun s'entremet-
tait volontiers pour lui; en décembre 1506, Agostino
Vespucci, qui avait été son adjoint à la chancellerie,
lui écrit de Bologne pour l'informer du peu de chance

qu'un joaillier, récemment installé dans la ville, puisse un jour rembourser l'un de ses parents. Cet homme, un nommé Gian Marco, ne posséderait en tout et pour tout qu'une maison, assez bonne, mais « engagée dans d'inextricables hypothèques et garanties »; il ne peut même pas y résider; il a, de plus, deux très jeunes enfants « qui marchent aussi mou que des tourtes balourdes » et sa femme, pour fuir le misérable taudis qu'il a loué, loge dans un couvent. On n'a rien pu savoir de plus « malgré les investigations les plus poussées » et au total « on ne voit pas là beau gras à sucer ». Ce parent, dont on tait soigneusement le nom, savait qu'il pouvait compter sur Nicolas, homme en place, soucieux de servir les siens et de consolider la solidarité du groupe. Tout un petit peuple de cousins ou neveux, d'alliés plus ou moins proches, devaient eux aussi l'assaillir de suppliques.

Mais, après sa disgrâce, Machiavel a déjà fort à faire à se préoccuper de lui-même pour ne pas trop sombrer et ses sollicitudes ne peuvent certainement guère s'étendre au-delà d'un petit cercle familial qui pose pas mal de problèmes. C'est la « maisonnée » qui lui tient à cœur et qu'il retrouve autour de la table commune à chaque repas : Marietta, sa femme, ses deux fils, une de ses filles et ses enfants, deux petits-neveux parfois. Lorsqu'en 1520, Machiavel arrive enfin à quitter Florence et le *contado* pour exécuter de petits travaux dont il a été chargé ici et là, son fils aîné Bernardo lui écrit de simples billets familiers, assez laconiques, où il se montre affectueux. Il reste présent, apprend de petites nouvelles, la santé de chacun, la naissance d'un enfant (« Maddalena vient d'avoir une fille et l'a baptisée Orietta »). On attend son retour comme un événement :

« Madame Marietta vous fait savoir de revenir vite et de lui rapporter quelque chose. » On s'efforce de le tenir au courant des récoltes, de le contenter aussi car c'est lui toujours qui donne les ordres et, de loin, dirige les travaux : « Le vin que vous nous aviez dit de vendre, nous l'avons placé vin pour vin. » A chaque moment, ce sont quelques lignes écrites à la hâte, avec une mauvaise plume (« ... qui ne va pas fort... »), à la lueur d'une pauvre chandelle; des courtes missives espacées lorsque pressent les travaux des champs (« le temps ne nous laisse pas faire toutes les moissons... ») mais qui disent, au long des ans, la forte cohésion de cette communauté familiale accrochée à de maigres ressources et le soin de Nicolas de tout surveiller et de prendre en charge le destin de chacun.

Quant à l'établissement des fils, faute de textes assez précis, on ne saurait les suivre dans toutes leurs vicissitudes. Mais, là encore, quelques leçons fort intéressantes se dégagent sur la façon dont Machiavel, chef de famille, fait face aux difficultés, s'adapte après sa disgrâce à une situation peu brillante. C'est là un trait de caractère, une vertu, que ce pragmatisme, ce sens du réel, qui définissent parfaitement l'homme.

Somme toute, avec de meilleures armes ou davantage de chance, il avait lui-même suivi d'assez près la voie tracée par son père, celle de l'administration publique : études du droit, des belles-lettres, emplois de secrétaire, d'officier de la Seigneurie soit à Florence soit dans l'un des bourgs du *contado*. Que Bernardo ait fait de son second fils Totto un homme d'Église n'a rien pour surprendre : on reste dans la même ligne d'études et de compétences, d'ambitions et de projets. Les trois hommes, habités par les mêmes préoccupations, pouvaient très bien s'entendre et se répondre. Leurs espérances s'arrêtaient aux mêmes horizons : l'attente des offices, le service de la Commune ou de l'Église; toujours cette dépendance des maîtres et le même genre de vie, les mêmes inquiétudes. En arrière-plan, deux ou trois maigres domaines à la campagne assuraient un repli, un noyau de ralliement et procuraient en tout cas le pain et le vin.

Il semble que dans le temps où Nicolas pouvait s'imposer dans les conseils et auprès de quelques grandes familles, alors qu'il était en mesure de se faire connaître dans les cours, ou au moins dans celle du pape, il n'ait pas imaginé d'autre route pour son fils aîné Bernardo que celle, semée d'embûches, qu'il venait de parcourir avec un certain bonheur, dont il connaissait bien les détours et les obstacles. Pour ce Bernardo, qu'il avait préparé à la vie pendant les années fastes, il rêvait sans doute d'une carrière tranquille : il le voyait nanti d'une bonne charge, aidé par un cercle d'amis et de protecteurs; un fils qui pourrait recueillir les fruits des services rendus par le père. Carlo degli Albizzi, dans une courte lettre adressée de Bologne en novembre 1506, l'assurait de toute son amitié, le félicitait chaleureusement de son élection comme secrétaire de la nouvelle magistrature des Neuf de la Milice, lui donnait largement du titre de « Magnifique » et lui confirmait son désir d'être le parrain de l'enfant que portait Marietta : « Je viendrai tout exprès et si je ne puis venir, je me ferai remplacer; en tout cas prévenez-moi à temps car vous m'offenseriez si vous ne m'écrivez pas. » Surtout il se préoccupe de l'avenir de son fils aîné : il faut s'enquérir d'une charge convenable; il promet

d'en parler au cardinal de Pavie, Alidosi, alors bien
en cour à Rome, favori du pape Jules II. De fait, la
lettre parle de « quelque bénéfice » et sans doute
Nicolas avait-il choisi l'Église pour son premier
garçon. Nous sommes en 1506, à un moment donc
où la fortune sourit à Machiavel et où il peut
compter sur de puissants appuis. Ces Albizzi restent très influents à Rome et, au cours de cette
même année, Nicolas, envoyé auprès du pape, voit
souvent les cardinaux – notamment Monseigneur de
Pavie –, se fait connaître et parle des siens.

Ces démarches s'inscrivent naturellement dans la
tradition paternelle. Mais cet avenir d'officiers, de
bureaucrates, forcément précaire, soumis à tous les
conflits d'influence, se trouve brutalement compromis, tant à Florence qu'à Rome, par les événements
de 1512-1513.

ANDRINOPLE OU LES MIRAGES DE L'ORIENT

Machiavel doit rompre avec cette politique, chercher ailleurs et, pour Ludovico, le second de ses fils,
il songe à une autre vie, le lance pendant quelque
temps dans la grande aventure de la marchandise.
C'était trancher avec les habitudes de sa propre
famille car, dans le passé de ces Machiavel de Sant'
Andreà, ne se trouvait aucun grand marchand, aucun
véritable engagement dans de lointains trafics. Bernardo, le père de Nicolas, vendait son vin, troquait
son huile, faisait tisser des pièces de toile mais
n'investissait pas son argent outre-mer. Dans ses
comptes, l'apothicaire n'apparaît que pour les potions
ou sirops lors de la grande épidémie. Pour les soieries

et autres merveilles de l'Orient, on s'en tenait au strict minimum : c'était un luxe exceptionnel, une curiosité. En somme, une famille qui, sans ignorer quelques facilités de la ville, compte surtout sur les ressources de la terre. Leur vie se calque sur celle des paysans et les neveux ou cousins qui partent vers d'autres horizons font figure d'audacieux.

Le choix de Nicolas prend ainsi toutes les couleurs de l'aventure. Que l'on sache, les Machiavel, proches ou plus lointains parents, ne dirigent pas de grandes affaires ; leur nom ne figure à la tête d'aucune grande compagnie. Ils ne disposent pas de capitaux et ne signent pas de contrat d'association pour commercer en pays étranger, pour y établir filiales ou succursales. L'argent, lorsqu'il en reste, était sagement placé à la banque publique de Florence, le *Monte,* simplement pour assurer le moment venu une dot convenable aux filles ; les Machiavel n'ont ni expérience des marchés et des marchandises, ni relations d'affaires. Il leur faut partir de rien, et donc beaucoup risquer. Pas question pour eux de s'insérer dans les réseaux déjà en place à Florence même, où les familles se connaissent bien et veillent à se protéger de l'intrus non recommandé, et pas davantage dans l'une des bonnes et grandes cités d'Occident. Impossible aussi de participer à l'une de ces compagnies marchandes qui ont fait la fortune ou, du moins, la renommée de la ville : il faudrait de l'or et des protections. Ni le val Percusina, ni l'Oltrarno, le quartier de San Felice à Florence, ne participaient activement aux grands mouvements d'affaires ; l'*Arte di Calimala,* celui des grands marchands, tenait depuis toujours ses assises sur l'autre rive... et maintenant dans l'ombre des Médicis tout-puissants, sourcilleux, détenteurs de monopoles.

Il faut aller hors des sentiers et des marchés battus, sans aide ni assurance, en emportant avec soi sa pacotille. Il faut prospecter, innover et oser en pays difficiles, voire hostiles – car seules ces routes-là restent ouvertes aux nouveaux venus – et rejoindre ainsi, pour un temps, le petit groupe anonyme des exilés. Et les deux Machiavel, Nicolas et Ludovico, qui rêvent de belles fortunes, s'y engagent non sans risques pour un profit aléatoire.

L'entreprise s'amorce, semble-t-il, avec Giovanni Vernazza. Celui-ci est un parent de Nicolas, fils d'un Francesco, mais on ne sait rien d'autre de lui. Dès août 1513, il se trouve « dans le Levant » où Nicolas lui envoie une lettre qui témoigne d'une correspondance poursuivie déjà depuis quelques mois. Il lui donne rapidement des nouvelles de la famille : « Marietta a eu une petite fille qui est morte au bout de trois jours; elle va bien »; puis il l'abreuve de bons conseils : « Tu dois mieux écrire et plus souvent, ne pas te contenter d'avis si rares et si confus qu'on ne peut en tirer rien de précis; fais en sorte que tes correspondants aient l'impression d'être près de toi. » L'ex-secrétaire est ici à son affaire... Nous pressentons un négoce bien engagé, pour un petit groupe de parents : on parle de Lorenzo Machiavel, correspondant de Vernazza, et d'un autre Machiavel, Giovanni qui, d'Orient, a confié des étoffes à un Neri del Benino; ces étoffes seront vendues à l'étalage dans la boutique d'un Filippo, sans doute bien connu et familier de tous puisqu'on ne dit pas son nom de famille. Nicolas se recommande au bon souvenir de Giuliano Lapi, consul des Florentins à Andrinople. Peut-être est-ce par lui que leur a été ouvert ce chemin de l'Orient.

Quelques mois plus tard, en avril 1514, Giovanni

Vernazza est à Péra, en face de Constantinople, de l'autre côté de la Corne d'Or. Du fond de sa campagne, Nicolas veille toujours, scrupuleux, un peu agaçant sans doute, aux intérêts de son parent qui l'appelle « son presque père ». Il lui propose, le plus simplement du monde, de négocier son mariage aux meilleures conditions : « Il y a par ici un homme de métier fort riche qui a une fille à marier; elle boite quelque peu mais est par ailleurs très belle, bonne, capable et experte, d'une famille honorable qui jouit de tous les droits civiques. » Promesses du père : 2 000 florins de dot en pièces d'or sonnantes plus une boutique de drapier où Giovanni pourrait s'établir. Qu'il y pense bien, il doit lui rester environ 1 500 florins de capital... S'il le faut, on retarderait le mariage de deux ou trois ans pour qu'il reste à Constantinople afin de terminer ses affaires et amasser un peu plus d'argent.

Épouser la fille d'un maître artisan, ouvrir une boutique, est-ce déchoir pour un parent des Machiavel? On touche ici du doigt la condition bien modeste de ces marchands aventuriers, sans appuis, expatriés pendant des années, contents sans doute au retour, nantis tout juste d'un assez maigre pécule, de prendre femme dans une famille du peuple. Pour son neveu, Nicolas n'ambitionne pas plus.

Mais le mariage ne se fait pas. En janvier 1517, Giovanni est encore à Péra, célibataire, et Nicolas continue de prendre ses intérêts à cœur : « Il n'est personne que j'estime autant que toi. » Il se félicite d'apprendre de toutes parts, par des amis communs, que sa situation s'est bien améliorée, qu'il a maintenant beaucoup plus d'argent et peut prétendre à un meilleur parti; il lui parle, sans la nommer, d'une femme « belle, bien dotée et femme de bien... et qui

resserrerait notre parenté ». Qu'il lui écrive ce qu'il
en pense, sinon ce qu'il désire. Les années passent, et
Vernazza se trouve toujours à Péra en 1520, puis en
1521; on ignore la suite.

Ludovico, le deuxième des fils Machiavel, l'a
rejoint. Il suit son exemple; quelques lettres aidant,
c'est lui que nous connaissons le moins mal de toute
la famille. En 1517, il est encore à Florence ou à
Sant'Andreà avec sa mère et ses deux frères. Mais
son père a toute confiance en Vernazza : « Toi dont
j'espère, si la fortune t'élève à quelque bon emploi
honorable, que tu rendras à mes enfants ce que j'ai
fait pour toi »; et il tente le risque.

Voici donc, on ne sait trop quand exactement,
Ludovico à Andrinople, lui aussi lancé dans ces
trafics d'Orient. Les affaires ne vont pas toutes
seules, témoin sa longue lettre indignée du mois
d'août 1525, toute ponctuée d'invectives, où il se
plaint des hommes qui l'ont trompé, ont sali sa
réputation et lui ont fait manquer des marchés; un
Carlo Machiavel a fait le tour des boutiques de la
ville pour raconter que toutes les pièces d'étoffe que
lui, Ludovico, se préparait à vendre, ne valaient rien,
n'étaient que des rebuts (« ... des draps de premier
choix pourtant! ») En outre, ce misérable refuse de
lui verser les 223 ducats qu'il lui doit, ce qui
l'empêche d'aller à Péra continuer son négoce. Mais
on verra bien...; il se plaindra au bayle : « Et que je
crève s'il ne monte pas là-haut! »

Ce fils manifestement ne manque pas de tempérament; il s'emporte pour tout, achève ses discours
épistolaires, au demeurant assez embrouillés, par de
méchantes exclamations : « A bon entendeur...! » Ce
sacripant (c'est un prêtre...) coupable de tant d'affronts, que Nicolas le poursuive, qu'il veille à le faire

condamner, le confonde, le fasse chasser de l'Église. Bien sûr, cela risque de coûter gros, « de nous crever les deux yeux pour en crever un au bonhomme... » Est-ce la peine? Le séjour aventureux en Orient s'achève dès mai 1527 : voici Ludovico à Ancône, s'inquiétant de beaux et grands chevaux qu'il fait vendre par son père au pays; il lui en reste encore sept.

A vrai dire, on voit mal le profit qu'il retire de cette affaire. Si Giovanni Vernazza, satisfait de peu sans doute, prétend s'être enrichi, l'aventure Ludovico se résume à peu de chose : des draps de Florence, lentement et péniblement acheminés par voie de terre jusqu'à Andrinople, que l'on tente de vendre sur place et qu'il faut sinon conduire jusqu'à Constantinople : « Je m'en tire comme à l'ordinaire et réalise de modestes bénéfices. » C'est une bien modeste entreprise où interviennent plusieurs hommes des Machiavel, dont on démêle mal les liens de parenté. Il ne sont pas toujours très satisfaits les uns des autres, ne jouent pas forcément franc-jeu et se poussent brutalement du coude; on emploie ou l'on commissionne quelques compagnons qui, eux, voyagent et accompagnent la marchandise. Rien ne permet d'imaginer une société stable ni, *a fortiori*, une compagnie en bonne et due forme, rassemblant des capitaux, partageant responsabilité et profits. Tout reste empirique, aléatoire, pour ne pas dire anarchique.

Bien sûr, pour la maison de Sant'Andreà, cette aventure, le temps qu'elle dure, apporte un souffle du large, d'exotisme et l'ouverture sur des mondes lointains. Vernazza leur a fait parvenir leur part d'une charge de caviar qui tombera à point pour le carême; il y en a vingt livres, « tout juste de quoi refaire connaissance avec mes parents et amis qu'il me semble avoir perdus ». Marietta lui réclame plus modestement, s'il revient, une pièce de camelot et des aiguilles de Damas, des grosses et des fines, de celles qui brillent. Ludovico, lui, n'envoie rien; il se plaint surtout car de si petits profits se paient cher. Il faut aller vivre chez les Turcs et encourir toutes sortes de dangers; à Ancône, il souffre encore d'un gros accès de fièvre après avoir passé plus de trente heures à Raguse, « où les hommes tombaient comme des mouches dans les rues, morts de la peste ».

Les lettres en outre n'arrivent pas. On reste des mois et des mois sans nouvelles puisqu'on ne peut les confier qu'à des messagers d'occasion. Aussi que de précautions! Nicolas écrit ses billets en double, les donne à deux personnes différentes, en envoie deux coup sur coup en rappelant l'essentiel. Que de plaintes aussi : « Cela me ruine l'âme que tu n'aies rien reçu de moi, c'est un coup de couteau au cœur... »; et encore : « Cela me paraît grand miracle que, depuis le 19 mai, je n'aie rien reçu de la maison. » Vernazza est resté plus d'un an sans pouvoir lire une seule ligne des Machiavel.

Pour ces hommes si peu habitués aux voyages lointains, c'est un exil insupportable. Ludovico ne songeait qu'à revenir au plus vite à la maison : « Je l'espère ardemment et j'espère que ce sera bientôt, si Dieu m'en accorde la grâce! » Sans compter tout ce qui se trame derrière votre dos pendant de longues absences. De Florence, en avril 1520, Nicolas met son cher Giovanni en garde : ses affaires vont mal et quantité de gens, qui ne valent pas grand-chose, se réclament de lui pour mettre des dettes à son compte; ils n'ont aucun garant et il lui faudra payer car personne de la famille ne veut intervenir : « Si tu ne reviens pas, tu perdras ici ton argent et ton honneur... tu resteras la proie d'un tas de créanciers! »

En fait, cette affaire d'Orient se solde par un échec. Nicolas, tellement désireux de forcer la chance, s'était engagé hors des traditions de la famille alors qu'il n'avait ni l'expérience ni le répondant : démarche audacieuse et désordonnée qui témoigne d'un certain courage ou d'un profond désespoir. De toute évidence, ces gens-là étaient trop démunis et isolés pour réussir. Tout leur manquait; ils ne pouvaient que rester gagne-petit. Passant leur temps et leur énergie à se nuire l'un l'autre, ils n'avaient même pas su s'entendre.

FLORENCE : LE JEU ET LES FEMMES

Malgré tant d'efforts pour rompre son isolement et sa triste médiocrité, la situation du pauvre Machiavel reste désespérément obscure. Tandis que la cour se ferme à toutes ses avances, le négoce, hors de portée ou mesquin, ne lui apporte aucun remède. De 1512 à 1520, pendant neuf années donc, Nicolas, désabusé, contemple son sort inchangé.

Sa vie s'écoule, égale, sans lustre, ni aisance. Mais l'image qu'il veut se donner d'un malheureux réduit à ne jamais sortir de son village noircit beaucoup la réalité. Pendant ces années difficiles, il n'a cessé de fréquenter assidûment la ville. Personne ne lui interdit sa maison de Florence ni celles de ses amis. Les Médicis n'ont certainement jamais songé à le bannir comme un chef de parti vaincu. Ils n'ont pas contraint Nicolas à vivre loin de la cité et même hors du

district car il ne présente aucun réel danger. Ils
savent qu'il n'est pas en mesure de lever une troupe
privée ou de soulever dans la ville tout un quartier : il
n'a ni clientèle, ni paysans à sa solde, ni forteresse.
C'est une disgrâce, non un exil et, en définitive, on le
laisse aller et venir, à condition qu'il ne quitte pas le
contado.

Le cœur en peine, lui habitué à courir les routes, à
visiter les villes et les cours, il se plie, respecte
l'interdit et ne tente même pas d'aller à Rome plaider
sa cause. Un moment, fin 1513, au début de sa
disgrâce, il avait pensé passer outre et répondre à
l'invitation de Vettori qui l'attendait. Mais est-ce
bien prudent? Ce serait à coup sûr trop se compromettre : « Il ne manque pas ici de gens bien informés
qui, pour se donner des airs [...] vous mettraient dans
le pétrin en vous laissant le soin de sortir. » Au retour,
lui permettrait-on de descendre de cheval devant sa
porte... ou le conduirait-on devant celle du Bargello,
la prison qu'il connaît bien. Quatre ans plus tard, en
1517, il désire encore partir, mais ce ne sont que
rêves, exercices littéraires dans un petit cénacle
d'amis qui imaginent ensemble de lointains voyages :
« Nous autres infortunés qui mourons ici de froid et
de somnolence [...] pour nous donner l'impression de
vivre toujours. » Machiavel, Buondelmonte, Morelli,
della Palla, tous préparent cette évasion et se croient
déjà en route vers la France.

Ses lettres, pour la plupart, ne décrivent que sa vie
de paysan; il s'y complaît. Veut-il apitoyer davantage
ou se placer dans la ligne de quelques exemples
illustres : « Je vis dans ma maison de campagne.
Depuis mes malheurs que vous connaissez, je n'ai pas
passé, tout bien compté, plus d'une vingtaine de jours
à Florence. » Mais nous ne sommes qu'en décembre

1513, et les temps difficiles ne font que commencer. De toute façon, comment le croire? Alors que Florence lui est tant nécessaire, que nous savons à quel point il s'y plaît et cultive ses relations ou en recherche d'autres.

Comme le faisait naguère son père, c'est à Florence qu'il vend les fruits et surtout le bois de ses domaines dans le premier hiver. Ses clients ne sont pas de simples relations d'affaires, mais des amis et des gens de bien : Battista Guicciardini, Tommaso del Bene, Filippo Ginori. La tramontane, plus tôt que d'ordinaire, fait rage et chacun en veut une trop bonne part, à trop bon prix. Chez Tommaso, femmes, enfants et servantes se sont mis à empiler les bûches à grand renfort de cris (« on eût dit Gaburra quand il rosse un bœuf avec ses garçons »). Mais Nicolas, qui pense à son profit, fait dire qu'à ce prix-là il n'en peut plus donner; et tous de lui faire la tête, Battista surtout, « qui met ce malheur au rang du sac de Prato ».

C'est, sous sa plume, l'occasion d'une petite scène de genre, brossée pour amuser et montrer son talent de conteur; en somme, un tableau de la vie citadine qui répond à celui de l'auberge dans le bourg, l'une et l'autre en annonçant quantité d'autres de la même veine écrites au fil des ans. L'anecdote dit aussi la permanence des amitiés, la complicité de ces hommes qui se retrouvent volontiers pour évoquer leurs souvenirs; ils font de petites affaires, jouent aux cartes ou au tric-trac, et deux ans après, déplorent ensemble la perte de Prato et la chute du régime Soderini. Ces solidarités restent très vives, jusque dans les négoces de chaque jour, dans les jeux et les divertissements.

Dans toutes ses activités, Nicolas se montre fidèle

à la même chapelle. Notre secrétaire déchu se tient
parfaitement informé des événements de la ville. Il
participe aux inquiétudes et aux angoisses des citadins, et ne manque pas de les rapporter dans ses
lettres. Tenir ainsi une petite gazette implique évidemment de fréquents et assez longs séjours, de se
mêler aux foules et aux cercles. Comme tout Florence, cette ville « qui est un aimant pour tous les
charlatans du monde », il s'émeut des prêches ven-
geurs d'un franciscain à demi-ermite qui, chaque jour
à Santa Croce, prévoit toute une pluie de malheurs :
un antipape qui fera d'autres cardinaux et divisera
l'Église, le royaume de France anéanti et l'Italie sous
la botte de l'Aragon; Florence mise à sac, privée de
messes pendant trois ans; partout la peste et la
famine; deux millions de démons entrant dans le
corps des moribonds pour les faire ressusciter ensuite.
Certes, dit Nicolas, « je n'ai point d'accointance avec
ces gens-là et n'ai pas entendu le sermon »; pourtant
il sait qu'on en parle « partout dans la ville » et en
demeure tout retourné, incapable de rendre, comme
à l'ordinaire, visite à la dame de ses pensées.

Cette femme, que lui-même et ses amis se compre-
nant fort bien nomment prudemment dame Riccia,
reste pour nous un mystère. On sait que Machiavel
l'avait connue avant ses grands malheurs : il était allé
la voir dès son retour de Lyon, en 1510; sans doute
était-elle plus ou moins apparentée à la famille de'
Ricci. On imagine que, plus tard, lorsqu'il était reçu
dans sa maison il éprouvait auprès d'elle le sentiment
réconfortant de compter encore dans certains bons
milieux qui auraient pu le renier; c'était en outre
l'occasion de briller, de développer ses idées et
considérations politiques devant des oreilles qu'il

pensait attentives, d'analyser savamment le cours des choses.

Certes, elle lui permet « de prendre quelques baisers à la dérobée » mais, il l'avoue lui-même sur un mode plaisant, il finit sans doute par l'ennuyer prodigieusement et l'agacer; il l'a surprise à dire à une servante à voix suffisamment haute pour être entendue : « Ces hommes sages et doctes, où donc ont-ils la tête? ils me paraissent vouloir tout prendre à l'envers. » Vettori le console comme il peut : la vie toujours nous en fait voir de toutes les couleurs! elle n'a pas cessé de l'aimer et chacun la sait bonne et gentille.

Chez Donato del Corso, autre maison amie et accueillante, c'est une tout autre musique. Affairiste, boutiquier douteux impliqué dans des commerces troubles, tenancier de tripots, Donato est pourtant – selon Nicolas – son compère dans la ville. Il reçoit volontiers le petit cercle de joueurs, beaux parleurs, se prête toujours à leurs forfanteries et se laisse complaisamment berner. Il accepte de faire les frais de farces d'un goût vulgaire, encourage de petites débauches; homme de souche obscure, au passé incertain, le voici ainsi aimé et choyé de chacun. A peine sorti de prison, le 18 mars 1512, Nicolas assure Vettori « que toute la bande se recommande à son bon souvenir, depuis Tommaso del Bene jusqu'à notre Donato »; en réponse, le digne ambassadeur, si timoré pour pousser ses recommandations auprès du pape, insiste lui aussi : « Parlez de moi à Donato et à toute la bande qui hante sa boutique le soir; saluez-les tous! »

Ce Del Corso, boute-en-train, bouffon du groupe, vient d'ouvrir une autre salle de jeu, « une boutique à faire couver les pigeons » et court de l'une à l'autre, affairé. Il « a tout l'air d'un parfait ahuri », s'emploie pourtant à faire reconnaître ses droits de citoyen dans l'espoir de voir son nom admis dans les « bourses » du tirage au sort pour les conseils et petites magistratures. Il y tient et fait agir ses compères, tous ceux qui lui doivent du bon temps, divertissements ou rencontres galantes. Nicolas s'entremet, encore par Vettori : « Nous sommes bien décidés lui et moi à vous donner un peu de tintouin. » Déjà le cardinal Jules de Médicis l'a accepté dans son parti, faveur qui en étonne plus d'un, mais il faut encore qu'on l'inscrive sur les rôles et qu'il soit « vu au palais ». Faut-il rappeler qu'un jour ou deux après leur retour Donato a prêté aux Médicis 500 ducats et qu'ils les lui doivent toujours?

Vettori s'explique, se justifie, rapporte ce qu'il a pu faire pour servir l'ami, comment il rend visite à tout le monde, à chacun des Médicis, au pape, au cardinal, au « magnifique Lorenzo » (Laurent, duc d'Urbino); tous lui ont donné « franche promesse que Donato sera mis dans les bourses ». Il a encore prêté 200 ducats et l'on parle aussi d'une autre avance, par une lettre de change de 100 ducats... mais qui n'est valable que six mois plus tard « et ne sera remise que si l'affaire trouve bonne voie ». Ce Laurent de Médicis promet toujours et se fait bien payer; l'affaire traîne, cela en devient indécent. Donato « qui s'est gonflé d'un tel espoir que sa chemise ne lui touche plus le derrière », renvoie, par les Del Bene qui se prêtent à toutes ces combinaisons, la lettre de 100 ducats maintenant périmée, propose davantage, dit qu'il ne faut rien ménager et surtout ne jamais parler d'économiser. Finalement rien ne se fait et, cinq années après le prêt de 500 ducats, Nicolas en est encore à solliciter pour son protégé le remboursement de la dette, écrivant non plus à Vettori, sans doute usé de ce côté-là, mais à Ludovico Alamanno Salviati auquel il impose l'exposé de toute l'affaire depuis le début : « Je sais que je n'aurai aucune peine à vous prouver à quel point j'aime Donato del Corso... »

Quoi qu'il en soit, cette amitié dont l'histoire est ici fort résumée lui aura coûté beaucoup d'encre, de démarches sinon de compromissions. L'histoire ne manque pas d'intérêt : elle permet de démonter par le menu le processus si complexe de ces interventions, les diverses façons de faire le siège des personnages influents; et, pour ceux-ci, de promettre sans tenir, d'accepter cadeaux ou prêts à fonds perdu. On voit là comme les Médicis, maîtres de la cité mais à court d'argent, n'hésitent pas à recourir à un homme de si piètre réputation; ils l'ont bien accueilli en somme dans leur faction, ils sont ses obligés et l'on imagine ce que devaient être ces clientèles des puissants, ce qu'elles devaient compter d'hommes de main, de petits financiers complaisants.

Au cours de ces cinq années, Nicolas s'est dépensé sans relâche et a fait flèche de tout bois malgré un ton souvent léger, comme s'il voulait marquer par une touche d'ironie un certain recul – « ... le moyen de ressusciter ces 500 ducats!? » Voulait-il seulement s'assurer la reconnaissance d'un homme riche? Le voir accéder à un office et jouir alors de sa faveur? Plus simplement, Donato le distrait de cette existence « qui a tout l'air d'un mauvais songe ». Chez lui il peut oublier, trouver d'agréables conversations, des complicités, le jeu et les femmes : « Nous allons ensemble chaque jour chez quelque fille pour reprendre des forces. Hier même, dans la maison de Sandra di Piero, nous nous sommes bien divertis à voir passer sa procession (de filles, de courtisanes?) [...] c'est de cette façon que nous trompons le temps. »

Ces compagnies lui plaisent; il est persuadé de ne pouvoir s'en passer. Que ces amis le délaissent un peu, se fatiguent, se trouvent pris par leurs propres affaires ou leurs amours, le voici malheureux, amer. En avril 1513, un moment, la bande se disloque : « Le groupe que vous savez est à la débandade et il n'y a plus de pigeonnier pour nous rassembler et chacun de nos boute-en-train tient son grain de déraison. » Ce pigeonnier où les pigeons font leur nid et se font plumer, c'est bien sûr le tripot de Donato. Mais tous l'ont déserté. Tommaso del Bene, sombre, rustre, ennuyeux, se montre minable et pingre au point de faire une comédie pour quatre sous que lui doit Machiavel; il les lui réclame chaque jour, à hauts cris jusqu'en plein Ponte Vecchio. Girolamo del Guanto, autre compère, a perdu sa femme; pendant trois ou quatre jours, il en est resté « comme un barbillon tout assommé »; depuis il ne fait que parler nouveau mariage. Quant à Orlando, il s'est entiché d'un garçon de Raguse et personne ne peut l'approcher.

Un an plus tard, Nicolas qui fréquente toujours avec tant de plaisir le tripot de Donato et la maison de dame Riccia sent qu'il les fatigue l'un et l'autre : « Lui m'appelle trouble-fête et elle trouble-maison. » Il lui faudrait une autre maison et, si l'un des amis de Rome en connaissait pour lui quelqu'une autre », il ferait bien de le lui écrire.

Voilà donc une image de Nicolas Machiavel qui ne correspond guère à celle que le pauvre exilé dessine souvent lui-même dans les suppliques qu'il envoie à Rome. Une image insolite peut-être, déconcertante si l'on songe au sérieux du personnage et de certains de

ses écrits. Mais n'est-ce pas dans cette société des
boutiques, des tripots, des maisons des filles ou de
femmes seules qu'il trouve des modèles pour ses
poèmes libertins ou satiriques et pour quelques scènes de ses comédies?

Si l'expérience des bureaux et des cours, des
missions auprès des princes, avaient certainement
mûri ses réflexions politiques, celle-ci lui donne
d'autres exemples : elle va nourrir une veine différente, mais non négligeable.

CHAPITRE X

Les Orti Oricellari

Homme d'action, politique avisé, Nicolas Machiavel s'efforce de couler son discours dans des moules
façonnés, de s'adapter, parfois même servilement, à
des genres qui ont fait recette depuis longtemps et
sollicitent alors les auteurs.

Comme tout humaniste de son temps, à la ville,
dans les universités et à la cour, il ne se contente pas
d'admirer les grandes œuvres de l'Antiquité, de les
lire et de les méditer, il s'attache constamment à les
imiter. Sans aucune pudeur, il multiplie les
emprunts, truffe son propos de citations ou de
réminiscences à peine voilées, soit pour combler les
vides, soit pour faire étalage de son savoir et se
hausser au rang des érudits. Des passages entiers de
ses œuvres, de suites d'anecdotes, de répliques et de
mots d'esprit qu'il aligne souvent sans faire le moindre effort pour les mettre en forme, témoignent de
cette manie de démarquer le poète ou l'historien
latin. A certains moments on ne trouve plus qu'une
suite ininterrompue d'adaptations du texte antique :
seuls changent les noms des personnages; et quelques
allusions à la situation présente, quelques italianis-
mes, du parler toscan précisément, n'introduisent que
des nuances.

Ces livres de référence qu'il lit et relit, qu'il annote, pille ou imite, Machiavel en possédait chez lui un certain nombre. Il a gardé ceux que son père avait rassemblés tout au long de sa vie, et ses voyages, ses relations d'affaires et d'amitié lui ont donné maintes occasions de se procurer des manuscrits ou des nouvelles éditions. Nous n'avons malheureusement aucun moyen d'évaluer ou même d'imaginer ce que pouvait représenter sa bibliothèque puisque il n'en existe ni inventaire, ni partage après sa mort.

Nous ne pouvons pas davantage suivre ses achats. Grâce à une lettre de juin 1508, nous savons que Nicolas se montre exigeant puisque nous le voyons solliciter ses amis pour qu'ils lui trouvent exactement ce qu'il désire, même hors d'Italie. Cesare Mauro, un de ses commis, scribe à la chancellerie, lui écrit de Cologne pour lui dire combien il regrette de ne pouvoir lui procurer les livres qu'il cherchait; à son grand étonnement et bien qu'il ait soigneusement fouillé les bibliothèques, il n'a pu les découvrir à Cologne même; il ne les a pas trouvés non plus dans les environs, dans ces villes qui pourtant « regorgent de collèges de belles-lettres ». Bien sûr, dès qu'il aura mis la main dessus, il les lui enverra : « Considérez alors que vous les avez puisque, bien loin de vous oublier, je vous suis tout acquis, mon corps, mon âme et ma modeste bourse. »

Curiosités de bibliophile? Sûrement pas. Machiavel ne collectionne pas les manuscrits antiques, ni les livres de son temps enrichis de belles enluminures, ni même les éditions récentes, parfois rares et encore très chères. Son ambition n'est pas là; ses moyens, d'ailleurs, ne le lui permettent pas. Il cherche simplement à s'entourer de volumes utiles à ses propres travaux, à la campagne. Ce sont ses compagnons, son réconfort dans les jours sombres. Il l'écrit à Francesco Vettori, et c'est là, dans un style un peu fleuri, une des plus belles pages qu'il ait rédigées. Après les durs travaux du matin, quittant ses bois et ses bûcherons, il s'en va d'un pas alerte vers la fontaine et la volière, un livre sous le bras : « Tantôt Dante ou Pétrarque, tantôt l'un de ces petits poètes comme Tibulle, Ovide ou autres; je me délecte de la lecture de leurs amours qui me rappellent les miennes et ces aimables pensées me tiennent en joie de longs moments. » Le soir, à la nuit tombante, il regagne son logis, quitte ses habits de paysan et, dans son petit cabinet de lecture, parmi ses livres posés sur les pupitres ou rangés dans les coffres, joue un autre personnage, cher à son cœur : « Je me dépouille de cette défroque grossière du jour, maculée de fange et de boue, pour endosser de beaux habits de cour, comme auprès du roi ou du pape [...] J'entre dans les cours antiques des hommes de ce temps-là. » Ils l'accueillent, lui parlent longuement; il les interroge, se nourrit de leur conversation, de ce plaisir pour lequel il est né et qu'il chérit par-dessus tout : l'amitié des hommes de vertu, de ceux qui ont fait la grandeur de la Grèce et de Rome. Parfois il lit pendant quatre heures, sans interruption : « Je ne sens pas le moindre ennui, je ne pense plus à mes malheurs, je ne crains plus la pauvreté et même le mot ne m'effraie plus. » Cette magie de l'étude l'élève, le transporte dans un autre monde.

Cette lettre si bien tournée idéalise certainement quelque peu et forge une image : celle de l'homme politique devenu homme d'étude et de cabinet penché sur ses livres, qui ne fréquente plus que des auteurs d'un monde révolu et recueille leur science

par une intimité de tous les jours; l'image en somme
qu'il désire faire connaître à Rome, ville du pape,
ville de cour et de savants.

Tout ici n'est pas invention et comment comprendre l'œuvre de Machiavel, ses poésies et ses comédies, ses traités historiques ou politiques sans admettre cette fréquentation assidue des textes anciens?
Comment n'y pas voir le reflet d'une parfaite connaissance de quelques bons auteurs?

LES CERCLES À LA MODE

La Grèce et Rome, l'exercice des belles-lettres,
Nicolas ne les pratique pas seulement en solitaire, à
la campagne, enfermé dans une tour d'ivoire, du haut
d'un superbe renoncement. Cette volonté d'écrire n'a
rien d'un repli sur soi-même : elle est une démarche
délibérée pour retrouver quelque notoriété, se faire
apprécier et connaître. Et c'est pourquoi nous le
voyons la partager avec nombre d'amis, patrons ou
protecteurs, conseillers et censeurs de bon goût,
capables de juger un poème ou une comédie, des
hommes de bonne renommée, qui ont une fortune
bien assise et, par leur famille, un certain poids
social. Le secrétaire déchu fréquente donc, autant
qu'il le peut, un de ces cercles littéraires que secrète
alors et nourrit toute ville d'Italie et que l'on appelle
ici *studio,* là *accademia.*

Ces cercles, qui s'étaient multipliés un peu partout
dès les premières années du Quattrocento, prolongeaient ou concurrençaient le groupe des écrivains de
cour, leurs écoles et leurs cénacles. Il s'agissait le

plus souvent de petites assemblées de fidèles qui cultivaient une même ferveur pour les auteurs anciens, les belles-lettres et les travaux de plume. Ils traduisaient et commentaient les meilleurs textes latins en italien, et les grecs en latin, accueillaient les écrivains des autres villes en voyage ou entretenaient avec eux de savantes correspondances. La réputation d'une académie dépassait ainsi largement les frontières de la province et soutenait le prestige de la cité.

Cercles littéraires, cercles politiques aussi... car ces hommes, ces intellectuels se complaisaient à brocarder les gens en place, à composer force épigrammes d'un goût plus ou moins douteux, à critiquer le prince et les siens, à mettre en vers les grands ridicules et les petits scandales. Leurs discussions sur les abus du temps, les faveurs mal distribuées, les affaires publiques mal gérées, mettaient parfois le régime dans une situation difficile. Le prince les accusait alors de comploter ou, pour le moins, de gâter l'esprit de ses sujets en leur offrant constamment des modèles d'irrévérence. A Rome, le pape Paul II, Vénitien d'origine, qui était pourtant un grand humaniste et s'entourait de savants et d'artistes distingués, fit fermer le *Collegio degli Abreviatori* en 1465 et, trois ans plus tard, en 1468, arrêter et condamner sévèrement plusieurs membres de l'*Accademia romana* qu'il accusait d'être un foyer d'idolâtrie, d'hérésie, d'impiété et de sodomie. Justifiée ou simple prétexte, l'accusation témoigne d'une opinion alors couramment admise.

Inutile de redire la réputation du poète, vagabond ou courtisan, en rupture de cadre sociaux et de ban. Bravant et bafouant les interdits, les convenances, les tabous, le poète s'attirait évidemment les foudres des

sermonneurs et même de durs châtiments. Trop
amoureux des fastes et des lettres antiques, férus de
mythologie, évoquant sans cesse les dieux et héros de
la Grèce et de Rome, citant parfois les philosophes
d'Athènes, plus admirateurs semble-t-il de la Rome
païenne que de la chrétienne, ces hommes de plume
tombaient facilement sous les accusations d'esprits
sourcilleux, fidèles aux formes et valeurs plus tradi-
tionnelles. Ils montraient volontiers une grande désinvolture face aux puissants, aux prélats surtout et,
plus encore, un goût avoué pour la fréquentation des
cabarets ou des maisons de plaisir, une grande liberté
de mœurs, inspirée sans doute des exemples et des
écrits de leurs modèles.

Agostino Vespucci, qui fut quelque temps l'un des
secrétaires de Machiavel, décrit avec amertume la
vie des poètes de cour à Rome, dans l'entourage du
pape et de ses cardinaux : « *Bone Deus,* les repas
qu'ils font, les vins qu'ils lampent après avoir rimail-
lé! Ni Vitellius ni Sardanapale, s'ils revenaient en ce
monde, n'y pourraient tenir. Ils sautent et dansent à
la manière des bacchantes; au palais l'on amène
chaque jour vingt-cinq femmes et même davantage
en croupe des cavaliers : on en a fait un lupanar de
toutes les turpitudes. » Agostino les envie et se ronge
les sangs. Cloîtré, affirme-t-il, dans une chambre
branlante sous les toits, il ne demande rien d'autre
que de rentrer au plus vite à Florence. Puis il conte les
heurs et malheurs d'un ami commun, Raffaello
Pucci, qui taquine les muses et improvise dans les
vignes de quelque grand seigneur ou marchand :
« convaincu d'être un bon poète et de se voir bientôt
couronné par l'Académie », l'animal nourrit de grandes ambitions mais en attendant il se paie du bon
temps « en compagnie toujours de quatre putains »,

redoutant pourtant – c'est encore Agostino qui parle – les vindictes d'un seigneur égratigné par l'un de
ses sonnets, ou une grave condamnation pour fait de
sodomie : « On aurait déjà brûlé vifs, à cette heure,
Pacifico, Massimo Fedro et quelques autres s'ils ne se
trouvaient réfugiés dans la maison ou d'un cardinal
ou d'autres grands personnages. »

L'image correspond parfaitement à l'idée que les
moralistes et les hommes de l'époque se font en
général du poète : un humaniste, affranchi de certains préjugés, méprisant les règles ordinaires. C'est
bien cette image-là que les poètes veulent donner
d'eux-mêmes, parfois contre toute évidence. Par
souci d'imiter certains modèles, de se conformer à
une réputation d'indépendance et de grande liberté,
ils s'affirment au sein de la société en se distinguant
des autres.

Par son environnement social, ses attitudes profes-
sionnelles, Nicolas Machiavel, bureaucrate scrupuleux, bon serviteur de l'État, respectueux des deniers
et des biens publics, n'est pas de ce monde-là. Mais
lui qui cherche avec tant d'application à faire une
nouvelle carrière dans le métier des lettres, finit-il
par en assumer les genres de vie et d'attitudes
mentales? S'intègre-t-il au milieu des gens de cour,
des rimailleurs d'académies plus ou moins obscurs,
des petits maîtres de petits cénacles, surtout pam-
phlétaires et plus souvent encore poètes galants? Ou,
malgré de sincères amitiés et d'assidues fréquentations, garde-t-il l'étoffe d'un homme indépendant,
d'un homme d'État et d'ordre?

On imagine ces groupes qui se font et se défont au
gré des circonstances, de l'audience d'un maître, de
courants d'opinion et du soin pris à cacher d'autres
intérêts. On parlait ainsi beaucoup d'un cercle d'amis

qui avaient pris l'habitude de se réunir loin des
autorités, loin des bureaux et du Palais, dans un
jardin qui appartenait à la grande famille noble des
Rucellaï, dans les Orti Oricellari (*Orti* : « Jardins »);
le cercle en prit le nom.

Se retrouver, palabrer, réciter des vers ou donner
la comédie et, bien entendu, festoyer et boire dans un
beau jardin, était alors une mode. Lieu de discussions
entre auteurs, le jardin littéraire s'impose. En ces
années 1400, les raisons d'un tel choix se devinent
aisément. Tout d'abord le goût d'une belle nature,
bien disciplinée, ployée aux desseins de l'homme; les
raffinés admirent les frais ombrages, les pampres des
treilles en automne, l'alignement des bordures et des
charmilles, l'élégance des statues de marbre et la
grâce des fontaines. Cadre propice aux rêveries, aux
chants, le jardin se peuple de souvenirs, de réminiscences antiques, d'allégories, et le poète aime y rimer
ses vers.

A Florence, depuis quelque temps déjà les familles
riches cherchaient à se ménager des résidences
agréables, mieux protégées des voisinages, de l'agitation des affaires. L'époque n'est plus où il leur fallait
habiter en plein cœur de la ville, y dresser leurs
maisons en blocs compacts protégés par de hautes
tours fortifiées, où les clans familiaux, les patrons et
les parents, les familiers et les clients, ces *consorterie*
en toscan, se serraient le long d'une rue étroite,
autour d'une petite place près de leur église particulière. Peu à peu, ce paysage cellulaire s'est effacé de
la ville; les familles ne dominent plus leur quartier de
la même façon; elles s'inclinent plus souvent devant
l'autorité de la Commune et ne peuvent plus prétendre fermer leurs îlots fortifiés. Elles agissent d'une
autre façon : corruption, distributions de bienfaits,

interventions frauduleuses lors des soi-disant élections ou tirages au sort pour désigner les membres
des conseils; en dernier ressort, elles suscitent des
mouvements de foules, des émotions dans les rues.

Pour s'établir plus au large, prendre ses aises,
certains lignages recherchent volontiers des quartiers
périphériques au pied de l'une des enceintes, près
d'une porte. Le terrain y est moins cher et moins
disputé par les voisins; l'accès et le ravitaillement en
fruits des domaines facilité, leur entrepôt dans les
caves ou les celliers plus aisé; la fuite vers les bourgs
du district, vers les châteaux amis, plus prompte...
Là, le maître peut reconstituer un paysage de *villa*
semi-rurale autour d'une demeure plaisante, avec
quelques dépendances, une grande cour ou mieux un
jardin ; allées, galeries ou péristyles, tonnelles. Dans
cette *villa* si proche de la cité, on s'installe à la belle
saison; les frères et parents achètent des terrains dans
le voisinage immédiat : le clan se forge une nouvelle
cohésion sociale et se sent protégé.

Ces grandes maisons entourées de jardins attirent
en outre moins l'attention que les palais du centre; les
réunions d'amis y soulèvent moins de suspicions. Sans
parler des rebelles, bannis, *fuorisciti,* condamnés à ne
pas paraître dans la ville, certaines personnes, dans
les moments difficiles, préfèrent ne pas trop se faire
remarquer; elles se tiennent à l'écart, ne se risquant
que dans les faubourgs ou les *borghi,* près des
murailles. Les jardins de quelques maisons nobles,
mal aimées du pouvoir, deviennent ainsi des lieux de
rencontres, de discours parfois suspects, pour des
hommes qui se situent en marge des groupes politiques du moment.

Le plaisir des ombrages et de la compagnie, un
calme relatif, conviennent parfaitement aux cercles

littéraires, à ces académies de savants, poètes, rhéteurs qui s'y trouvent à l'aise, heureux de pouvoir raisonner ensemble sur les sources et la nature du pouvoir en place, de le critiquer, d'aider de cette manière feutrée à précipiter sa perte. Petits cénacles donc, souvent cercles politiques, peu structurés mais pourtant actifs. Ainsi en est-il certainement pour les Orti Oricellari si chers au cœur de Machiavel.

JEUX D'ESPRIT ET COMPLOTS

Les Rucellaï ne s'étaient jamais trouvés à la tête de l'une des premières compagnies marchandes ni de l'une des factions lors des guerres civiles. Ils n'en tenaient pas moins leur rang depuis plusieurs siècles et possédaient de grands domaines dans la campagne toscane ainsi que plusieurs beaux palais dans la ville. On les avait vus intervenir vigoureusement dans les affaires publiques, n'hésitant pas à placer leurs gens. En 1343, particulièrement éprouvés par les exactions du duc d'Athènes, ils s'étaient beaucoup agités. S'associant à d'autres aristocrates pour comploter contre lui, ils avaient même projeté de le faire assassiner dans le palais des Albizzi où le duc devait se rendre le jour de la Saint-Jean pour voir passer la fameuse course du *palio*. Mais il n'y alla pas... Plus tard, Machiavel racontera longuement ces conjurations et la *cacciata* du duc dans ses *Histoires florentines;* il les décrit acharnés à donner l'assaut au palais afin d'empêcher le duc de sortir de la ville à la tête de ses troupes et de refaire ses forces au-dehors. Sans aucun doute, les Rucellaï ne s'étaient pas seulement soulevés pour défendre une idée « politi-

que », mais aussi pour sauvegarder leur fortune. Par
la suite, Machiavel « historien » les présentera
comme une famille fière de son passé, dont la
tradition était de défendre les « libertés communales » contre la tyrannie d'un seigneur, d'un tyran
abusif.

Avant et après sa disgrâce, Nicolas était très lié
aux Rucellaï. Les noms d'au moins quatre grands
personnages du clan apparaissent en bonne place
dans sa correspondance. Comme Machiavel lui-
même, les Rucellaï avaient servi le gouvernement
Soderini et s'étaient montrés suffisamment réticents
aux nouveaux maîtres : les Médicis. En janvier 1508,
c'est à Raffaello Rucellaï que Nicolas et Francesco
Vettori, alors délégués auprès de l'empereur à Bolzano, adressent une longue lettre, véritable procès-
verbal de leurs négociations. On ne sait si, après la
prise de Prato par les Espagnols, tous les Rucellaï se
rallièrent ou, au contraire, s'ancrèrent dans une
opposition de plus en plus intransigeante. Aucun
d'entre eux ne fut vraiment inquiété lors du complot
de 1512. Ils paraissent plutôt « sages », appliqués à
l'exercice d'une vertu sourcilleuse; c'est à ce titre que
Machiavel se tourne volontiers vers eux et leur tresse
des lauriers.

Dans le livre premier de *l'Art de la Guerre,*
Machiavel évoque les vertus de bon citoyen de son
ami et protecteur défunt, ce Cosimo Rucellaï à qui il
doit tant, et qui fut sans doute l'un des instigateurs de
ces rencontres amicales dans les jardins de la famille : « Rien ne lui tenait plus à cœur que la défense de
la patrie et il aurait donné sa vie pour elle. » Cet
homme, dont il ne peut dire le nom sans retenir une
larme, brûlait plus que tout autre pour tout ce qui est
grand et n'a eu qu'un regret, celui de mourir jeune,

dans son lit, avant d'avoir eu le temps de servir; tout
au plus pouvait-on dire de lui qu'il avait été un ami
fidèle. Nicolas vante aussi chaleureusement « la déli-
catesse de son esprit », ses dons pour écrire. Cosimo
leur a laissé un recueil de vers d'amour composé dans
sa jeunesse « sans avoir connu l'amour mais simplement pour occuper son temps... » Et d'imaginer alors,
pour les besoins de son *Art de la Guerre,* que son ami
eut de longs entretiens avec le *condottiere* Fabrizio
Colonna, précisément dans ce jardin où il l'avait
pressé de « questions heureuses et si sensées ».

Plus tard, ce sont aussi les Rucellaï qui complo-
tent. Après la mort du duc d'Urbino, de Laurent
(1519) et surtout la mort du pape Léon X (1521), les
Médicis n'ont plus d'appuis à Rome; leur tyrannie
exercée d'assez loin par le cardinal Jules et, sur
place, par le sinistre cardinal Gheri semble moins
assurée à Florence. Les poètes des *Orti* ont alors très
certainement prêté main-forte à la conjuration qui se
proposait de faire assassiner le cardinal Jules de
Médicis. Plusieurs d'entre eux, qui étaient restés
fidèles à l'ancien gouvernement et attendaient depuis
des années le moment d'agir, furent arrêtés. Incapables de former un véritable parti, de soutenir une
clientèle, d'attirer les foules pour une grande émeute
et encore moins de se faire acclamer sur la place
publique, ils limitaient leurs projets au cercle des
initiés; ils n'avaient pas d'appuis et d'audience vraiment « politiques » et ne comptaient que sur une
action brutale, de surprise, une action désespérée...

Sans doute leurs discours devaient-ils faire assez
grand tapage. On finit naturellement par en avoir
vent au-dehors, de sorte que les conspirateurs d'occasion se retrouvèrent en prison où on les jugea
sévèrement. S'il ne semble pas possible d'identifier

complètement ce complot de 1522 au petit cercle des
Orti Oricellari, on sait cependant que plusieurs des
amis furent gravement compromis et que les deux
condamnés à mort – décapités le 7 juin –, appartenaient l'un et l'autre au groupe : Jacopo Diacetto et
Luigi Alamanno Salviati. Luigi, le plus en vue et le plus
actif de tous, incarnait la fidélité à un régime, à une
certaine idée de la République florentine, une fidélité
renforcée peut-être par de vives inimitiés contre
quelques-uns des Médicis. Il était l'un des plus
proches de Nicolas Machiavel, un de ceux qui s'inté-
ressaient le plus près à ses travaux littéraires;
c'est à lui que Nicolas dédia sa *Vie de Castruccio
Castraccanie* et c'est lui qui mène le dialogue dans
l'Art de la Guerre. En 1527, Nicolas lui dédie un
sonnet où il clame son malheur sous ce coup du
sort :

> C'est lui qui me rendait la vie aimable.
> C'est pour lui, Mort, que je craignais tes dures
> attaques
> Maintenant que tu me l'as pris, quel mal pour-
> rais-tu me faire?

L'autre condamné, Jacopo, était également un
lettré qui partageait avec ses compagnons l'amour
des belles-lettres et des auteurs latins; la veille de sa
mort, dans sa prison, il composa une élégie où il
évoque leurs travaux et leur commun amour des
vertus :

> Éloignez-vous de mon âme, sombres soucis;
> Que la peur n'atteigne pas les cœurs libres.
> Pourquoi brandir ainsi, Parque, ta hache sinistre?

Ces quelques vers écrits en latin restent liés au souvenir du poète des *Orti* mort sur l'échafaud. Ses amis les firent apprécier dans leur entourage et plusieurs années plus tard, un simple marchand de la ville les cite pieusement dans son Journal où il rapporte les événements tragiques de cette année 1522 et l'exécution des deux jeunes gens.

Ces condamnations, sans aucun doute, émurent profondément la cité. Les hommes du petit cercle prirent alors figure de martyrs, en tout cas d'adversaires résolus d'une tyrannie qu'ils n'avaient cessé de dénoncer et dont on trouvait déjà bien auparavant de dure critiques dans certains discours de Machiavel.

Représentatifs d'une certaine forme de société littéraire, ces Orti Oricellari accueillent donc, à l'écart des grands bruits et des surveillances tracassières, un petit groupe d'amis. Unis par leur hostilité au pouvoir princier, ils ne se privent pas de lui lancer toutes sortes de piques, et quelques-uns, fort maladroitement semble-t-il, vont même jusqu'à stipendier des spadassins. Outre cet engagement, leur amitié s'enrichit d'une commune admiration pour les lettres antiques, le culte des héros et des auteurs, le désir de les égaler. Ils parlent de leurs lectures, leurs découvertes ou leur plaisir à retrouver les bons livres et, dans leurs lettres, s'appliquent à donner d'eux l'image d'hommes qui vivent chaque jour dans l'intimité de la Rome antique, d'hommes qui se ménagent de longues heures pour les passer avec leurs auteurs préférés.

Ainsi, à Rome, Vettori ne se rend au palais, auprès du pape, que de temps à autre, tous les deux ou trois jours, dit-il; il dîne avec les siens puis, si le temps le permet, va chevaucher dans la campagne; mais, la nuit venue, il rentre chez lui relire ses livres d'histoire

romaine : Tite-Live, Florus, Salluste, Plutarque,
Appien, Tacite, Suétone, et ces autres historiens, qui
parlent si bien des empereurs, Hérodien, Ammien et
Procope : « C'est avec eux que je passe le temps. » Sa
charge et ses travaux d'ambassadeur ne le passion-
nent guère : « J'écris tous les quatre jours aux seigneurs des Dix pour les informer de quelque fadai-
se... », tandis que la lecture de ces ouvrages l'inspire :
« Je songe à tous ces empereurs que cette Rome
infortunée qui jadis faisait trembler le monde a dû
supporter et pense que ce n'est pas grande merveille
qu'elle ait pu encore supporter deux pontifes de la
nature des deux derniers. » La curiosité pour l'histoire de Rome, l'admiration de ses hauts faits, les
réflexions sur ses malheurs ne constituent pas un
simple passe-temps; ils conduisent à une méditation
sur le présent et renforcent une conviction que
l'histoire de Rome vient affermir.

Académie littéraire et fraternité politique, les *Orti*
ne se coulent dans aucun moule structuré. Les
circonstances dictent les façons d'être et l'on y parle
ni de règles ni de statuts. Les *Orti* forment simplement une petite société composée d'amis qui s'estiment, s'amusent ensemble, aiment à se retrouver, à
se donner des nouvelles les uns des autres, à monter
des farces, ou encore à se rendre des services
galants.

PETITS SCANDALES

Entre 1513 et 1520, Machiavel lui-même écrit un
Règlement pour une Société de plaisir qui pastiche
certaines formules des notaires sous la forme de

statuts de compagnies privées, et prétend régir les divertissements des hommes et des femmes, membres de cette société littéraire et galante. Cette œuvrette n'a généralement pas beaucoup retenu l'attention des critiques littéraires, des historiens de l'art d'écrire et on les comprend!

Tombée depuis longtemps dans un oubli mérité, elle évoque ces rencontres d'amis qui cherchaient à se distraire dans la compagnie des femmes; elle évoque aussi les bons mots et les madrigaux, les jeux et concours poétiques auxquels ils se livraient. On songe naturellement à certains passages du *Décaméron* de Boccace et surtout à la fiction qui préside à la genèse de cet ouvrage : un groupe d'hommes et de femmes, forcés de passer plusieurs jours ensemble dans une *villa,* loin de Florence et de la peste, s'engagent chacun à son tour, à présenter un conte pour distraire la compagnie. Comme le veut le jeu, Nicolas s'efforce d'organiser des réjouissances en rappelant tout d'abord combien il est difficile de s'amuser : « On avait inventé de bons tours mais ils n'ont servi de rien, faute d'entrain du meneur de jeu. » A vrai dire, le lecteur d'aujourd'hui, accablé par la lecture de ce règlement, se demande si notre Nicolas y parviendrait davantage...! Les 34 articles du fameux règlement, qui se traînent de puérilités en invraisemblances, distillent un profond ennui.

Quelques exemples suffiront à en donner le ton... Les rois des jeux restent en place pendant huit jours; on les prend par rang de taille : pour les hommes, on choisit les plus longs nez et pour les femmes, les plus petits pieds. Chacun est tenu de rapporter les plus légers commérages, de raconter les petits secrets, de se moquer du voisin; on doit sans cesse médire les uns des autres. C'est une bande de bavards : interdiction d'observer le silence (« ... plus on jacassera et plus confusément, mieux ce sera ») et celui qui débitera le plus de paroles pour ne strictement rien dire sera le plus honoré. Compagnie élégante aussi : que tous passent le plus clair du temps « à se parer et à se pomponner ». Plusieurs points, inlassablement répétés, ne sont que des amusements de potaches.

Mais différentes recommandations de cette joyeuse société dépassent de simples boutades. Leurs excentricités, par la recherche du grotesque – gages, punitions burlesques –, rappellent les « divertissements » des sociétés du carnaval ou des compagnies de « fous » : « Personne, en s'endormant, ne devra fermer les deux yeux à la fois mais l'un après l'autre car il n'y a pas de meilleure médecine pour se conserver bonne vue »; ou même le goût d'une société à l'envers : les décisions sont prises à la minorité des votes, les élus sont ceux qui ont obtenu le moins de fèves, de voix favorables; chacun sera régulièrement obligé de se vanter de ce qu'il n'a pas fait et de ne pas dire la vérité; celui qui saura le mieux dissimuler et débiter le plus de mensonges recevra le plus d'éloges.

Nicolas, ordonnateur de plaisirs, songe évidemment à la galanterie et prône une grande liberté des mœurs : les dames resteront devant leur porte ou leurs fenêtres et les hommes passeront devant « au moins douze fois par jour ». Pour s'asseoir, les dames devront toujours se mettre quelque chose sous elles afin de paraître plus grandes; et il est entendu que chacun devra, dans le mois, coucher au moins quinze jours sans sa femme ou sans son mari « sous peine d'avoir à coucher ensemble deux mois de suite ». Enfin, dernière invention, une certaine irrévérence pour la religion et ses pratiques qui conduit les joyeux compagnons à des parodies.

Ce règlement dépourvu de toute valeur littéraire est-il une commande que l'on aurait confiée à Nicolas alors dans le plus grand désœuvrement? Est-il de sa propre invention? Notre homme à la plume facile, secrétaire, administrateur, lecteur perspicace et analyste des institutions de l'Antiquité grecque et romaine, rédacteur de constitutions idéales pour sa ville, a-t-il été désigné comme grand expert pour un tel exercice? Depuis longtemps, il fréquente ces hommes, échange avec eux des lettres qui ne sont pas seulement des lettres d'affaires, des procès-verbaux, des demandes d'instructions ou des suppliques. S'il adhère à leurs inclinations politiques, les dirige peut-être, il partage aussi leurs goûts littéraires et leurs mœurs.

D'origine sociale et de fortune inférieures à celles de tous les autres, il n'en est pas moins chaleureusement accueilli parce que homme d'esprit. Il restera l'écrivain patenté du groupe pendant de longues années, jusqu'au moment où quelques missions l'éloignent à nouveau de Florence, peut-être même jusqu'à la tragédie du complot en 1522.

Ainsi pendant dix ans au moins, de 1512 à 1522, Nicolas Machiavel partage son temps entre sa maison du bourg de Sant'Andreà, celle de l'Oltrarno à Florence, le tripot de Donato del Corso et ces Orti Oricellari. Il s'amuse, se fait apprécier de ses amis, de ses protecteurs, et sait qu'il peut compter sur eux. Ne leur doit-il pas de survivre et de se faire reconnaître? Homme d'une académie, il lui soumet comme il se doit tous ses écrits, lui réserve la primeur de ses inventions et, on en a la preuve, n'hésite pas à tenir compte de ses observations pour corriger ou remanier son texte.

Il consent, lui l'auteur de discours, de traités, de comptes rendus sévères, à se plier aux genres poétiques à la mode. Peut-être sans conviction, il s'essaie de temps en temps à de petites pièces galantes, bien tournées, légères, il écrit ainsi quatre poèmes d'amour, dont les destinataires nous sont inconnus mais qui s'inscrivent parfaitement dans le cadre des *Orti*. Une *canzone* chante la beauté d'un jeune homme « qui l'emporte sur tout ce qui existe, comme le soleil sur l'ombre, et fait frissonner tout ce qui respire » ; les cheveux blonds d'Apollon, les yeux charmeurs de Méduse... Jupiter sait maintenant, s'il contemple ce jeune mortel, combien il s'est trompé en enlevant Ganymède. Un sonnet évoque une belle femme ; l'auteur inconsolable brûle d'amour pour elle : « Si je pouvais, ne serait-ce qu'un seul instant, vivre sans penser à vous...! » Enfin, deux autres petites pièces intitulées *Strambotti* se coulent elles aussi dans le même moule : préciosité, galanteries, lamentations : « C'est ainsi que, plein d'espoir, je pleure, je ris, je me tourmente et je m'effraie de tout ce que je vois ou j'entends [...], chaque bête cache son arme mortelle, la panthère tourne le dos pour ne montrer que les vives couleurs de sa fourrure, et toi qui me montres un visage si doux, tu me caches un cœur impitoyable. »

Autre genre appris dans le cénacle des *Orti* : l'épigramme. Dans ces petites pièces de vers caustiques, Machiavel imite quelques poètes romains toujours prompts à saisir les événements pour en tirer des traits d'esprits. Au début de l'année 1526, il s'en prend ainsi, prudemment d'ailleurs, à l'empereur Charles Quint qu'il accuse d'avoir libéré sur parole et sans garantie son prisonnier François Ier. Il l'attaque par une phrase assez ambiguë mais qui montre à quel point il pouvait être parfaitement informé de tout ce qui se disait et s'écrivait dans ces cercles de rimeurs plus ou moins politiques, de Florence à Rome. « Sache, écrit-il, que je ne suis pas Argus bien que j'en aie l'apparence. » L'allusion s'expliquait alors aisément. C'est que, pour désarmer la critique, aussitôt connue la nouvelle de la libération du roi, le pape Clément VII et ses conseillers avaient fait courir le bruit qu'ils étaient informés depuis quelque temps déjà de la décision et l'approuvaient. Pour appuyer cette propagande, on compara le pape à Argus, le géant aux cent yeux qui ne dort jamais, veille sur chacun et sait tout. Mais à Rome, les mauvais plaisants, les poètes faiseurs d'épigrammes ripostèrent en couvrant de vers injurieux leur *Pasquino,* statue dérisoire qu'ils travestirent en Argus elle aussi. Machiavel reprend à son compte cette veine romaine.

La fréquentation des Orti Oricellari, puis d'autres jardins sans doute plus bourgeois, poussa Machiavel à écrire quelques petits sonnets et poèmes ironiques assez plats. Mais, outre très certainement une sorte de sécurité, un confort moral, la protection de quelques-uns, ces cercles lui donnaient jour après jour l'occasion d'inventer puis de s'essayer à composer nouvelles et comédies, genre qui lui valut soudain une solide réputation d'écrivain.

CONTES ET COMÉDIES

Les *Règlements* de la fameuse société de plaisir le recommandent : il faut s'observer, se moquer les uns des autres, relever les ridicules, les petits travers et les calomnies, se vanter d'exploits burlesques... Les joyeux amis des *Orti* s'essaient donc à toutes sortes d'exercices plus ou moins maladroits, dont la plupart restent inédits. Mais, dans les lettres qu'ils échangent avec leurs amis éloignés de Florence, les techniques se précisent.

Ces longues lettres, bien tournées, très soignées, peaufinées, sont conçues comme des exercices littéraires et visiblement destinées à être lues à la ronde, commentées et appréciées. Voulant y montrer leur art, la richesse de leurs inventions, leurs auteurs informent chacun des faits et gestes de la cour ou de la ville. Sous prétexte de donner des nouvelles de leurs proches ou de leurs voisins, les compagnons content des aventures réelles ou imaginaires. Par goût du secret, pour préserver l'anonymat, ils travestisent les noms, usent de sobriquets, n'avancent que par allusions et, dès qu'ils le peuvent, truffent leurs missives de jeux de mots plus ou moins licencieux. Ainsi naissent sous leurs plumes des nouvelles, véritables contes écrits, ils le disent eux-mêmes, pour toute la bande joyeuse.

Francesco Vettori excelle dans ce genre. Une fois passés les premiers temps difficiles de sa mission à Rome, lorsque ses soucis le lui permettent, il écrit pour le plaisir de conter; ainsi cette longue lettre du 18 janvier 1514 où il n'est question que de ses amusements et de ses amours. La vie n'est pas tellement gaie à Rome et il lui faut traiter toutes sortes de gens que la Seigneurie de Florence lui envoie. Le dernier en date est un nommé Donato Bossi, « grammairien de profession, la mine sévère et farouche qui ne peut ouvrir la bouche que pour disserter de l'origine des mots et de l'emploi des verbes [...] et de sujets de telle importance, si

fastidieux à qui les écoute ». Vettori y trouve quelque
temps une sorte de plaisir pervers, sans doute pour
mesurer la sottise et les prétentions du personnage
qu'il prend comme modèle; il le presse de questions
difficiles, entend avec complaisance ses sornettes et
finit par s'amuser à le voir s'épancher si généreuse-
ment. En somme, c'est bien là l'ébauche d'un portrait
prêt à prendre place dans une galerie ou dans une
comédie.

La vie de Francesco Vettori s'écoule ainsi, assez
douce, dans cet agréable jardin ouvert à de nombreux
amis, à ses voisins, aux femmes d'esprit et aux
autres : « Je recevais la visite dc quelques courtisanes
qui venaient ici, appréciant que ma demeure soit un
peu à l'écart, se promener dans le jardin et visiter
l'église toute proche. » Ces demoiselles avaient pris
l'habitude de s'inviter à sa table sans façons, jusqu'au
jour où deux de ses conseillers, familiers et membres
de sa suite, Giuliano Brancaccio et Filippo Casavecchia (*Casa* dans les lettres) découvrent tout ce
désordre et, non sans hypocrisie, le tancent verte-
ment. Filippo, qui prétend rester étranger aux femmes, trouve la première installée dans l'une des
chambres comme chez elle et lui fait « une paire
d'yeux comme cela, de stupeur et de dégoût ». Quant
à Brancaccio, il lui reproche de veiller de trop près
sur un jeune garçon à lui confié par son père. La vie
devient impossible tant on se chamaille. Filippo
s'intéresse au jeune apprenti d'un orfèvre, « à son avis
le plus bel objet de la création, mais c'est un objet
sacré que le maître tient jalousement dans sa boutique ». Comme l'orfèvre menace de lui faire un
mauvais parti, notre conseiller d'ambassade n'ose
même plus flâner par les *banchi* où se trouve
l'échoppe. Il s'en prend alors au protégé de Brancac-

cio; tous deux ne cessant de se quereller, ils choisissent comme arbitre l'un des secrétaires; mais celui-ci, peu averti, bien incompétent, « ne s'occupe que de cultiver sa calligraphie, ce qui est bien la principale qualité de l'écrivain »...

Enfin, les deux fidèles se réconcilient. Alléguant les bonnes manières et même d'illustres exemples de nobles hommes romains ou toscans, ils pressent leur patron Vettori d'inviter à souper sa voisine. Cette veuve d'une bonne famille romaine est encore une joyeuse commère; elle habite tout à côté et se rend donc chez Francesco Vettori avec son frère et ses deux enfants, sa fille Constanza, jeune personne de vingt ans d'une parfaite beauté, et son fils âgé de quatorze ans. Avant souper, on parle longtemps près du feu : Francesco discute avec la veuve et son frère d'un certain procès qui l'occupe, « afin de les distraire et de donner du temps aux autres ». Ces autres, il les entend faire leur cour : Giuliano tenant à la fille « les plus suaves propos que vous entendîtes jamais, la complimentant sur son allure et sa noblesse... »; Filippo, de son côté, posant au garçon d'aimables questions sur ses études, ses maîtres, ses compagnons... pousse assez loin ses curiosités, « si bien que l'enfant, honteux, baissait souvent les yeux sans vouloir lui répondre ».

Après le repas, tous se remettent au coin du feu, et l'on conte des histoires, « à faire des propos à double sens, des jeux d'esprit, à se poser des devinettes ». Arrive à ce moment le parfait trouble-fête, un Piero del Bene (« que j'aurais bien voulu voir à cent lieues de la chambre... ») qui, sentant à quel point on lui bat froid, finit tout de même par s'en aller en laissant la compagnie passer la soirée plaisamment jusqu'à minuit.

Bien entendu, Francesco est tombé lui aussi amoureux de Constanza. Depuis quelque temps, il s'était lassé des courtisanes : « Au début de mon séjour, je m'en suis bien donné mais l'été venu avec ses fièvres, j'ai pris peur et me suis tenu coi » ; une seule continue à lui rendre visite, « suffisamment pourvue d'appas et d'attraits plaisants ». C'est sa compagnie et sa conversation qu'il recherche : « Vous savez que je prends un certain plaisir avec les femmes, surtout à parler ensemble car je n'ai plus l'âge d'être autrement vaillant... » Mais Constanza est la plus belle créature du monde, parée de toutes les qualités ; toujours gaie, spirituelle, simple, jamais trop bien habillée, elle ne porte ni parfum ni fards sur le visage : « Et je ne dis rien du reste, ne l'ayant pas encore goûté comme je l'aurais voulu. » Que faire ? Francesco n'aura pas la force de résister longtemps... Céder, c'est aller au-devant de « dépenses quotidiennes et de mille ennuis... »

Le manque d'invention de toute cette histoire peut surprendre aujourd'hui. Ce n'est pas une farce, ce n'est qu'une petite scène simplette dépourvue de piquant que seuls les dialogues auraient pu animer quelque peu ; or ils sont absents et la platitude des descriptions n'a d'égale que la pauvreté de l'imagination. Bref, une lettre puérile, sans nerf ni couleur, qui ressemble à un divertissement d'écolier.

Et pourtant elle enthousiasme Machiavel qui répond avec son plus beau style emphatique pour dire son plaisir et son émerveillement. Francesco l'a ravi ; il se délecte à relire son récit et le félicite. Ce sont là, écrit-il, des moments précieux... Sans doute est-il sincère. Sa lettre, en réponse, vaut bien plus que celle de Vettori par les renseignements qu'elle nous apportent sur son tempérament littéraire, sur ses goûts et, indications plus intéressantes encore, sur la façon dont il compose ses propres travaux.

L'amour tout d'abord. Machiavel dit vouloir aider son ami amoureux; il s'en réjouit et appelle à l'aide la mythologie et les bons auteurs d'autrefois. Quel bonheur! Voici, enfin, Jupiter enchaîné à son propre char... Comme le feu prend vif s'il peut consumer du bois vert, l'amour trouve en vous plus belle flamme après tant de résistance! Allez-vous vous transformer en or pour que cette Constanza vous porte sur elle dans sa bourse? Souhaitez-vous vous métamorphoser en cygne pour déposer un œuf dans son sein? Machiavel en arrive aux conseils : ne suivez pas mon malheureux exemple, rappelez-vous « le mal que m'ont fait les flèches d'amour ». Allez de l'avant, hardi; vivez joyeux, adressez-lui de beaux discours enflammés « et si vous désirez lui offrir une sérénade, je puis venir vous joindre avec quelque belle invention de ma plume qui la rendrait sensible à vos vœux ». Et de citer Térence pour s'écrier avec lui :

O ciel, ô terre, ô mers de Neptune!
Je vous vois vous combattre les uns les autres.
Comme s'entendent mal
A se loger dans un même cœur
Amour et Majesté!

Une leçon de savoir aimer qui parle d'expériences mais ne s'appuie en fait que sur des réminiscences livresques...

Cette lettre nous montre aussi le profit que Machiavel sait tirer des scènes si mal contées par son ami. Ces deux histoires – celle des deux compagnons faisant la cour l'un à la fille et l'autre au garçon, et celle de Francesco brusquement amou-

reux de cette même Constanza – l'enchantent. S'il
n'avait perdu « le recueil de ses sornettes », il les y
aurait insérées pour mieux s'en souvenir : « Je les
crois bien dignes d'être contées à un prince, plus
que tout ce que j'ai pu entendre conter au cours de
cette année. » Ainsi tient-il un recueil de bons mots,
de récits, de situations burlesques qu'il pourra
exploiter par la suite; il note soigneusement ce que
lui écrivent ses amis et ce qu'il trouve d'intéressant
dans leurs mille bavardages.

La réponse de Machiavel illustre également la
manière dont il se sert d'un récit à peine croqué pour
construire une scène vivante, lui donner du piquant,
préciser les attitudes. Il ne cesse d'évoquer les
personnages jusque dans leurs moindres mimiques :
« Il me semble voir le Brancaccio, tout ramassé sur
une chaise basse, afin de mieux contempler le visage
de Constanza et, par ses mots, ses gestes, ses sourires,
les grimaces de ses lèvres et de ses sourcils, jusque
dans sa façon de cracher, se consumer tout entier,
suspendu à ses propos, à son haleine, à ses suaves
façons et à ses minauderies. » Et de poursuivre, cette
fois en vers, pour Filippo Casa qu'il peint « la joue en
feu et la tête rase, se rapprochant du garçon »; il
décrit mieux encore « le pauvre jouvenceau ne voyant
pas trop où l'on en est, craignant bien sûr pour sa
vertu mais subjugué par l'homme grave, par ses
gracieux discours et son autorité ». Ce Filippo, il
l'imagine désorienté par l'arrivée inopinée de Del
Bene : « Si je savais peindre, je vous l'enverrais tout
croqué car la plume reste incapable de décrire
certains gestes si ordinaires pourtant : le coup d'œil de
travers, les moues de dédain. » Il voit enfin l'ambassadeur, mettant tout le monde à l'aise par des paroles
« un peu peloteuses », un œil sur le garçon, l'autre sur

la fille, une oreille pour la veuve, l'autre pour ses hôtes...

Les deux lettres se répondent et se complètent : la première fournit l'occasion; celle de Machiavel expose clairement un processus d'élaboration et de composition. A n'en pas douter, Nicolas rassemble donc des matériaux pour ses contes et pour ses scènes de comédie.

Lui-même cultive ce genre épistolaire. Vettori et d'autres attendent ses lettres avec impatience. Nicolas sait parler des petits riens de la ville et faire rire de la mésaventure d'un compère pris au piège. Sa réputation dans ce registre reste bien assise pendant ses longues années de disgrâce. En août 1520, Filippo de' Nerli, alors aux eaux de Lucques, s'empresse de faire lire une des lettres de Nicolas à Zanobi Buondelmonte : « Nous avons tous deux goûté comme à l'ordinaire votre plaisante manière de tourner toute chose en grosse farce. » Machiavel se flatte beaucoup de savoir distraire ses amis, et Edmond Barincou, rappelant qu'il était certainement l'un des conteurs les plus écoutés de son temps, cite fort à propos le prologue d'une nouvelle plus tardive de Bandello (n° XL) qui dit comment, se trouvant à dîner chez Jean de Médicis, Jean des Bandes Noires, celui-ci pria Nicolas « de les régaler de l'une de ses plaisantes nouvelles... » Et Bandello, en toute simplicité, d'assurer qu'il la mettra par écrit pour la publier dans son recueil. Nicolas, « homme discret et aimable », brillant causeur, s'applique à ces lettres comme à des exercices et cherche tous les prétextes pour brosser à traits incisifs, souvent sur un ton burlesque, un petit tableau ou une scène à la fois scabreuse et bouffonne.

Au récit de Vettori – le souper et les propos galants

au coin du feu –, il répond quelques jours plus tard en contant une aventure qui est arrivée, prétend-il, à ces deux mêmes personnages, Brancaccio et Casavecchia. De fait, ce n'est vraisemblablement que pure invention car on voit mal comment les deux compères seraient si vite revenus de Rome à Florence. Sous la plume de Machiavel, ils deviennent les protagonistes d'une comédie.

Le conte commence par ce que Nicolas appelle une *parabole*. Elle met en scène un braconnier cherchant le soir, dans les rues de Florence, une lanterne sourde à la main, une clochette au bras et une bonne raquette au pied, à prendre quelque merle égaré. Pendant ce temps, l'auteur reste caché. Mais sans doute le procédé lui paraît-il trop allusif puisqu'il l'abandonne pour passer au simple récit : « Le mauvais temps me contraint à quitter mon abri; je laisse de côté la métaphore et la parabole trop gênantes. » Et l'histoire devient celle de Brancaccio qui, ayant séduit la nuit un très jeune garçon, se fait à ses yeux passer pour un certain Filippo. Le lendemain, le jeune homme vient demander récompense à ce Filippo, menace de le déshonorer; cris indignés, querelles, grands discours et stratagèmes pour démasquer le « braconnier ». Brancaccio, découvert et confus, s'enfuit... L'affaire, dit Nicolas, a couru toute la ville pendant le carnaval et les gens s'interpellaient dans la rue : « Es-tu Brancaccio? Es-tu Filippo? »

Le procédé est simple : Machiavel part d'une scène racontée par un ami, l'enjolive, fait vivre les personnages selon son imagination, leur donne couleurs et paroles, puis il reprend les deux principaux acteurs qu'il a bien fréquentés naguère dans le cénacle des *Orti* – pour les placer dans une autre aventure

burlesque, une comédie de son invention, le tout en
prétendant rapporter une histoire vécue. Les personnages sont réels, leurs travers ou ridicules connus,
leurs attitudes et démarches même familières, mais
les situations, la trame de l'intrigue sont complètement imaginées.

Autre procédé d'élaboration, si l'on peut dire : le
plagiat ou la mise au goût du jour de quelque
ouvrage de l'Antiquité. Présenter comme une aventure personnelle ce qui n'est qu'exercice d'écriture à
partir d'un texte ancien, l'introduire dans une lettre à
un ami sans même en laisser entendre l'origine, c'est
là une démarche qui ne paraît susciter ni scrupule ni
réprobation. Il semble même que, dans les tout
premiers temps et avant sa disgrâce, Nicolas ait
d'abord mis sa verve à l'épreuve de cette façon. En
décembre 1509, il adresse à Luigi Guicciardini une
longue lettre presque entièrement consacrée à une
triste aventure dont il sort, dit-il, tout accablé. Il se
trouvait à Vérone et, portant son linge à laver chez
une femme « où la lumière n'entre que par la porte »,
celle-ci l'attire dans sa chambre et se donne à lui.
Trop curieux, notre malheureux héros saisit alors un
tison enflammé dans la cheminée, en allume une
lanterne et découvre à ses côtés une affreuse vieille,
repoussante. La fable n'est pas de lui bien sûr ; elle
n'est pas nouvelle et les critiques évoquent, en
particulier, certaine scène d'Horace (*Épode*; I, 2).
Toute la lettre sent l'artifice, ne serait-ce que par ses
outrances, par l'accumulation de détails abominables, insupportables ; nous sommes dans un véritable
musée des horreurs : chairs flasques, haleine puante,
cheveux clairsemés, cicatrice au front « qui semblait
dire qu'elle avait été marquée au fer pour le pilori du
marché » ; un œil plus bas que l'autre... une bouche

« qui ressemblait à celle de Laurent de Médicis mais tordue d'un côté ». Cette dernière touche mise à part, ce texte gâté par la démesure n'offre absolument aucun intérêt.

Nous ne connaissons qu'un seul conte de Machiavel. Écrit à la manière de ceux de Boccace ou des petites nouvelles qu'affectionnaient tant les auteurs de ce temps, il est relativement court. Cette *Nouvelle très plaisante de l'archidiable qui prit femme* ne fut pas imprimée du vivant de son auteur : elle ne fut publiée qu'en 1545 sous un faux titre et sous un faux nom, par un imposteur et ne connut certainement pas un grand succès.

Il s'agit de l'une de ces légères fantaisies où l'on se moque plaisamment du mauvais caractère des femmes. Nicolas prétend naturellement découvrir l'histoire « dans une des anciennes chroniques de Florence » et met en scène Pluton aux enfers, fort embarrassé de voir comme tous ses clients rejettent leurs fautes sur leurs épouses. Il veut en avoir le cœur net et envoie sur terre l'archidiable Belphégor avec mission d'épouser une jolie fille et de voir ce qu'il en est. Mais le malheureux en devient aussitôt amoureux, se laisse persécuter, ruiner et, après plusieurs aventures rocambolesques, se tirant tout juste d'affaires, préfère encore retourner en enfer « que de se soumettre à nouveau aux ennuis tracassiers et dangers du joug matrimonial ». Rien de bien original, on le voit...

Dans le même temps, Machiavel écrit sa première pièce, *l'Andrienne.* C'est la traduction fidèle d'une pièce de Térence ; elle ne fut sans doute pas représentée et est aujourd'hui complètement oubliée.

La notoriété vint avec une véritable comédie, *la Mandragore*, une œuvre originale cette fois où l'auteur ne se permet que quelques emprunts ou allusions. Cette *Mandragore* répond bien à ce que l'on peut savoir du goût du temps : pièce galante, parfois gaillarde, écrite dans un toscan idiomatique, truffée de mots d'esprit que seuls les gens de la ville étaient alors en mesure de comprendre. La comédie, en cinq actes, se tient dans un registre sobre et économe; elle ne met en scène que cinq personnages et leurs domestiques. Le jeune Callimaco vient d'arriver à Florence et rêve aussitôt de séduire la vertueuse Lucrezia, jeune épouse de messer Nicia, un vieillard très naïf, obsédé par l'idée de ne pas avoir d'enfant. Les deux serviteurs, Siro et Ligurio, inventent un stratagème digne des contes de Boccace; Callimaco se fait passer pour un médecin renommé; Sostrata, mère de Lucrezia, décide sa fille à tenter une curieuse expérience, avec l'approbation du moine Timotheo. La farce est jouée; et chacun en demeure satisfait.

Cette pièce, écrite à une date que nous ignorons, fut d'abord lue à plusieurs occasions dans le petit cercle des *Orti*. On la joua pour la première fois à Florence en 1518, à l'occasion du mariage de Laurent de Médicis, duc d'Urbino, avec Marguerite de La Tour d'Auvergne.

Les noces princières proclamaient alors aux yeux de tous l'éclat de la cour et son bon goût. Fêtes guerrières avec joutes et tournois, elles étaient aussi de plus en plus des spectacles historiques ou allégoriques parfois burlesques. On se référait volontiers à l'héritage des Grecs et des Romains, on mettait en scène leurs comédies, sans oser, pendant un certain temps, les imiter. Ainsi en 1491, à Ferrare, furent représentées dans la cour du palais plusieurs œuvres d'auteurs latins pour fêter le mariage d'Anna Sforza

avec l'héritier des Este; le 15 février l'on donna *les
Ménechmes* de Plaute, le 16 l'*Amphytrion* de Plaute
et *l'Andria* de Térence.

    La représentation de *la Mandragore* s'inscrit donc
dans une mode de l'époque; elle accrédite Nicolas
Machiavel comme maître de divertissement. Le fait
d'avoir choisi sa pièce de préférence à une pièce
romaine marquait déjà une grande faveur.

CHAPITRE XI

Le retour en grâce

Enfin vient pour Nicolas la renommée. Elle arrive au terme d'une longue attente marquée par des exercices d'abord modestes : les petites scènes familières, les nouvelles burlesques qu'il raconte à ses amis, quelques sonnets galants. Ce long et pesant apprentissage pour sortir de ses voies, de ses styles et manières d'écrire jusque-là très différents, s'inscrit dans une politique; c'est bien le reflet d'une volonté délibérée de s'imposer comme écrivain, poète de cercles et de cours, capable de suivre les modes, de séduire un public distingué.

Mais, dans le même temps, au cours des dernières années de disgrâce, et sans doute aussi grâce au mêmes appuis, aux amis du *studio*, des *Orti*, l'homme politique Nicolas Machiavel sortait peu à peu de l'ombre et de l'oubli, se voyait confier quelques travaux et pouvait ainsi revenir à ses chères études des hommes et des gouvernements, des événements du passé.

L'affaire de Lucques: regard d'un expert

Ce n'est pas aux Médicis que Machiavel doit de sortir de son isolement. Si le cardinal Jules, qui pense avant tout à maintenir à Florence un équilibre précaire et apaiser les esprits, lui est un temps favorable, les revanchards, les esprits chagrins, la vieille garde des *Palleschi* et surtout les deux têtes politiques de la famille, tous, ancrés dans leur hostilité, paraissent fermement décidés à lui barrer la route. Le pape Léon X et son entourage, ses secrétaires et ses favoris, préoccupés de leurs grands desseins, se montrent insensibles à toutes les démarches et restent inaccessibles. A Florence, Julien, le duc de Nemours, vieilli, désabusé, abandonne progressivement les rênes du pouvoir à Laurent, fils de ce Julien assassiné par les Pazzi en 1478 et neveu du Magnifique. Laurent, d'abord capitaine des Florentins en 1515, tente par de multiples interventions désordonnées de se tailler une petite principauté du côté de Piombino, puis de Sienne ou de Lucques. Finalement, le pape le charge de reconquérir Urbino; à la tête d'une bonne armée, il s'en empare sans coup férir et revient en triomphateur paré du titre de duc d'Urbino. En 1516, à la mort de Julien, cet homme désinvolte et intolérant prend en main Florence où il installe une tyrannie suspicieuse et sans aucun éclat.

Tant que vivent le pape Médicis et le nouveau tyran de Florence, Nicolas n'a donc guère de chance de trouver un emploi. Piero Ardighelli, le secrétaire très écouté du pape, un homme si influent que Francesco Vettori avait recommandé à Machiavel « de se pendre à ses chausses », brise définitivement

tout espoir et fait avertir le cardinal Jules de ne
prendre en aucun cas Nicolas à son service. Quant à
Laurent, à qui pourtant s'adressait naguère la dédicace du *Prince*, « il n'est pas homme à obliger ses
amis »; s'entourant de tant de barrières, il infligeait
tant d'humiliations et manifestait de si grossières
froideurs qu'en définitive Nicolas avait renoncé à lui
présenter son livre. Une petite fable inventée après
coup, peut-être par notre auteur, montre le prince
recevant au même moment le savant traité politique
et un couple de deux grands chiens noirs que l'on
devait unir; tout son intérêt, dit-on, fut pour les
chiens.

Mais Nicolas ne désespère pas de remettre le pied
à l'étrier. Il cherche sinon des compensations du
moins à s'occuper et, non sans mal, obtient de petites
charges et quelques missions de caractère privé grâce
à ses amis, nobles ou marchands.

Il se tourne d'abord vers Paolo Vettori, frère de
Francesco, l'ambassadeur à Rome. Dès janvier 1515,
Paolo est à Florence près de Julien. Julien, qui rêve
d'établir par la force des armes une grande principauté au nord de l'Apennin, en Romagne et en
Lombardie, de Parme à Reggio, lui a promis le
gouvernement de l'une des villes. Nicolas pense
pouvoir lui être utile; il en caresse longuement
l'espoir. Il lui écrit en reprenant la démonstration du
Prince où il exposait les difficultés de tenir provinces
ou villes nouvellement conquises et jalouses de leur
indépendance, et cite à présent César Borgia : « Dont
j'imiterais toujours la conduite si je devenais prince. »
L'idéal n'est-il pas de nommer dans chaque cité un
homme capable, qui connût à fond les désirs et
usages des populations? Ce serait pour Paolo l'occasion de se faire apprécier de l'Italie entière non plus

seulement comme un ambassadeur dilettante mais comme un véritable homme d'État.

Rien ne se fit de ce côté-là et une lettre d'octobre 1516 nous montre Machiavel à Livourne. On ignore à quel titre. Il offre ses services au même Paolo Vettori devenu entre-temps capitaine de la flotte pontificale : « Si vous avez besoin de quelques commissions que nous puissions vous faire... » Il l'informe que l'on a aucune nouvelle « de la flotte du pacha » et lui parle surtout de son fils Vincenzio atteint brutalement de mauvaises fièvres; celui-ci a bien perdu une livre de sang par le nez et il faudra sans doute le faire transporter « dans un couple de paniers au moment où la nuit est des moins gaillarde ». Doit-on pour autant retarder le départ? Cette mission très particulière, dont l'objectif est sans doute de recueillir des renseignements sur les intentions des Turcs, place enfin Machiavel dans l'orbite d'un grand de Florence; elle lui donne aussi l'occasion de s'attirer une nouvelle renommée, ou du moins d'entretenir de bonnes relations avec ses protecteurs et d'alléger ses soucis financiers grâce à quelques émoluments.

Les deux missions proprement florentines se présentent différemment. Dans les deux cas, il s'agissait d'aller négocier avec les débiteurs en faillite au nom de plusieurs hommes d'affaires de la ville, vérifier des bilans, établir des inventaires, sauver ce qui pouvait l'être en réclamant leurs droits. C'était là une tâche difficile qui nécessitait un homme rompu aux pourparlers délicats et aux marchandages. Les connaissances des pratiques juridiques que Nicolas avait acquises dès sa jeunesse et surtout sa remarquable expérience des légations, de la gestion des deniers de l'État pour la solde des armées, ne lui furent pas inutiles. Il passait du service de l'État à celui des compagnies privées et pouvait peut-être utiliser ce que lui avaient appris, en fait de négoce et de comptabilité, les expériences de son neveu et de son fils à Andrinople et à Constantinople.

En 1518, Machiavel se rend à Gênes. Si l'on ignore les détails de l'affaire, on sait cependant qu'il devait examiner un passif, liquider les comptes fort complexes d'une association où ses amis florentins s'étaient engagés; le négoce portait essentiellement sur des draps de laine et des balles de garance. Machiavel, qui reste à Gênes en mars et en avril 1518, s'en tire tout à son honneur. Outre une commission évidemment bien venue, il a gagné l'estime de personnages influents susceptibles de le soutenir à nouveau et même de l'imposer : les Buondelmonti, les Rucellaï et, surtout, Lorenzo Strozzi. On dit d'ailleurs qu'il aurait aidé ce dernier à rédiger quelques petites pièces de vers et flatté ses ambitions d'auteur. Au total, dans ces années 1518-1520 si décisives pour lui, cette modeste et assez obscure entreprise génoise lui apporte des avantages matériels – émoluments et gratifications – ainsi que des recommandations et différentes libéralités. Plus tard, Lorenzo Strozzi se démènera pour le faire enfin admettre par les Médicis.

C'est d'ailleurs à ce Lorenzo qu'il dédie l'ouvrage auquel il vient de mettre la dernière main, cet *Art de la Guerre (De re militari)*, mûri et préparé depuis des années, où il résumait ses réflexions et ses expériences. Nous avons vu à quel point les conclusions reprennent, plus de dix ans après, les options et principes de la guerre menée contre Pise en 1509. Le livre, par sa nature même, ses conceptions et sa présentation, se veut un hommage chaleureux à tout le groupe des amis. Le cadre – asile de paix et d'intelligence – est manifestement celui des *Orti*. Le meneur de jeu, le vénéré Cosimo Rucellaï, le propriétaire des Jardins qui venait de mourir, avait été l'un des animateurs très fidèle du cercle; les comparses attentifs, faire-valoir et argumenteurs appartenaient eux aussi au petit groupe : Alamanno della Palla, Zanobi Buondelmonti. Et, de fait, l'œuvre rend hommage à ces amis et à leurs travaux; c'est une dette de reconnaissance, le reflet d'un grand élan de sympathie.

A ce moment d'ailleurs, les circonstances semblent plus favorables. Les hommes en place ont changé, du moins à Florence. Laurent de Médicis, duc d'Urbino, est mort en 1519. Il ne laisse que des mauvais souvenirs. De plus en plus mal supporté, accusé de vouloir installer dans la ville une tyrannie sans aucun partage, les grands et les foules murmuraient contre lui; le pape lui-même avait tenté de le refréner mais Laurent, se croyant grand prince, négligeait les avis et ne s'entourait que d'un cercle étroit de favoris, pour la plupart mal choisis, qui se préoccupait surtout d'accaparer honneurs et profits. Un fort parti d'opposition travaillait l'opinion et le crédit des Médicis s'effritait. Sa disparition donne l'occasion d'un véritable soulèvement, si bien que le cardinal Jules dut intervenir très vite pour rétablir le calme et gouverner la cité, au nom du pape. Partisan d'une politique opposée à celle de la revanche, il savait écouter lors des audiences et, ne s'attachant qu'aux vertus et aux mérites, mettait en place des hommes capables plutôt que des flagorneurs; il détestait « les beaux parleurs, les joueurs et les bouffons » (R. Ridolfi).

Le cardinal, grand amateur d'ouvrages savants et de belles-lettres, se montre bien disposé envers le petit groupe des Orti Oricellari. Certainement impressionné par l'insistance des Strozzi, il reçoit Nicolas Machiavel le 10 mars 1520. Étape décisive qui annonce enfin des jours plus heureux pour notre homme, d'autant que son horizon s'éclaircit également à Rome où le pape, soucieux sans doute de faire taire toute une faction réticente ou même hostile à sa maison, cède à son tour et s'efforce, sans y mettre trop de prix, de faire bonne figure. Une lettre de Battista della Palla, un des fidèles des *Orti*, en date du 26 avril 1520, apporte du baume au cœur du « pauvre Machiavel ». Tout va pour le mieux : il a parlé à la cour des poésies et comédies de Nicolas : elles sont bien reçues. Le pape consent même à ce que l'on rembourse à Donato del Corso ses 500 ducats. Surtout il donne son accord pour que Machiavel touche une provision « afin de lui permettre d'écrire ou d'entreprendre ce qui lui plaira ». Peut-être Della Palla songe-t-il aussi à faire valoir auprès du souverain pontife, protecteur des lettres, sa compagnie des *Orti* de Florence qu'il considère un peu comme sa chose et dont Nicolas serait ainsi comme le champion, le porte-drapeau.

Voici donc Machiavel au terme de son long temps de disgrâce. Cette nouvelle faveur, il l'obtient exactement comme il l'avait pressenti et espéré depuis des années : non pour ses qualités d'administrateur ou d'homme d'État, non pour ses vues politiques dont on continue à se méfier mais pour ses travaux proprement littéraires. Il a su se faire remarquer et apprécier dans un petit cercle d'érudits, avant d'attirer l'attention et les bienfaits du prince et de sa cour : heureux effets du mécénat princier!

Estime et protection de quelques familles nobles de Florence, bonne disposition du nouveau maître de la ville, le cardinal Jules, c'est sous ce double patronage que Nicolas reçoit mission d'aller à Lucques. Cette fois encore, il doit régler une affaire de faillite qui menace les investissements de plusieurs Florentins particulièrement influents; il s'agit au total d'une somme considérable – près de 17 000 florins d'or – et le règlement de la dette met en cause les intérêts de la République.

Machiavel part le 9 juillet 1520, mandaté par le cardinal de Médicis lui-même, muni de lettres de recommandation pour le conseil des Anciens de Lucques. Pour mener cette mission quasi officielle, il n'hésite pas à briser les étapes : attentif à tout, il examine, rassemble dans le même temps les matériaux de plusieurs études politiques, intervient aussi dans quelques litiges pour lesquels il n'a pas reçu de procuration; en un mot, il se comporte en véritable agent de la cité. Il entreprend les Lucquois sur une frappe de monnaies défectueuses et sur le fait d'avoir accueilli dans leurs murs, avec une coupable bienveillance, des groupes d'étudiants transfuges de l'université de Pise, que l'on dit trop turbulents et même hostiles à la maison de Médicis.

Autant de démarches qui le mettent en vedette. Mais à Lucques où il séjourne deux mois, il soigne davantage son image et sa renommée grandissante en rédigeant deux nouveaux ouvrages, qu'il a conçus dans le feu même de l'action, et où l'on retrouve cette facilité d'expression parfaite, digne de ses meilleurs discours d'avant 1512. Ses vers burlesques, ses comédies et ses poèmes galants des Orti Oricellari lui avaient attiré récemment la faveur de ses amis puis de la cour de Rome. Cette fois, ce sont deux livres sérieux qui le placent sur le devant de la scène. Malgré tant de réticences ou de rancunes, le voici enfin accepté.

D'abord, le *Sommaire de la chose publique de Lucques*, un genre où il avait déjà fait ses preuves. Machiavel y décrit avec précision le fonctionnement des institutions de la ville – gonfalonier, conseils et magistrats – puis s'attarde longuement sur la façon de désigner les électeurs, de remplir les urnes pour le tirage au sort, sur les différentes procédures qui peuvent varier selon les charges, sur leurs avantages et leurs inconvénients. Il examine aussi les pouvoirs du grand conseil, juge et compare avec les institutions existant à Rome ou à Florence. Une certaine procédure qui veut protéger la cité contre les désordres et les complots retient plus encore son attention : c'est la loi dite « des turbulents » qui donne au conseil deux fois par an, à la majorité des trois quarts des voix, le pouvoir d'exiler pour trois ans ceux qui mettraient en danger la paix civile; au bout du terme, ces derniers étaient autorisés à reprendre leur place, si bien que « chaque année, dans la cité, il en rentre autant qu'il en sort! » Et pourtant, en dépit de toutes ces précautions, nobles et riches, soutenus par leurs nombreux parents, ne redoutent rien : la famille des Poggio, par exemple, dresse la tête et donne chaque jour d'insupportables marques d'arrogance.

Ce *Sommaire* n'a d'autre prétention que de proposer des réflexions, sans offrir de plan d'action puisque Florence n'a pas alors de visées sur Lucques. Mais, à un moment où la paix de Florence semble tant compromise, où la cité balance encore à fixer ses institutions, il décrit une sorte d'exemple de gouvernement communal, « démocratique », la grande affaire étant toujours de barrer le chemin aux séditieux et à leurs coupables ambitions. Est-ce à nouveau une mise en garde? Machiavel, une fois de plus, cède-t-il à son penchant de moralisateur qui ne manque jamais une occasion d'administrer des leçons?

Bien plus important, le second traité « lucquois » se veut un livre d'histoire. Il nous faut donc à présent examiner un autre aspect de l'œuvre de Nicolas Machiavel : celle de l'historien des temps passés et de son temps qui, bien avant l'expédition de Lucques, avait déjà donné des preuves de ses curiosités et de son talent.

Poèmes sur les malheurs de Florence

Si Machiavel figure aujourd'hui parmi les grands auteurs, ce n'est pas en raison de ses travaux d'historien. On s'intéresse la plupart du temps à ses seuls écrits « politiques » comme si les événements ne le concernaient que dans la mesure où ils lui servaient à illustrer une démonstration ou à enrichir un discours construit autour d'idées-forces.

Et pourtant, dans le domaine de l'histoire, il a laissé une œuvre considérable et très variée qui nous propose un curieux éventail des procédés et des cadres dans lesquels le discours « historique » pouvait alors s'insérer et capter l'attention des contemporains. Son œuvre nous permet en outre de voir comment, en ces temps si troublés, un homme doté d'une forte culture livresque et confident d'importants personnages, témoin d'événements décisifs dont il avait même été quelquefois l'acteur, regardait vers le passé de sa propre cité.

Nicolas était engagé dès 1504 dans l'histoire de sa ville. Il s'était alors contenté de rapporter les faits marquants des dernières années écoulées dans ce long poème qu'il appelle les *Décennales* : « Je veux chanter les épreuves que l'Italie a endurées pendant les deux derniers lustres, sous des astres si contraires à sa fortune... » Cette sorte de chant, animé d'aucun souffle épique, se présente comme un poème parfaitement équilibré, aux longues périodes bien balancées, où sont brossés portraits et tableaux. Sans aucun doute perce là un grand souci d'application et même de préciosité comme le montre le choix des épithètes, les formes allusives, les allégories ainsi que les métaphores. Les personnages presque toujours désignés soit par le nom de leur pays, soit par un surnom ou un sobriquet, restent quasi légendaires.

Dans ce texte d'une lecture aisée, personne évidemment ne chercherait une quelconque rigueur, des précisions, ou même – ce qui peut davantage étonner – des analyses. Les événements y sont évoqués dans un ordre correct et la trame chronologique assez bien respectée, mais aucune date n'est indiquée et l'on ignore toujours où l'on se trouve.

Le ton ne change que dans les cinq derniers vers, lorsque Nicolas parle de son angoisse devant les malheurs qui menacent sa ville de Florence et l'Italie, ces villes et ces États dévorés d'ambitions, englués dans leurs rancœurs et leurs querelles, que le moindre conflit ici ou là peut embraser jusqu'au ciel. Son cœur, « tout enflammé d'espoir et oppressé de crainte, s'use par lambeaux dans cette attente ». C'est là que se dessine en eau-forte une image assez banale mais bien amenée : comment conduire une « nef bien envoilée », gréée de bons mâts et cordages, mais si lourdement chargée, au milieu d'une telle tourmente ? Quel pilote avisé le pourrait ? Est-ce là appel au Prince, chéri de la Fortune ?

Ce premier essai connut un certain succès. En tout

cas, il attira l'attention des Florentins et des autorités elles-mêmes sur son auteur : en novembre 1504, Nicolas en avait fait don, par une courte dédicace, à son ami et protecteur Alamanno Salviati, un homme fort influent qui s'était acquis des mérites aux yeux de ses concitoyens en intervenant énergiquement contre les révoltes et les conspirations – celle de Pistoia et surtout celles des Communes du val di Chiana. Nous avons vu que pour mettre fin aux luttes continuelles qui dressaient les familles et les factions les unes contre les autres, il avait fait adopter l'institution d'un gonfalonier nommé à vie; et, de fait, en 1502, il avait même pensé pouvoir être élu à la place de Soderini. Machiavel considère celui-ci comme le sauveur de la patrie, celui qui a chassé de la cité le spectre des trois grandes plaies : émeutes, discordes, anarchies. Il le désigne au moins à trois reprises par une locution emphatique (« ... celui même qui nous gouvernait alors ») comme s'il s'agissait d'un héros qu'il n'est pas nécessaire de nommer tant la reconnaissance de tous lui est acquise. Il est possible que Salviati ait été l'inspirateur de ces *Décennales* : « Si vous acceptiez ces vers que nous avons écrits sur votre invite et que vous ne devriez pas mépriser. » Ce serait, dans ce cas, la première commande d'une œuvre historique adressée à Machiavel pour chanter les louanges de la patrie, plaindre ses malheurs, mais aussi pour dire les vertus du chef « républicain ». Sans doute est-ce pour répondre à cette invite que Nicolas mit tant de hâte à composer ses chants : « Le fruit de quinze jours de mon travail [...] à cause de la brièveté des heures que je puis réserver à de tels loisirs. »

Dans l'hiver 1504-1505 et en l'absence de Machiavel, ce long poème fut pris en compte par Agostino

Vespucci, son adjoint à la chancellerie qui écrivit une adresse « à tous les lecteurs de Florence » où il dit son admiration pour « ces vers d'une merveilleuse concision ». Il nous apprend par la même occasion le grand projet de Machiavel d'écrire une œuvre plus importante « qu'il ourdit en secret dans son officine ». Vespucci insiste à son tour sur les drames de ces dix dernières années et conclut assez curieusement : « Le présent ne vous en apparaîtra que plus aimable! » C'est que le présent, il faut s'en féliciter, leur vaut ce gouvernement des amis de Soderini, le parti où Nicolas a trouvé sa place...

La publication souffrit pourtant de bien des avatars et provoqua une affaire qui alla jusque devant les juges, preuve, s'il en était besoin, de l'intérêt que les conseils et magistrats, les huit prieurs surtout et leur gonfalonier prirent aussitôt à cet essai « historique » pas tout à fait pur d'intentions. L'impression en incombait aux bons soins de Vespucci : celui-ci s'en préoccupa, mais, semble-t-il sans trop se hâter. Si bien que, vingt jours à peine après cette première édition pour le compte de Machiavel, une autre brochure quasi clandestine, sorte d'abrégé de ces *Décennales,* sortait de l'imprimerie. Vespucci, naturellement, s'en émeut fort; non pas tant pour lui car, dit-il, il n'en attendait pas d'argent. Le 13 mars 1506, il prend sa plus belle plume et envoie une longue missive indignée à son ami Machiavel qui, pour l'heure, se trouve commissaire à la guerre dans le district de Florence, précisément dans le val di Mugello, d'où il ne peut surveiller ces ténébreuses opérations. On a fini par savoir qu'un nommé Andreà di Pistoia était chargé de ce second travail et l'on a réussi à se faire remettre un exemplaire du livret; c'est une véritable horreur, « une minable contrefa-

çon! », le volume est « mal broché », il a de « tout
petits cahiers imprimés sans espace ni en haut ni en
bas, des lettres branlantes » et comporte un nombre
considérable d'erreurs dont Vespucci établit soigneusement la liste. Impossible de laisser paraître une
pareille chose : « C'est vous faire ainsi trahison et
injures grandes, tout autant que si c'était un fils de
votre chair que l'on déchirait en petits morceaux. »

Et Vespucci d'aller chez les huit prieurs pour leur
montrer qu'en toutes circonstances, il est de leur
devoir de protéger l'écrivain contre ces coquins qui
ont allègrement démantelé cette œuvre pour leur
profit. Il obtient que l'on cite l'affreux Andreà...
Mais Andreà est introuvable; enfin, grâce à deux
écus donnés là où il faut, Vespucci le coince et le fait
comparaître ainsi que son complice – un certain
Antonio Tubini, chapelain de l'église de la Miséricorde – qui avait patronné l'affaire moyennant paiement de 50 ducats. Le juge est un ami qui ne le
trompera pas; il assure qu'on ne vendra plus un seul
exemplaire. Sinon, dit-il, on attaquera le prêtre en
justice « et on lui fera reconnaître d'autres friponne-
ries ». Il faut cependant qu'un espion surveille le
marché. Il faut surtout conserver la faveur des
prieurs. Or certains n'ont pas encore eu en main « ce
qu'ils appellent votre complainte ». Et l'ami se promet bien de sortir avec dix exemplaires de ces
Décennales sous le bras, de « les faire arranger et
relier de belle manière pour leur en faire cadeau [...]
et je vais mettre ces dix volumes ainsi que les deux
gros écus qui ont fait sortir l'Andreà de son trou sur
votre compte, au débit, dans mes livres... »

Plusieurs semaines après cette lettre, Nicolas fait
encore allusion à l'affaire, qui est devenue son procès.
Au-delà de la simple anecdote, du jeu des amitiés et

des complicités, on voit clairement ici à quel point, dès 1506, la première œuvre de Machiavel avait retenu l'intérêt des Florentins puisqu'un libraire avide d'argent en avait entrepris la vulgarisation par une publication hâtive certes, mais bien suffisante pour beaucoup et peut-être meilleur marché. Une publication « abrégée » qui taisait quelques passages sans doute à dessein... Il s'agissait déjà d'une « histoire » mettant en cause un passé récent, à la limite du récit polémique, écrite dans une certaine optique et non sans manichéisme.

La *Décennale* fut également vite appréciée hors de Florence. Le 25 février 1505, Ercole Bentivoglio, membre de la famille des tyrans de Bologne dépossédés par le pape Jules II, à présent capitaine au service de Florence, adresse à Nicolas, qui « lui fait la grâce de solliciter son opinion », une lettre enthousiaste où il dit son admiration pour cette « brève histoire des dix dernières années passées ». C'est une œuvre admirable, écrit-il, documentée mais accessible : « On y voit une telle abondance de faits qu'une très longue chronique aurait bien du mal à les exposer tous [...]; vous les resserrez en un très petit nombre de vers. » De plus, compliment qui doit aller droit au cœur de l'auteur, c'est une œuvre utile, qui montrera à nos descendants comme la Fortune a été dure avec nous, les incitera à nous pardonner de ne pas avoir mieux réussi à sauvegarder l'honneur de l'Italie. Ils verront ainsi comme cette Italie était autrefois riche et prospère... et combien il faut craindre les temps à venir qui s'annoncent si sombres, « à moins que Celui qui sauva le peuple d'Israël de la tyrannie du pharaon ne vienne, au milieu de cette mer de tempêtes, nous indiquer le chemin du Salut ». Alors que Nicolas parlait d'un pilote habile, l'appelait de ses vœux et croyait sans doute dans les vertus d'un homme supérieur, Bentivoglio invoque la miséricorde et l'aide de Dieu.

Les historiens ne s'accordent pas sur la date de la composition d'une deuxième *Décennale* qui devait couvrir les années 1503-1513. Nicolas y travaillait à la fin de 1509 : en novembre, il assure à François Guichardin n'avoir en tête que l'« ouvrage qu'il compose pour le moment ». Début décembre, il en parle à nouveau dans une lettre écrite à Vérone ; nous y apprenons qu'il a envoyé « sa complainte rimée » à un nommé Gualtieri pour avoir son avis et attend la réponse. Le poème, tel qu'il nous est resté, s'arrête en l'an 1509, exactement au moment où l'empereur Maximilien doit abandonner le siège de Padoue et, « soupirant après le retour en Allemagne, perdit Vicence pour comble de dépit ».

Une mise en œuvre très différente donc de la première : l'auteur n'écrit plus après coup, en « historien », mais au jour le jour. L'ouvrage reste inachevé sans doute parce que Machiavel, de plus en plus accaparé par ses charges, par ses travaux de commissaire à la guerre et le recrutement de son armée de paysans, n'a plus autant de loisirs et n'a pas reçu de commande, comme en 1504, d'un autre Salviati. Surtout, hypothèse très vraisemblable, il songe à d'autres projets plus ambitieux.

Bien plus courte que la première, cette seconde *Décennale,* par l'intention qui l'anime, se présente en forme de complainte : « Et je n'aurai crainte de chanter les larmes aux yeux, alors que la douleur égare mon esprit ! »

L'HISTOIRE-FICTION : LA *VIE DE CASTRUCCIO*

Premiers travaux de l'historien Machiavel, ces deux *Décennales* couvrent environ quinze années du passé le plus récent de la cité. Elles témoignent toutes deux déjà de son souci d'analyser les événements et surtout de les présenter clairement avec « cette merveilleuse concision » que ses amis lui reconnaissent. Au demeurant, ces essais pourtant fort intéressants ne reflètent pas une vocation irrésistible puisque Machiavel abandonne le second poème en chemin.

Plus de dix ans se passent avant qu'il reprenne la plume dans un registre historique. Il cherche alors à se placer, a être enfin chargé d'un office et, pour ce faire, il pourrait lui être utile de rédiger un ouvrage sur l'histoire de Florence. Or il a appris que la Seigneurie et la famille de Médicis projettent de faire écrire une histoire exemplaire de Florence pour servir leur renommée. Et dans l'espoir d'obtenir la commande, Nicolas donne en toute hâte un exemple concret, comme un avant-goût, un peu comme un artiste sollicitant le prince ou la Commune présente une esquisse de ce qu'il entend réaliser.

Mettant à profit son séjour à Lucques, il rédige une *Vie de Castruccio Castracane*. Le sujet même – un héros sans véritable envergure –, la faible épaisseur de l'ouvrage, surtout sa précipitation à en venir à bout, tout cela témoigne amplement de la nécessité où se trouve Nicolas de faire vite. Il prend ce qu'il a sous sa main; se trouvant pour l'heure à Lucques, ayant déjà étudié le gouvernement de la cité, il écrit la vie d'un Lucquois qui lui était vraisemblablement jusqu'alors peu connu.

Castruccio, en vérité, n'avait pas laissé un souvenir frappant en Italie ni même dans la seule Toscane. *Condottiere,* né en 1281 dans une famille noble de Lucques, il s'était acquis très tôt une forte réputation de bon cavalier, de guerrier hardi et s'imposa à la tête du parti gibelin de sa ville. A ce titre, allié notamment à l'empereur Louis de Bavière, il établit d'abord une véritable tyrannie sur ces concitoyens. Puis il combattit férocement les Florentins, leur infligea une mémorable défaite en 1325 à Altopascio et leur reprit Pistoia, sur les bords de l'Arno. Selon le récit de Machiavel, c'est là qu'il attrapa une fièvre pernicieuse qui devait l'emporter. Somme toute, un destin brillant, dramatique à souhait, mais assez banal, dont chaque ville italienne pouvait alors offrir plus d'un exemple.

Mais Nicolas n'a ni le choix ni le temps. De fait, il rédige en toute hâte, commet nombre d'erreurs ou de confusions, tombe dans l'à-peu-près et invente volontiers. Comme l'ont montré plusieurs spécialistes de l'histoire de Florence ou des travaux de Machiavel, en particulier Edmond Barincou, l'auteur du *Prince* se laisse ici souvent aller à de simples démarquages de ses maîtres de l'Antiquité, tels Xénophon ou Diodore de Sicile; il pille également Plutarque et s'efforce visiblement d'écrire lui aussi une vie d'homme illustre. Il « enfonce de plus en plus son héros dans la légende », donnant même un tour hors de l'ordinaire à des événements tout à fait communs. Ainsi, Castruccio était né d'un père de la puissante famille des Castracani et d'une mère du lignage non moins noble des Streghi : sous sa plume il devient un enfant trouvé au pied d'un cep de vigne par une jeune veuve, Dianora qui, par un beau matin d'été, était allée cueillir des herbes dans son jardin pour préparer parfums et onguents. « Elle s'approche et aperçoit un nouveau-né tout enveloppé dans ce feuillage et qui paraissait implorer son secours. » Il fut élevé dans la maison par le frère de Dianora, un homme d'Église qui voulait en faire un prêtre; mais l'enfant, indocile, turbulent et intrépide, prit très tôt les armes, étonnant chacun par sa vaillance et son habileté. Un destin, on le voit, irrésistible... mais complètement inventé.

Nicolas se complaît dans une imprécision totale. Il définit mal le lien exact entre les exploits de son héros, confond les batailles, résume deux engagements en un seul, en dédouble un autre; il n'indique jamais la date des événements, pas même pour la naissance ou la mort de son grand homme qu'il place pourtant au centre du récit; il se contente de rappeler que son capitaine mourut au même âge que Philippe de Macédoine et Scipion : « Et sans doute les aurait-il surpassés si, au lieu de naître à Lucques, il eût été enfant de la Macédoine ou de Rome! »

Après les complaintes des *Décennales,* voici, malgré l'intention affirmée bien haut de présenter un vrai livre d'histoire, un autre genre littéraire, une vie de héros sur le modèle d'exemples célèbres. Le Castruccio Castracane de Machiavel meurt d'un coup de chaleur pour être resté en plein soleil sur le champ de bataille sans coiffure, les cheveux coupés juste au-dessus des oreilles; or Plutarque avait montré César allant tête nue, en plein vent, sous la pluie ou le soleil. Par ailleurs, cet ouvrage qui, pour la composition et même l'esprit, s'inspirait assez étroitement de livres récents, offrait à Nicolas l'occasion de brosser une fois de plus le portrait de son prince paré de vertus et favorisé par la chance.

Du déjà dit par conséquent, mais non du superflu.

Le *Prince,* auquel Machiavel avait porté bien plus d'attention, n'avait été lu que par un petit groupe d'amis : ceux-ci l'avaient peut-être médité, mais ils n'en parlaient pas. La *Vie de Castruccio* lui permet de se répéter sous une forme peut-être plus accessible et surtout plus prudemment : il n'y parle que de Lucques et d'un seul personnage sans prétendre donner de leçon. C'est à cet ouvrage qu'il croit; il l'envoie donc à Florence pour le faire connaître et apprécier.

De fait, le 6 septembre 1520, il reçoit une lettre de Zanobi Buondelmonte, un homme des *Orti,* qui le félicite : l'œuvre est belle, plaisante; tous « les amis de l'après-midi l'ont aimée ». On se réjouit de voir que Nicolas n'oublie pas les siens et on sait, par quelques artifices, distribuer des compliments : « Vous y rappelez en maints passages des amis à vous. » Le cercle des Orti Oricellari se livre à un véritable examen : « Nous l'avons lue et méditée ensemble. On l'a louée en gros et dans le détail, chacun à son tour s'arrêtant, discutant et commentant tant dans la forme que dans les faits votre pensée. » Une dizaine de personnes au moins, à la campagne d'abord, puis dans la ville, ont ainsi donné leur sentiment. Certes, poursuit Zanobi, l'on pourra reparler de vive voix de quelques points, de passages qui pourraient être améliorés et surtout abrégés. Viennent même quelques critiques plus sévères : les bons mots dans la bouche du héros sont trop nombreux et tout n'est pas original; certains pourraient être attribués à d'autres personnages « tant anciens que modernes ». Ces amis-là ont visiblement beaucoup lu et découvrent avec agacement des emprunts tout à fait scandaleux.

Ces observations mettent le doigt sur l'un des

procédés de Machiavel pour habiller ses discours : sa
grande complaisance à démarquer de très près d'autres récits. Les emprunts, qui tiennent réellement une
place étonnante, sont présentés sans aucune précaution; ils en deviennent gênants et indécents même
pour l'époque. Certes, Nicolas avait écrit très vite; il
fait mourir son capitaine d'une façon singulière qui
frappe l'imagination mais sans en avoir fait le portrait au cours du livre. Il s'y attarde à la fin
seulement, d'abord en évoquant ses traits physiques,
son allure : une description assez rapide et assez
plate; les cheveux roux mis à part, c'est un portrait
passe-partout : la taille avantageuse et bien propor-
tionnée!... Quant au portrait moral : « Tendre pour
ses amis, terrible pour ses ennemis, équitable envers
ses sujets », on n'oserait rêver un plus joli catalogue
de clichés et la personne de l'auteur n'y perce que
par une courte phrase : l'homme était peu fidèle avec
les étrangers.

Après avoir expédié cette peinture d'une affli-
geante banalité, Machiavel entreprend de présenter à
son public – décidément il ne le gâte pas beaucoup –
une longue, très longue, suite de « mots » pleins
d'à-propos, de traits d'esprit qui sont juste mis là
pour mieux faire comprendre le caractère de Castruccio, sa noblesse d'âme, sa sagesse aussi. Cette
sorte de répertoire, jeté sur le papier dans le plus
complet désordre, sans aucun souci de logique, sans
aucun effort pour varier le rythme fastidieux qu'imposent des citations très courtes, occupe plusieurs
grandes pages. Ce n'est qu'une sorte de fourre-tout,
chaque épisode étant exposé en quelques lignes et se
terminant inévitablement par le « mot » du héros. Or,
semble-t-il, toutes ces reparties ont été recopiées,
parfois à peine adaptées aux circonstances, dans les

textes anciens. Procédé effarant de simplicité et d'impudeur qui devient rapidement ennuyeux.

Le plagiat poussé à ce point pouvait-il tromper les érudits du moment? Certainement pas. Pouvait-il séduire et impressionner un autre public qui y aurait trouvé la marque d'une mode? On imagine aisément que les premiers lecteurs, les amis des *Orti,* n'y aient trouvé aucun plaisir et l'on comprend qu'ils aient vivement recommandé d'alléger cette énumération factice. Sur leurs conseils, Nicolas d'ailleurs s'exécuta et supprima un certain nombre de « mots ».

Cet examen, dans l'ensemble pourtant favorable, fut vite confirmé hors du cercle des familiers. Paradoxalement, ce que Nicolas n'avait pu réussir avec *le Prince,* il l'obtient d'un coup avec cette *Vie de Castruccio* où l'invention quasi puérile ne s'enrichit que de quelques rares réflexions. Un tel succès laisse à méditer sur la fortune des œuvres. La notoriété de Nicolas s'affirme : on le consulte, on lui passerait volontiers commande et tout d'abord à titre privé. Filippo de'Nerli et plusieurs autres s'entremettent pour lui trouver « un bon magister » en lui réservant une charge sur le chemin du retour de Lucques, à Pistoia. Lucrèce de Médicis, sœur du pape Léon X, épouse de Jacopo Salviati, qui se fait lire Justin et Quinte-Curce, vient de recevoir en cadeau un traité de la *Vie d'Alexandre*; comme il ne lui plaît guère, elle le renvoie pour que l'on puisse y ajouter certains autres exploits du héros. C'est encore Nerli qui s'en occupe; mais peut-on vraiment tirer quelque chose « de ce qu'en écrit cet animal-là? » (il ne le nomme pas); ne serait-ce pas mieux que Machiavel écrive ce qu'il sait de la *Vie d'Alexandre* d'après Plutarque? Encore un exercice, une mise au goût du jour : une corvée, il en convient.

L'histoire sur commande

En quelques semaines, Machiavel se libère d'un travail fort délicat que lui confient les Médicis eux-mêmes, le pape Léon X le premier. Il s'agit de rédiger une sorte de projet pour réformer les institutions politiques de Florence et assurer un gouvernement stable; ce qui le conduit d'abord à présenter une analyse approfondie des vicissitudes du passé.

C'est que le pape, qui depuis quelque temps voit les choses venir, sait dans quelle impasse se trouve sa maison. Après la mort de Laurent, duc d'Urbino, en 1519, il ne lui reste aucun héritier suffisamment proche capable de gouverner en homme d'État. Le seul Médicis susceptible d'être appelé est Jean des Bandes Noires, parent tout de même éloigné, mal intégré dans le lignage, capitaine aventureux plus que politique avisé. Certes, en 1519 le cardinal Jules a pris les commandes à Florence, mais il lui faut bientôt regagner Rome pour seconder son parent, préparer l'avenir, et il laisse pour gérer les affaires un de ses familiers, un certain Gheri, évêque de très mauvaise réputation et mal aimé qui, par ses roueries, s'attire aussitôt de vifs sarcasmes puis suscite de graves mécontentements. La ville s'émeut, s'indigne et s'impatiente. On y complote beaucoup et l'on songe aux temps révolus de la prospérité et de la concorde : temps des premiers Médicis, de Côme l'Ancien et de Laurent le Magnifique... temps du gouvernement « populaire », « démocratique » par les conseils, les prieurs et le gonfalonier... Comment choisir? C'est précisément la question que de nombreux sages soucieux du bien public se posent. A Rome, Léon X lui-même voit mal comment mainte-

nir un des siens dans Florence ou comment la
gouverner de si loin; il pose alors le problème à
Machiavel, théoricien du jeu, si bien informé des
façons de gouverner, auteur du récent discours sur les
institutions de Lucques.

Se voulant une fois de plus historien, Nicolas
introduit donc son long *Discours sur la réforme de
l'État de Florence* par un rappel fort circonstancié,
mais inégal, des différents types de gouvernement
que la ville a pu connaître et subir depuis l'an 1393,
date d'une réforme des conseils. Cette réforme, qui
porte le nom de l'un de ses promoteurs, Maso degli
Albizzi, accentuait encore le caractère aristocratique
du choix des hommes en place. A ce régime qui
souffrait de tant d'abus succéda le principat des
Médicis « qui fut fondé avec la faveur du peuple » et
trouva à sa tête deux hommes aussi sages que Côme
et Laurent. Nicolas passe sur Pierre le Malchanceux
et sur Savonarole sans en dire un seul mot, s'arrête à
peine sur le gouvernement du gonfalonier à vie Piero
Soderini, « État si malheureux et si éloigné d'une
véritable République », qu'il condamne fermement
après l'avoir si bien servi et défendu. Il en arrive alors
à la situation présente et propose sa solution, non sans
prendre de grandes précautions, en examinant les
diverses opinions qui se manifestent ici et là, et
discutant minutieusement pour en dégager avantages
et inconvénients.

En fin de compte, et l'on s'en doutait, il faut
revenir à une République, le principal argument mis
en avant étant bien sûr l'absence d'un héritier chez
les Médicis. Mais à condition de bâtir cette République de façon « à y réserver une place à trois qualités
d'hommes qui se rencontrent en toute cité, c'est-
à-dire les grands, les moyens et les derniers » (sic!).

On croit rêver, et l'on se demande quel genre
d'aberration, de génie du schématique, quel goût
insensé de l'abstrait peut le pousser, lui, homme
d'État qui a tant fréquenté les bureaux et approché la
réalité, à s'adonner à des vues si puériles, à se rallier
à l'image d'une société si arbitraire et artificielle.
Plus théoricien que pragmatique, sans donner aucune
sorte de justification ou de commentaire, tombant
dans le travers ordinaire des clercs, il soutient l'idée
d'une société trinitaire, c'est-à-dire d'une population
de citoyens divisée en trois conditions bien tran-
chées : une construction forgée de toutes pièces qui, à
Florence comme ailleurs, ne correspondait à rien de
concret.

Après ces affirmations, Nicolas se perd dans une
interminable et fastidieuse étude des institutions
rêvées, des conseils et magistratures qui devraient
gérer sa cité : ce qu'il faut supprimer, ce qu'il faut
mettre sur pied, comment désigner les responsables
et pour combien de temps, quels pouvoirs leur confier
et comment les harmoniser, trancher les différends...
Mais ce grand projet de ville idéale, régie par de
bonnes lois, projet peut-être lui aussi inspiré par
quelques exemples d'auteurs antiques, reste fort
indigeste et soumis étroitement à sa première idée
d'une société florentine strictement hiérarchisée et
divisée : « Comme il y a trois qualités d'hommes [...],
je crois nécessaire qu'il y ait également trois degrés
dans une République et pas plus. » Nous sommes là
en pleine utopie. Il n'en restera rien, pas même un
début d'exécution. Lui-même devait l'oublier très
vite.

Enfin, le 8 novembre 1520, arrive la consécration :
une commande publique au nom des Médicis eux-
mêmes et de la Seigneurie, présentée par le beau-

frère du cardinal Jules de Médicis, Francesco del
Nero. On propose à Machiavel de servir pendant
deux années, une assurée et l'autre selon le bon
plaisir des magistrats responsables, pour composer et
écrire des *Annales* ou *Chroniques* de la ville; ceci à
raison de 65 florins d'or par an. Certes la situation
n'offrait rien de très brillant sur le plan financier et
Nicolas était assez loin de retrouver les avantages
perdus par sa condamnation de 1512. Mais, après la
Vie de Castruccio, ses amis le pressaient d'employer
le même talent à écrire une autre « vraie histoire »,
celle de Florence cette fois. Surtout, bénéficiant de la
protection de la Seigneurie et du prince, il entrait,
comme il l'avait tant espéré depuis de nombreuses
années, dans le cercle des privilégiés et des écrivains
remarqués.

Machiavel peut peser tous ces avantages, les apprécier à leur juste valeur et l'on comprend qu'il refuse
deux autres propositions peu de temps plus tard, en
avril 1521. L'une paraît pourtant bien plus intéressante. Elle lui est transmise par Piero Soderini,
l'ex-gonfalonier revenu d'exil qui lui offre maintenant
la charge de secrétaire de la ville de Raguse qu'il
connaissait pour l'avoir habitée lorsqu'il était proscrit, et où il avait laissé de bons amis. L'autre émane
du prince romain Prospero Colonna : celui-ci cherche
« quelqu'un capable de diriger ses affaires » et propose à Nicolas 200 ducats d'or par an plus tous les
frais. Nicolas n'accepte aucun des deux emplois.
Pressent-il quelque manœuvre? Soderini lui avait
bien dit de n'agir que prudemment : partez sans
l'ébruiter, tâchez d'arriver là-bas avant que cela ne se
sache à Florence. D'autre part, à Rome, les Colonna
ne sont certainement pas des amis du pape Médicis...

Machiavel reste donc à Florence. Il y trouve sinon la fortune du moins une honnête aisance qui lui permet de satisfaire ses nouvelles ambitions d'écrivain. Il a travaillé, s'est appliqué dans tous les genres à se faire reconnaître, et cette consécration flatte en lui une certaine vanité.

Cette charge d'historiographe officiel de la République marque l'estime des gens de qualité à l'égard de Nicolas. Elle le place dans la lignée déjà illustre des hommes qui se sont fait un nom dans le monde des lettres, humanistes de talent ou de grande culture : l'Arétin, le Pogge, Scala. De plus c'était là, pensait-il, un travail qui lui convenait parfaitement, auquel ses lectures, ses divers traités et discours, et sa récente *Vie de Castruccio* l'avaient spécialement préparé. Il peut aussi se référer à son ancienne expérience, celle que lui ont donnée les offices et les missions dont il a eu la charge avant sa disgrâce de 1512. Le sort en est jeté : le voici non pas poète de cour au service des Médicis comme il l'avait imaginé et souhaité, mais attelé à une œuvre « communale », à fixer pour la postérité les faits et fastes de sa cité.

Cette tradition « historique » des *Annales* et des *Histoires* s'était affirmée très tôt dans les villes d'Italie soucieuses de maintenir les souvenirs de leur passé, d'appuyer certaines de leurs prétentions, d'exalter leur indépendance et de glorifier de hauts faits guerriers. Déjà dans les années mille, des sortes d'hymnes à la louange des cités, coulés dans le même moule et sur un modèle romain, celui des *Mirabilia Romae,* chantaient très haut les mérites et les beautés de chacune des villes, plus particulièrement dans le Nord, rappelaient leurs origines anciennes. Non sans fantaisie, ils dénombraient leurs églises et leurs palais, les portes de l'enceinte et les tours des nobles ; ils décrivaient les ports et les marchés, les miracles de l'approvisionnement, les travaux des toiles ou des draps de laine. Ainsi les célèbres chants écrits à la gloire de Pavie par un auteur resté anonyme et, plus tard, le *De magnalibus Mediolani,* œuvre d'un moine, administrateur de la ville, qui nous a laissé de Milan un beau tableau, en outre bien documenté.

Ces descriptions enthousiastes se contentaient de camper un cadre monumental ; elles parlaient peu du passé. Aussi plus tard les magistrats, les consuls, les conseils, favorisent-ils l'éclosion d'un autre genre littéraire. Apparaissent alors des traités qui relatent des faits réels, vécus ou transmis par leurs auteurs, vérifiés grâce aux documents, procès-verbaux, contrats, accords pieusement conservés dans les coffres de la Commune. Vers 1150, le Génois Caffaro, notaire de profession, homme de loi qui avait maintes fois combattu contre les musulmans en Orient et en Espagne, présente, à l'âge de soixante-dix ans, ses *Annales* aux consuls de sa ville aussitôt enthousiasmés. D'autres suivent son exemple au long des siècles : hommes de qualités sociales variées, nobles, marchands, artisans, gens d'Église qui tiennent, mêlée à leurs livres de famille, une chronique plus ou moins privée, parfois plus générale des événements de leur temps. Dans ce domaine, plus de cent ans avant Machiavel, la Toscane s'impose au tout premier rang avec des œuvres remarquables telles celles du Lucquois Giovanni Sercambi ou des frères Villani de Florence, Giovanni surtout. Les « hommes d'affaires écrivains », dont Christian Bec nous a si bien dit les mérites, restent d'admirables et passionnants témoins.

Cependant d'autres « historiens » de l'Italie communale sont des écrivains patentés, salariés en quelque sorte, nantis d'offices qui leur permettent l'accès aux sources et leur accordent assez de loisirs pour de savantes mises au net. Le chancelier de la Commune, historiographe officiel pourrait-on dire, rédige ou fait rédiger les procès-verbaux des assemblées ou conseils ainsi que la correspondance avec les autres villes ou les princes; les notaires du podestat et des tribunaux, ou d'autres magistrats, pour leur seul intérêt et souvent leur plaisir, mentionnent en marge de leurs actes les dernières nouvelles. Tous ces gens sont la mémoire de la collectivité; dépositaires de la connaissance du passé, ils la perpétuent par des traités de plus en plus précis, mieux composés, qui ne résument plus seulement les faits en un simple catalogue chronologique, mais les analysent et les rassemblent dans un discours construit. Chaque Commune tient à cœur de ne confier ces travaux utiles à sa gloire, et nécessaires même d'un simple point de vue pratique, qu'à des hommes de grande expérience. A n'en pas douter, Nicolas Machiavel répondait parfaitement à cette exigence.

CHAPITRE XII

L'œuvre d'une vie : les *Histoires florentines*

UNE « VRAIE HISTOIRE » ?

Nicolas s'attache avec zèle aux *Histoires florentines* pour lesquelles il s'était vu confier son office ; il en mûrit longuement la préparation, rassemble quantité de sources, relit surtout les bons auteurs de l'Antiquité et ceux de son temps.

Ces *Histoires* souffrent cependant des difficiles circonstances de l'élaboration : ouvrage de longue haleine, interrompu quand d'autres charges publiques l'appellent, écrit à certains moments au jour le jour, plusieurs fois repris, remanié, amendé selon les besoins, le désir de plaire ou de ménager. Ce gros travail est d'ailleurs resté inachevé. Vers la fin de sa vie, fatigué peut-être ou angoissé par le déroulement dramatique des événements et la terrible menace que les troupes de l'empereur font peser sur l'Italie, Nicolas n'écrit plus que de courtes notes dispersées, sans grand intérêt. La rédaction des *Histoires florentines*, qu'il est donc impossible de dater précisément, s'est étendue sur cinq ou six ans.

L'ouvrage se divise en plusieurs « livres » nettement identifiés ; ils portent chacun un titre et, en

principe, forment un tout, soit qu'ils constituent un
discours cohérent autour d'un thème, soit qu'ils
englobent une seule période du passé. Dédiant ces
Histoires aux Médicis, Nicolas avait d'abord prévu
d'en commencer le récit en 1434, c'est-à-dire au
moment où Côme l'Ancien établit solidement son
pouvoir dans la ville et assure la fortune politique de
la famille. Il devait bientôt abandonner ce projet et
s'en explique dans sa longue préface : c'est, dit-il,
parce qu'il avait pensé dans un premier temps que les
travaux de deux de ses devanciers – les « illustres
historiens » Leonardo d'Arezzo et Le Pogge – avaient
épuisé le sujet pour les temps antérieurs aux Médicis.
Or, à les lire attentivement, il s'est aperçu que, s'ils
avaient remarquablement parlé des guerres soute-
nues par les Florentins contre leurs ennemis, ils
avaient passé sous silence les conflits internes, les
luttes entre les factions, les guerres civiles et les
révoltes. Sans doute tenaient-ils ces événements pour
trop peu importants; sans doute aussi craignaient-ils
de porter ombrage et de déplaire à certains descendants de ces familles responsables des troubles,
engagées dans les conflits. C'était là une double
erreur. Réfutant cette façon de voir, Machiavel
affirme ses préoccupations personnelles, l'originalité
de ses curiosités, et prend prétexte de cet examen
pour définir la nouveauté de son propos.

Tout d'abord, « ce qui plaît et instruit dans l'histoire, c'est le menu détail »; surtout l'analyse des
haines et des divisions, de leurs origines et de leurs
natures, des sentiments collectifs et du jeu des
institutions. De telles connnaissances ne peuvent
qu'être utiles à ceux qui veulent gouverner maintenant; c'est grâce à elles qu'ils sauront maintenir la
concorde entre les clans et les partis. L'histoire n'est

donc pas seulement mémoire ou simple divertissement : elle instruit les hommes d'État, les rend plus
sages, les éclaire sur les fautes du passé; elle leur
administre des leçons. Nicolas, pour ce faire, se sent
parfaitement à l'aise. C'est devenu chez lui un
besoin, une manie.

Il lui faut donc reprendre le récit déjà fait et
commencer les *Histoires* de Florence beaucoup plus
tôt. Les deux premiers livres remontent jusqu'aux
origines : l'un parle de l'histoire de toute l'Italie
depuis les invasions barbares, et présente surtout les
« révolutions » que connut le pays pendant ce millé-
naire; le suivant étudie la tyrannie de Gautier de
Brienne, duc d'Athènes, en 1343. Viennent ensuite
six livres uniquement consacrés, selon une trame
chronologique incertaine, aux périodes où l'histoire
de Florence s'identifie avec celle des Médicis; on
arrive en 1434, à la fin du quatrième livre et le récit
s'interrompt au huitième livre avec la mort de
Laurent le Magnifique, en 1492. Cette coupure
n'était certainement pas un hasard mais l'expression
d'un choix : Nicolas voulait porter l'accent sur
l'homme qui, entre tous, illustra la célèbre famille et
dont les descendants pouvaient se recommander.

A l'intérieur d'un cadre si grossièrement taillé, la
composition des *Histoires florentines* souffre dans le
détail de nombreuses hésitations, d'une mise en
œuvre d'abord rapide, reprise par la suite. Le cinquième livre, par exemple, parle déjà amplement de
Côme et de son gouvernement, sujet que Nicolas
examine à nouveau en l'amplifiant dans le septième
livre, consacré à la suprématie des Médicis dans
Florence... à partir précisément de Côme; dans
l'intervalle, il a longuement évoqué les guerres entre
les nations, et les interventions des Angevins et des

Aragonais. Est-ce là une maladresse à maîtriser un discours qui embrasse tant de théâtres d'opérations à la fois? Ou remords, désir de reprendre une analyse importante, celle de la tyrannie princière, pour la charger davantage et marquer ainsi plus fermement encore son opinion?

La documentation était abondante et les guides, parfois récents, ne manquaient pas. Nicolas le confesse : pour la trame événementielle comme pour les détails, il a beaucoup utilisé les informations qu'il a pu glaner dans ce qu'il appelle les « Mémoires d'alors » ou les « Annales ». A le lire, on trouve sans mal différents emprunts à Dante ou à Pétrarque qu'il ne cite bien sûr jamais. La seule grande originalité de l'ouvrage tient évidemment à l'attitude de son auteur, écrivain stipendié, nanti d'une sorte d'office d'historiographe, face aux maîtres de l'heure : les Médicis.

Par leur ampleur, ces *Histoires florentines* inachevées sont cependant de loin le plus gros des ouvrages écrits par Machiavel : elles représentent environ six fois le volume du *Prince* et un tiers de plus que le *Discours sur la première Décade de Tite-Live*. Est-ce cette abondance parfois non exempte de lourdeur, la difficulté d'embrasser ce volume d'une seule pensée, d'en réduire l'esprit à quelques formules simples, qui expliquent qu'elles soient si peu connues et mal aimées et qu'aujourd'hui encore on leur préfère les quelques pages plus lapidaires du *Prince*?

Le genre ne se définit pas aisément. Le développement s'attache plus à l'analyse des rouages gouvernementaux et des caractères qu'à un exposé rationnel des faits. Là encore, les précisions topographiques et surtout chronologiques sont très insuffisantes pour permettre une reconstitution exacte des événements;

comme dans le premier poème des *Décennales,* certains personnages ne sont désignés que par leur nom de baptême ou par un surnom. Les dates, en dehors des rares exceptions qui marquent la fin des « livres » ou des grands chapitres, ne sont jamais données. Le lecteur, déconcerté par les fréquents passages du tableau général de l'Italie aux scènes proprement florentines, n'y trouve pas les repères indispensables et s'y perd parfois.

L'ouvrage frappe plus encore par son caractère discontinu, souvent heurté : Nicolas ne porte pas son regard avec la même attention sur tous les moments du passé florentin; il s'arrête longuement sur ce qui lui paraît essentiel, dramatique ou riche d'enseignements. Si bien que ses « livres » se présentent comme une suite de tableaux très développés, brossés avec grand soin, longs et compacts morceaux de bravoure plus ou moins bien reliés par le récit des événements intermédiaires.

LE HÉROS ET LE CHŒUR DES CITOYENS

Les analyses concernent exclusivement l'histoire interne de Florence, tout ce qui permet de mieux comprendre les querelles et les malheurs de la cité. Ainsi, pour les conflits entre les Guelfes et les Gibelins, puis plus tard entre les Blancs et les Noirs, pour les conspirations et les exils, pour les révoltes, celle des Ciompi principalement (1378), pour la montée au pouvoir des Médicis, pour les années aussi où Savonarole gouvernait la ville, enfin pour le règne de Laurent et le complot des Pazzi. Les faits sont bien exposés, les circonstances ainsi que les intentions des acteurs parfaitement analysées.

A l'intérieur de ces grands discours, Machiavel introduit différents procédés d'exposition qui rompent encore le fil du récit. Ce sont d'abord ses propres réflexions : étude des organes administratifs et de leur fonctionnement, de la confection des lois d'exception et de leur application partisane, des abus de pouvoir, des lacunes des institutions, de l'organisation et des structures des partis. Viennent aussi, comme dans la *Vie de Castruccio,* mais moins pesants, mieux répartis au long des paragraphes, les « traits » de caractère ou les « mots » d'esprit qui, décidément à la mode, paraissent alors indispensables : une façon d'illustrer le personnage, de le mettre en vedette et souvent de le comparer, de l'identifier même à l'un des héros de l'histoire antique. Enfin, Nicolas rapporte complaisamment des discours entiers que l'on prête à tel ou tel grand homme ou à tel représentant des citoyens. C'est là visiblement un de ses procédés favoris et il en use sans frein.

Ces longs sermons, à vrai dire pas toujours essentiels et même parfois verbeux, envahissent le texte; ils s'imposent en blocs compacts au milieu d'exposés dont on oublie forcément la trame. Mais c'est là, une fois encore, une manière de décrire le personnage plus précisément, une manière aussi de faire dire par la bouche d'un des maîtres ou des héros du temps ce que lui, l'auteur, pense de la situation. Et de fait, Nicolas ne résiste pas à la tentation de se mettre ainsi en scène.

L'un de ces grands discours, parmi les tout premiers, se situe en 1342 au moment ou Gautier de Brienne, capitaine du roi de Naples, est sur le point de s'emparer du pouvoir à Florence. La foule crie son nom sur toutes les places, et les nobles et les membres de la Seigneurie, bien embarrassés, comprennent qu'ils ne peuvent faire autrement que de se rallier. Ils se réunissent, se concertent, vont se présenter devant Gautier et l'un des leurs prend la parole : « Nous allons vers vous, Seigneur... » Suit une sorte d'homélie moralisatrice, dont le duc n'aurait certainement supporté que quelques phrases, pour lui exposer sa position et la leur, lui faire un cours de stratégie et de morale politiques, lui démontrer comment agir pour sauver la patrie des plus graves désordres et ne pas se mettre en péril. On croirait entendre Machiavel enseignant sa philosophie ou lisant à voix haute un de ses traités. En vérité, c'est bien lui qui parle par personne interposée.

De même pour une autre harangue qui fait le titre d'un chapitre : « De nombreux citoyens de Florence réclament des mesures d'apaisement dans la ville ». Nous voici au temps des grands conflits entre les factions et des lois d'exception édictées par le parti guelfe vainqueur. Nicolas ne se soucie ni de préciser la date ou les circonstances, ni de dire qui étaient ces sages citoyens et lequel prit la parole en leur nom. Il nous apprend simplement que des habitants de la cité poussés par l'amour de la patrie se rassemblent dans le quartier de San Piero Scheraggio, se rendent au Palais, arrivent jusque devant les prieurs et « celui d'entre eux qui jouissait d'une plus grande considération leur parla ainsi ». Vient alors un très, très long exposé de la situation, didactique, alambiqué, fort lourd et parfois pédant, sur les origines de ces désordres, puis de nombreuses recommandations sur la manière d'y mettre fin : toutes choses que Machiavel signe évidemment de sa propre main.

Autre discours : cette fois c'est l'expression collective d'un chœur de citoyens, celui en 1378, du délégué des Ciompi, ces artisans qui travaillaient à la fabrication des draps, d'outils et de peignes. Nicolas ne les aime pas tellement; il voit en eux des fauteurs de troubles, parle de « cette espèce d'hommes » et montre « l'un des plus expérimentés et des plus audacieux d'entre eux » haranguant les autres pour les inciter à la révolte. Discours incendiaire, appel aux violences, aux « péchés », aux crimes, en tout cas à la guerre civile. Rien de bien surprenant donc; une fois de plus, c'est là une pure invention de l'auteur pour montrer les mécontentements et la stratégie d'un groupe politique.

Nous sommes maintenant en 1429 et voici Nicolas encore employé à faire l'analyse d'un mécontentement populaire. Il s'agit des habitants de la petite ville de Seravezza, récemment soumise aux Florentins et injustement traitée par le commissaire à la guerre, Giani Astore. Ils envoient des délégués qui se présentent devant le Conseil des Dix; introduits dans le Palais, « l'un d'eux parla ainsi »... Et Nicolas de peindre alors leurs malheurs, les atrocités des hommes d'armes, de supplier qu'on leur rende la paix, leurs biens, leurs femmes et leurs filles; ce qui fut aussitôt fait, tant les abus paraissaient flagrants. En soi, l'épisode peut sembler insignifiant à l'échelle des *Histoires florentines*, mais Machiavel le met en relief pour illustrer une des propositions qui lui sont chères et qu'il avait déjà clairement énoncée dans *le Prince* et surtout dans le *Discours sur la première Décade*, à savoir qu'il faut s'attacher à bien gouverner, sans aucune sorte d'excès, les cités ou principautés que l'on vient de conquérir et que l'on veut soumettre à de nouvelles lois. C'est encore l'auteur qui s'exprime.

Plus rarement Nicolas fait parler un individu en

son nom propre lorsque, maître et responsable de la ville, il s'efforce de convaincre les habitants prêts à se dresser contre son autorité et la paix publique : paroles apaisantes, leçons de sagesse. Au moment de la révolte des Ciompi, Luigi Guicciardini réunit les syndics des *arti* et leur parla longuement : « Ce discours plein de vérité fit beaucoup d'impression sur l'esprit des citoyens [...] Ils remercièrent le gonfalonier. » Plus tard, en 1433, alors que s'affirment déjà les pouvoirs et que se démasquent les ambitions de Côme, deux des principaux chefs du parti adverse, Niccolò d'Uzano et Niccolò Barbadoro, se rencontrent pour se concerter sur les moyens de freiner cette ascension sournoise mais irrésistible. Barbadoro voudrait que l'on agisse vite et fort, que l'on se mette d'accord avec un autre des magnats de Florence, Rinaldo degli Albizzi, et que l'on chasse le Médicis avec toute sa clique. Mais D'Uzano le réprimande et lui fait voir les périls qu'ils iraient ainsi courir; ce serait l'échec et la ruine de leur familles! Dans cet interminable discours, parfaitement construit, Nicolas Machiavel expose inlassablement la force du parti de Côme, ses méthodes et l'impossibilité de lui opposer une parade. Il procède aussi par dialogues et contradictions supposées : « Tu me diras peut-être... », surtout par énoncés d'hypothèses : « Supposons même... »; il se met parfaitement dans la peau de son personnage inventé pour la circonstance, prenant prétexte de cette rencontre – tout aussi imaginaire – entre les deux hommes.

Le procédé du discours inséré prend ici une ampleur considérable et devient une forme d'élaboration littéraire qui présente de grands avantages : un texte plus aéré, plus varié. Certains auteurs n'ont pas manqué de faire remarquer que Machiavel pouvait s'être inspiré ici des Grecs et des Romains et, à la façon de Virgile par exemple, donner la parole au chœur des citoyens passifs. Rien d'étonnant à cela : Nicolas garde les mêmes modèles en tête. Mais la véritable raison n'est pas là : faire s'exprimer directement ses héros – des hommes sages, plus encore des délégués représentant soit l'ensemble des citoyens, soit tel ou tel groupe – lui permet de se donner la parole à lui-même; c'est aussi l'occasion, sous prétexte de mettre en scène des personnages « historiques », de développer ses idées, d'administrer une nouvelle fois ses cours de théorie.

Les *Histoires florentines* de Nicolas Machiavel se démarquent donc nettement de la « véritable histoire » qu'il prétendait écrire; elles ne rappellent que d'assez loin, par exemple, l'œuvre de son ami François Guichardin, œuvre qui du point de vue historique offre plus de garanties et emporte davantage l'adhésion. En somme, ces *Histoires* sont pleines de fantaisies, voire d'inexactitudes. Au fil de leçons sans cesse reprises, elles imposent une idée et une image politique.

COMMENT SE PERDENT LES LIBERTÉS

Nicolas avant tout pose le problème soulevé par l'avènement du principat dans une cité bardée de solides appareils institutionnels, habituée jusqu'alors à d'autres types de gouvernement. Là il suit sa voie propre, féconde, intéressante à tout moment. Sans méconnaître d'autres œuvres, celles de ses devanciers ou même de ses contemporains, Giovanni Villani, Flavio Biondo, Le Pogge ou Cavalcanti, œuvres qu'il

pille allègrement, il entend donner au discours historique un ton nouveau... qui n'est pas précisément
celui que l'on attendrait d'un témoin soucieux de
présenter une image à peu près fidèle de son temps. Il
prend parti, veut se placer et démontrer. S'octroyant
de grandes libertés face aux faits, il surcharge ses
portraits de tout un fatras d'anecdotes et de bons
mots, d'emprunts ou de plagiats d'auteurs antiques,
parfois assez pesants et toujours inutiles.

Ses anciennes préoccupations réapparaissent et au
fil des premiers chapitres sur la Florence des Médicis, il poursuit le même dessein qu'autrefois : donner
du prince idéal, vertueux, une image cohérente,
acceptable et généralement sympathique. Ces princes modèles, prédécesseurs des Médicis, il les recherche, les traque dans le passé, les débusque là où on ne
pensait pas les trouver.

Arrivent ainsi pêle-mêle, par le jeu des allusions et
des comparaisons – procédés d'écriture qu'il semble
affectionner de plus en plus – plusieurs figures
parfois surprenantes. A la recherche de bons exemples, il lui faut toujours citer des princes aimés du
peuple, prendre le contre-pied de traditions pourtant
bien assises. La sympathie pour le prince nouveau, tel
qu'il l'imagine ou le souhaite et l'a déjà décrit,
l'amène à parler en bons termes de Gautier de
Brienne, ce tyran imposé par les Français, dont pas
un seul chroniqueur n'a su dire du bien, qui s'est
rendu détestable à tous par un gouvernement sourcilleux et désordonné, par des exactions considérables,
qui n'a régné que quelques mois avant d'être ignominieusement chassé; le peuple « républicain », si cher à
Machiavel, boudait les grandes fêtes que ce tyran
mal aimé prétendait offrir aux foules...

Ces *Histoires florentines,* mieux documentées cer-

tes que ses essais précédents, mieux centrées aussi
sur le passé toscan, répondent aux mêmes préoccupations : présenter un portrait du Prince et de ses
vertus. Elles s'inscrivent directement dans la ligne du
Prince et, dans une certaine mesure, de la *Vie de
Castruccio.* N'est-ce pas auprès de Donato Giannotti,
un jeune écrivain déjà renommé qui enseignait les
auteurs grecs et la science de l'éloquence à l'université de Pise, que Nicolas Machiavel trouvait alors
réconfort et conseils? Il lui lisait au fur et à mesure
ses chapitres avant même de les communiquer à ses
amis de Florence ou de les envoyer à Rome. Or ce
Giannotti, qui devait occuper plus tard la charge de
secrétaire des Dix, reprenait à son compte et l'idée
d'une milice paysanne au service de Florence, et
l'image du prince nouveau; il s'était fait connaître
par quelques vers latins imprimés dans le *Laurent-
tum,* ouvrage à la gloire de Laurent le Magnifique où
il exaltait les vertus du chef, vertus d'abord militaires, et sa fortune, c'est-à-dire sa grande chance en
affaires.

Nicolas Machiavel, lui, n'identifie pas son prince à
l'un des Médicis. Travail de commande, ses *Histoires*
ne tournent pas au panégyrique. On y sent nettement
le parti politique de l'auteur, sa relative indépendance d'esprit, son art de louvoyer, de servir sans trop
s'engager, de se réserver une issue sans déplaire. A
partir du cinquième livre surtout perce son choix en
faveur du gouvernement « républicain », choix qui
doit donc l'opposer aux maîtres de l'heure, à cette
famille princière, alors bien affaiblie il est vrai.

Certes la dédicace à Clément VII, naguère cardinal, répond exactement à ce que l'on pouvait en
attendre. Nicolas prend bien des précautions; il
rappelle que le pape lui a expressément commandé

de se garder de toute flagornerie, de toute exagéra-
tion flatteuse en rapportant les faits et gestes de ses
aïeux. Mais comment faire, alors que tous les mémo-
rialistes du temps, que tous les auteurs dignes de
confiance n'ont fait qu'en chanter les vertus, que dire
en termes élogieux la bonté de Giovanni di Bicci
(l'ancêtre, mort en 1429), la sagesse de Côme l'Ancien, l'humanité de Pierre le Goutteux et surtout la
magnificence de Laurent? Comment ne pas désobéir,
ne pas rapporter ces traits de caractère dont on lit
partout maints exemples? Les passer sous silence
serait déjà malveillant. En somme, Machiavel pose le
problème et dit avec une grande habileté son embarras : comment, alors que les Médicis sont toujours là,
puissants malgré tout, refaire l'histoire, aller contre
ces concerts d'éloges? Faut-il simplement nuancer,
examiner en témoin impartial leur accession au
pouvoir? Dès le début, il prévoit les difficultés et par
là même les limites de son entreprise.

Et pourtant le discours ne se teinte pas seulement
de bonnes intentions. On y trouve des ambiguïtés et
même des critiques appuyées. C'est que, pour le
perspicace et particulièrement roué Nicolas, dans
toute cette histoire de la montée au pouvoir et de la
tyrannie des Médicis, le personnage clef n'est évidemment pas Laurent mais Côme, l'artisan laborieux
et appliqué de cette réussite grâce à ses qualités,
grâce plus encore à toutes sortes de pratiques, de
procédés plus ou moins honnêtes que notre auteur
s'efforce de démonter. L'histoire de Florence en 1434
le fascine : c'est le moment où la ville, à la suite de
multiples vicissitudes, perd inéluctablement sinon son
régime « républicain » du moins ce qui en était le
support, la vertu; c'est le moment crucial où elle se
détourne de la « liberté » pour glisser peu à peu sous

la domination d'un parti mené par un seul homme,
puis sous la tyrannie d'un prince. Nicolas s'attarde
volontiers à cet épisode, analyse les rouages et y
revient à plusieurs reprises, comme s'il ne se résignait
pas à quitter Côme. Nous voyons les origines de
l'homme, nous apprenons ses vertus éminentes;
c'était avant tout un homme sage, prudent, généreux,
humain, capable de s'entourer de bons conseils,
capable surtout de rassembler autour de lui un parti
de fidèles. Comment aurait-il pu sans toutes ces
qualités s'imposer et ruiner un régime qui présentait
tant d'avantages? Dans ces années de grande confusion, où la cité se trouvait constamment déchirée par
les luttes des factions, il « n'avait cessé dans la
conduite des affaires publiques de mener sa barque
avec plus d'activité, plus d'énergie que de générosité... ». Avec beaucoup d'habileté aussi, des calomnies
savamment lancées contre les adversaires, quelques
attaques pernicieuses contre les plus dangereux, ou
simplement les plus en vue, les plus méritants.

Un moment exilés mais vite de retour dans la ville,
Côme et ses amis, grands vainqueurs, chassent de
Florence leurs ennemis ou les hommes simplement
suspects de les mal aimer : « Ils cherchent ainsi à
accroître par d'autres bienfaits le nombre de leurs
partisans et fortifient leur autorité. » A lire les
Histoires florentines, c'est là le grand tournant dans
l'établissement du principat. Ces gens dévoués désormais, leurs clients, les Médicis s'emploient à les
placer partout aux postes de décision, à leur faire
attribuer des magistratures particulières qu'ils créent
parfois tout exprès pour eux, et surtout à leur donner
de grands pouvoirs de surveillance et de discrimina-
tion. Une opération de longue haleine, patiemment
menée, qui consiste à quadriller la ville, quartier par

quartier, pour se prémunir contre toute surprise. Les Médicis font proclamer de nouvelles lois, faussent complètement le jeu électoral, s'arrangent de mille manières pour truquer le tirage au sort qui, en principe, devait désigner les membres des conseils et les officiers : « En vidant les bourses des noms de leurs adversaires, et en les remplissant de ceux de leurs partisans [...], ils décidèrent de ne jamais laisser sortir des mains de leurs amis les magistratures qui peuvent condamner à mort. » Par de nouvelles dispositions aggravant encore les dramatiques conditions de l'exil, les bannis, au terme même de leurs condamnations, ne pouvaient rentrer dans Florence que si 34 des 37 personnages qui formaient alors la Seigneurie votaient pour. Enfin, autre moyen pour ruiner l'opposition, l'ennemi vrai ou supposé, moyen plus subtil sans doute mais qui n'a pas échappé aux contemporains ni à la sagacité de Machiavel : la pression et l'injustice fiscales : « S'il restait dans la cité quelque suspect à leurs yeux qui avait pu se mettre à l'abri de toutes ces attaques, il se trouvait bientôt écrasé sous le poids de nouvelles taxes. »

Ces Médicis reviennent d'ailleurs au tout premier plan de la scène un peu plus loin dans le premier chapitre, dense et tout aussi original, du septième livre qui analyse plus abstraitement peut-être l'importance des partis dans une « république » italienne et la leçon que Côme a su en tirer. Nicolas va ici très en profondeur dans l'étude des forces en présence pour la conquête du pouvoir. S'en tenant d'abord à des considérations d'ensemble, il affirme, d'une plume qu'on devine assez amère, qu'un homme voyait alors s'ouvrir devant lui deux voies pour acquérir considération et se rendre célèbre. L'une était le service public : en faisant la guerre, investis-

sant une forteresse ou gagnant une bataille, en
conseillant les magistrats, en s'acquittant avec honneur d'une mission difficile; bref, tout ce que lui-
même avait tenté de faire. L'autre voie réside dans
les moyens privés ou officieux : gagner la faveur du
peuple par des libéralités, donner des secours d'argent, placer des amis à des charges rémunératrices et
les combler d'honneurs qu'ils ne méritent pas, plus
encore protéger des familiers, des clients, contre la
rigueur des lois et les actions des magistrats; en
somme, courtiser des fidèles et regrouper autour de
soi des hommes de main.

Naturellement c'est bien ainsi que Côme se plaisait à intriguer; un autre chapitre de ce septième
livre, intitulé : « Par quelle politique Côme se rendit
maître de Florence », oppose clairement la politique
des Médicis à celle de leur adversaire de ce temps,
Neri Capponi. Ce dernier avait gagné sa renommée
« par des voies légales de telle sorte qu'il avait
beaucoup d'amis et peu de partisans ». Côme, lui, la
gagnait « autant par des voies secrètes qu'au grand
jour »; il n'eut ainsi aucun mal à compter à ses côtés
de nombreux partisans prêts à le soutenir. Et, sans
aucune indulgence, bien au contraire, Nicolas de
décrire longuement les procédés par lesquels Côme
sut acquérir non seulement l'estime mais la fidélité
de tant de gens : sagesse et prudence, faveurs distribuées à bon escient, prêts d'argent, grandes dépenses
pour les ornements des palais et des maisons, intransigeance face aux ennemis, refus des gloires inutiles
et des alliances hors de son état de grand marchand
bourgeois : toutes choses qui ne pouvaient que rassurer sur ses intentions et lui attirer des ralliements
« politiques ».

La polémique reprend encore et cette fois d'une

façon inattendue : c'est, toujours dans le septième livre, après la mort de Côme, le discours de Pierre le Goutteux, son fils et successeur qui, écœuré par les excès de ses partisans, tente de les ramener à plus de modération. Ce discours très ferme, rapporté par le menu, vient tout naturellement sous la plume de Nicolas : il aurait pu le prononcer lui-même (et peut-être est-ce ce qu'il fait : Pierre n'est qu'un porte-parole d'occasion). Il s'indigne, se plaint d'avoir été trompé, donne de sévères leçons de morale; la ville est corrompue jusqu'à la moelle : « Je ne crois pas que l'on trouverait dans l'Italie entière autant de violences et d'avarices que dans cette cité »; et ses partisans sont bien les pires de tous. Il croyait avoir pour compagnons de bons citoyens capables de mettre un terme à leurs exactions et de vivre honnêtement. Mais non : pourtant peu nombreux, ils ne se contentent même pas de partager entre eux des charges et profits « dont avaient coutume auparavant d'honorer un beaucoup plus grand nombre de citoyens »; il ne leur suffit pas d'avoir chassé et dépossédé leurs ennemis pour se partager leurs biens, de les accabler d'impôts qu'eux n'ont pas à payer. Partout, ils font régner leur justice, vendent les sentences au plus offrant, soutiennent les criminels ou leurs complices. Suivent de dures menaces, qui ne furent certainement jamais prononcées, mais Nicolas se plaît à opposer aux Médicis abusifs et sans scrupules, aux militants du parti, à cette tourbe de clients, le nouveau chef idéalisé, imaginé plus sage pour la circonstance. Pierre le Goutteux meurt aussitôt, à la fin du chapitre.

Les critiques acerbes, directes, s'en prennent maintenant aux règnes de ses deux jeunes fils, Laurent et Julien. L'auteur des *Histoires*, loin de les ménager, s'applique à les déconsidérer, en quelque sorte à détruire le mythe de leur respectabilité : la corruption gagne toute la ville et eux ne respectent rien; ils ont mangé quantité de viandes pendant le carême et l'on donna alors plusieurs grands spectacles dans les églises même; celle de Santo Spirito fut, à cause de leurs extravagances, la proie des flammes. Ce sont là, on ne peut s'empêcher de le noter, des attaques tout de même assez curieuses de la part d'un homme qui s'intéressait généralement fort peu au respect de la religion et de ses préceptes...

Enfin, arrive le grand événement, le drame : la conjuration des Pazzi, en 1478. Nicolas rapporte en détail la préparation du complot, son exécution à demi manquée et la répression menée par Laurent, échappé par miracle aux coups des assassins. Il déclare nettement son parti : ce complot était inévitable; il le justifie : les Médicis avaient fini par accaparer complètement tous les pouvoirs, de telle sorte « que les mécontents en furent réduits soit à prendre leur mal en patience, soit à ourdir des conjurations en secret ». Certes il ne les approuve pas : ces conjurations échouent presque toujours, ce qui amène l'anéantissement de leurs auteurs, et la répression engendre alors une bien plus grande injustice, si bien que le prince en sort conforté dans son pouvoir plus absolu.

Ce complot, inévitable mais infructueux, Nicolas en avait déjà longuement parlé dans *le Prince*; il s'attarde à nouveau à l'examiner sous ses multiples aspects. Outre la perte de toute influence politique, les Pazzi avaient d'autres bonnes raisons de se rebeller contre une tyrannie qui ne manquait pas une occasion de faire jouer les tribunaux contre eux, même pour leurs affaires familiales. La conjuration

cependant fut très mal menée : trop de complices,
trop de réunions et d'atermoiements; elle n'échoua
pourtant que par l'effet d'un pur hasard. Machiavel
décrit ensuite, tout aussi minutieusement, la chasse
aux coupables, à leurs parents et amis, les exécutions
sommaires, l'acharnement des Médicis et de la foule.
Il clôt son récit par un long discours où l'on voit
Laurent exalter la vertu de sa maison, la façon dont
Dieu l'a toujours protégé et fait naturellement retom-
ber sur les conjurés la responsabilité de tous les
malheurs qui assaillent la cité : « Ce sont eux qui ont
appelé le pape et Naples à partir en campagne contre
Florence, en voulant faire croire que cette guerre
n'était dirigée que contre ma maison et contre moi. »
Cette longue diatribe, destinée sans aucun doute à
raffermir la faction médicéenne, est un beau morceau d'hypocrisie : Nicolas montre un homme qui se
dit prêt à abandonner le pouvoir pour assurer le salut
de sa patrie...

Inutile d'insister donc : les *Histoires florentines*
commandées par les Médicis, dédiées à leur pape
Clément VII, s'affirment vite comme un livre inspiré
par un sentiment hostile à la famille, parti-pris qui
s'accentue au cours de la rédaction alors que la
fortune des maîtres semble de plus en plus compromise. A partir du septième livre, Nicolas ne prend
plus aucune précaution. Certes les Médicis ne sont
pas pire que d'autres, mais ils ont le grand tort
d'avoir réussi à évincer tous les autres, d'avoir
supprimé les formes de gouvernement collégial ou de
les avoir tournées en dérision par mille tricheries,
d'avoir sans cesse soutenu une foule de clients avides
et malhonnêtes, d'avoir ainsi corrompu les mœurs
« républicaines ».

L'intérêt de ces analyses, partisanes mais argumen-

tées, reste avant tout d'exposer d'une façon magis-
trale le processus d'installation et d'affermissement
du pouvoir princier, d'un seul tyran ou d'un seul parti
autour d'un tyran : non par la force, mais triomphant
patiemment, insidieusement, de tous les obstacles,
ruinant les opposants par des proscriptions iniques;
en somme, non des capitaines mais des politiques,
une tyrannie qui s'est jouée de toutes les possibilités
que ménageaient les institutions de la République.

Peu d'auteurs, même contemporains des événements, ont mis à jour avec une telle perspicacité les
ressorts du jeu institutionnel et politique dans la ville
italienne du Quattrocento. Nicolas Machiavel écrit
en maître; la chute des institutions communales ou
plutôt leur accaparement par un parti, leur graduelle
confiscation, était un thème qui lui tenait particulièrement à cœur. Ce sont là des pages remarquables
qui auraient mérité de passer à la postérité tout
autant sinon plus que les rapides chapitres du *Prince*,
simple catalogue parfois des pièges et arguties. C'est
là l'œuvre d'un homme engagé, désireux de soutenir
des thèses et de donner constamment son opinion sur
les gouvernements, sur leurs structures et leurs organes; œuvre d'un auteur qui, passionné par le jeu
politique, ses équilibres et ses ruptures, se complaît à
en démonter les rouages. En ce sens, les *Histoires*
rejoignent, par leur nature et certains effets de
composition, *le Prince* et plus encore le *Discours sur
la première Décade de Tite-Live*. Les hauts faits du
passé florentin, surtout les plus récents, ne servent
que de prétextes, parfois d'illustrations; exactement
comme pour Borgia ou Sforza, ou les grands hommes
de la Rome antique.

Que Nicolas prenne ainsi parti n'est pas une
grande surprise, mais il faut admirer comment l'ou-

vrage stipendié par une famille princière se retourne
si aisément contre elle, sans exception ni complaisance. Aucun des Médicis n'est épargné. L'analyse
critique de leurs caractères, de leurs façons de
conduire les affaires, d'abord assez feutrée, habile, se
durcit au fil des chapitres et devient, non pas
passionnelle et outrancière mais implacable et froide
sous une apparence de démonstration neutre, de
rigueur quasi scientifique.

Une œuvre polémique par conséquent où l'auteur
prend à peine le soin de se dissimuler et une œuvre
originale dans son temps. Tout d'abord parce que les
écrits antimédicéens à cette époque où l'on chantait
tant la « sagesse » de Côme furent relativement rares.
Mais aussi et surtout par la profondeur et la sagacité
de l'examen politique. Nicolas a le grand mérite de
faire remonter très loin les origines de la prise du
pouvoir, de décrire parfaitement les circonstances
favorables en étudiant, l'âme en peine, les abus ou
faiblesses du régime « républicain ». Il jette sur sa
ville et son histoire un regard lucide, mettant tout à
plat, éclairant parfaitement les manœuvres, démêlant
les réseaux d'intrigues. Pour lui le prince ne réussit à
l'emporter qu'en s'insérant dans le jeu des partis et en
créant puis fortifiant le sien propre. Ses livres politiques, *le Prince,* le *Discours* et les *Histoires* se
complètent donc. Leur intérêt réside dans un seul
thème : la difficulté de préserver les vertus de la
République, vertus que le régime des partis anéantit
sans appel, préparant ainsi l'arrivée du tyran.

Évidemment, comme ses autres travaux, comme
les écrits des hommes de son temps, tous plus ou
moins engagés dans la vie politique, dépendant surtout des libéralités du prince ou d'un office communal, ce grand livre de Nicolas Machiavel porte dans

le détail la marque d'une situation personnelle ambiguë. Visiblement, sa position n'a cessé de l'embarrasser au cours de la rédaction. Lui si souvent prompt à
écrire, qui achève ses traités et ses discours en
quelques jours et son *Prince* en quelques semaines, il
fait traîner sa plume, la suspend ou la retient. Il
tergiverse, flaire le vent. Ce ne sont pas tant les
difficultés de réunir une documentation qui le frei-
nent, ni non plus d'autres charges, bien modestes,
mais la prudence, le souci de ne pas trop trancher, de
ne se compromettre qu'en connaissance de cause. Et
précisément cela n'est pas aisé. Comment peut-il
alors évaluer ou prévoir les vicissitudes, les graves
« nouveautés » qui affectent le jeu florentin et la
tranquillité de ses concitoyens? L'horizon politique
reste très trouble, et n'offre aucune garantie du
lendemain.

CHAPITRE XIII

Les petits travaux et la famille

Le pied remis à l'étrier, l'ancien secrétaire de la chancellerie ne se contente pas d'un simple travail de cabinet; il rêve encore de missions et de responsabilités; il les sollicite, espérant que les beaux jours sont enfin revenus... Mais Nicolas n'obtient d'abord que de petites affaires, comme si l'on voulait encore le mettre à l'épreuve ou lui faire sentir le poids de sa disgrâce.

LA RÉPUBLIQUE DES TRAÎNE-SANDALES

Le 11 mai 1521 on le charge d'aller à Carpi, une petite cité située non loin de Modène. Il doit se rendre auprès du chapitre général des frères franciscains pour leur demander de faire du district de Florence une province particulière de leur ordre, séparée du reste de la Toscane. Il devra leur représenter que leurs couvents ont toujours été bien accueillis dans la ville et dans ses environs, que cette ville s'illustre par un très grand nombre de monastères et d'hôpitaux, qu'il serait juste d'en reconnaître les mérites afin de rallumer chez leurs religieux « le zèle d'autrefois » et faire disparaître ainsi « tous les prétextes à scandales... ». Le cardinal de Médicis appuie la demande. Sur place, Nicolas s'est assuré l'aide d'un frère florentin, Hilarion, qui le recevra, le mettra au courant de la situation et lui proposera une sorte de plan de bataille écrit de sa propre main.

Ses amis se gaussent d'une telle mission et Guichardin, alors gouverneur de Modène, chez qui Machiavel s'arrête deux ou trois jours à l'aller comme au retour, s'indigne de ses démarches et ne s'en console pas; cette banale affaire « de moinerie » le désespère. Il en parle dans chacune de ses lettres : « Lorsque je considère, lui dit-il, tous les princes, ducs et marquis que vous avez approchés et que je vous vois ambassadeur auprès de cette république de moines, je me souviens de Lysandre qui, après tant de victoires et de triomphes, se vit chargé de distribuer les rations de viande à ces mêmes soldats qu'il avait si glorieusement conduits au combat. » Nicolas, sans trop de mauvaise humeur, ne se prend pas au sérieux et dans ses lettres familières, traite les franciscains de haut : « Cette république de traîne-sandales! »

Est-ce là simple mot d'esprit? Marque de dépit et d'agacement? Ou, comme on pourrait le croire si l'on s'en tenait à la lettre et comme on l'a volontiers écrit, preuve de mépris pour les gens d'Église, d'irréligion même? De cette irréligion dont l'on taxe souvent à tort les hommes de lettres et de goût de cette époque?

A vrai dire, Machiavel ne paraît ni mécréant, ni vraiment irrespectueux ou désinvolte. Certes, la question de ses convictions se pose mais il impossible de savoir comment il ressentait et vivait sa foi. Écrivain, historien, théoricien surtout, il n'étale que rarement une culture biblique comparable à celle des auteurs anciens, à celle de Dante par exemple, et ne fait que de très rares références aux livres saints, aux Évangiles, à l'histoire du peuple juif. Son univers, ce sont les Grecs et les Romains, ou les Italiens des derniers siècles. Mais il s'agit là d'intérêts et de curiosités littéraires, intellectuelles pour un monde proche de lui, pour l'Italie et les pays voisins, d'une sorte de nationalisme.

Dans toutes ses lettres, il se montre fort discret quant à ses convictions religieuses. Qu'il fasse ici et là l'esprit fort, qu'il se moque, plutôt par dépit ou par agacement des franciscains et de leur chapitre général de Carpi, ne signifie pas grand-chose. Sur le fond, on le voit réservé, impénétrable. Mais, par ailleurs, il écrit, dans des circonstances hélas mal définies, un *Discours* moral intitulé *Exhortation à la pénitence*, dans lequel il s'adresse à une assemblée de « pères et confrères », sans doute une confrérie de charité. Après quelques considérations générales sur les exemples qu'en donnent les Écritures saintes, les livres des prophètes et les lettres de saint Paul, sur la toute-puissance de la générosité de Dieu, créateur du monde « qui dans toute sa bonté n'a pas voulu recouvrir tout le globe des eaux de la mer », il disserte longuement, avec une sorte de passion, du devoir de charité par l'aumône, par le pardon des offenses. Et de citer saint François et saint Jérôme qui, pour résister aux tentations, avaient coutume l'un de se coucher sur un lit d'épines, l'autre de se déchirer le corps avec le tranchant d'une pierre acérée. « Mais avec quels cailloux, quelles épines pourrions-nous réprimer notre penchant à l'usure, à l'infamie, à porter tort à notre prochain si ce n'est en faisant l'aumône, en rendant service et en respectant tous nos semblables! « La leçon de morale civique, amenée ici par de surprenants détours et non sans emphase, rejoint ses préoccupations « politiques » mais elle témoigne aussi une adhésion : Nicolas ne récuse absolument pas les références ni à Dieu, ni aux héros de la foi, ni à la morale chrétienne.

Arrivé le 16 mai à Carpi, Machiavel se livre aussitôt à d'infinies palabres; il prend l'affaire comme s'il agissait d'une farce, de sorte que nous le suivons bien mieux par les billets forts plaisants qu'il adresse à Guichardin que par les deux missives officielles, plates et sans réel intérêt, qu'il envoie au cardinal Jules de Médicis. Outre la province à créer pour la seule Florence, il doit s'occuper d'un autre problème : par la voie des consuls de l'*Arte della lana,* les Florentins avaient demandé aux franciscains qu'on leur délègue, pour prêcher le carême, un certain frère Giovanni Gualberto qui n'avait, s'emble-t-il, d'autre mérite que d'être lui-même un Florentin. Belle responsabilité pour un ambassadeur si peu au fait des choses de la religion et qui visiblement ne se rendait pas souvent au prêche! Cela lui va aussi bien, écrit Guichardin, « que si l'on avait chargé Pachieretto – un homme célèbre à Florence pour aimer les jeunes gens – de trouver une femme belle et galante pour un ami ». Nicolas montre sur la question d'étonnantes dispositions : « Je m'oppose ici comme en bien d'autres points à l'opinion de mes concitoyens. » Pour bien connaître le chemin du paradis, le mieux n'est-il pas d'abord d'apprendre le chemin de l'enfer afin de mieux savoir l'éviter? Ces Florentins si soucieux de leur salut auraient donc besoin, affirme-t-il, d'un homme fou, madré, hypocrite et voici que, tout au contraire, ils jettent leur dévolu sur ce prédicateur intransigeant!

Pour comble de malheurs, ce Giovanni Gualberto fait un tas d'histoires, soulève d'innombrables chicanes! De Florence, il n'a pas gardé très bon souvenir : lors de ses derniers sermons il avait arraché un édit interdisant aux filles de joie d'aller par les rues autrement que la tête couverte d'un voile; mais elles continuent à faire comme il leur plaît; il le sait par sa sœur qui le lui écrit et en demeure fort marri. Et Nicolas – bien dévoué tout de même! – de lui administrer des leçons de sagesse politique; c'est le lot des grandes cités que de ne pas s'en tenir bien longtemps à leurs propres règlements : « Et je lui citais Rome et Athènes, tant et si bien qu'il se calma complètement et finit par me promettre d'y aller... ou presque. »

Les deux affaires traînent, du moins au goût de Machiavel qui ne demande qu'à s'en retourner au plus vite; les pères le bercent d'excellentes paroles mais la chose est si grave (fonder une nouvelle province!) qu'il faut absolument réunir le chapitre entier et ce n'est pas pour tout de suite! En attendant, il se morfond (« Je suis ici à ne rien faire... »). Ces traîne-savates, il ne les aime pas et les attend de pied ferme; quant à leurs mensonges, il se fait fort de leur en remontrer à tous : « Il y a bien beau temps que je suis passé docteur dans cet art [...], que je ne dis jamais ce que je crois, et ne crois jamais ce que je dis, et s'il m'échappe par hasard quelque bribe de vérité, je l'enfouis dans tant de mensonges qu'il est difficile de la retrouver. »

Il s'amuse et monte une belle farce pour se moquer, en homme de la ville, civil et subtil, de ces lourdauds de la campagne, aux dépens de l'hôte qui l'héberge, Gismondo Santi, chancelier de la bourgade de Carpi et de quelques pères franciscains qui y

logent au même moment. Il s'est entendu avec
Guichardin qui lui fait porter ses lettres non par un
coursier ordinaire mais par un arbalétrier qui lui fait
révérence jusqu'à terre, lui dit être mandé tout
exprès, en grande hâte, et lui délivre avec de grands
airs de lourdes dépêches. Toute la société en est
ébahie, la maison sens dessus dessous; tous en
perdent l'esprit, l'assaillent de questions, le regardent
avec admiration et lorsqu'il prend la plume pour
répondre « bâillent comme des carpes »; mais, poursuit Nicolas toujours aussi satisfait : « S'ils savaient
ce que je vous écris, ils s'émerveilleraient bien plus. »
Pour ne pas décevoir Santi, il lui communique même
quelques-unes des grandes nouvelles sur l'empereur,
sur les Suisses, le roi de France; le Turc va-t-il
prendre la mer? Faut-il prêcher la croisade? et bien
d'autres ragots. Ce Santi lui fait bonne figure et lui
assure bonne ripaille : « Et moi de m'empiffrer
comme six chiens et trois loups [...], de vrais festins
de Balthazar, des lits somptueux et force avantages
dont je me sens tout refait. »

Mais la fête ne dure qu'un temps car l'hôte
d'abord si complaisant finit par se méfier et demande
quelques explications : « C'est qu'il faut jouer serré
avec l'animal, madré comme trente mille diables! » Il
vaut mieux arrêter la plaisanterie : « J'avais tellement
peur de le voir attraper un gourdin et me conduire
jusqu'à l'auberge que mes fesses en tremblaient
toutes seules! »

Histoire véridique, inventée ou seulement enjoli-
vée? Ou encore démarquée de quelque auteur
romain? En tout cas, le procédé reste le même : ces
lettres entre amis, comme celles des Orti Oricellari,
sont autant d'occasions de bâtir de petites scènes
burlesques, soi-disant vécues, et de leur donner un

parfum d'authenticité. L'ami se prend au jeu, donne la réplique.

Au total, la mission chez les frères n'a retenu Nicolas que trois ou quatre jours. Pour un homme si aguerri, c'était une tâche sans grand intérêt. Mais, prenant bien les choses, il se donna la comédie pour ne pas s'en offenser. Il passa ses journées à rassembler des matériaux pour écrire ses *Histoires*. Sans doute est-ce ainsi qu'il a toujours agi pour se distraire de travaux médiocres. Guichardin l'y encourage : cette légation n'a pas été complètement perdue pour l'homme à qui l'on a confié le soin d'écrire des *Annales*; ces loisirs lui auront laissé l'occasion « d'exprimer tout sur la république des sandales » et donné des exemples qui lui serviront pour « établir des comparaisons avec telle ou telle des anciennes formes de l'État ». Nicolas reconnaît qu'il n'a pas perdu son temps, qu'il a pu étudier des règles et des disciplines qui en valaient la peine... Lorsque je voudrai parler des vertus du silence, ajoute-t-il, j'écrirai : « Ils se tenaient plus cois que moines lorsqu'ils mangent! »

L'AMI GUICHARDIN

Le pape Léon X réussit un beau coup d'éclat en lançant ses troupes alliées aux Impériaux contre les Français; ceux-ci sont défaits sur les bords de la rivière Adda, à Vauri, en juin 1521, et aussitôt chassés de Milan. Jean de Médicis, Jean des Bandes Noires, le fils de Catherine Sforza, se couvre de gloire; c'est là sans nul doute un premier pas vers la consolidation d'une dynastie médicéenne. Mais le pape meurt et si, au conclave de Rome, le cardinal

Médicis peut éviter l'élection de l'éternel ennemi de sa famille, son rival Soderini (Francesco, le frère de l'ancien gonfalonier, déjà candidat en 1513), il ne réussit pas, et de loin, à se faire désigner; le 9 janvier 1522, les cardinaux choisissent un Flamand, Adrien VI.

Fin des espérances romaines... Le nouveau pontife, à la différence du précédent, se préoccupe assez peu d'entretenir une cour de « petits poètes », surtout de Florentins. Plus grave, la situation politique paraît se dégrader très vite à Florence. Piero et Francesco Soderini prétendent reprendre la ville par la force au cardinal Jules de Médicis qui s'y enferme. Visiblement encouragés par François Iᵉʳ, ils ont levé une armée du côté de Sienne, armée commandéc par un Renzo da Ceri, *condottiere* sans grande renommée. Francesco s'agite, fait le démagogue. Il aurait préparé, dit-on, un projet de décret susceptible de reconstituer un « État populaire » et l'on peut évidemment se demander quel rôle Machiavel joua dans pareille entreprise. Rien ne se fit pourtant.

Cependant, on pouvait s'en douter, un nouveau complot est monté pour assassiner le cardinal, le 19 juin 1522. On arrêta les deux têtes principales, Zanobi Buondelmonte et Luigi Alamannio Salviati, tous deux bons amis de Nicolas. Fut-il lui-même compromis dans l'affaire? Comme toujours à Florence en pareilles circonstances, l'enquête et la répression furent rapidement et durement menées, et les deux chefs de la conjuration décapités. Mais les témoignages contradictoires sur l'éventuelle participation de Machiavel – avait-il été sollicité ou avait-on seulement pensé à lui – firent que personne ne l'inquiéta : il ne fut même pas interrogé. Sur ordre du pape, le cardinal Francesco Soderini fut contraint à résidence dans le château Saint-Ange à Rome ; quant à Piero Soderini, il mourut peu après. Nicolas voyait ainsi disparaître de la scène ses anciens protecteurs.

Après ces intermèdes turbulents, Adrien VI, le pape flamand, meurt et le 18 novembre 1523, le cardinal Jules de Médicis est élu pour lui succéder sous le nom de Clément VII. Les affaires de Florence restent confuses : les Médicis n'ont pas d'héritier à Florence. Jules, avant de quitter la ville, y installe pour le représenter, sous la tutelle du cardinal Passerini, deux très jeunes gens, l'un et l'autre membres de sa famille, l'un et l'autre discutés : Hippolyte, fils naturel de Julien, duc de Nemours, né en 1511 et qui, après la mort de son père, avait été éduqué à la cour du pape Léon X ; Alexandre, né aussi en 1511, fils d'une jeune domestique du palais et d'un père incertain (un Médicis sans doute, mais, selon les circonstances, on citait soit Laurent, duc d'Urbino, soit Jules, le cardinal maintenant pape).

C'est donc vers Rome que Nicolas se tourne à nouveau. Toujours suppliant, toujours en quête de quelque grâce, il finit par forcer les portes. Ses amis interviennent pour lui ; et pas seulement Francesco Vettori toujours aussi timoré et indécis (« Je ne saurais vous dire s'il convient ou non que vous apportiez votre livre car les temps sont contraires tant à la lecture qu'aux largesses ») mais d'autres mieux placés et plus entreprenants. Après la grande victoire des Impériaux sur les Français à Pavie, le 24 février 1525, toute l'Italie et les États du pape en premier lieu semblent à la merci des ennemis. Le pape négocie, cherche des accords ; le poids financier de toutes ces démarches repose sur Florence. Ne convient-il pas de négocier à Madrid même ? Le légat pontifical, le cardinal Giovanni Salviati, à qui Nicolas avait fait don en premier de son *Art de la Guerre*, doit s'y rendre et l'on parle de Machiavel pour le seconder. Mais trop d'insistance de sa part sans doute... le choix du souverain pontife se porte sur un autre. Une fois de plus, une porte se ferme.

Les amis pourtant ne désarment pas tous. L'un après l'autre, ils font le siège du pape. Jacopo Sadoleto, son trésorier personnel, et Filippo de' Nerli veulent lui faire lire les *Histoires*. Le pape hésite, fait de vagues promesses, ne se résout pas, se contente d'augmenter la pension de Nicolas; c'est tout de même bon signe : « Vous voyez bien que vos bonheurs se multiplient! Je vous réserve d'ailleurs, en plus de tout cela, certain pigeon capable de vous pondre cent ducats d'or par an! »

Finalement en mai 1525, Machiavel est à Rome pour présenter son livre. Clément VII le reçoit et lui fait don, sur sa cassette, de 120 ducats. Est-ce la rentrée en grâce?

Pas vraiment, car on se préoccupe surtout de l'envoyer ailleurs. Les deux hommes parlent affaires, de la menace toujours pressante des Espagnols, du manque d'hommes et d'argent. Comment faire face? Comment assumer la défense des États d'une Église qui n'a pas d'armée et ne peut en solder une, cette Église qui, dans le jeu subtil des ligues ou des alliances, a connu ces derniers temps tant de déboires? Faut-il se résigner à voir l'Italie tout entière gouvernée par un vice-roi castillan ou aragonais, et le trône de Rome vassal de Madrid?

Bien sûr, Nicolas tient sa réponse prête, son remède miracle. Que l'on réalise enfin son grand projet, celui de ses traités et de son *Art de la Guerre* : lever des milices de l'Église, en particulier dans la

Romagne. C'est ainsi qu'avec la bénédiction de quelques familiers du pape – les Salviati père et fils, Sadoleto entre autres –, Machiavel fut envoyé préparer l'affaire à Faenza, auprès du gouverneur de Romagne, François Guichardin. Celui-ci, malgré l'amitié qu'il porte à l'artisan d'une si belle entreprise, se montre fort circonspect. Meilleur stratège sans doute et réaliste, il connaît l'homme et ses possibilités. Sur le papier peut-être, à longue échéance peut-être, l'affaire paraît intéressante et tous les efforts en ce sens méritoires. Mais l'appliquer pour le moment même... c'est bien autre chose.

Nicolas s'installe donc à Faenza. Il s'y plaît : fort bien entouré d'un petit cercle de courtisans et de nobles dames, il peut à loisir développer ses grandes théories, ressasser les souvenirs de la guerre de Pise. Le pape, lui, reste encore indécis; il « veut y réfléchir un peu ». En fin de compte, Nicolas lui-même abandonne. Il s'en va de son propre chef le 26 juillet 1525, arguant que, si on voulait de lui, on saurait bien le trouver partout où il irait.

Pendant ce temps il est resté très proche de son ami Guichardin et s'emploie à lui rendre de petits services. Une amitié sincère et de grandes rencontres d'intérêt lient les deux hommes. Machiavel va visiter pour son compère une propriété de campagne à Finocchietto que celui-ci a achetée sans la connaître; il n'en pense pas beaucoup de bien : « A trois milles de distance, tout autour, on ne voit rien qui puisse réjouir l'œil; l'Arabie Pétrée ne doit pas être pire! » Surtout, elle n'est guère agréable à habiter : les pièces sont bien trop étroites, les fenêtres haut perchées, « un cul-de-basse-fosse n'est pas fait autrement ». Il faudrait y entretenir soigneusement les fossés car les eaux de pluie ruissellent partout et il ne

restera bientôt plus que l'ossature du sol. Nicolas
donne alors toute une série de conseils précis qui
semblent fort pertinents et rappelle qu'il a vécu à la
campagne, qu'il sait parfaitement tenir un domaine,
le rendre agréable et profitable. Cette maison de
Finochietto, vous désirez la revendre : donnez-lui
donc auparavant « une petite toilette »; cela ne vous
coûtera guère qu'une centaine de ducats : aménager
le petit pré, ceinturer tout le côteau de vignes,
planter des arbres fruitiers, surtout des figuiers,
creuser une dizaine de fossés, bâtir une fontaine pour
la belle source au pied du banc de pierre. Vous auriez
ainsi une demeure présentable, vous récolteriez de
bon vins et ne risqueriez pas « de mourir de douleur
en allant la voir »... Si vous la laissez ainsi, « vous ne
la revendrez jamais qu'à des gens qui, comme vous,
ne seront pas venus la voir ».

A quelques jours d'intervalle, Nicolas visite un
autre domaine que Guichardin n'a pas encore acquis.
Celui-ci en vaut bien la peine : on y trouve « toutes les
facilités, église, boucherie, route et poste, que peut
avoir une villa près de Florence ». Et Nicolas de
décrire minutieusement les terres et la maison elle-
même : la cour de vingt brasses de côté, la loggia et
sa terrasse, les chambres, les dépendances, cuisine,
cellier, écuries, les caves à vin voûtées et spacieuses.
Avec 150 ducats pour refaire les portes, paver les
cours, remettre les murettes d'aplomb, remplacer une
partie d'une gouttière, on en ferait un séjour très
plaisant et même assez gai : « Cette faible dépense
vous permettrait de venir habiter là comme on
s'embarque pour la haute mer!

Homme de confiance, voici Machiavel qui se met
en tête de trouver un bon parti pour la fille du
« magnifique président de la Romagne », Guichardin

lui-même! Le 17 août 1525, tout en lui donnant très
exactement une recette pour guérir l'estomac (aloès,
cardamone, safran, myrrhe), il l'informe d'une première démarche qu'il a faite auprès d'un ami (qu'il
ne nomme pas) qui pense devoir marier son fils. Mais
il faudrait beaucoup d'argent, « car de nos jours, les
jeunes gens regardent comme un déshonneur de ne
pas avoir une dot extraordinaire ». Nicolas plaide la
cause, montre la position de son Guichardin. Que
sont 2 000 ou 3 000 ducats à côté de tant d'espérances? Quelques semaines plus tard, il envoie une très
longue lettre à Guichardin pour lui conseiller une
autre sortie : pourquoi ne pas solliciter l'aide du pape
qui, en plusieurs occasions, a déjà aidé les pères en
difficulté? Voyez Filippo Strozzi, « chargé de fils et
de filles », Paolo Vettori, Palla Rucellai, Bartolomeo
Valori et tant d'autres! Vous les valez bien; vous avez
servi Rome, lui avez apporté honneurs et profits. Il
lui dicte sa supplique : « Je voudrais que votre lettre
exprimât... » et précise plus loin : « Après un préambule de ce genre... » : qu'il dise qu'il n'a pas de
garçons mais quatre filles et qu'il lui faut au moins
caser l'aînée d'une manière qui réponde à son rang.
4 000 florins pour chacune, cela fait 12 000, soit
toutes les épargnes d'une vie de labeur! Qu'il représente bien que ses embarras tiennent seulement aux
mœurs corrompues de l'époque qui attachent tant
d'importance à la dot. Le 19 décembre, Nicolas
revient à la charge : « A votre place, j'assaillerais le
pape de toutes parts. » Il réfute un argument mis en
avant par le père indécis : « Mettre l'aînée au paradis
ne serait-ce pas condamner les autres aux enfers »?
Tout au contraire : Fortune appelle Fortune et de
citer, avec Dante Alighieri, le bon comte de Provence
Bérenger qui avait, lui aussi, quatre filles à charge; il

fit épouser l'aînée au roi de France et n'eut ensuite aucun mal à marier les autres – avec des petites dots – à trois autres rois. Histoire authentique : il s'agissait de Marguerite de Provence, épouse de Louis IX, et de ses trois sœurs. Mais, comme très souvent, cet événement ne lui est connu que par la lecture de l'un de ses auteurs favoris et les lettres amicales sont une nouvelle fois l'occasion d'étaler son érudition.

Ces lettres montrent donc un conseiller habile à dénouer les difficultés de l'existence. Homme de la campagne, il sait visiter d'un œil circonspect, évaluer les biens à leur juste valeur, envisager des aménagements; la terre doit rapporter; il faut y consacrer des soins, investir dans le drainage et les plantations de ceps de vigne ou d'arbres fruitiers quelques centaines de ducats; il faut que la demeure du maître soit avenante, agréable à habiter et non un désert affreux, humide et malsain. Il parle d'expérience; il a connu tous ces problèmes qui surgissent chaque saison devant le maître de terres, pauvre de deniers. De même pour ce qui est de marier les filles, de conduire une maisonnée, éduquer les enfants : là également il peut parler.

LA TERRE ET LES FILS

Il est de bon ton, pour une certaine histoire « romantique », d'entourer les dernières années du héros d'une sorte de parfum dramatique : l'homme meurt oublié, méprisé, victime de l'ingratitude de tous. En vérité, ni l'une ni l'autre de ces images ne s'appliquent. Machiavel, homme politique, écrivain au service d'une idée et à la solde d'un État, non seulement survit mais finit par surmonter, dans une époque si troublée, toutes sortes de difficultés et de pièges. Certes, sa carrière ne fut pas exceptionnelle; il la mena cependant avec une rare constance et un certain bonheur jusqu'au bout. Parti de peu, avec de bons bagages et quelques relations, fils d'un petit officier désargenté de l'administration, incapable de bien établir lui-même ses fils et peinant fort pour marier bien modestement ses filles, Nicolas ne s'en tire pas mal du tout. Il avait pour lui le nom de la famille qui évoquait encore des échos favorables, de bons voisinages, une forte éducation d'humaniste et un bel art d'écrire, surtout la vertu, le goût solidement ancré dans le cœur comme dans la tête de la chose publique.

Nicolas ne termine pas sa carrière ruiné ou abandonné des siens, mais entouré de ses amis. Il lui restait du bien. Le 27 novembre 1522, il avait fait mettre au net, à Florence, par-devant la « chambre des marchands » de la ville, ses dernières volontés. Ce testament, qu'il ne semble pas avoir modifié, est parfaitement établi, relativement court et d'une admirable précision. Il témoigne d'un état social et d'une fortune modestes certes mais bien assurés. Les dispositions matérielles qui, comme c'était l'usage, se rapportent presque toutes aux terres et autres biens fonciers, donnent des indications précieuses sur l'homme, sa famille. Dans le tableau qui se dessine de lui-même, Nicolas ne fait pas figure de réprouvé.

Il assure tout d'abord l'état de sa femme Marietta, fille de Luigi de' Corsini. En compensation de sa dot, il lui reconnaît deux biens-fonds : d'une part un domaine sis à San Casciano, lieu-dit La Strada; ce sont des terres « avec maisons de maître et de laboureur ». D'autre part, une maison avec deux celliers pour le vin, située un peu plus loin sur la même route. Marietta garde pour elle ses vêtements et ses bijoux; elle pourra habiter « tant qu'elle restera veuve », la maison familiale de Sant'Andreà.

Quatre fils se partagent le patrimoine. L'aîné, Bernardo, reçoit la demeure dite le Poggio à Sant'Andreà, un petit champ, les deux cinquièmes d'un bois, une partie d'une oliveraie et la moitié d'une autre maison, où entreposer les fruits de la vendange. Les trois autres fils, Ludovico, Guido et Pietro, héritent de deux autres domaines, trois maisons de campagne dont une servant d'auberge et une autre de boucherie, plus la maison de Florence « avec une maisonnette par-derrière » et deux pièces de terre à Sant'Andreà.

Tout ceci ne constitue évidemment pas une grande fortune. Mais, s'il paraît bien difficile de comparer ces biens avec ce que le père, Bernardo, possédait de son vivant, il reste que de ces énumérations, ces précisions, ces noms et indications de voisinages, se dégage une impression de grande stabilité.

Nicolas – il n'a cessé de le dire et de le redire – ne s'est pas enrichi au service de la Commune; on lui a toujours mesuré chichement les deniers et il proclame bien haut, à qui veut l'entendre, qu'il est prêt à rendre des comptes. Historien et philosophe admirateur des vertus civiques de la Rome antique, le secrétaire de la chancellerie, le commissaire aux guerres est resté honnête, modeste, se contentant de petits salaires, pleurant souvent pour ne pas trop avancer d'écus de sa poche, comptant et recomptant. Effet d'une éthique que devaient certainement partager nombre de ses amis et collaborateurs et qui voulait que l'on ne puise pas dans les caisses? Effet aussi d'une politique bien arrêtée de la Seigneurie et de mœurs publiques bien admises? Le service de l'État ne paie pas et c'est par ses propres biens ou revenus que l'on peut mener bon train et briguer les plus hautes charges...

Rien de spectaculaire par conséquent, ni de suspect. Cependant, depuis la mort de son père, en 1500, Nicolas s'est soucié de préserver le patrimoine et même de l'accroître quelque peu. Privé d'office, ses revenus réguliers considérablement diminués, il tire honorablement son épingle du jeu; ses terres de Sant'Andreà et du val Percusina lui ont permis de vivre convenablement avec les siens pendant la dure traversée des années difficiles. Il n'a rien vendu; outre les deux domaines hérités de son père, il a acheté deux ou trois autres maisons bien situées, près du bourg, sur la route de Rome; il en fait bon usage, pour s'attirer des revenus : caves et celliers, auberge, boucherie. Le testament, d'un ton forcément impersonnel sous la plume du notaire, montre tout de même un certain attachement à cette campagne de Toscane qu'il croit de bon ton, dans ses lettres, de mépriser. Du domaine du Poggio, Ludovico aura les vignes, les champs, la grotte « ainsi que l'aire à battre les grains, le lavoir et le lieu où l'on dit que la source fait entendre comme un murmure ». Réminiscence littéraire certes mais tout à fait inhabituelle dans ces textes et qui traduit un réel intérêt, une sensibilité.

La famille reste ancrée dans ces deux villages de San Casciano et Sant'Andreà; elle y tient son rang sans déchoir. Elle n'y est pas isolée et, comme toutes les lignées qui comptent et qui veulent peser d'un certain poids, les Machiavel rassemblent leurs biens les uns près des autres : le testament indique pour chaque domaine, champ, vigne, les noms des voisins et ce sont tous, sans exception, des Machiavel.

Nicolas s'intéresse de près à l'administration de ses biens, les surveille comme autrefois le faisait son père. A Imola, il écrit à son fils Guido et lui parle longuement d'un petit mulet qui est devenu fou, qu'il ne faut pas attacher mais laisser courir à sa guise : « Tu diras de le mener à monte Pugliano, et de lui retirer la bride et le licol, et de le laisser aller là où il lui plaît se purger de sa folie. Le pays est vaste, la bête est jeune, elle ne peut faire aucun mal. » Et de continuer à propos des chevaux bien vendus, semble-t-il, par l'autre fils, Ludovico. Un peu plus tard, c'est Guido qui demande conseil à son père : il n'a pas encore lâché le petit mulet car l'herbe n'est pas assez haute... Que doit-il faire si les lansquenets surgissent? Il reste encore de l'huile (vingt ou vingt-trois barils), du vin, « et il y a les lits ». Ce fut là la dernière image que Nicolas reçut de sa maison des champs menacée elle aussi par les « barbares ».

Les Machiavel, père et fils, ne cessaient de correspondre. Nicolas donne ses instructions, ses encouragements et, même de loin, nous le voyons diriger ses affaires. Tout repose sur lui. Il s'est employé à bien vendre ses récoltes et son bois; il a su investir dans certaines opérations. Deux lettres parlent de chevaux vendus au marché : son père n'en possédait pas. Il prend soin de ne pas trop diviser les terres entre ses fils et de conserver les domaines intacts. Qui plus est, il prévoit une dot pour sa fille Bartolomea, qui n'est pas encore mariée : outre l'argent qu'il a placé à Florence sur le *Monte dei Doti,* il lui réserve un bois situé à Santa Maria dell' Impruneta, à l'écart de San Casciano, mais jouxtant une propriété Machiavel, celle des héritiers d'un certain Francesco, et surtout « toutes les pièces de toile de lin déjà coupées, ou même non encore tissées que l'on trouvera dans la maison ». Une dot aisément assurée donc, signe d'une économie raisonnée et même spéculative des terres. Cette indication prend toute sa valeur si l'on songe aux mille difficultés qu'avait connues son père Bernardo pour établir sa fille Primavera.

S'impose ainsi à nous une image peut-être inattendue : homme politique, écrivain, Nicolas, quoiqu'il en dise parfois, est profondément attaché au genre de vie traditionnel, aux valeurs sûres de la terre qui lui offre un refuge et lui procure des profits plus solides que d'autres. C'est là un comportement général, aisément vérifiable si l'on étudie la société « urbaine » de l'Italie : pour le noble, le marchand, le changeur usurier, le notaire et hommes des arts, pour tous ceux qui briguent même des offices et courent l'aventure politique.

De même certainement pour la maison familiale. Toujours aux affaires, très souvent en mission, Nicolas, par ses lettres, par l'intérêt qu'il y prend, reste étroitement lié à son groupe et prend autant soin des siens que de ses terres. Cet homme, si désireux d'obtenir un office et de fréquenter les cours princières ou les académies de beaux esprits, n'a ni les apparences, ni le goût d'un aventurier.

Son testament marque clairement le désir de voir ses quatre fils et ses deux filles bien s'accorder. S'il procède au partage des terres, c'est « pour éviter tous les scandales qui pourraient naître de l'indivision des biens »; indication qui témoigne d'une attitude très réaliste – l'indivision, la communauté entre frères présentait l'avantage de maintenir l'intégrité du patrimoine et le poids social du nom, mais se heurtait, dans la pratique, à d'innombrables difficultés : mésententes, cohabitation trop étroite, aménagements et bonifications des domaines souvent irréalisables. Nicolas veut assurer à chacun sa propre liberté d'entreprendre. Il enjoint à ses fils non seulement de veiller au logis et au bien-être de leur mère, mais aussi celui de leur jeune sœur, Bartolomea : qu'ils lui donnent trois florins d'or par an pour sa nourriture et ses vêtements jusqu'à son mariage.

Alors qu'il se trouve à Imola et donc éloigné de Florence, il voit s'approcher l'armée des Impériaux et sent la maladie s'emparer de lui. Il s'inquiète des yeux de son frère Totto qui voit si mal et voudrait le savoir guéri. Il accable Guido de bons conseils : « Je crois que je ferai de toi un homme de bien si de ton côté tu veux bien faire ton devoir [...] et travailler sans relâche à apprendre les belles-lettres et la musique », et encore : « Si tu t'aides, tout le monde t'aidera. » Se donnant en exemple, il rappelle l'honneur que lui ont valu les talents qu'il a pu acquérir en étudiant. Plaidoyer pour le travail, pour l'étude, pour l'économie aussi : « Vivez heureux et dépensez le moins possible! »

Guido le rassure : tout le monde pense à lui et l'attend avec impatience. Puisqu'il a promis de revenir aussitôt, si les hommes d'armes s'approchent, « Mona Marietta n'est plus en souci »; elle lui envoie deux chemises, deux serviettes, deux bérets, trois paires de bas et quatre foulards. Bartolomea, « la Bacina », ne fait que rêver de la petite chaîne d'or que son père lui a achetée, « et prie Dieu qu'il revienne très vite ». Et lui, Guido, s'applique beaucoup; il fait du contrepoint et pense pouvoir se passer de maître de musique dans un mois; quant à la grammaire, il commence les participes, lit *les Métamorphoses* d'Ovide : « Ce livre-là, à peine serez-vous de retour, que je le réciterai tout par cœur. »

LES FÊTES DE VENISE

C'est encore aux marchands de Florence que Machiavel doit sa nouvelle mission. Les consuls de *l'Arte della Lana* et le consul de la communauté des Florentins établis en Romagne le chargent en effet de représenter au doge de Venise leur déplaisir : un petit bâtiment, un brigantin florentin, revenant de Constantinople et sur lequel avaient pris place plusieurs marchands honorablement connus avec d'assez fortes sommes de pièces d'or dans leur bourse, venait d'être capturé entre Raguse et Ancône par un pirate vénitien, Giovambattista Donati. Les nobles citoyens florentins furent torturés et durent supporter « mille outrages que nous rougirions de répéter ici »; finalement, ils purent se racheter pour 1 500 ducats « extorqués sous mille prétextes tous également futiles ».

Le 11 mai 1525, « Nicolas, notre très cher citoyen qui se rendra à Venise en notre nom et au nom de ces marchands » va donc réclamer dédommagement. Depuis longtemps, on le sait, il rêvait de voir Venise; dans sa solitude de Sant'Andreà, il avait bâti plusieurs projets pour y entraîner ses amis dans une sorte de voyage idéal. Était-ce seulement pour échapper à la médiocrité du temps? Ou parce qu'il était fasciné par un régime politique dont il démontait mal les mécanismes et ne pouvait connaître que par sa renommée? Voulait-il, là aussi, rassembler quelque documentation et mûrir d'autres réflexions sur les gouvernements « républicains »? Il ne semble pas... De cette entreprise et de son séjour, Nicolas ne rapporte rien de comparable à ce que, des années auparavant, il avait écrit sur l'Allemagne ou sur la France, sur Lucques ou sur Pise.

S'il s'attarde quelque peu, rencontre des personnages importants, tel le nonce pontifical Ludovico Canossa, ami de Francesco Vettori, c'est sans aucun profit. Mais Venise va lui offrir la gloire, le grand succès d'auteur et les joies ou tourments de l'amour. C'est là que sa vraie comédie, sa *Mandragore,* sera acclamée par un large public et consacrée comme une œuvre capable de rivaliser avec celles des meilleurs auteurs.

Certes Nicolas, dans ce domaine, n'était plus alors un inconnu. Si *la Mandragore,* en 1518, lors d'une première représentation sur laquelle nous n'avons aucune appréciation, était sans doute passée inaperçue, ne recueillant que discrète sympathie et ne suscitant en tout cas aucun enthousiasme, elle fut reprise par la suite à Florence où de petits groupes d'amateurs la jouèrent dans des jardins ou des *ville,* dans les environs ou dans la campagne chez les nobles et même bien plus loin : à Venise déjà, pour le carnaval de 1523, on en donna une représentation qui avait été interrompue avant la fin tant la foule s'y pressait bruyante, réclamant à grands cris des places.

Nous sommes dans l'hiver 1523-1524, et Nicolas fréquentait alors non plus les Orti Oricellari qui étaient peut-être délaissés ou même fermés, mais un autre jardin, celui de Jacopo Fornaciaio, situé au pied de la muraille, près de la porte de San Frediano. Ce Jacopo, homme d'origine modeste qui avait amassé une belle fortune et savait vivre grassement, était chaufournier, c'est-à-dire qu'il possédait des fours à chaux. Frappé d'une sentence de bannissement hors de la ville, il pouvait, sur son domaine *extra-muros*, recevoir écrivains, amateurs de vers et de comédies et même une petite troupe d'acteurs. Nicolas s'y rend volontiers pour festoyer et c'est là qu'il rencontre Barbera, une jeune comédienne, femme de goût, qui prend grand intérêt à ses travaux de plume. Pour elle, il écrit des vers galants, mélancoliques, teintés d'un triste humour, évoquant son « âge chenu », ses ardeurs de « vieil amoureux ». Pressé par Barbera et tous ses amis du moment, surtout par Fornaciaio qui veut célébrer dignement la fin de son bannissement (le 13 janvier 1525) et rivaliser avec d'autres spectacles donnés ici et là dans le voisinage, il accepte de préparer une autre pièce. Mais le temps presse et, comme naguère pour *l'Andrienne*, il se contente d'écrire une autre traduction, à peine mise au goût du jour : la *Clizia* qui reprend exactement l'intrigue, les situations, et même quelques répliques de la *Casina* de Plaute; les nouveautés ou les allusions à quelques événements florentins y sont fort rares et sans grand intérêt; Nicolas n'a ni la verve ni le mordant de Plaute; ses dialogues, coupés de réflexions sentencieuses assez lourdes et hors de propos, restent plats. A tout prendre, d'ailleurs, cela ressemble plutôt à une farce burlesque, aux faibles rebondissements qui sont autant de prétextes à peindre des ridicules.

L'intrigue se noue autour de quatre ou cinq personnages. Nicomaco et son fils Cléandro sont tous deux amoureux de Clizia, une jeune fille adoptée par la famille; tous deux songent à lui faire épouser un de leurs fermiers, un mari complaisant. Intervient la mère, Sofronia, qui déjoue les démarches de son époux, et finalement surgit, inattendu bien sûr, le père de la jeune fille, qui, à quelque signe, la reconnaît. Tout se dénoue à merveille. Cette comé-

die-bouffe ne vaudrait que par l'étude des caractères
si ceux-ci étaient davantage mis en relief; mais on
reste là dans le conventionnel, le superficiel; c'est
visiblement une pièce de commande, vite achevée et
à moindres frais.

Ce fut pourtant un grand succès. Le bruit en
courut au-delà des montagnes et, dès février 1525,
Filippo de' Nerli, enchanté, lui écrit de Modène pour
le féliciter : « Ce n'est pas seulement par toute la
Toscane mais aussi par toute la Lombardie qu'a
couru et court encore l'écho de vos magnifi-
cences... »

Est-ce l'accueil fait à la *Clizia* qui relança *la
Mandragore* ? On songe, en tout cas, à en monter une
magnifique représentation à Faenza, en 1525 pour le
carnaval; l'ami François Guichardin, alors installé
dans la ville comme lieutenant général du pape, s'en
occupe et harcèle Nicolas de lettres, de demandes
d'éclaircissements, d'objurgations. Il voudrait
d'abord des explications précises sur quelques passages obscurs, sur des expressions de paysans ou sur des
proverbes populaires. Il prend l'affaire à cœur : nous
devons, dit-il, y consacrer tout notre temps car le
succès ne dépend pas de nous; de plus « la récréation
nous est aujourd'hui plus nécessaire que jamais, au
milieu de tant de perturbations! » Il s'inquiète : les
acteurs savent bien leurs rôles mais voilà qu'ils se
sont mis en tête de rédiger un autre prologue, arguant
qu'ils ne comprennent pas celui de Machiavel. La
lettre est du 26 décembre et Guichardin souhaite que
l'auteur arrive avant la fin janvier pour rester tout le
carême : « Et en vérité, je ne me serais pas embarqué
dans toute cette histoire si je n'avais pas compté sur
votre présence. »

Il faut que tout soit près au moins pour le dernier

jour du carnaval, le 13 février. Lui, Guichardin, a
tout préparé : de beaux logements pour l'auteur (la
« baronnie ») et pour l'interprète, la Barbera; il est
assuré de son public et a fait éditer la pièce, très
joliment, par Girolamo Soncino qui fait alors office
d'imprimeur officiel. Mais Nicolas a bien des malheurs et ne sait s'il pourra venir. La Barbera est fort
sollicitée par ses admirateurs qui la pressent de ne
pas partir et « pourraient même l'en empêcher ». En
vain écrit-il pour elle cinq chansons qu'elle devrait
chanter avant la comédie ou entre les actes... Rien ne
se fait et Guichardin abandonne.

Finalement, *la Mandragore* sera jouée l'année
suivante en 1526, à Venise, d'abord à l'initiative de
plusieurs marchands florentins installés dans la ville,
ceux-là mêmes sans doute qui appelaient Machiavel
pour régler leur litige et réclamer des dédommagements.

Aussitôt c'est l'enthousiasme. L'ami Giovanni
Manetti qui, de plus, vient de recevoir les *Décennales,* félicite Nicolas pour son succès, un succès tel
qu'une compagnie de gentilhommes qui, le même
soir, donnait *les Ménechmes* de Plaute traduits en
italien par le cardinal Bibbiena, a vu « cette comédie
antique, toute belle qu'elle soit et si bien jouée par
d'excellents acteurs considérée comme chose morte
face à la vôtre ». Être préféré au maître et modèle
devrait être ressenti comme un compliment. « Épe-
ronnés par la vergogne », les patriciens de Venise
demandèrent la permission de représenter eux aussi
la Mandragore devant leur public, ce qui leur valut
une seconde soirée à la grande satisfaction de tous et
une pluie de bénédictions pour l'auteur, les acteurs et
tous les artisans d'un si beau spectacle; Manetti en a
sa part : « Car j'avais tenu dans mes mains le texte de

la comédie, placé derrière les maisons du décor pour veiller à ce que tout marche bien et, si besoin en était, aider les acteurs... ce que je n'eus pas à faire. »

Les marchands de la ville s'émeuvent à leur tour; ils demandent à représenter une autre pièce, toute nouvelle, que Machiavel devrait leur envoyer pour le 1er mai : « Que Votre Seigneurie daigne fournir soit chose déjà écrite, soit chose qu'elle aurait en tête [...] et ne croyez pas qu'une composition de quelqu'un d'autre eût provoqué une telle requête...; non, les vôtres ont tant de douceur et de saveur qu'on en retire les fruits les plus délectables et les plus honnêtes satisfactions. » Manetti lui envoie, enveloppées dans des papiers bleus et des torchons, trois paires de boutargues, sortes de saucisses faites d'œufs de poissons, les meilleures que l'on puisse trouver cette année et lui demande enfin s'il n'aurait pas quelque petit poème de sa main, tout prêt pour que cela ne lui demande aucune peine, « quelques petites stances ou *capitoli* à la louange d'une dame ».

Très certainement Nicolas Machiavel connaît la réussite et, dix ans après ses graves déboires, s'impose enfin devant un large public. Il a réussi à se faire un nom. Si étonnant que cela puisse paraître aujourd'hui, le voici bien connu, apprécié, sollicité à Florence, à Venise et certainement dans toute l'Italie du Nord, non pour ses discours politiques ou ses traités d'histoire, mais comme auteur d'une petite pièce légère, un divertissement agréable, de bon ton, égayé de plaisanteries et de mots d'esprit.

Sur son séjour à Venise quelques ombres planent. Il semble qu'il ait bien mené sa négociation financière, objet après tout de sa mission, qu'il ait réglé le différend et obtenu des dédommagements de la

Sérénissime pour ses compatriotes marchands. Excellente chose mais... il doit se séparer de la Barbera; on ne sait trop à quelle représentation de *la Mandragore* il a pu assister, en tout cas il repart seul et ne veille sur elle que de loin : « Si vous pouvez lui faire plaisir, je vous la recommande car elle me donne plus de souci que l'empereur. »

Surtout ses comptes ne sont pas nets. Il fait dire qu'il a gagné bien des pièces d'or au loto. Est-ce vrai? On laisse courir d'assez vilains bruits. Tous ses amis le félicitent de ce qu'il ait pu arrondir sa bourse par les seuls bienfaits du sort : « Vous avez donc enfin tenté la chance et celle-ci vous a fait jeter au diable votre pouillerie [...]; on parle de deux ou trois mille ducats que vous avez gagnés à la loterie et tous vos amis s'en sont réjouis. » Mais pourquoi ne pas les avoir prévenus? Pourquoi tant de mystères? Nous ne l'avons appris, lui écrivent-ils, que par des étrangers et par des chemins de traverse. Le bruit ne s'enfle que davantage; on parle de modifier les impôts et d'inventer une nouvelle taxe sur la richesse « et l'on pourrait bien, sur cette réputation que vous avez, vous bouter au derrière quelque poireau ». Surtout, hâtez-vous de bien rendre compte de cette mission : « On tient trop grand tapage ici parmi nos marchands de ce que vous traitiez là-bas, à leurs frais, vos compères en littérature; et sachez que ces messieurs ont besoin d'autre chose que de chanteurs de fables. » Une franche indélicatesse ou simplement un séjour un peu trop agréable, trop « voyant »? Nicolas s'efforçant de reconstituer autour de lui, à Venise, une joyeuse bande à la manière de celles de Florence? Dès qu'il quitte la ville des lagunes, on s'y ennuie ferme : « C'est vous qui nous manquez; on n'entend plus parler de jeu, ni de tavernes, ni d'autres petites bamboches et l'on se rend bien compte d'où provenait tout le mal! » Le jeu, bien sûr... la mission ne rappelle que de loin les austères travaux des premiers temps.

LE TEMPS DES BARBARES

A Florence une grande satisfaction attend pourtant Nicolas, celle de voir enfin son nom accepté pour être placé dans les bourses des tirages au sort, ce qui annonce l'accès à certaines charges publiques.

Peu après, en effet, les circonstances lui permettent de reprendre rang dans les officiers de la République, cette fois pour une grave affaire, dont dépendait la salut de la Seigneurie de Florence tout entière et celui même des États pontificaux.

L'empereur Charles Quint partout vainqueur, la guerre frappe maintenant aux portes de la Toscane. Le pape Clément VII, toujours aussi pusillanime et indécis, incapable de poursuivre une action déterminée, pense d'abord faire chasser les Espagnols d'Italie en prenant la tête d'une ligue qui rassemblerait tous leurs ennemis, les Français de François Ier en tête. Il espère circonvenir le marquis de Pescara, Fernando d'Avales, le vainqueur de Pavie, à qui il promet le royaume de Naples; mais il laisse tout le soin de ces intrigues inextricables à Morone, personnage douteux, secrétaire du duc de Milan Maximilien Sforza. Et rien n'avance... Charles Quint est informé, et Pescara meurt brutalement, ce qui laisse les conjurés dans un grand désarroi. D'autant plus que, peu après, l'empereur libère François Ier et que les deux souverains promettent de ne pas se combattre.

Nouvelle offensive pontificale donc, pour détourner François Ier de ses engagements. On pense lui envoyer Guichardin, qui ne se montre pas très enthousiaste à vrai dire. Machiavel propose, lui, de donner, sur les deniers du pape, une forte compagnie d'hommes d'armes à Jean de Médicis, Jean des Bandes Noires, « un homme valeureux, impétueux, plein d'ardeur et capable de vastes pensées et de grandes résolutions ». Une armée de mercenaires donc, soldée et commandée par un *condottiere* : le parti exactement contraire à celui si souvent développé, en particulier dans *l'Art de la Guerre*. Nicolas s'adapte aux circonstances...

Finalement on laisse son beau projet de côté et on le charge d'améliorer et de consolider les défenses de Florence, conseillé il est vrai par un bon expert en fortifications, Pietro Navarra, qui avait fait ses preuves dans le camp espagnol. Tous deux rédigent en un rien de temps un rapport envoyé à Rome par exprès, lu et apprécié par le pape et c'est Nicolas qui fait le voyage pour donner toutes explications, « la tête farcie de travaux et d'ouvrages ».

De retour dans sa ville, le 26 avril 1526, le voici promu chancelier d'un nouvel office mis spécialement sur pied (les Cinq Provéditeurs aux enceintes), assisté cette fois de son fils Bernardo et d'un Daniello de' Rici pour tenir la caisse et les écritures, mais à nouveau dans une situation quasi désespérée, pour un conflit qui s'annonce à tout le moins hasardeux. Responsable de la défense, il s'occupe de tout, parle en maître, s'informe, reste lié par lettres avec les amis ou alliés : trois missives en un seul jour à Guichardin devenu entre-temps lieutenant général des armées de Clément VII. Nicolas examine chaque projet et contrecarre ceux du pape qui voudrait étendre indéfiniment et dangereusement les murailles de Florence, sur la rive gauche de l'Arno, jusqu'à la colline de San Miniato : il y faudrait une énorme quantité de gardes : « La population du Caire n'y suffirait pas ! » Ces fortifications, toujours le point faible de la ville, lui donnent bien du souci ; il s'en inquiète, réunit un conseil d'experts, veut un rapport écrit avec des dossiers pour les envoyer à Sa Sainteté. Mais, combattu sur place par un Giovanni del Bene qui prend le parti de Rome, il lui faut lutter longtemps : « Le pape est revenu à sa marotte de fortifier les hauteurs ! » Querelle de techniciens, qui mettait en jeu d'autres intérêts où, semble-t-il, Machiavel eut tout de même le dernier mot.

Pendant ce temps, il affirme son autorité, réquisitionne des hommes dans la banlieue et dans les environs ; il dégage le terrain, exigeant que les habitants laissent libre passage dans un rayon de deux milles autour de la ville, et obéissent à son second, Giovanfrancesco da Sangallo, « ingénieur et architecte nôtre ». L'argent manque... Les travaux amorcés par un large boulevard à pans coupés du côté du Canto del Prato coûtent bien plus cher que prévu et tant le pape que les conseillers dans Florence, indécis sur la façon de procéder, surtout incapables de payer les maîtres d'œuvre, les font interrompre.

Nicolas est envoyé « au camp de la ligue », la ligue formée sous l'égide du pape, pour le moment commandée par Guichardin et Jean de Médicis ; l'armée se trouve non loin de Milan et prétend chasser les Espagnols d'Italie. L'activité du commissaire florentin à vrai dire s'y limite à de longues conversations avec les chefs, capitaines ou stratèges, pendant lesquelles chacun vante allègrement ses théories, son art de la guerre. Nicolas, curieux et inquiet de tout, pour combler ses loisirs écrit toujours à ses amis de Florence...

Le 8 septembre 1526, Guichardin le nomme délégué à l'armée de la ligue qui assiège Crémone avec des instructions précises : d'une part observer attentivement les défenses et ressources de l'ennemi, de l'autre s'emparer des murs et des portes par un coup de force mais abandonner si l'affaire ne peut être menée et close dans les cinq ou six jours. Le 13, Machiavel rédige de sa propre main un *Ordre pour l'assaut de Crémone* qui, en termes nets, prévoit la mise en place des corps de troupe aux points les plus faibles des remparts. Il dispose, semble-t-il, de plus de 10 000 hommes, cavaliers, fantassins et sapeurs. Mais là encore, l'entreprise tourne mal; le pape a déjà rappelé une partie de ses troupes, les renforts ensuite n'arrivent pas; les hommes ne donnent l'assaut que mollement. Tout est allé de travers et voici qu'un Giannozzo, commissaire lui aussi avec Nicolas, l'accuse de toutes sortes de méfaits, se plaint amèrement de graves et insupportables humiliations endurées de son fait!

Le pape, lui, se laisse berner dans Rome, licencie ses soldats contre la promesse d'une trêve... et doit courir se réfugier au château Saint-Ange assiégé par les Colonna et leur allié, un capitaine de l'empereur. Il n'en sort qu'en accordant aux Colonna leur pardon et une trêve de quatre mois, après avoir livré en otage son parent Filippo Strozzi; une capitulation infamante qui laisse tous les siens dans le plus grand désarroi. Guichardin et Médicis les premiers, désavoués, sentent davantage encore se préciser la menace des Espagnols et des Allemands, de ces barbares lancés à la conquête des riches campagnes d'Italie.

Cependant Machiavel brigue aussitôt un autre commandement, celui des milices florentines confiées alors à Vitelli, envoyées à Rome pour mettre au pillage, malgré la trêve, toutes les terres des Colonna; il sait Vitelli peu apprécié, réputé peu sûr et se propose. Mais, de Crémone, il ne regagne Florence qu'à petites étapes, s'arrêtant plusieurs jours à Modène pour parler au gouverneur, analyser avec lui toutes les fausses manœuvres, se lamenter sur l'incapacité des chefs à Rome... Il arrive trop tard à Florence : Vitelli est déjà remplacé.

Les mauvaises nouvelles accablent coup sur coup la cité. Les compagnies de lansquenets allemands avancent sans rencontrer d'obstacle jusqu'au Pô; fin novembre 1526, Jean de Médicis est emporté par un boulet en leur livrant bataille; le 30, ils passent le fleuve et s'avancent vers les passes de l'Apennin. On fait à nouveau de grands efforts à Florence et l'on appelle Machiavel, nouveau commissaire. Pendant ces durs mois d'hiver, si sombres, il est partout, constamment sur la brèche, un des rares hommes sur qui la Seigneurie peut compter. Il cherche d'abord à recruter d'autres paysans dans le *contado* pour les armer ou les faire travailler aux fortifications; qu'ils apportent leurs pelles, leurs pioches ou leurs bêches!

Le 30 novembre, les prieurs l'envoient à Modène approcher le duc de Ferrare pour chercher à s'en faire un allié et observer sur place les progrès de l'ennemi. Mais il n'y reste que deux ou trois jours et en pure perte : le duc tergiverse et s'il prend un parti, ce sera celui de l'empereur. Retour à Florence donc, qu'il quitte deux mois plus tard, le 3 février 1527, afin de rejoindre Guichardin à Parme; il y séjourne près de trois mois. L'ami l'envoie alors à Bologne pour tenter d'y gagner quelques appuis; il y trouve bon accueil, une table bien fournie, une petite société de lettrés et la bienveillante complaisance du légat pontifical, le cardinal Cibo. Mais il faut repartir sur les routes enneigées par un dur hiver, visiter les camps à Imola, puis à Forli.

Et pendant tout ce temps, jour après jour, Nicolas ne cesse d'écrire. Son grand souci est d'informer la Seigneurie des mouvements des lansquenets, qui s'approchent de plus en plus, de prévoir par quelle route ils pourraient passer l'Apennin et déferler sur la Toscane. Comment leur barrer cette route?... Une triste correspondance, désabusée, s'égrène. Nicolas ne rédige plus de grands rapports. Fatigué, en proie à de vives douleurs que les fameuses pilules ne guérissent plus, il sent terriblement le poids de l'âge.

Le 22 avril 1527, il se retrouve chez lui. Le lendemain arrive Guichardin. Le 26, la ville s'émeut : tout un parti s'était peu à peu consolidé et relevait la tête contre les Médicis, contre ce pape lointain, indécis, incapable, qui ne fait que perdre, contre le sinistre et détesté cardinal de Cortone, « ce gros poussah de Cortone qui veut tout faire et n'arrive au bout de rien ». Pour calmer les esprits, Clément VII avait certes pris quelques précautions et envoyé dans Florence des hommes à lui, conciliants, plus capables surtout se s'attirer l'estime des citoyens honorables : le cardinal Ridolfi, archevêque de Florence, et le cardinal Cibo, un homme remarquable, d'origine génoise, à l'écart des factions. Rien n'y fit. Profitant d'une courte absence des trois cardinaux, le 26 avril 1527, une foule de jeunes gens armés, appartenant

aux meilleures familles de la cité, appellent le peuple
à descendre dans la rue; ils occupent le Palazzo della
Signoria et, du balcon, Louis Guichardin proclame la
déchéance des Médicis, annonce le rétablissement
d'un gouvernement « républicain » à la manière de
celui des années 1500-1510. L'armée intervient,
François Guichardin à sa tête, appuyant les cardinaux, et tout rentre dans l'ordre après un pardon
général tandis que les deux jeunes Médicis reprenaient les rênes du pouvoir. De ce « tumulte du
Vendredi », Nicolas Machiavel ne fut sans doute
qu'observateur inoffensif...

Cette réconciliation de dernière heure sauvait la
ville, le connétable de Bourbon, à la tête des armées
impériales si redoutées, arrivé presque sous les murs
de la cité et pensant la voir tomber comme un fruit
mûr, renonce tout à coup, s'en détourne et prend la
route de Rome. C'est comme un miracle pour Florence, mais le drame pour la ville des papes, mal
défendue et pratiquement livrée à elle-même. Les
renforts, le duc d'Urbino, les compagnies de l'Église
péniblement rameutées, Guichardin et Machiavel
n'avancent qu'à petites journées alors que l'ennemi
force l'allure dans une course folle. Bourbon est
devant les murs de Rome le 4 mai; il donne l'assaut
le 6, mais est aussitôt tué par un coup d'arquebuse
tiré par Benvenuto Cellini qui, familier et ingénieur
en chef du pape, a fait rassembler ou fondre des
armes et montre qu'il sait s'en servir d'une façon si
heureuse. Les Allemands, furieux, privés d'artillerie,
démolissent les murs à mains nues et n'ont aucun mal
à se rendre maîtres d'une cité prise de panique. Le
pape s'enferme au château Saint-Ange tandis que sa
ville est misérablement mise à sac, les habitants
massacrés, violés, les sanctuaires profanés et pillés.

Machiavel ne se trouvait certainement pas bien loin, près de Guichardin, impuissants l'un et l'autre bien sûr. D'Orvieto, Filippo Strozzi qui prend le commandement de ce qui reste de troupes à la papauté, l'envoie à Civitavecchia où l'on pense que les navires génois d'Andreà Doria pourraient venir attendre le pape et le conduire au moins jusqu'à Livourne. De fait, le 22 mai, Nicolas répond : il a rencontré Doria qui ne promet qu'une galère et un brigantin; encore faut-il faire vite car il ne peut les distraire trop longtemps de sa flotte.

Ce fut la dernière lettre, porteuse d'une nouvelle bien sombre, écrite de la main de Nicolas Machiavel. Il mourut à Florence, dans sa maison de l'Oltrarno, le 20 juin 1527 et fut enseveli à Santa Croce le lendemain.

Quelques jours auparavant, le 11 exactement, la nouvelle du sac de Rome avait complètement ruiné le crédit des Médicis à Florence. Ce fut comme une révolution tranquille qui ne faisait que confirmer une fin de règne déjà perçue et acceptée par tous. Les anciennes institutions furent rétablies et l'on pressa, par de vilaines rumeurs, par des conciliabules dans les rues, les deux jeunes Médicis, seuls représentants de leur lignée, à quitter la ville (le 17), résignés mais un peu honteux.

Jusqu'aux tout derniers jours, à l'extrême limite de ses forces, malade, désabusé, Nicolas Machiavel, secrétaire et commissaire de la République florentine, a tenu son rôle sur le devant de la scène. Il disparaît en plein drame, au moment où les coups du sort les plus durs frappent à la fois sa chère patrie de Florence, autrefois modèle des communes libres, et Rome, ville éternelle, reine du monde des sages,

livrée une fois de plus aux Barbares. Ces coups
terribles, dévastations et ruines, humiliations surtout
et désordres, il ne les prévoyait pas mais l'idée de la
catastrophe le hantait depuis des années; il avait
entendu prêcher Savonarole : ce fut sa première
analyse d'un discours d'homme public; des années
plus tard, à Florence, il s'en était retourné chez lui,
tout ému, accablé, ne voulant voir ni femme ni
homme, se réfugiant dans une solitude morose, pour
avoir recueilli, par des amis ou des voisins, quelques
bribes du discours d'un moine ermite qui menaçait la
ville d'une effroyable apocalypse. Lui-même, froid,
aigri plus qu'emporté, ne trouvait-il pas inévitable
que la Fortune s'appesantisse ainsi sur les villes et les
peuples qui ne savent plus pratiquer les vertus?
Comme Rome aux temps anciens, l'Italie ne pouvait
que souffrir; elle avait oublié la pratique des devoirs
qui sauvent les Républiques.

Que la mort l'ait atteint en pleine action, mêlé de
si près encore à ces bouleversements, luttant pied à
pied, la plume et même le bâton de commandement à
la main, cela devait combler ses vœux. Nicolas s'était
toujours voulu homme d'action, dans les bureaux où
l'on décide, dans les ambassades et plus encore
peut-être sur les champs de bataille, au camp tout au
moins, avec les compagnies d'hommes d'armes.
C'était là toute son ambition, plus : son inclination.

Conclusion?

Qui, de son vivant ou au lendemain de sa mort, aurait pu raisonnablement prédire sa fortune littéraire? Qui aurait pu deviner qu'il prendrait place parmi les quelques écrivains de son temps dont les noms s'imposent aujourd'hui à tout propos? *Le Prince,* le machiavélisme : les mots viennent si aisément en tête... On cite l'œuvre en exemple, on disserte de la doctrine.

Ce fut, à vrai dire, un bien curieux succès et l'histoire dans le détail en est encore à faire. De bonne famille, se recommandant de quelques ancêtres glorieux, mais lui-même assez peu pourvu de biens, Nicolas Machiavel ne fut jamais vraiment placé sur le devant de la scène politique. S'il se donna beaucoup de mal pour bien servir, ce fut toujours d'une façon assez obscure, dans l'ombre de plus grands ou de plus fortunés que lui; s'il réussit un moment à imposer ses vues pour le recrutement de l'armée florentine et mettre sur pied ses précieuses milices de paysans-soldats, ce fut pour courir à un lamentable échec. Dans les quinze dernières années de sa vie, ses efforts pour s'accrocher à nouveau au char de l'État, pour ne pas perdre de vue le cercle des puissants, laissent comme une impression de malaise. Et tout cela, somme toute, pour de bien maigres profits. Dans la société de son temps et les sphères politiques, à la cour comme à la ville, il fut un petit personnage, chargé d'affaires qu'il ne contrôlait pas; un exécutant et non un maître.

L'écrivain n'a rien de médiocre, bien au contraire, et son œuvre ne peut passer pour négligeable; elle témoigne d'un tempérament, elle reflète parfaitement une époque, une façon d'appréhender et de s'ouvrir au monde. Elle valut à cet homme appliqué, infatigable, quelques succès d'estime dans les cénacles de beaux esprits à Florence. Pas davantage... Sa renommée n'atteint pas alors toutes les cours. Un seul de ses écrits politiques ou historiques, les *Décennales,* fut aussitôt imprimé et diffusé mais confidentiellement; les magistrats de la ville s'en montrèrent satisfaits. Puis on n'en entendit plus parler.

On sait, par ailleurs, l'accueil impertinent ou pour le moins indifférent que réservèrent les Médicis au *Prince,* écrit pourtant à leur intention et présenté comme une leçon de gouvernement; ils n'en sentaient certainement pas le besoin et les autres cours, dans toute l'Italie, plus encore outre-Alpes, l'ignorèrent complètement. Le *Discours* sur les vertus de la République ne paraît avoir soulevé ni enthousiasme ni même grand intérêt chez les hommes en place, où que ce soit. Les *Histoires florentines,* d'une facture pourtant très différente, plus accessibles, œuvre de commande, sont restées inachevées et ont été très peu lues sur le moment.

Si bien que notre ancien secrétaire, souvent homme à tout faire de la République, ne s'est nullement fait reconnaître comme un sage, admiré, écouté, capable d'administrer des conseils ou mises

en garde. S'il brille alors, c'est par d'autres talents.
On l'accepte plus volontiers comme conteur plaisant,
comme auteur de fables et de comédies. On le convie
à dire ses « histoires », des petites scènes de mœurs
plus ou moins scabreuses ou simplement frondeuses.
Ses pièces galantes et surtout ses chants de carnaval
retiennent l'attention : ils s'inscrivent si bien dans le
goût du temps! Ses grandes réussites, quelques
années, quelques mois seulement avant sa mort, ce
sont, à Florence et à Venise, ses comédies, et surtout
la Mandragore que les grands marchands, patriciens
férus de théâtre, se disputent tout à coup. Il semble
même, et ce serait là son plus beau titre d'originalité,
que Nicolas Machiavel, pour l'écriture de ces petites
pièces comiques pas très élaborées et aux mécanismes un peu conventionnels, plutôt rouillés, ait fait
tout de même figure de champion des auteurs
« modernes », contre ceux qui se contentaient de
traduire ou de démarquer de très près Plaute ou
Térence. Il savait faire parler ses personnages comme
les hommes et les femmes de son temps, ceux et
celles qu'il rencontrait dans la rue, qu'il entendait
dans sa maison ou sur le marché; il leur prêtait des
mots de paysans ou d'artisans toscans, émaillait leurs
discours, toujours très alertes, d'expressions sponta-
nées, idiomatiques, souvent incompréhensibles pour
ceux qui n'avaient pas, comme lui, assidûment fréquenté les places de la ville ou les bureaux. C'était là
son art; il s'y appliqua et composa en outre, pour
plaire à sa belle actrice, des chansons de scènes un
peu mélancoliques, tout autre chose que d'amusantes
pirouettes.

Ces fragiles feux d'un printemps vénitien ne pouvaient durer qu'un temps très court. *La Mandragore*,
sur les scènes improvisées de petites compagnies de

comédiens ou d'amateurs érudits, céda vite la place à d'autres pièces qui suivaient naturellement les caprices de la mode.

Par ailleurs, ses nouvelles et même ses contes n'ont certainement pas tous été écrits; beaucoup ne participaient que d'une littérature orale, pour des occasions d'un jour, vite oubliées. Il n'y attachait sans doute pas une importance excessive. Un de ses contes fut, on le sait, publié après sa mort par un imposteur patenté, lui-même démarqué un peu plus tard par un autre; et ce sont les recherches des historiens de cette littérature qui l'ont restitué à son véritable auteur.

Ainsi, il ne connut pas de grands succès immédiats, du moins pas de succès durables.

La renommée vint beaucoup plus tard, pas avant le XIXᵉ siècle semble-t-il. Forgée de toutes pièces, inattendue par certaines démarches, injuste, c'est une renommée liée à des choix, dictée par des facilités ou des engagements, par l'intention d'appuyer telle ou telle thèse; en somme une adhésion d'assez mauvais aloi qui n'a pas bien servi une véritable connaissance du personnage et l'a tenu enfermé dans de strictes limites de plus en plus conventionnelles. Non une admiration sincère, une découverte de toute l'œuvre, mais une simple récupération, par paresse ou par calcul, de quelques morceaux choisis. Mauvais sort des fortunes posthumes lorsque l'écrivain disparu depuis longtemps se trouve ainsi livré aux commentateurs avides de l'utiliser ou de le simplifier à l'extrême...

Certes, en Italie, dans quelques milieux bien avertis, on s'était aperçu de la richesse de cette grande œuvre; on l'avait pesée, évaluée dans ses diverses et étonnantes composantes. Outre ses ouvrages didacti-

ques, ses traités et ses *Histoires,* ses *Lettres familières,* qui permettaient d'éclairer l'homme d'un jour
nouveau, furent publiées dès 1883. Mais il restait
beaucoup à faire et ce qui aurait pu être une brillante
découverte, une réhabilitation, devait pendant fort
longtemps marquer le pas, temporiser, reculer encore
devant l'idée toute faite qui s'était imposée. Ces
dernières années seulement furent comblées de plus
graves lacunes en offrant coup sur coup dans le texte
original puis en français (bibliothèque de La Pléiade)
les *Œuvres complètes* de Nicolas Machiavel, écrivain
divers, polygraphe, poète et dramaturge, pas seulement professeur de sciences politiques.

Mais malheureusement l'idée-force demeure. Fruit
de hasards, de choix fortuits ou conditionnés, se sont
imposés à nous, au fil des générations et des livres,
plusieurs clichés qui dénaturent complètement la
véritable image de Machiavel, humaniste et observateur de son temps. D'un si grand nombre de travaux
ou de divertissements littéraires, d'une telle richesse
et d'une telle variété, on a voulu ne retenir, par pur
artifice, qu'un seul ouvrage, très court, écrit dans des
circonstances trop particulières pour traduire les
préoccupations principales et les intérêts de son
auteur. On prit l'habitude de ne voir en Nicolas
Machiavel que l'homme du *Prince*; on l'a constamment identifié à cet opuscule qui ne marque qu'un
petit moment de sa carrière et n'était sûrement pas
inscrit de gaieté de cœur dans ses projets. Et quelques passages bien frappés, quelques formules percu-
tantes, des « mots » même, tous pris dans un ou deux
chapitres seulement, ont suffi à faire naître la
croyance en une doctrine politique, le *machiavélisme,* toute nourrie d'astuces, de ficelles et de procédés
sordides, inspirée par un cynisme d'une étonnante

froideur et lucidité : l'homme d'État ravalé au rang
d'inventeur de petites intrigues, dissimulant, ourdis-
sant ses pièges savants et d'affreux traquenards...

Concession aux vues puériles d'un romantisme à la
mode? Intention délibérée de dénigrer tout ce qui
touche aux princes, au pouvoir personnel, à la politique et à la civilisation de cour présentées ainsi sous
de vilains jours face aux belles vertus « républicaines »? En tout cas, l'image s'est bien inscrite et
perdure encore.

Par une sorte de paradoxe, la fortune littéraire de
Machiavel, si lente à se manifester, si longtemps fort
modeste, n'a gagné les feux de la rampe – et avec
quel éclat! – que par le fait d'une méconnaissance de
l'homme, de ses préoccupations réelles, par le biais
d'un accaparement abusif. L'écrivain si fécond, parfois si original, ne s'avance vers nous que masqué
derrière un seul de ses livres.

Nous voyons pourquoi... *Le Prince,* écrit d'une
plume alerte, parfaitement claire, incisive souvent, se
lit aisément et même avec plaisir; on ne s'y perd ni ne
s'y ennuie; nulle redite, nulle obscurité. L'opuscule a
tout pour séduire. Par leur cynisme, leur brutalité
même, les vues paraissent originales et l'on oublie
quelques platitudes; les analyses très superficielles ne
sollicitent pas beaucoup l'attention; elles n'appellent
pas de véritable connaissance du milieu ou de l'époque. L'œuvre s'adressait à des princes qu'il fallait
surtout flatter et qui ne se piquaient pas tellement de
littérature ou de curiosités.

On comprend à quel point cette renommée littéraire simpliste, réduite à ces examens si étroits, peut
sembler injuste. Machiavel vaut mieux que cela,
beaucoup mieux que de figurer dans nos manuels et

dans nos souvenirs comme simple auteur d'un petit essai de complaisance. Si le *Discours sur les Républiques* se coule dans le même moule, la matière en est infiniment plus lourde et les réflexions bien plus nuancées. Surtout, trop méconnus, les *Traités* de politique (analyses de la vie publique à Florence ou à Pise ou à Lucques, écrites à différents moments de sa vie) et plus encore les *Histoires florentines* témoignent d'une rare pertinence dans la démarche et l'examen interne des sociétés. Les morceaux de bravoure, ceux que l'on devrait d'abord retenir, on les trouve là, non dans les finasseries du *Prince*. Ce sont les grandes et belles pages, un peu amères certes, et même agressives parfois mais le plus souvent désabusées, marquées du sceau du renoncement, où il démonte tous les mécanismes de la marche au pouvoir d'un homme et d'une famille, non par un grand coup de fortune ou par la violence, par les armes et la conquête, mais par l'intrigue, le grignotage, l'insensible accaparement des magistratures et des responsabilités; une irrésistible ascension qui, pour installer la tyrannie, joue de la corruption des mœurs politiques, des protections et des clientèles, de l'intransigeance des partis qui, depuis des siècles, empoisonnent la vie publique de la cité. A tout ceci Machiavel reste très attentif et lui seul donne de ces phénomènes politiques une subtile et rigoureuse anatomie.

Chantre des libertés, toujours fasciné par cette image du citoyen romain vertueux du temps de la République, image idéale, embellie bien sûr, auréolée de légendes et dans le même temps parfait témoin d'une époque si troublée, soucieux de tout connaître du métier des lettres, Nicolas Machiavel vaut bien d'être, maintenant, découvert une seconde fois.

ANNEXES

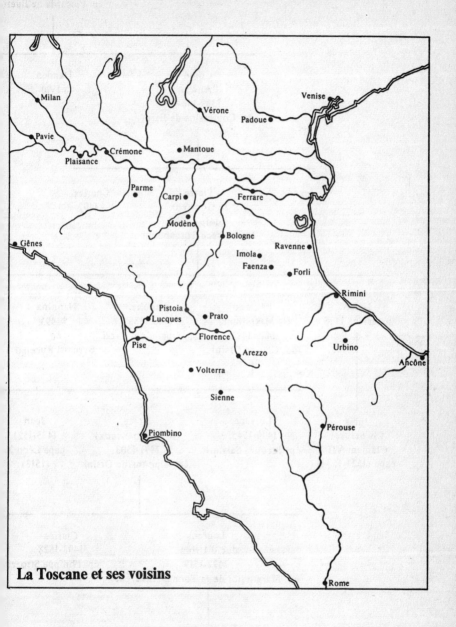

La Toscane et ses voisins

Les Médicis

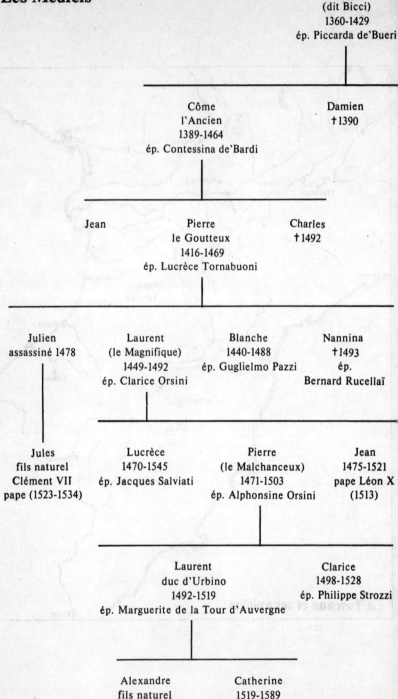

Jean
(dit Bicci)
1360-1429
ép. Piccarda de'Bueri

Côme
l'Ancien
1389-1464
ép. Contessina de'Bardi

Damien
†1390

Jean

Pierre
le Goutteux
1416-1469
ép. Lucrèce Tornabuoni

Charles
†1492

Julien
assassiné 1478

Laurent
(le Magnifique)
1449-1492
ép. Clarice Orsini

Blanche
1440-1488
ép. Guglielmo Pazzi

Nannina
†1493
ép.
Bernard Rucellaï

Jules
fils naturel
Clément VII
pape (1523-1534)

Lucrèce
1470-1545
ép. Jacques Salviati

Pierre
(le Malchanceux)
1471-1503
ép. Alphonsine Orsini

Jean
1475-1521
pape Léon X
(1513)

Laurent
duc d'Urbino
1492-1519
ép. Marguerite de la Tour d'Auvergne

Clarice
1498-1528
ép. Philippe Strozzi

Alexandre
fils naturel
1551-1537

Catherine
1519-1589
reine de France

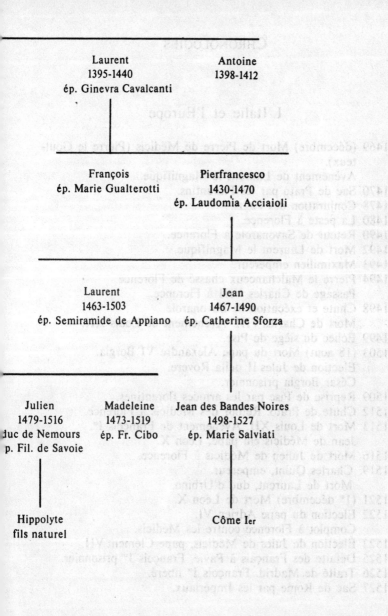

Laurent
1395-1440
ép. Ginevra Cavalcanti

Antoine
1398-1412

François
ép. Marie Gualterotti

Pierfrancesco
1430-1470
ép. Laudomia Acciaioli

Laurent
1463-1503
ép. Semiramide de Appiano

Jean
1467-1490
ép. Catherine Sforza

Julien
1479-1516
duc de Nemours
ép. Fil. de Savoie

Madeleine
1473-1519
ép. Fr. Cibo

Jean des Bandes Noires
1498-1527
ép. Marie Salviati

Hippolyte
fils naturel

Côme Ier

L'Italie et l'Europe

1469 (décembre) Mort de Pierre de Médicis (Pierre le Goutteux).
Avènement de Laurent le Magnifique.
1470 Sac de Prato par les Florentins.
1478 Conjuration des Pazzi.
1480 La peste à Florence.
1490 Retour de Savonarole à Florence.
1492 Mort de Laurent le Magnifique.
1493 Maximilien empereur.
1494 Pierre le Malchanceux chassé de Florence.
Passage de Charles VIII à Florence.
1498 Chute et exécution de Savonarole.
Mort de Charles VIII. Avènement de Louis XII.
1499 Échec du siège de Pise.
1503 (18 août) Mort du pape Alexandre VI Borgia.
Élection de Jules II della Rovere.
César Borgia prisonnier.
1509 Reprise de Pise par les armées florentines.
1512 Chute de Prato. Retour des Médicis à Florence.
1513 Mort de Louis XII. Avènement de François Ier.
Jean de Médicis élu pape, Léon X.
1516 Mort de Julien de Médicis à Florence.
1519. Charles Quint, empereur.
Mort de Laurent, duc d'Urbino.
1521 (1er décembre) Mort de Léon X.
1522 Élection du pape Adrien VI.
Complot à Florence contre les Médicis.
1523 Élection de Jules de Médicis, pape Clément VII.
1525 Défaite des Français à Pavie. François Ier prisonnier.
1526 Traité de Madrid. François Ier libéré.
1527 Sac de Rome par les Impériaux.

Les Machiavel

1469 (14 mai) Naissance de Nicolas Machiavel à Florence.

1476 Études chez le maître de grammaire.

1498 Nicolas Machiavel, secrétaire de la chancellerie.

1499 Légations à Piombino et Forli.
Commissaire adjoint au camp devant Pise.

1500-1501 (18 juillet-15 janvier) Légation à la cour de France.

1500 Mort de Bernardo Machiavel, père de Nicolas.

1501 Mariage de Nicolas Machiavel et de Marietta de' Corsini.
(juin et décembre) Missions auprès de César Borgia.

1503 Missions à Rome puis à Lyon (décembre 1503-février 1504).

1504 Deuxième légation à Rome, auprès de Jules II.

1505 Missions à Sienne et à Pérouse.

1506 (août) Légation à Rome.
Secrétaire des Neuf de la Milice.

1507-1508 (décembre-mai) Légation près de Maximilien (Trente et Bolzano).

1509 Nicolas entre en vainqueur dans Pise.
Deuxième légation près de Maximilien à Venise.

1510 Troisième mission en France.

1511 Quatrième mission en France.

1512 (7 novembre) Nicolas privé de toutes ses charges.

1513 (11 mars) Nicolas sort de prison.

1515 Dédicace du *Prince* à Laurent, duc d'Urbino.

1520 Mission à Lucques pour les marchands de Florence.

1521 Légation au chapitre des franciscains à Carpi.

1525 Légation à Venise.

1527 (21 juin) Mort de Nicolas Machiavel à Florence.

Écrits de Nicolas Machiavel

1498 *Lettre sur le discours de Savonarole.*
1499 *Discours aux Dix sur la situation de Pise.*
1502 (mai) *Rapport sur les choses de Pistoia.*
1504 *Premières Décennales (Chronique rimée des années 1494-
1504). De natura Gallorum.*
1505 *Rapport sur l'institution de la Milice.*
1506 *Discours sur l'Ordonnance des milices de Florence.
Conseils pour qui veut se rendre en ambassade.*
1508 *Rapport sur les choses de l'Allemagne.*
1509 *Discours sur les choses d'Allemagne et sur l'empereur.
Deuxièmes Décennales* (inachevé).
1510 *Tableau des choses de la France.*
1513 *Admonition aux partisans des Médicis.
Premiers poèmes. Capitoli.*
1513-1514 *Le Prince.*
1514 *Discours sur la première Décade de Tite-Live.*
entre 1513 et 1520 *Règlement pour une Société de plaisir.*
1517 *L'Andrienne.*
1518 *La Mandragore.*
1520 *Sommaire de la chose publique de Lucques.
Vie de Castruccio Castracane.
Discours sur la réforme de l'État de Florence.*
1520-1521 *L'Art de la Guerre.*
1521-1525 *Histoires florentines* (inachevé).
1523 *Chant des Esprits bienheureux.*
1525 *Clizia.
Chansons pour la Barbera.*

Bibliographie

I – SOURCES

Œuvres de Machiavel en italien :
Tutte le Opere Storiche e Letterarie, éd. Guido Mazzoni et Mario Casella, Florence, 1929.
Opere, éd. Antonio Panella.
– I. *Scritti storici e letterari. Lettere familiari.*
– II. *Scritti politici. Lettere familiari.* 2 vol., Milan, Rome, 1938.
Opere complete, 8 vol., Milan, 1960-1965.
Opere, éd. Ezio Raimondi, Milan, 1969.
Lettere familiari, éd. E. Alvisi, Florence, 1883.
Il Principe, Scritti politici, éd. L. Florentino, Milan, 1969.

Œuvres de Machiavel en français : *Œuvres complètes,* éd. E. Barincou, coll. La Pléiade, Paris, 1952.
Toutes les lettres officielles et familières de Machiavel, éd. E. Barincou, Paris, 1955.
Machiavel par lui-même, par E. Barincou, Paris, 1957.
Le Prince et autres textes, préface de P. Veyne, Paris.
Discours sur la première Décade de Tite-Live, éd. Cl. Lefort, Paris, 1978.
L'Art de la Guerre, éd. G. Buis, Paris, 1980.

II – SOURCES, AUTRES TEXTES

MACHIAVELLI, Bernardo, *Libro di Ricordi*, éd. C. Olschki, Florence, 1954.

VETTORI, Francesco, *Descrizione del Viaggio nella Magna*, Florence, Salvi, 1880.

GUICCIARDINI, Francesco, *Storia d'Italia*, 3 vol., Milan, 1975.

LANDUCCI, Luccà, *Diario fiorentino dal 1450 al 1516*, éd. J. del Badia, Florence, 1883.

GEBHART, E., *Conteurs florentins du Moyen Age*, Paris, 1901.

CAPRIN, G. *Poemetti e Canti carnascialeschi del Magnifico Lorenzo de' Medici*, Paris, 1947.

III – ÉTUDES SUR MACHIAVEL, SA VIE, SES TRAVAUX

BORSELLINO, N., *Machiavelli*, Bari, 1975.

PREZZOLINI, G., *Vita di Nicoló Machiavelli fiorentino*, Milan, 1982.

DIONISOTTI, C., *Machiavellerie*, Turin, 1982.

GAUTHIER-VIGNAL, L., *Machiavel*, Paris, 1930.

RIDOLFI, R., *Vita di Machiavelli*, Rome, 1965, trad. franç., Paris, Fayard, 1960.

RENAUDET, A., *Machiavel*, 2ᵉ éd., Paris, 1956.

MOURIN, G., *Machiavel*, Paris, 1966.

BRION, M., *Machiavel*, réed., Paris, 1983.

PROCACCI, G., *Studi sulla fortuna del Machiavelli*, Rome, 1965.

CHABORD, F., *Scritti su Machiavelli*, 2ᵉ éd., Turin, 1968.

LEFORT, Cl., *Le Travail de l'Œuvre : Machiavel*, Paris, 1972.

Machiavelli e Venezia, Machiavelli a Venezia. Colloque de la Fondation G. CINI, 1969, actes à paraître.

GILBERT, F., *Machiavelli and Guicciardini*, Princeton, 1965.

FIDO, F., *Machiavelli, Storia della critica*, Palerme, 1965,

IV – ÉTUDES SUR MACHIAVEL; ÉCRITS ET PENSÉE POLITIQUE

HALE, J.R., *Machiavelli and Renaissance Italy*, Londres, 1972.

MESNARD, P. *l'Essor de la philosophie politique au XVI* siècle, 3ᵉ éd., Paris, 1969.

TOMMASINI O., *La Vita e gli Scritti di Niccoló Machiavelli nella loro relazione col machiavellismo*, 2 vol., Turin, Rome, 1883, 1911,

BENOIST, Ch., *Le Machiavélisme avant, pendant et après Machiavel*, 3 vol., Paris, 1907, 1915, 1935.

SASSO, G., *Niccoló Machiavelli : Storia del suo pensiere politico*, Naples, 1958.

CERVELLI, I., *Machiavelli e la crisi dello stato veneziano*, Naples, 1974.

HULLUNG, M., *Citizen Machiavelli*, Princeton, 1983.

V – FLORENCE

BRUCKER, G.A., *Renaissance Florence*, New York, 1969.

CAROCCI, G., *I Dintorni di Firenze*, 2 vol., Florence, 1906.

VILLARI, P., *Niccoló Machiavelli ed i suoi Tempi*, 3 vol., Milan, 1877-1883.

KENT, F.W., *Household and Lineage in Renaissance Florence. The Family life of the Capponi, Ginori and Rucellai*, Princeton, 1977.

ALBERTINI, R. VON, *Firenze dalla Repubblica al Principato, Storia e concienza politica*, Turin, 1970.

TENENTI, A., *Florence à l'époque des Médicis : de la Cité à l'État*, Paris, 1968.

RIDOLFI, R., *Vita di Girolamo Savonarola*, 2 vol., Rome, 1952.

WEINSTEIN, D., *Savonarola et Florence*, Paris, 1973.

– *Savonarola and Florence : Prophecy and Patriotism in the Renaissance*, Princeton, 1970.

GILBERT, F., « Florentine political Assumptions in the period of Savonarola and Soderini », in *Journal of the Warburg and Courtauld Institute*, 1957.

MUNICCHI, A., *la Fazione antimedicea detta « Del Poggio »*, Florence, 1911.

MAULDE LA CLAVIÈRE M.A.R. de, *La Diplomatie au temps de Machiavel*, 3 vol, Paris, 1892-1893.

QUELLER, D.E., *The Office of Ambassador in the Middle Ages*, Princeton, 1967.

DENIS, A. *Charles VIII et les Italiens : histoire et mythe*, Genève, 1979.

VI – LES MÉDICIS

TRUC, G., *Florence et les Médicis*, Paris, 1936.

GRASSELINI, E., et FRACASSINI, A., *Profili Medicei*, Florence, 1982.

ADDARIO, A. D', *La Formazione dello Stato moderno in Toscano da Cosimo il Vecchio a Cosimo de' Medici*, Lecce, 1976.

CLOULAS, I., *Laurent le Magnifique*, Paris, Fayard, 1982.

ACTON, H., *The Pazzi Conspiracy*, New York, 1980.

HUGUEDÉ, N., *Les Derniers Princes de Florence*, Paris, 1893.

RIDOLFI, R., *Stampe popolari per il ritorno dei Medici in Firenze l'anno 1512*, Florence, 1949.

VII – VIE CULTURELLE ET ARTISTIQUE

STADITER, Ph. A. et ULLMAN, B.L., *The Public Library of Florence : Niccoló Niccoli, Cosimo de' Medici and the Library of San Marco*, Padoue, 1972.

PELLIGRINI, C. *L'Umanista Bernardo Rucellai e le sue opere storiche*, Livourne, 1920.

BOUVY, E., *Laurent de Médicis et l'ancienne Académie florentine*, Paris, 1926.

HAUVETTE, H., *Luigi Alamanni. Sa vie, son œuvre*, Paris, 1963.

BEC, Chr., *Les Marchands écrivains. Affaires et humanisme à Florence*, 1275-1434, Paris, 1967.

– *Le Siècle des Médicis*, Paris, 1977.

– *Cultura e Società a Firenze nell' età della Rinascenza*, Rome, Salerne, 1981.

– « Notes sur quelques intellectuels florentins en une période de crise (1494-1530) », in *Miscellanea di Studi in onore di Vittore Branca*, t. III, 1982, pp. 557-566.

– « Lo Statuto socio professionale degli scrittori (Trecento - Cinquecento) », in *Letteratura in italiana, 2* : Produzione e consumo, Turin, 1983, pp. 229-267.

CHASTEL, A., *Art et humanisme à Florence au temps de Laurent le Magnifique. Étude sur la Renaissance et l'Humanisme platonien*, Paris, 3ᵉ éd., 1982.

– *le Grand Atelier d'Italie. 1460-1500*, Paris, 1965.

– *Le Sac de Rome*, Paris, 1984.

– et KLEIN, R., *l'Age de l'Humanisme. L'Europe de la Renaissance*, Paris, 1963.

BORSI-ALTA, *Trattati Mediecei d'Architettura*. Florence, 1980.

GHISI, F., *Feste musicali della Firenze Medicea, 1480-1588*, Florence, 1939.

FRYDE, E.B., *The private Library of Lorenzo de' Medici and his Sons, 1419-1510*. Londres, 1985.

MASSA, E., « Edigio da Viterbo, Machiavelli e il pessimo cristiano », in *Umanesimo e Machiavellismo*, Padoue, 1949.

Index

458 MACHIAVEL

Cet ouvrage a été réalisé sur
Système Cameron
par la SOCIÉTÉ NOUVELLE FIRMIN-DIDOT
Mesnil-sur-l'Estrée
pour le compte des Éditions Fayard
le 27 avril 1985

Imprimé en France
Dépôt légal : avril 1985
Nᵒ d'édition : 7100 – Nᵒ d'impression : 2221
ISBN 2-213-01578-3
35-14-7353-01